처음 만나는 자바 프로그래밍

Java 카페

http://pl.pusan.ac.kr/~books/javacafe

Java 카페 -처음 만나는 자바 프로그래밍-의
소스코드 및 관련 파일은 해당 사이트에서 제공하고 있습니다.

처음 만나는 자바 프로그래밍

Java 카페

인 쇄 : 2019년 6월 20일 초판 1쇄
발 행 : 2019년 6월 28일 초판 1쇄

지은이 : 창병모 · 우균

발행인 : 송 준
발행처 : 홍릉과학출판사

주 소 : 서울시 강북구 인수봉로 50길 10
전 화 : 02-999-2274~5 **팩스 :** 02-905-6729
e-mail : hongpub@hongpub.co.kr
홈페이지 : www.hongpub.co.kr

ISBN : 979-11-5600-675-6 93000
정 가 : 30,000원

파본이나 잘못된 책은 교환하여 드립니다.

처음 만나는
자바 프로그래밍

Java 카페

창병모 · 우 균 공저

홍릉과학출판사

저자소개

• 창병모

서울대학교 컴퓨터공학과를 졸업하고 KAIST에서 전산학 석·박사 학위를 취득하였다.
1995년부터 숙명여자대학교 소프트웨어학부에서 리눅스 시스템과 프로그래밍 언어 관련 교과목을 가르치고 있다.
e-mail: chang@sookmyung.ac.kr

• 우균

KAIST를 졸업하고 동 대학에서 전산학 석·박사 학위를 취득하였다.
2000~2004년 동아대학교 교수 역임 후 2004년부터 부산대학교 컴퓨터공학과에서 프로그래밍 관련 교과목을 가르치고 있다.
e-mail: woogyun@pusan.ac.kr

머리말

Java 언어는 1995년 썬(SUN) 마이크로시스템즈의 제임스 고슬링(James Gosling)에 의해 인터넷 환경을 위한 객체 지향 프로그래밍 언어로 개발되었습니다. 이제 Java 언어는 전세계적으로 가장 많이 사용되고 있는 언어이며 특히 웹 애플리케이션 개발에서 가장 많이 사용되고 있습니다. Java 언어는 발전을 거듭하여 이제 여러 가지 버전(Java Card, Android Java, Java SE, Java EE)으로 제공되고 있으며 스마트 카드, 스마트 폰, 데스크 탑, 웹 서버 등을 위한 프로그램 개발에 사용되는 가장 강력한 언어가 되었습니다.

저자들은 지금까지 Java 프로그래밍 교육을 하면서 많은 학생들이 Java 프로그래밍을 대하면서 어려워하거나 매우 당황해하는 것을 보아왔습니다. 이 책은 처음 Java 프로그래밍을 배우는 이러한 학생들을 주 대상으로 하고 있습니다. 따라서 이 책에서는 프로그래밍에 쉽게 접근할 수 있도록 가능하면 쉬운 개념과 예제를 중심으로 설명하려고 노력하였습니다. 이 책을 통해 독자들이 Java 언어의 매력 및 철학을 가능한 한 쉽게 이해하고 Java 언어를 자유자재로 활용할 수 있게 되기를 바랍니다.

개관 및 구성

이 책에서는 Java 언어의 거의 모든 개념들을 다루고 있습니다. 기본 개념들은 가능하면 표, 그림, 쉬운 예제들을 통해서 쉽게 이해할 수 있도록 하였습니다. 중요 개념들은 "Key Point"로 정리하여 다시 한 번 강조하였습니다. "Q&A" 코너에서는 초보자들이 궁금해할 수 있는 질문들에 대해 더 상세히 설명하고 있습니다.

이 책은 다음 표와 같이 총 13장으로 구성하였으며 기본적으로 한 주에 한 장씩 배워서 한 학기동안 배울 수 있도록 하였습니다. 또한 이 책을 이용하여 실습을 진행할 수 있도록 매 장마다 적절한 실습문제를 제공하고 있습니다.

주	해당 장	주 제
1	1장	Java 소개
2	2장	Java 프로그래밍 기초
3	3장	수식과 연산자
4	4장	제어구조
5	5장	객체와 클래스
6	6장	상속
7	7장	추상 클래스와 인터페이스
8	중간고사	필기 또는 실기 시험
9	8장	배열
10	9장	예외 처리와 파일 입출력
11	10장	그래픽 사용자 인터페이스
12	11장	패키지와 저네릭
13	12장	애플릿
14	13장	스레드
15	기말고사	필기 또는 실기 시험

감사의 글

먼저 이 책이 출판될 수 있도록 기회를 주시고 도와주신 홍릉과학출판사 관계자 여러분께 감사의 뜻을 전하고 싶습니다. 또한 이 책이 나오기까지 인내로써 도와준 저자들의 아내인 도주원, 정신희와 가족들에게 감사의 마음을 전하고 싶습니다.

2019년 6월

저자 일동

목차

5장 객체와 클래스 ······ 195

6장 상속 ······ 241

처음 만나는 자바 프로그래밍

Java 카페

Java 소개 1장

JDBC, EJB, Servlet, RMI, ... 이런 용어들을 들어본 적 있나요? 이런 용어들은 모두 Java와 관련되어 있습니다. 병렬 프로그래밍에서 사용되는 전문 용어 중에 '스레드'란 용어가 있습니다. 그런데 이 스레드란 용어도 Java 덕분에 유명해졌습니다. 이 책을 읽다보면 자연스럽게 이러한 전문 용어에 익숙해지게 됩니다. Java는 그동안 많은 발전을 거듭했습니다. 이 장에서는 Java의 역사를 간단히 살펴보고 Java가 주목받는 이유를 살펴보겠습니다. 또 Java 실행 환경과 개발 환경에 대해 소개하고 Java 개발 환경을 설치하는 법을 살펴본 후, 간단한 Java 프로그램을 작성해 보겠습니다.

이 장의 목표

- ★ Java의 발전 과정과 응용 분야를 알 수 있다.
- ★ 컴퓨터 하드웨어 구조를 이해한다.
- ★ 프로그램이 실행되는 원리를 이해한다.
- ★ 프로그램과 프로세스의 차이를 이해한다.
- ★ Java 플랫폼과 실행 환경을 이해한다.
- ★ Java 개발 환경을 사용할 수 있다.

1.1 Java란 무엇인가?

Java를 백과사전에서 찾아보면 아마도 인도네시아 섬 이름으로 나올 것이다. 당황스럽지 않은가? 인도네시아 자바 섬은 커피 생산지로 유명한데, 어쩌다 이것이 컴퓨터 프로그래밍 언어가 된 것일까? 이 장에서 여러분은 그 이유를 알게 될 것이다.

컴퓨터 분야에서 '자바'라고 하면 프로그래밍 언어 Java를 뜻한다. Java는 안전한 프로그램(safe program)을 개발하기 위해 설계된 **객체지향 프로그래밍 언어**(object-oriented programming language)다. 즉, Java는 프로그램의 안전성과 객체지향성을 추구한다.

그렇다면 안전한 프로그램이란 어떤 프로그램일까? **안전한 프로그램**이란 오류 없이 동작하는 프로그램이다. 예를 들어서 수백 회에 한 번 꼴로 동전이 반환되지 않는 커피 자동판매기가 있다고 하자. 그렇다면 이 자동판매기 프로그램은 안전하다고 볼 수 없다. 커피는 안 마시면 그뿐이지만 '인공심장에 이런 문제가 발생한다면?' 생각만 해도 끔찍하다. 안전한 프로그램은 오류 없이 동작해야 하며 혹 예기치 못한 상황이 발생한다고 하더라도 적절히 대처할 수 있어야 한다.

> **Key Point** Java는 안전한 프로그램을 개발하기 위해 설계된 객체지향 프로그래밍 언어다.

객체지향 프로그래밍이란 객체를 중심으로 프로그램을 작성하는 방식을 말한다. **객체**(object)란 스스로 상태를 유지하고 있으면서 외부 요청에 반응하는 어떤 대상으로서, 프로그램 내에서는 데이터 형태로 나타난다. 일반 데이터와 객체의 차이점이라면 객체는 수동적이 아니라 **능동적인 데이터**(active data)라는 점이다. 과거에는 절차[procedure, 알고리듬(algorithm)] 중심으로 프로그램을 작성하였다. 주어진 입력 데이터로부터 빠른 시간 내에 출력 데이터를 얻는 것이 주된 관심사였다. 그러나 컴퓨터 환경이 복잡해짐에 따라 더 복잡한 수준의 정보 처리가 필요하게 되었다.

복잡한 정보 처리의 예로 **그래픽 사용자 인터페이스**(GUI: graphical user interface)를 들 수 있다. GUI 프로그램에서는 사용자의 입력 이벤트를 처리하여 시각적으로 나타내야 하는데, 이벤트는 버튼이나 메뉴 등 여러 경로를 통해 들어오게 된다. 또 자동차 엔진의 전자제어유닛(ECU: electronic control unit) 프로그램의 경우에는 엔진에 장착된 여러 센서로부터 들어온 신호를 인식하고 이를 토대로 엔진을 제어하는 것이 필요하다. 이런 상황에서는 개별 알고리듬보다는 독립적으로 반응하는 객체에 초점을 맞추는 것이 더 편리하다.

그렇다고 해서 알고리듬이 불필요하다는 뜻은 아니다. 객체의 반응을 정확히 기술하기 위해서는 여전히 알고리듬이 필요하며 중요하다. 다만 어떤 객체와 연관된 알고리듬을 객체를 중심으로 모으는 것이 객체지향 프로그래밍의 핵심이다.

Key Point 객체란 스스로 상태를 유지하며 외부 요청에 반응하는 어떤 대상이다. 객체는 능동적인 데이터라고 볼 수 있는데, 객체지향 프로그래밍이란 객체를 중심으로 프로그램을 작성하는 방식을 뜻한다.

Java 언어의 유래

Java 언어는 1994년 제임스 고슬링(James Gosling, 그림 1.1)이 이끄는 프로젝트의 개발 언어로서 설계되었다. 고슬링은 1990년부터 그린 프로젝트에 참가하고 있었는데 **임베디드 시스템**(embedded system)에 탑재될 소프트웨어 플랫폼을 개발하는 프로젝트였다. 소프트웨어를 개발하기 위해서는 프로그래밍 언어가 필요하기 때문에, 초기에는 C++를 사용하려고 생각하고 있었다. 그러나 계산 자원(computing resources)이 충분하지 못한 임베디드 시스템의 특징 때문에 C++를 포기하고 새로운 언어를 설계하기로 작전을 바꾸었다.

■ **[그림 1.1]** 제임스 고슬링. Java 언어를 창시한 사람

Java의 초창기 이름은 **오크**(Oak: '떡갈나무'라는 뜻)였다. 당시 프로젝트 팀 창밖으로 떡갈나무가 한 그루 서 있었는데, 이 떡갈나무에 착안하여 오크라고 불렀다고 한다. 그러나 '오크'라는 이름은 이미 다른 회사가 등록한 등록상표였기 때문에 Java로 개명했다. Java는 프로젝트 팀원 중에 한 사람이 자주 다니던 커피 가게 이름이었다.

Key Point Java의 원래 이름은 오크였다. 오크는 제임스 고슬링이 주도한 프로젝트에서 설계한 언어로, 임베디드 시스템용 프로그램을 개발하기 위해 제작된 언어다.

Java는 인터넷 덕분에 널리 알려지게 되었다. 1990년대 초, 웹 브라우저가 개발되어 전 세계의 정보를 간단히 열람할 수 있는 기술이 개발되었는데, Java는 웹 브라우저 내에 '탑재(embedded)'되었다. 지금은 웹 브라우저의 확장 프로그램을 통해 Java 프로그램을 수행할 수 있지만, 초기에 웹 브라우저는 단순히 문서만 보여주는 형태였다. 그런데 **핫자바**(HotJava: '뜨거운 자바 커피'라는 뜻)라는 Java 전용 웹 브라우저가 개발되었고, 핫자바는 웹 브라우저 내에서 프로그램을 수행할 수 있다는 가능성을 보여주었다.

웹 브라우저에 프로그램이 탑재될 수 있다는 사실은 여러 개발자들을 흥분시키기에 충분했다. 그 전까지 수동적이었던 웹 브라우저가 이제는 능동적으로 사용자와 상호작용할 수 있게 된 것이다. 문서를 보는 도구에 불과했던 웹 브라우저가 컴퓨팅 플랫폼으로 거듭나는 순간이었다. 더군다나 이 컴퓨팅 플랫폼에서는 코드 포팅(porting: 어떤 프로그램을 다른 플랫폼에 이식하는 작업)이 필요 없었다. 한 번 작성하면 바로 모든 플랫폼에 이식된 형태가 되었다.

Java가 성공하게 된 또 다른 요인으로는 개발 환경을 무료로 제공했다는 점이다. Java 개발 환경을 보통 **JDK**(Java Development Kit)라고 부르는데 1996년 JDK 1.0이 발표된 이래로 2017년 현재 Java 8까지 계속 무료로 제공되고 있다.

> **Key Point** Java는 웹 브라우저에 내장(임베딩)됨으로써 성공을 거두었으며, Java 개발 환경은 현재까지 무료로 제공되고 있다.

Java 언어의 특징

Java 언어의 특징을 이해하면 좀 더 Java다운 프로그램을 작성할 수 있다. Java는 앞서 언급한 대로 객체지향 언어이지만 임베디드 시스템에 적합하도록 안전성을 보장하기 위한 여러 특징을 추가로 지니고 있다. Java 언어의 특징과 장점을 요약하면 표 1.1과 같다.

Java 언어의 가장 큰 특징은 무엇보다도 객체지향성이다. 객체란 실세계에 존재하는 물체로부터 우리가 관심 있는 특징만 뽑아내서 추상화시킨 것이다. Java에서는 이러한 객체의 특징을 클래스라는 **타입**(type) 형태로 나타내며 클래스를 이용하여 프로그램을 작성한다. 대형 프로그램을 클래스 단위로 나누어 제작하고 관리하기 때문에 프로그램 유지보수성이 높아진다.

Java는 특정 하드웨어에 종속되지 않도록 설계되었다. 대부분의 언어가 하

■ **[표 1.1]** Java의 특징과 장점

특 징	장 점
객체지향성	클래스 단위로 프로그램을 작성하기 때문에 프로그램을 작성하기 쉽고 특히 프로그램을 유지보수하기가 쉽다.
하드웨어 독립성	특정 하드웨어에 종속되어 있지 않기 때문에 한 번 프로그램을 개발하면 여러 하드웨어에서 실행시킬 수 있다.
강력한 라이브러리	방대한 라이브러리가 이미 개발되어 있기 때문에 다양한 응용 분야에 대한 프로그램을 작성하기가 쉽다.
다양한 플랫폼	데스크톱 컴퓨터뿐만 아니라 대형 컴퓨터(서버 컴퓨터)와 소형 컴퓨터(PDA, 휴대폰 등)에도 탑재될 수 있다.
자동 메모리 관리	객체에 대한 메모리를 자동으로 관리하기 때문에, 프로그램 작성이 용이하고 메모리 오류로 인해서 불안정성을 줄일 수 있다.

드웨어로부터 독립적인 것을 추구하지만, 특히 Java는 실제 하드웨어를 추상화시킨 형태인 가상기계를 가정하고 있다는 특징이 있다. 그래서 한 번 작성된 Java 프로그램은 여러 하드웨어에서 실행시킬 수 있다. 즉, 가상기계가 탑재될 수 있는 곳이면 어디든지 Java 프로그램을 실행시킬 수 있는 것이다.

Java가 지금처럼 널리 퍼지게 된 데는 라이브러리의 공이 크다. 앞서 언급한 객체지향성 덕분에 Java에서는 라이브러리를 만들고 관리하기가 쉽다. **라이브러리**(library)는 어떤 대상을 추상화하여 원하는 기능을 제공하는 것이 주요 임무인데, 클래스는 이러한 추상화 과정을 단순화하기 때문이다. 다른 프로그래밍 언어에서는 대개 콘솔 입출력 라이브러리 정도만 표준으로 제공되지만 Java에서는 GUI, 네트워크, 데이터베이스 등 다양한 라이브러리가 표준으로 제공된다.

Java는 또한 다양한 플랫폼을 지원한다. 앞서 Java는 하드웨어 독립적이라고 했지만 실제로 하드웨어는 그 기능상 많은 차이가 있을 수 있다. 예컨대 PC와 휴대폰은 그 기능 면에서 많은 차이가 있다. 따라서 PC에서 사용 가능했던 장치가 휴대폰에는 없을 수도 있다. 이를 극복하기 위해 Java는 다양한 장치를 기능에 따라 분류하여 여러 플랫폼으로 나누었다. 휴대용 장치를 위한 플랫폼이 별도로 마련되어 있고, PC를 위한 플랫폼이 별도로 마련되어 있다. Java는 여러 하드웨어 장치를 다양한 플랫폼을 통해 지원한다.

Java는 메모리 관리를 자동으로 지원한다. 사실 자동 메모리 관리는 기존 절차 지향 언어에서 추구하던 바는 아니었다. 그러나 지난날 프로그램 오류의 원인을 살펴볼 때, 프로그램 오류의 주된 원인이 메모리 관리 때문이라는 사실을 대부분의 프로그래머가 인지하고 있었다. 여기서 Java 설계자는 중대한 결심을 하게 된다. 그것은 바로 '자동 메모리 관리 기능'을 탑재하는 것이다. 이로 인해서 Java의 수행 효율은 다소 희생되었지만, 대신 안정성이 매우 높아졌다.

1.2 컴퓨터와 프로그램

컴퓨터 프로그램은 컴퓨터에서 동작한다. 따라서 컴퓨터 프로그램의 동작 원리를 알려면 컴퓨터가 무엇인지 이해해 두는 것이 도움이 된다. 컴퓨터는 무엇일까? 컴퓨터를 글자 그대로 해석하면 '계산(compute)을 수행하는 기계'이다. 그러나 단순히 계산만 도와주는 기계라면 계산기와 별 차이가 없을 것이다. 그러나 컴퓨터에는 뭔가 특별한 것이 있다. 여기서는 그 특별한 것에 대해서 살펴본다.

하드웨어와 소프트웨어

컴퓨터는 하드웨어와 소프트웨어로 구성된다. **컴퓨터 하드웨어**(computer hardware)는 여러분이 직접 볼 수 있는 물리적인 장치를 의미한다. 컴퓨터 스크린이 나타나는 모니터, 컴퓨터 안에 정보를 넣기 위한 키보드와 마우스, 이런 장치들이 연결되어 있는 컴퓨터 본체 등이 모두 컴퓨터 하드웨어에 속한다. 이 중에서 컴퓨터 본체와 모니터가 일체형으로 구성되어 있는 것도 있는데 노트북 컴퓨터의 경우에는 대부분의 컴퓨터 하드웨어가 일체형으로 구성되어 있다.

Key Point 컴퓨터는 하드웨어와 소프트웨어로 구성된다. 컴퓨터 하드웨어란 물리적인 장치를 의미한다.

컴퓨터 하드웨어의 중요한 부분은 대개 본체에 존재한다. 본체에는 실제로 계산을 수행하는 부분이 있고, 계산할 데이터와 계산 결과를 저장하는 부분이 있다. 계산 및 판단을 수행하는 부분을 CPU(central processing unit)라고 하고 데이터를 저장하는 부분을 **메모리**(memory)라고 한다. 메모리는 아무 곳이나 참조할 수 있다는 뜻에서 RAM(램: random access memory)이라고 부르기도 한다.

잠깐만

메모리는 컴퓨터 전원이 켜진 상태에서만 기억하며 전원이 꺼지면 아무것도 기억하지 못한다. 메모리 내용을 기억하려면 하드디스크와 같은 저장장치에 저장해야 한다.

여기서 좀 혼란스러운 용어가 메모리인데, 메모리는 이름과는 달리 아무 것도 기억하지 못한다.[1] 메모리에 저장된 내용은 컴퓨터 전원이 꺼지면 모두 사라진다. 실제로 계산한 결과를 저장하는 장치는 하드디스크와 같은 **저장장치**(storage device)다. 그런데 아무것도 기억하지 못하는 메모리를 왜 사용하는 것일까? 그 이유는 메모리가 하드디스크보다 현저히 빠르기 때문이다. CPU가 계산하는 속도는 매우 빠른데, 계산 중간 결과를 일일이 하드디스크에 저장한다면 저장되는 그 긴 시간 동안 CPU는 아무 일도 하지 않고 기다려야 할 것이다.

컴퓨터 하드웨어를 개념적으로 나타내면 그림 1.2와 같다. 그림 1.2에서 왼쪽 큰 상자 내에 있는 장치들은 주로 컴퓨터 본체 내에 존재한다. 그림에서 확인할 수 있는 것처럼, 컴퓨터 본체에는 CPU와 메모리, 하드디스크 등이 존재하는데 이들 장치들은 **버스**(bus)라는 연결 선로로 이어져 있다.

프린터나 스캐너 등, 컴퓨터 본체 외부에 존재하는 입출력장치들도 궁극적으로는 버스에 연결되어 있는데, 이들 장치는 직접 버스에 연결할 수 없으므로 본체의 입출력 포트를 통해 연결된다.

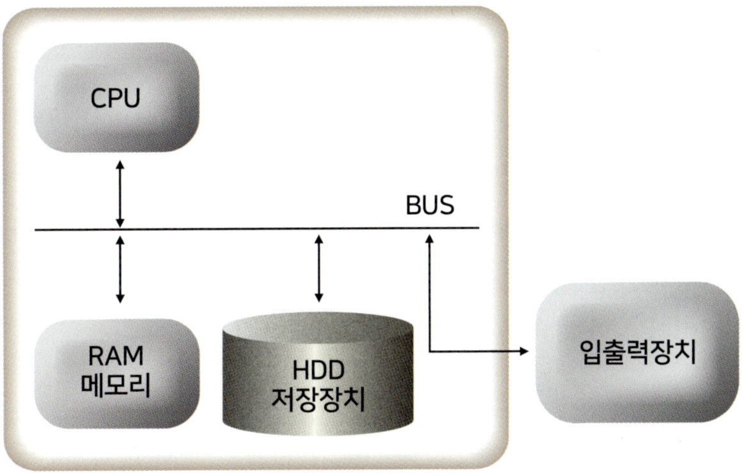

[그림 1.2] 컴퓨터 하드웨어 구성

1) 여기서 말하는 메모리는 주기억장치인 RAM(random access memory)을 의미한다. 메모리 중에서 특수한 메모리인 ROM(read only memory)은 전원이 꺼져도 저장된 내용이 사라지지 않는 메모리다. 하지만 ROM에 무언가를 저장하기 위해서는 매우 번거로운 절차가 필요하다. 따라서 ROM은 주로 잘 바뀌지 않는 내용을 기록할 때에만 사용한다.

그렇다면 컴퓨터 하드웨어는 어떻게 계산을 수행하는 것일까? 앞서 언급한 것처럼 컴퓨터 하드웨어 중에서 계산을 수행하는 주체는 CPU인데 CPU가 수행할 계산 작업은 메모리에 '프로그램'이라는 형태로 기록되어 있다. 프로그램이란 CPU가 수행할 명령어를 차례로 나열해 둔 것인데, CPU는 메모리에서 명령어를 하나 읽고 명령어대로 작업을 수행한 다음, 계산 결과를 다시 메모리에 기록한다. 이 과정을 여러 번 수행한 다음에 최종 결과가 얻어지면, 이를 하드디스크에 저장하여 컴퓨터 전원이 꺼져도 계산 결과가 남아있도록 한다.

사실 CPU가 수행해야 할 프로그램도 하드디스크에 기록되어 있던 것이다. 컴퓨터 사용자가 어떤 프로그램을 수행하도록 선택하면 컴퓨터 하드웨어는 이 프로그램을 메모리에 불러온 다음[2]에 그 프로그램의 명령어를 하나씩 수행한다. 결국 CPU는 메모리에 있는 명령어를 하나씩 불러와서 이를 해석하여 실행하는 것을 반복하는데, 이 반복 주기를 **인출·해석·실행 주기**(fetch-decode-execute cycle)라고 하며 간단히 **인출·실행 주기**(fetch-execute cycle)라고 부르기도 한다.

Key Point 컴퓨터 CPU는 메모리에 있는 프로그램에 대하여 인출 · 실행 주기를 반복한다.

프로그램을 하드디스크에 저장하는 이유는 전원이 꺼질 때마다 컴퓨터 프로그램이 사라지면 곤란하기 때문이다. 물론 하드디스크에는 프로그램뿐만 아니라 잃어 버려서는 안 될 다른 데이터도 저장할 수 있다. 하드디스크에 저장된 것을 **파일**(file)이라고 부르는데, 하드디스크 입장에서는 프로그램이나 데이터나 다를 바가 없는 같은 대상이다.

Key Point 하드디스크에 저장된 것은 프로그램이든 데이터든 상관없이 파일이라고 부른다.

지금까지 살펴본 내용을 요약하면, 결국 컴퓨터가 하는 일은 컴퓨터 프로그램에 의해 결정된다고 볼 수 있다. 컴퓨터가 수행할 프로그램과 필요한 데이

2) 이것을 '**프로그램 적재**(loading the program)'라고 부른다.

터 등을 합쳐서 **컴퓨터 소프트웨어**라고 부른다. 즉, 컴퓨터 하드웨어를 제어하기 위한 명령어들과 이에 필요한 데이터가 소프트웨어인데, 소프트웨어가 없으면 하드웨어는 전혀 동작하지 않는다. 컴퓨터를 처음 켰을 때 나타나는 윈도(Windows)도 사실은 소프트웨어로서 **운영체제**(operating system)라는 특수한 프로그램이다.

> **Key Point** 컴퓨터는 프로그램에 의해 동작되는데, 컴퓨터가 수행할 프로그램과 필요한 데이터 등을 합쳐서 컴퓨터 소프트웨어라고 부른다.

프로그램과 프로세스

앞서 소프트웨어가 컴퓨터를 구성하는 일부분이라고 설명하였는데, 소프트웨어 중에서 컴퓨터가 수행할 명령어 부분을 **컴퓨터 프로그램**(computer program)이라고 하며 그냥 간단히 프로그램이라고 한다. 프로그램은 시작부터 끝까지 컴퓨터 하드웨어가 무슨 일을 해야 하는지 기술하고 있으며, 어떤 프로그램을 실행하라고 명령을 받으면 컴퓨터 하드웨어는 프로그램에 적혀진 대로만 수행한다.

하드디스크에 파일 형태로 저장되어 있는 프로그램을 수행하기 위해서는 프로그램 파일을 메모리로 불러와야 한다. 프로그램을 메모리로 불러들여 구동시키는 과정은 여러 방법으로 수행할 수 있는데, 윈도의 경우에는 프로그램 아이콘을 더블클릭함으로써 프로그램을 구동시킨다. 프로그램 아이콘을 더블클릭하면 컴퓨터는 해당 프로그램 파일을 하드디스크에서 찾고 이를 메모리에 적재(loading)시킨 후, 프로그램이 끝날 때까지 인출·실행 주기를 반복한다.

이때, 메모리에 적재되어 수행 중인 프로그램을 **프로세스**(process)라고 한다. 프로그램은 수행할 명령어를 적은 것뿐이지만, 프로세스는 명령어뿐만 아니라 수행 상태와 관련된 정보도 포함하고 있다는 점에서 프로그램과 다르다. 앞서 운영체제도 프로그램이라고 했는데, 운영체제에 대한 프로세스는 컴퓨터를 처음 켰을 때 자동으로 실행된다. 운영체제는 다른 프로그램이 실행될 수 있는 환경을 마련해 주는 프로그램이다.

최신 운영체제는 대개 여러 프로세스를 지원한다. 다시 말해서 메모리 내에는 여러 프로세스가 공존할 수 있으며, 심지어 같은 프로그램에 대해서 여러 프로세스가 실행될 수도 있다. 예컨대 계산기 프로그램은 하나지만 계산기 프로세스는 여러 개가 될 수 있다. 계산기 아이콘을 더블클릭하여 계산기 프로그램을 수행시키고 다시 한 번 더블클릭하여 수행시키면 두 개의 계산기 프로세스가 실행된다.

Key Point 프로그램과 프로세스의 가장 큰 차이는 실행 중인가 여부다. 실행 중인 프로그램을 프로세스라고 부른다.

컴파일러와 인터프리터

CPU가 알아듣는 명령어는 사람이 이해하는 명령어와 사뭇 다르다. CPU는 이진수로 된 명령어(binary instruction)만 수행할 수 있다. CPU가 알아듣는 이진수 명령어를 **기계어**(machine language)라고 하는데, 기계어로 프로그램을 작성하기는 매우 어렵기 때문에 보통 프로그램을 작성할 때에는 프로그래밍 언어를 사용한다. 프로그래밍 언어도 까다롭긴 하지만 기계어보다는 훨씬 쉽다.

프로그래밍 언어로 작성한 프로그램을 CPU가 알아듣도록 하려면 이것을 기계어로 번역해 주어야 하는데, 이런 번역을 수행해 주는 프로그램을 **컴파일러**(compiler)라고 한다. 컴파일러는 C, C++, Java 등 프로그래밍 언어로 작성한 프로그램이 해당 언어의 규칙에 맞게 작성되었는지 검사한 다음에, 맞게 작성된 경우에는 해당하는 기계어 프로그램으로 번역해 준다. 프로그래밍 언어로 작성된 프로그램을 **원시 프로그램**(source program) 또는 **소스코드**(source code)라고 하고 번역하여 생성된, 실행할 수 있는 프로그램을 **목적 프로그램**(target program) 또는 **실행가능 코드**(executable code)라고 한다. 실행가능 코드도 결국 파일 형태로 저장되므로 그냥 **실행파일**(executable file)이라고 부른다.

컴파일러를 이용하여 실행가능 코드를 생성한 다음에는 소스코드가 없어도 프로그램을 실행할 수 있다. 프로그램을 수정해야 한다면 소스코드를 이용하여 수정해야 되겠지만, 단순히 실행할 경우에는 소스코드가 필요 없다. 또 컴파일러 자체도 필요 없다. 컴파일러는 번역하는 과정에만 필요할 뿐이며, 실행가능 코드가 나온 다음에는 불필요하다.

Key Point 컴파일러는 소스코드를 번역하여 실행파일을 만들어 준다. 일단 실행파일이 만들어지면 소스코드와 컴파일러가 없어도 프로그램을 실행시킬 수 있다.

프로그램을 실행하는 다른 방법으로는 **인터프리터**(interpreter, 해석기) 방식도 있다. 인터프리터는 컴파일러 방식과 조금 다른데, 소스코드를 필요한 만큼 읽어서 인터프리터가 해석한다. 여기서 '필요한 만큼'이란 '인터프리터가 이해하고 컴퓨터에게 시킬 수 있는 만큼'을 의미하므로 인터프리터에 따라 다를 수 있다. 보통 한 개의 명령문 정도로 생각하면 된다.

인터프리터 방식은 근본적으로 CPU의 인출·실행 주기와 같은 방식인데, 다만 해석하여 실행하는 주체가 인터프리터라는 것만 다르다. 인터프리터가 프로그램을 보고 CPU보다 더 큰 단위 작업을 인출한 다음에 CPU에게 작은 단위로 나누어 작업시키는 것으로 생각할 수 있다. 이런 측면에서 보면 인터프리터를 CPU와 비슷한 기계(machine)로 간주할 수 있다.

인터프리터는 CPU와 비슷한 실행 주체이기 때문에 인터프리터 방식으로 프로그램을 수행하려면 항상 인터프리터가 동행해야 한다. 컴퓨터 CPU는 소스코드를 해석할 수 없기 때문에 소스코드를 직접 실행시킬 수 없고, 인터프리터가 중간에서 해석해 주어야만 소스코드를 실행시킬 수 있다.

Key Point 인터프리터는 소스코드를 실행할 때마다 CPU에서 소스코드를 해석하여 번역한다. 인터프리터 방식으로 프로그램을 수행하려면 소스코드와 인터프리터가 모두 있어야 한다.

1.3 데스크톱 프로그램과 웹 프로그램

프로그램은 실행되는 환경에 따라서 크게 데스크톱 프로그램과 웹 프로그램으로 나누어 볼 수 있다. **데스크톱 프로그램**(desktop program)은 독립적인 한 컴퓨터에서 수행되는 프로그램으로서 보통 '데스크톱'이란 말을 빼고 그냥 **응용 프로그램**(application program)이라고 부른다. **웹 프로그램**(web application)이란 웹 브라우저를 이용하여 원격지 컴퓨터에 연결했을 때, 웹 브라우저를 통해 수행되는 프로그램으로서 클라이언트 서버(client-server) 프로그램의 한 종류라고 할 수 있다. 이 두 종류의 프로그램 차이점을 이해하면 Java 실행 환경을 이해하는 데 도움이 된다.

데스크톱 프로그램

데스크톱 프로그램의 가장 큰 특징은 독립적인 하나의 컴퓨터에서 수행된다는 것이다. 한 컴퓨터의 계산 기능, 자료 처리 기능, 입출력 기능을 이용하는 프로그램으로서 우리가 통상 컴퓨터를 켜서 사용하는 거의 모든 프로그램이 데스크톱 프로그램에 속한다. 예를 들어, 문서를 작성하는 데 사용하는 워드 프로세서(word processor)나 금전출납부 계산과 같은 것을 도와주는 스프레드시트(spreadsheet) 프로그램 등은 모두 데스크톱 프로그램에 속한다. 윈도를 설치하면 기본적으로 들어 있는 카드게임이나 계산기 프로그램 등이 들어있는데 이 프로그램도 모두 데스크톱 프로그램이다. 데스크톱 프로그램 중 계산기 프로그램 예를 보면 그림 1.3과 같다.

데스크톱 프로그램을 설치하기 위해서는 실행할 컴퓨터의 하드디스크에 해당 프로그램을 설치해야 한다. 설치해야 한다는 번거로움은 있지만 데스크톱 프로그램은 대개 컴퓨터가 네트워크에 연결되어 있지 않아도 주요 기능을 수행하는 데 아무 어려움이 없다는 장점이 있다. 예를 들어, 인터넷을 설치하지 않았다고 해서 워드 프로세서를 실행할 수 없거나 카드게임을 즐길 수 없

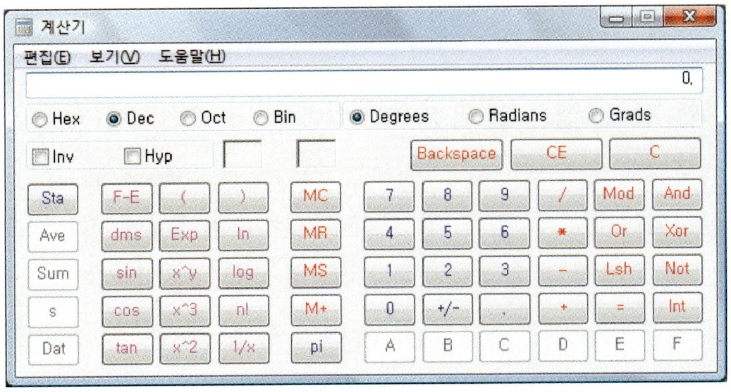

[그림 1.3] 윈도우 계산기 프로그램. '보기' 설정을 '공학용'으로 선택한 결과임

는 것은 아니다.

흔히 사용하는 데스크톱 프로그램으로는 워드 프로세서, 스프레드시트, 게임 프로그램, 미디어 처리 프로그램 등이 있다. 워드 프로세서는 아래한글(흔글)이나 마이크로소프트 워드처럼 문서를 작성하기 위한 프로그램이며, 스프레드시트는 마이크로소프트 엑셀처럼 표 형태의 데이터를 다루기 위한 프로그램이다. 게임이나 미디어 처리 프로그램은 이미 많이 알고 있을 것이므로 굳이 예를 들지 않겠다.

데스크톱 프로그램을 얘기할 때, 흔히 혼란스러운 프로그램은 바로 웹 브라우저다. 웹 브라우저는 네트워크를 이용하여 웹 사이트를 둘러보기 위한 프로그램으로서 마이크로소프트 인터넷 익스플로러(Microsoft Internet Explorer)나 구글 크롬(Chrome) 등을 예로 들 수 있다. 이런 프로그램은 데스크톱 프로그램일까, 웹 프로그램일까? 정답은 바로 데스크톱 프로그램이다. 데스크톱 프로그램 중에서도 네트워크 프로그램이라고 할 수 있는데, **네트워크 프로그램**(network application)이란 네트워크를 이용할 목적으로 제작된 프로그램을 지칭한다. 웹 브라우저 외에도 FTP 프로그램, 메신저 프로그램 등도 네트워크 프로그램에 속한다.

웹 프로그램

웹 프로그램은 **웹 응용 프로그램**(web application)이라고 부르기도 하는데, 웹 프로그램을 수행하기 위해서는 인터넷(Internet)과 웹 브라우저(web browser)만 설치되어 있으면 된다. 웹 브라우저는 운영체제에 기본적으로 설치되어 있기도 하고 무료로 제공되기도 한다. 웹 프로그램의 예로는 인터넷 쇼핑몰, 인터넷 지도, 웹 검색 프로그램, 웹 메일 등을 들 수 있다. 웹 프로그램 중 하나인 인터넷 지도 프로그램을 보면 그림 1.4와 같다.

웹 프로그램은 별도로 설치할 필요가 없다. 해당 주소로 접속하기만 하면 웹 브라우저 내에서 수행할 수 있기 때문이다. 여러분이 어떤 기계를 사용하든 어떤 위치에 있든 상관없이 인터넷에 연결되어 있고 웹 브라우저만 사용할 수 있다면 웹 메일에 접속하여 자신의 메일을 확인할 수 있다. 웹 프로그램을 작성하는 개발자 입장에서도 웹에서 사용할 수 있는 형태로 한 번만 작성하면 어떤 곳에서든 수행되는 코드를 만들 수 있는 것이다. 이러한 특성을 WORA(write once, run anywhere)라고 부르기도 한다.

■ **[그림 1.4]** 네이버의 지도 프로그램. 지도 프로그램은 대표적인 웹 프로그램이다

어떻게 웹 프로그램은 설치하지 않아도 동작하는 것일까?[3] 그 이유를 이해하려면 클라이언트와 서버 관계를 이해해야 한다. 웹 브라우저는 웹 서버에 접속하여 웹 페이지를 보여주는 역할을 한다. 웹 페이지 그 자체는 데이터에 불과하다. 그러나 만약 이 데이터에 수행 가능한 코드를 넣어서 보낸다면, 그리고 웹 브라우저가 이 코드를 해석해서 보여준다면 어떻게 될까? 웹 브라우저에서 코드가 수행되는 것이다.

웹 프로그램이 웹 브라우저에서 실행되는 것과 같은 원리로 Java 프로그램은 웹 브라우저에서 수행될 수 있다. 웹 브라우저에는 Java 코드를 알아듣는 Java 실행 엔진이 탑재되어 있고, 서버에서는 웹 브라우저에 Java 코드를 보낸다. 모든 웹 브라우저에는 표준에 맞는 Java 실행 엔진이 탑재되어 있는데, 이를 Java 가상기계라고 한다. Java 가상기계에 대해서는 다음 장에서 더 자세히 설명한다.

Key Point 웹 프로그램은 한 번 작성하면 어떤 곳에서든 수행될 수 있는데, 이러한 특성을 **WORA**(write once run anywhere)라고 부른다.

3) 웹 프로그램도 여러 가지 구조로 동작할 수 있지만, 여기서는 JVM을 기반으로 한 Java 웹 프로그램을 중점적으로 설명하겠다.

1.4 Java 실행 환경과 개발 환경

Java로 프로그램을 개발할 때, Java 실행 환경(Java run-time environment), Java 개발 환경(Java development environment)이라는 용어를 사용한다. Java 실행 환경과 Java 개발 환경을 통칭하여 **Java 플랫폼**(Java platform)이라고 부르기도 한다. 이 절에서 Java 플랫폼의 주요 개념에 대해 살펴보자.

Java 가상기계

Java 실행 환경과 Java 개발 환경의 핵심은 **Java 가상기계**(JVM: Java virtual machine)이다. **가상기계**(virtual machine)란 실제 기계가 아니라 기계처럼 동작하는 프로그램을 뜻한다. 예컨대 메모리 2GB, 인텔 펜티엄 3.1GHz인 프로세서로 구성된 컴퓨터 하드웨어는 실제 기계지만, 웹 브라우저에 탑재되어 Java 코드를 수행하는 Java SE 실행 환경 1.8은 가상기계다. 실제 기계인 CPU 칩은 하드웨어이기 때문에 손으로 만져 볼 수 있지만[4] 가상기계는 손으로 만져 볼 수 없다. 다만 컴퓨터 화면을 통해 실행되고 있다는 것을 볼 수 있을 뿐이다.

Java 가상기계는 Java 코드를 이해하고 해석하여 수행해 주는 **인터프리터**(interpreter; 해석기) 프로그램이다. 그렇다고 하더라도 Java 가상기계가 이해하는 Java 코드는 우리가 통상 작성하는 Java 프로그램이 아니다. Java 가상기계가 이해하는 코드를 Java 바이트코드라고 하는데 Java 바이트코드는 실제 기계가 이해하는 기계어보다는 높은 수준의 코드이긴 하지만 여전히 사람이 이해할 수 없는 이진 코드(binary code) 형태이다.

우리가 작성하는 Java 프로그램을 Java 가상기계가 이해할 수 있도록 바꿔

4) 그렇다고 해도 컴퓨터가 동작할 때 CPU를 손으로 만져보면 안 된다. 발열로 인해 화상을 입을 수도 있다. 여기서는 직접 실물을 인지할 수 있다는 측면을 강조하기 위해서 '손으로 만져볼 수 있다.'고 얘기한 것이다. 꼭 손으로 만져 보고 싶다면 컴퓨터 전원을 끄고 CPU가 충분히 식은 후에 만져 보기 바란다.

주는 번역기 프로그램이 별도로 존재하는데, 이를 **Java 컴파일러**라고 한다. Java 컴파일러와 더불어 디버거, 문서 생성 도구 등 기타 유용한 도구를 함께 묶어서 **Java 개발 도구**(JDK: Java development kit)라고 부르는데, JDK는 Java 웹 페이지에서 무료로 다운로드받을 수 있다. 중요한 것은 우리가 작성하는 Java 프로그램과 Java 가상기계가 이해하는 프로그램이 다르다는 점이다. 이 상황을 그림으로 나타내면 그림 1.5와 같다.

프로그래머가 작성한 Java 프로그램을 **Java 소스코드**(Java source code)라고 하고 Java 가상기계가 이해하는 프로그램을 **Java 바이트코드**(Java byte code)라고 한다. Java 소스코드는 텍스트 파일(text file) 형식으로 저장되지만 Java 바이트코드는 이진 파일(binary file) 형식으로 저장된다. 그러므로 Java 소스코드는 윈도 메모장(notepad)과 같은 텍스트 파일 편집기로 편집할 수 있지만 Java 바이트코드는 텍스트 파일 편집기로 편집할 수 없다. 사실 Java 바이트코드는 프로그래머가 직접 편집할 필요가 없다. Java 바이트코드를 바꾸려면 Java 소스코드를 바꾸어 다시 컴파일하면 된다.

Key Point Java 가상기계는 Java 코드를 이해하고 해석하여 수행해 주는 인터프리터다. Java 가상기계가 읽고 수행할 수 있는 프로그램을 Java 바이트코드라고 한다.

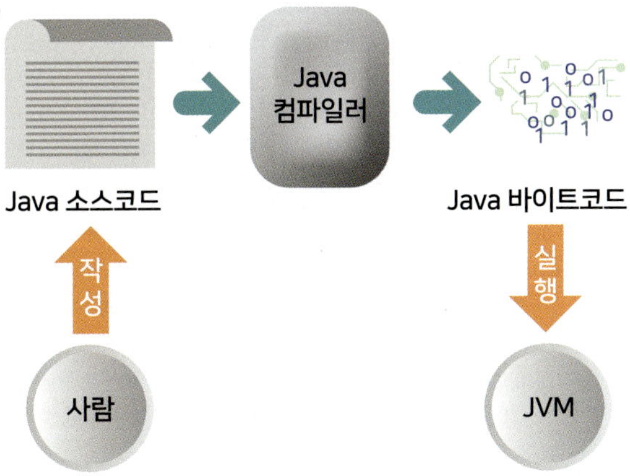

[그림 1.5] 사람이 이해하는 Java 프로그램(소스코드)과 Java 가상기계가 이해하는 Java 프로그램(바이트코드)

Java 플랫폼

Java는 원래 임베디드 시스템용 프로그램을 작성하기 위해 개발된 것이기 때문에 매우 다양한 플랫폼을 지원한다. 다양한 플랫폼을 지원하기 위해서 Java 가상기계도 여러 버전이 존재하는데, 특정 버전의 Java 가상기계와 이에 수반되는 라이브러리를 통칭하여 **Java 플랫폼**(Java platform)이라고 한다. 2017년 1월 현재 오라클 사에서 제공하고 있는 Java 플랫폼으로는 Java SE, Java EE, Java ME 등이 있는데, Java SE(Java Standard Edition)는 주로 데스크톱 응용 프로그램을 지원하기 위한 플랫폼이고, Java EE(Java Enterprise Edition)는 기업용 서버 프로그램을 지원하기 위한 플랫폼이며, Java ME(Java Micro Edition)는 이동형 소형 전자기기용 프로그램을 지원하기 위한 플랫폼이다. 이 중에서 우리가 사용할 플랫폼은 Java SE다. Java SE를 그림으로 나타내면 그림 1.6과 같다.

그림 1.6에서 볼 수 있는 바와 같이 Java 플랫폼에는 Java 가상기계와 각종 라이브러리가 포함되어 있다. Java 가상기계와 라이브러리를 JRE라고 부르는

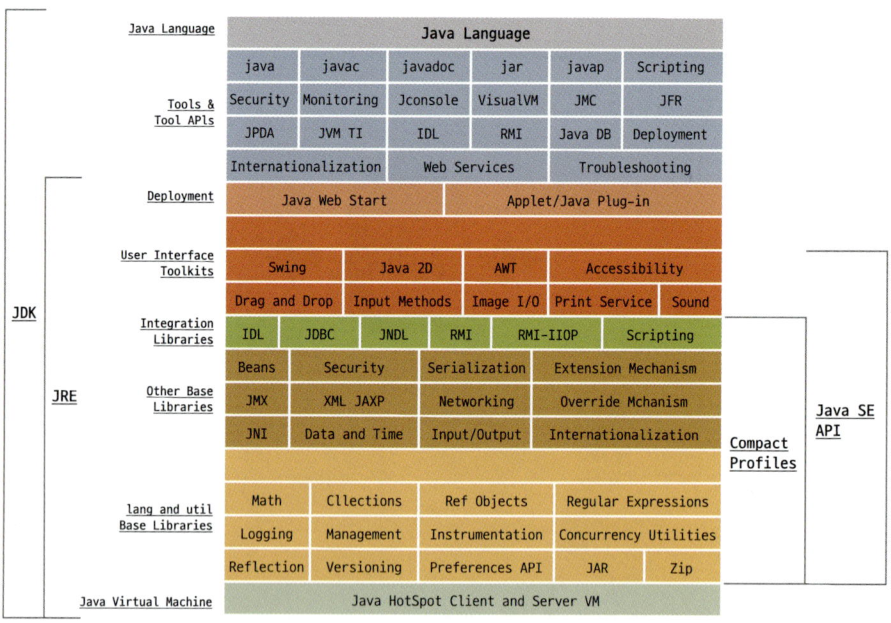

■ **[그림 1.6]** Java SE 플랫폼(http://www.oracle.com/technetwork/java/javase/tech/)

데, 이 중에서 Java 라이브러리는 Java 프로그램을 작성할 때 사용할 수 있는 인터페이스를 제공하기 때문에 Java API(application program interface)라고 부르기도 한다. JRE와 Java 개발을 지원하기 위한 도구(컴파일러, 디버거, 문서 생성기 등)를 합하여 JDK(Java development kit)라고 부른다.

Java 개발 환경

Java 컴파일러, Java 문서 생성기, Java 디버거 등 Java 프로그램을 개발하는 데 필요한 제반 프로그램들을 통칭하여 **Java 개발 환경**이라고 한다. 앞서 언급한 것처럼 우리는 Java SE 플랫폼의 Java 개발 환경(JDK)을 사용할 예정이다.

Java SE 플랫폼의 Java 개발 도구로는 **java**, **javac**, **javadoc** 등 여러 가지가 있는데, 이 중에서 우리가 주로 사용할 것은 **java**와 **javac**다. **java**는 Java 가상기계를 구동하는 프로그램이며 **javac**는 Java 컴파일러다. 우리는 **javac**를 이용하여 Java 소스 프로그램을 Java 바이트코드로 변경한 후, **java**를 이용하여 이 바이트코드를 JVM 상에서 실행시킬 예정이다.

Java 개발 환경에 대한 설명이 너무 복잡하여 이해하기 힘들다면 그냥 두 개의 명령어, **javac**와 **java**만 기억해 두면 된다. 그리고 이 명령어가 각각 그림 1.5의 Java 컴파일러와 Java 가상기계(JVM)에 해당된다는 것만 알고 있으면 된다. 나머지 복잡한 사항들은 Java 프로그램을 개발해 가면서 차차 이해할 수 있으므로 지금 너무 조급해 할 필요는 없다.

Key Point Java 프로그램을 개발하는 데 필요한 제반 프로그램들을 모두 합쳐서 Java 개발 환경이라고 부른다.

1.5 Java 개발 환경 설치

JDK 다운로드 및 설치

Java로 프로그램을 개발하려면 Java 개발 환경을 구축해야 한다. 앞서 언급한 대로 Java 개발 환경은 무료로 제공되기 때문에 비용에 대해서 신경 쓸 필요는 없다. 다만 여러분에게 필요한 올바른 버전을 찾아서 다운로드하고 설치하는 것이 중요하다. Java 개발 환경은 다음 사이트에서 다운로드받을 수 있다.

`http://www.oracle.com/technetwork/java/javase/`

여기서 다운로드 페이지를 찾을 수 있는데, 다운로드 페이지 위치는 웹 페이지 개편에 따라 바뀔 수 있기 때문에 이 책에 명시하지는 않겠다. 다운로드 페이지를 찾은 다음에는 표준 플랫폼(Java SE)에 대한 JDK를 찾자. 이 책을 쓰고 있는 2017년 1월 현재 표준 플랫폼에 대한 JDK 최신 버전은 "Java SE 8u121"(Java 버전 8, 업데이트 121)이다.

JDK 버전을 선택한 후에는 다시 운영체제 플랫폼(operating system platform)과 언어 옵션(language option)을 선택해야 한다. 현재 JDK 표준 개발 환경은 리눅스(linux)와 솔라리스(solaris), 윈도(windows)를 지원하고 있는데, 여기서 자신의 환경에 맞는 것을 선택하면 된다. JDK는 2017년 1월 현재 윈도 플랫폼에 대하여 32비트 윈도(Windows x86), 64비트 윈도(Windows x64)로 구분하여 지원하고 있는데, 자신의 윈도가 32비트인지 64비트인지 구별하여 선택하면 된다. 사용자 계약(license agreement)에 동의하고 다운로드를 진행하자.

다운로드한 실행 파일을 더블클릭하면 설치가 진행된다. 특별히 다른 위치를 지정하지 않으면 설치 폴더는 다음과 같이 'C:\Programs Files\Java' 폴더로 정해진다.

```
C:\Program Files\Java\jdk1.8.0_121
```

여기서 1.8.0_121은 JDK 버전이 1.8이란 말이고 121번 업데이트를 거쳤다는 뜻이다. 따라서 이 숫자는 여러분이 어떤 버전을 설치했느냐에 따라서 달라질 수 있다. 이 폴더의 bin 디렉터리로 이동하자. 명령 프롬프트를 열어서 다음 명령어를 순차적으로 실행하면 된다.

```
> C:
> cd "C:\Program Files\Java\jdk1.8.0_121\bin"
```

정상적으로 설치되었다면 이 폴더 안에서 javac.exe 프로그램을 찾을 수 있다. 이 프로그램이 바로 Java 컴파일러인데 다음 명령어를 수행하여 Java 컴파일러 버전을 확인해 보자.

```
> javac -version
javac 1.8.0_121
```

위와 비슷한 결과가 나왔는가? 그렇다면 제대로 설치된 것이다.

JDK를 설치한 후에는 환경변수를 설정하는 것이 편리하다. 환경변수를 설정하지 않으면 JDK 프로그램을 실행할 때마다 설치된 폴더 위치를 명시해 주어야 한다. 반면 환경변수를 설정하면 설치 폴더 위치를 명시하지 않아도 JDK 프로그램을 사용할 수 있다. 설정해야 할 환경변수는 JAVA_HOME과 PATH 두 가지다. JAVA_HOME은 JDK가 설치된 위치로 설정하면 되고 PATH에는 JAVA_HOME의 bin 디렉터리가 포함되도록 설정하면 된다. 예컨대 다음과 같이 설정하면 된다.

```
JAVA_HOME: C:\Program Files\Java\jdk1.8.0_121
PATH: %JAVA_HOME%\bin;...
```

윈도에서 환경변수를 설정하는 방법은 컴퓨터의 '속성'이나 '등록정보'에서 '고급' 탭이나 '고급 시스템 설정' 메뉴를 선택한 후에 '환경변수' 버튼을 눌러 환경변수를 변경하면 된다. 혹시 설정하고자 하는 환경변수가 없다면 새로 만들면 된다. Java를 처음 설치했다면 환경변수 JAVA_HOME은 새로 만들어야 한다. 환경변수 PATH는 이미 존재하고 있으므로 이 환경변수의 맨 앞에 JDK의 bin 디렉터리 경로를 추가하고 세미콜론으로 구분하면 된다.

Eclipse 다운로드 및 설치

Java 프로그램을 개발하기 위한 개발 환경 중에서 최근 많이 사용되는 것으로 Eclipse가 있다. Eclipse는 Java뿐만 아니라 C/C++, 파이썬(Python) 등 여러 언어를 지원할 수 있으며 각 언어에 특화된 Eclipse 환경을 **퍼스펙티브**(perspective)라고 한다. Eclipse 최신 버전은 다음 홈페이지에서 다운로드받을 수 있다.

http://www.eclipse.org/

본래 Eclipse는 별도의 설치파일 없이 압축 파일로 배포되었었는데 지금은 설치 관리자 파일 형태로 배포되며 압축 파일을 받으려면 "eclipse-packages" 페이지에서 개별적으로 다운로드해야 한다. 여기서는 설치 관리자를 이용한

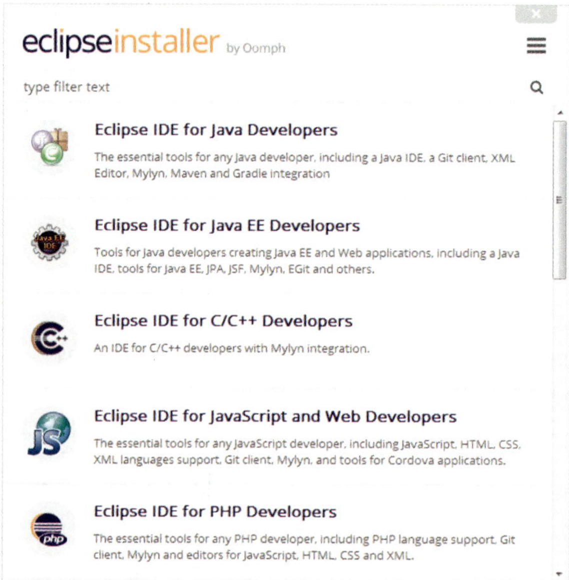

[그림 1.7] Eclipse IDE 선택 화면

설치 과정을 설명한다.

Eclipse 홈페이지에 있는 다운로드 버튼을 클릭하여 Eclipse 설치 관리자 파일을 다운로드한다. 다운로드가 완료된 후 설치 관리자를 실행하면 그림 1.7과 같은 IDE 선택 화면이 나오는데, 여기서 "Eclipse IDE for Java Developers"를 선택한다.

그러면 그림 1.8과 같이 설치 옵션 선택 창이 나타나는데, 이 대화 창에서 설치 위치를 선택할 수 있고 또한 시작 메뉴에 프로그램을 등록할 것인지, 바탕화면에 바로가기를 설치할 것인지 여부를 결정할 수 있다. 이러한 제반 선택 사항을 확인한 후 "Install" 버튼을 누르자.

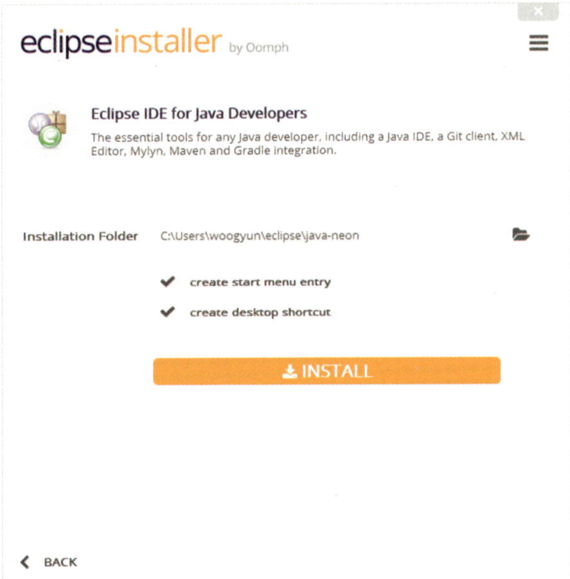

[그림 1.8] Eclipse 설치 옵션 선택 창

다음 단계로 진행하면 그림 1.9와 같은 Eclipse 사용자 동의서 화면이 나타난다. 여기에서 사용권 허가 내용을 확인하고 가볍게 "Accept Now" 버튼을 누르고 다음으로 진행하자.

■ **[그림 1.9]** Eclipse 사용자 동의서 화면

그러면 드디어 그림 1.10과 같이 설치가 진행된다.

■ **[그림 1.10]** Eclipse 설치 화면

설치가 완료되면 그림 1.11과 같이 실행할 것인지 묻는 화면이 나타난다.

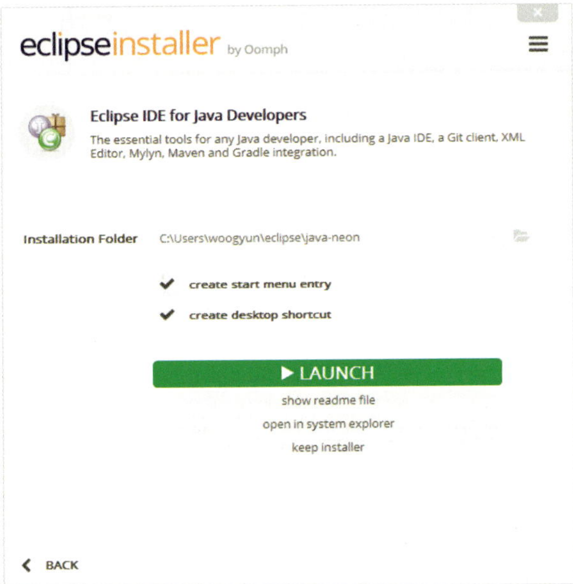

[그림 1.11] Eclipse 설치 완료 화면

여기서 "Launch" 버튼을 누르면 그림 1.12와 같이 Eclipse 로고가 나타나며 Eclipse가 실행된다.

[그림 1.12] Eclipse 로고

처음 실행하면 그림 1.13과 같이 워크스페이스(workspace)를 설정하라는 대화창이 나오는데, 이 공간은 Eclipse와 관련된 모든 프로젝트가 저장되는 곳이므로 자신이 관리할 수 있는 폴더로 선택하면 된다.

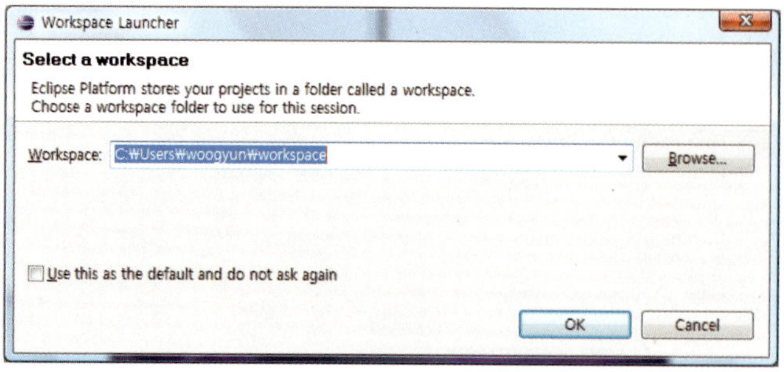

■ **[그림 1.13]** Eclipse 워크스페이스 설정 화면

신경 쓰기 귀찮다면 그냥 기본 위치로 설정해 두고 진행하자. 그러나 기본 위치가 어디인지는 기억해 두어야 한다. 그리고 지금 정한 위치를 다음번에도 계속 워크스페이스로 사용하려면 "Use this as the default... (이 위치를 기본으로 사용함)" 체크 박스를 선택하고 진행하면 된다.

최초로 Eclipse를 실행한 후에는 그림 1.14와 같은 화면이 나타난다.

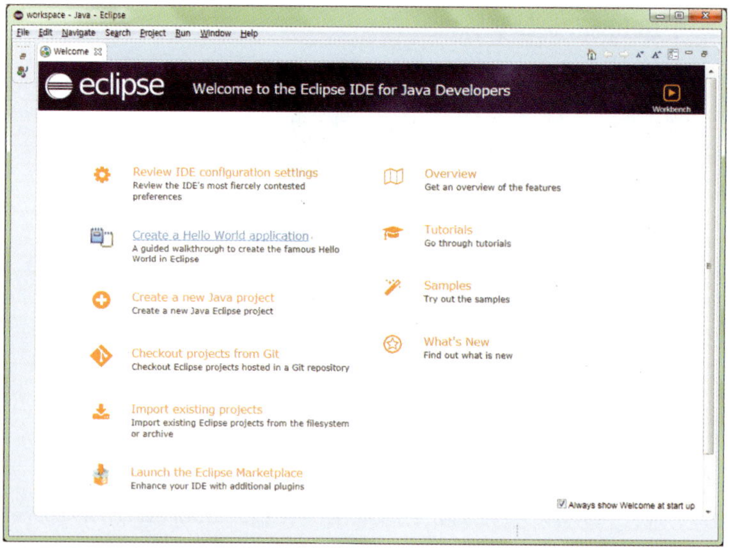

■ **[그림 1.14]** Eclipse 최초 실행 화면

이 화면은 환영한다는 것을 나타내는 화면(welcome screen)인데, 여기에서 샘플 코드를 볼 수도 있고 이클립스에 대해 소개하는 문서도 읽을 수 있다. 나중에

도 다시 이 화면을 볼 수 있으니 "Welcome" 탭 옆의 엑스 표시를 눌러서 이 화면을 닫자. 그러면 그림 1.15와 같은 화면이 나타난다.

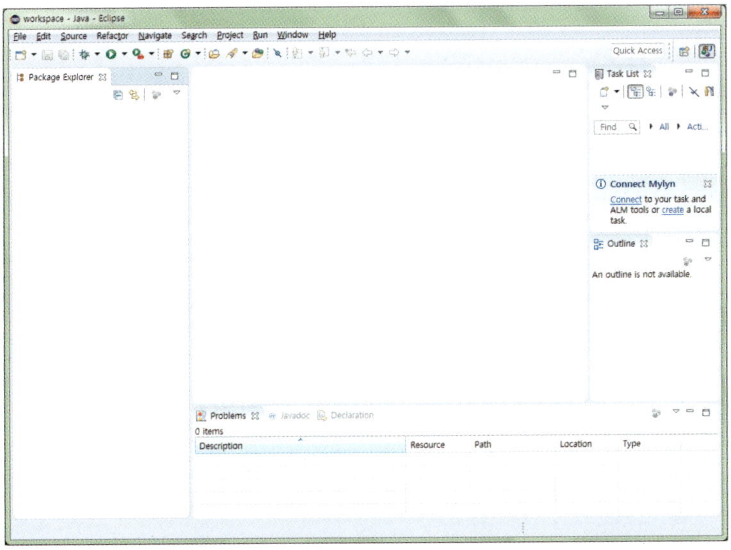

■ **[그림 1.15]** Eclipse Java 퍼스펙티브

우측 상단을 보면 "**Java**"(혹은 'J')라는 표시가 버튼처럼 눌려 있는데, 이는 현재 보고 있는 환경이 Java 퍼스펙티브(perspective)[5]라는 것을 나타낸다. 여기까지 진행되었으면 Eclipse가 제대로 설치된 것이다. Eclipse를 끝내려면 File → Exit을 선택하면 된다.

DrJava 다운로드 및 설치

앞서 설명한 Eclipse는 통합 개발 환경이므로 프로그램 덩치가 크고 따라서 초기 실행 속도가 느릴 수 있다. 이런 이유 때문에 Java 개발자 중에는 일반적인 편집기를 이용하는 것을 선호하기도 하는데, 이러한 편집기는 별도로 설

---

5) 퍼스펙티브(perspective)란 원래 '관찰자 시점'이라는 뜻이다. Eclipse는 Java 외에도 C, Python 등 여러 언어의 개발 환경으로 사용될 수 있는데, Eclipse에서는 특정 언어 L을 이용하여 프로그램을 개발하기 위한 설정을 L 퍼스펙티브라고 부른다. JDK를 설치하고 Eclipse를 설치하였다면 기본적으로 Java 퍼스펙티브로 설정되어 있을 것이다.

정하는 과정을 거쳐야 하는데, 설정 과정이 번거롭다는 단점이 있다. 매우 가벼운 Java 개발 환경으로 DrJava가 있다. 이 절에서는 DrJava 설치에 대해 살펴보자. DrJava는 다음 사이트에서 다운로드할 수 있다.

```
http://www.drjava.org/
```

위 홈페이지에 가면 안정적인 배포판(stable release) 중에서 Windows용이 있는데, 이것을 다운로드하면 된다.

DrJava는 사실 별도의 설치과정 없이 바로 실행할 수 있다. DrJava를 처음 실행하면 그림 1.16과 같은 화면이 나타나는데, 앞으로 Java 파일을 클릭하면 DrJava가 실행되도록 할 것인가를 묻는 화면이다.

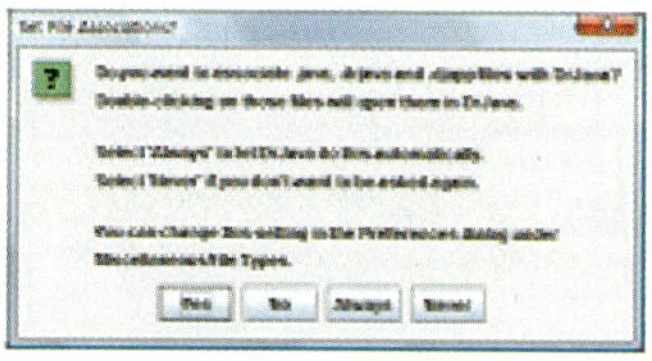

[그림 1.16] DrJava 설정 화면

Java 개발 환경으로 계속 DrJava를 사용할 예정이라면 "Always" 버튼을 클릭하고 그렇지 않다면 "Never" 버튼을 클릭한다. 그 다음에는 그림 1.17과 같은 화면이 나타나는데, 이 화면의 편집창에 바로 프로그램을 작성하면 된다.

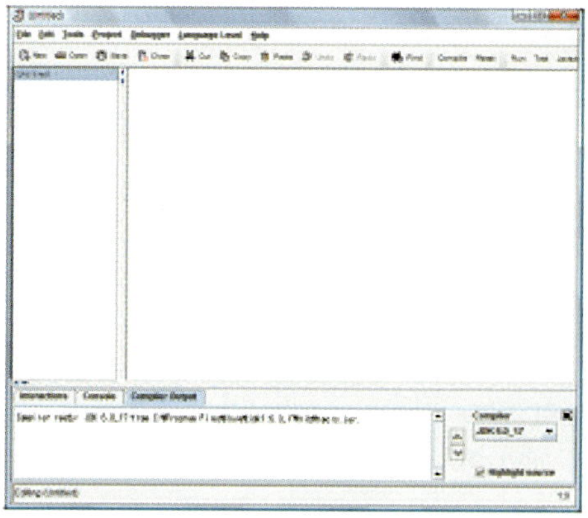

[그림 1.17] DrJava 실행 화면

DrJava에서는 기본적으로 들여쓰기 간격이 2로 설정되어 있는데, 이를 바꾸려면 Edit 메뉴의 "Preferences..." 서브메뉴를 선택하면 바꿀 수 있다. 이 다이얼로그 박스에서 각 구성 요소의 글꼴도 변경할 수 있다.

DrJava에는 재미있는 특징이 있는데, DrJava의 아래쪽에 있는 여러 탭 중에서 "Interactions" 탭을 선택하고 그 안에 Java 문장을 작성하면 그 문장을 수행한 결과를 보여준다. "Interactions" 탭에서 다음 문장을 입력해 보자.

```
> System.out.println("Hello");
Hello
```

프롬프트에 입력한 문장은 문자열을 출력하기 위한 Java 문장인데 DrJava의 "Interactions" 탭은 이것을 실행하여 그 결과를 보여준다.

1.6 간단한 Java 프로그램

Java 프로그램은 클래스로 구성된다. 즉, Java 프로그램을 작성하기 위해서는 클래스를 작성해야 한다. 클래스에 대한 개념은 3장에서 자세히 다루는데, 여기서는 클래스 내에 메소드를 정의하는 방식을 이용하여 간단한 Java 프로그램을 편집하고 실행하는 방법을 소개하고자 한다.

프로그램 작성 및 실행

Java 프로그램을 작성하고 수행하려면 소스코드 내용을 편집하고 컴파일해야 하는데, 이런 과정은 모두 앞서 소개한 Eclipse나 DrJava를 이용하여 수행할 수 있다. 여기서는 Eclipse로 프로그램을 작성하고 수행하는 방법을 설명한다. 앞 절에서 설명한 대로 Eclipse를 성공적으로 설치하였다면 Eclipse를 수행하여 Java 퍼스펙티브를 열 수 있을 것이다. Eclipse의 Java 퍼스펙티브에서 File → New → Java Project 메뉴를 이용하여 프로젝트를 새로 만들자. 그러면 그림 1.18과 같은 대화창이 나타난다.

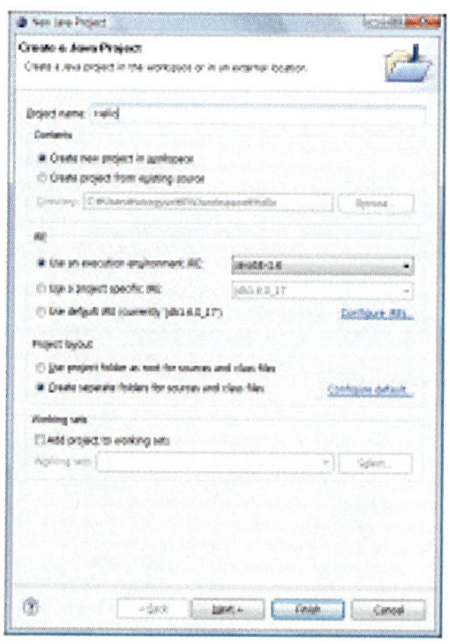

■ **[그림 1.18]** Java 프로젝트 생성 화면

이 대화창에서 프로젝트 이름(Project name)을 **Hello**라고 적고 Finish 버튼을 눌러 계속 진행하자. 그러면 그림 1.19와 같이 Java 퍼스펙티브의 패키지 익스플로러(Package Explorer) 트리에 **Hello**라는 폴더가 생긴다.

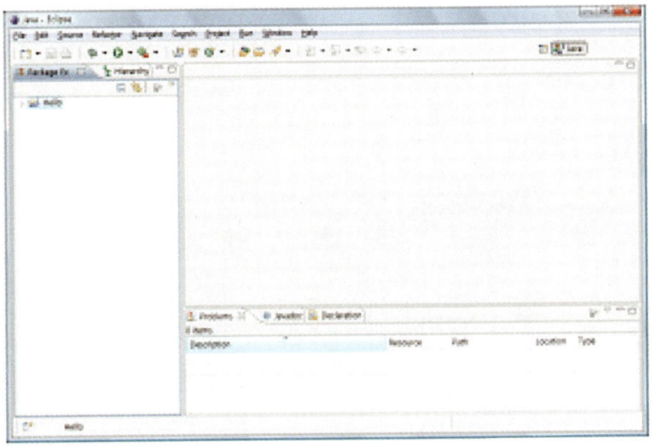

[그림 1.19] Java 프로젝트 Hello가 생성된 화면

그렇지만 아직 이 상태에서 Java 프로그래밍을 진행할 수 없다. Java 프로그램을 작성하기 위해서는 **Hello** 프로젝트에 클래스 파일을 추가해 주어야 한다. File → New → Class 메뉴를 이용하여 클래스 파일을 추가하자. 그러면 그림 1.20과 같은 대화 창이 나타난다.

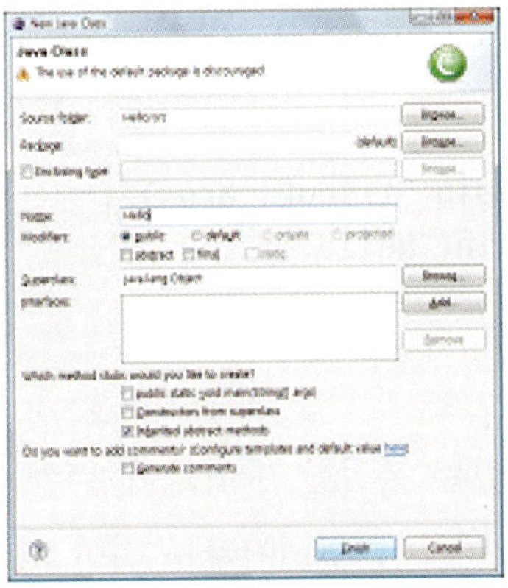

[그림 1.20] 클래스 추가 대화 창

이 대화 창의 Name 필드에 **Hello**라고 적자. 그러면 자동적으로 Source folder 이름도 Hello/src로 바뀐다. 그런 다음에 Finish 버튼을 누르자. 그러면

Hello 클래스에 대한 소스파일이 생성되고 그림 1.21처럼 편집창이 생긴다.

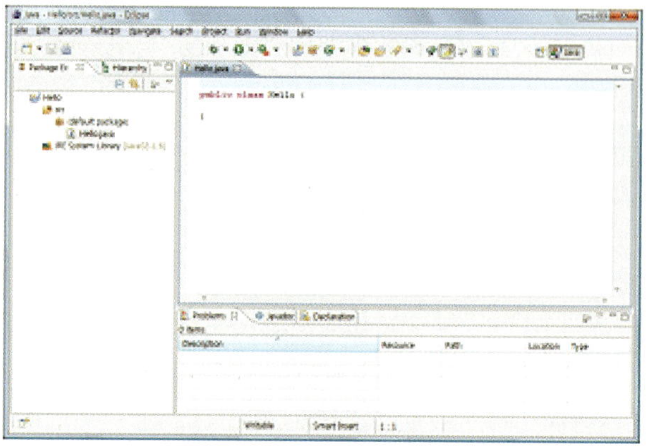

[그림 1.21] 클래스가 추가된 후 뼈대 코드가 생성된 화면

그림 1.21에서 확인할 수 있는 것처럼 편집창에는 자동적으로 클래스 뼈대 코드가 입력되어 있다. 이 클래스 이름은 여러분이 입력한 Hello인 것을 확인할 수 있다. 이렇게 자동으로 뼈대 코드를 입력하여 보여주는 기능은 Eclipse에서 제공하는 기능으로서 다른 개발 환경에는 없을 수도 있다.

Hello 클래스의 뼈대 코드 안에 main 메소드를 추가하여 다음과 같은 프로그램이 되도록 작성해 보자.

```
public class Hello
{
    public static void main(String[] args) {
        System.out.println("Hello");
    }
}
```

지금으로서는 이 프로그램에 있는 복잡한 단어들이 무슨 뜻인지 이해할 수 없겠지만, 일단 추가한 메소드 이름이 main이라는 것만 기억해 두자. 그러나 다른 단어들도 꼭 필요한 것들이니 반드시 입력해야 한다. 위 프로그램에서 눈여겨 볼 만한 것으로는 메소드 main이 클래스 Hello 내에 정의되어 있다는 사실이다. 이제 Run → Run 메뉴를 이용하여 프로그램을 실행해 보자. 제대로 입력했다면 그림 1.22와 같이 실행 결과가 콘솔 창에 나타날 것이다.

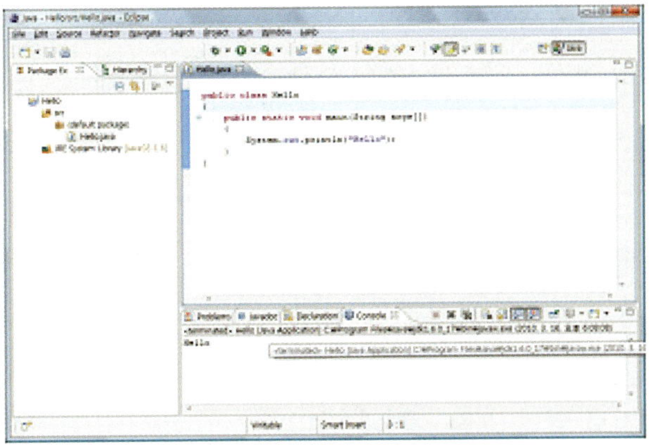

■ **[그림 1.22]** Hello 프로그램이 실행된 결과

이렇게 프로그램을 입력하고 컴파일한 후 얻은 실행결과를, 앞으로 이 책에서는 함께 나타낼 예정이다. 예를 들어서 위 **Hello.java** 프로그램의 경우에는 다음과 같이 나타내고자 한다.

프로그램 1.1 • Hello.java

```
/***********************************************************
 * Hello.java
 *
 * 표준 출력에 문자열 "Hello"를 출력하는 프로그램
 ***********************************************************/

/**
 * main 메소드 하나를 포함하고 있는 Hello 클래스.
 * main 메소드에서는 System.out의 println 메소드를 이용하여
 * 문자열 "Hello"를 출력한다.
 */
public class Hello
{
   public static void main(String[] args) {
      System.out.println("Hello");
   }
}
```

실행결과

```
Hello
```

프로그램 1.1에서 /*로 시작하여 */로 끝나는 부분(1~5번 행, 7~11번 행)은 주석이다. 따라서 프로그램 1.1에는 주석이 두 개 있다. 이 중에서 7~11번 행 형태의 주석(/** 줄로 시작하여 */ 줄로 끝나는 주석)은 Java 문서 생성기(javadoc)가 사용하는 주석으로서 보통 **javadoc 주석**이라고 부른다. Java 문서 생성기는 javadoc 주석을 HTML 파일로 변환해 준다. 이클립스의 "Project" 메뉴의 "Generate javadoc..."을 선택하면 해당 프로젝트 폴더의 doc 폴더에 HTML 문서를 생성해 준다. `Hello.java` 파일에 대해 이렇게 생성한 문서를 웹 브라우저로 열면 그림 1.23과 같다.

■ **[그림 1.23]** Java 문서 생성기가 생성한 HTML 문서

이제 Java로 간단한 프로그램을 작성하고 실행할 수 있게 되었다. 우리가 작성한 프로그램 1.1은 **콘솔**(console; 명령 프롬프트)에 문자열 `Hello`를 출력하는 프로그램이다. 콘솔 출력을 **표준출력**(standard output)이라고 하고, 콘솔 입력을 **표준입력**(standard input)이라고 하는데, 위 프로그램은 표준출력을 사용하는 프로그램이다. 이제 이 프로그램의 각 부분을 자세히 살펴보자.

Hello 클래스

Java 소스파일의 가장 외부에는 클래스가 정의되어 있다. **클래스**는 객체지향 언어에 새로 도입된 개념인데, 간단히 말해서 여러 함수를 묶은 것으로 생각할 수 있다. 클래스는 함수를 묶는 기능뿐만 아니라 객체를 생성하는 기능도 수행할 수 있는데, 사실 객체를 생성하는 기능이 더 중요하다고 볼 수 있다. 그러나 당분간 객체를 생성하는 기능은 접어두고 함수를 묶는 기능을 주로 살펴볼 예정이다.

> **Key Point** Java 프로그램의 가장 외부에는 클래스가 정의되어 있는데, 여러 함수를 묶는 용도로 클래스를 사용할 수 있다.

클래스의 여러 구성 요소를 묶기 위해서 중괄호(curly braces)인 '{'와 '}'를 사용한다. 사실 중괄호는 클래스의 범위를 나타내기 위해서만 사용되는 것은 아니고 함수나 문장 등의 범위를 나타낼 때도 사용된다. 앞의 프로그램에서도 클래스 `Hello`의 범위를 나타내기 위해, 또 메소드 `main`의 범위를 나타내기 위해 중괄호를 사용했다.

프로그램을 작성할 때, 중괄호 범위는 매우 중요하기 때문에 중괄호는 열을 맞추어 사용한다. 대개 두 가지 방법을 사용하는데 하나는 여는 중괄호와 닫는 중괄호를 맞추는 방식이고 다른 하나는 여는 중괄호가 나타내는 이름(여기서는 `Hello`)이 있는 행의 시작 부분과 닫는 중괄호를 맞추는 방식이다. 여기서는 클래스 `Hello`에 대해서는 첫 번째 방식을 사용하였으며 메소드 `main`에 대해서는 두 번째 방식을 사용하였다.

`Hello` 클래스 앞에는 `public`이라는 단어가 붙어 있는데, `public`과 같은 키워드(keyword)를 **접근 제한자**(access modifier)라고 한다. 접근 제한자 `public`은 이 클래스를 '누구나 사용할 수 있게 하라.'는 뜻이다. 우리는 이 클래스를 프로그램 개발자 외에도 일반 사용자가 사용할 수 있도록 할 예정이므로 `public`으로 정했다. 앞으로 이 책 전반에 걸쳐 대부분의 클래스는 `public`으로 둘 예정이다.

main 메소드

Hello 클래스 안에는 main이라는 함수가 들어가 있는데, 이렇게 클래스 안에 정의된 함수를 메소드(method)라고 한다. **메소드**란 우리말로 해석하면 '방법'이란 뜻인데, 클래스에 전달된 요청을 해결하는 '방법'을 정의한다고 해서 그런 이름이 붙었다. Java의 한 클래스 내에는 일반적으로 여러 메소드가 존재할 수 있는데, 우리가 작성한 클래스 Hello에는 main 메소드가 정의되어 있다.

사실 Java 프로그램 내에 포함된 여러 클래스 중 적어도 한 클래스에는 main 메소드가 있어야 한다. Java 프로그램을 실행할 때는 main 메소드부터 시작하는 것으로 약속되어 있다. 그러므로 어떤 클래스에도 main 메소드가 없다면 문제가 될 수 있다. 따라서 적어도 하나의 클래스에는 main 메소드가 있어야 한다. 반대로 main 메소드가 여러 개가 되어도 문제가 될 수 있다. 어느 main부터 시작하는 것이 올바른 것인지 알 수 없기 때문이다.

Key Point 클래스 안에 정의된 함수를 메소드라고 한다. Java 프로그램 내에 포함된 여러 클래스 중 적어도 한 클래스에는 main 메소드가 있어야 한다.

메소드 이름 main 앞에는 세 단어, public, static, void가 차례로 나열되어 있다. 이 중에서 public의 기능은 클래스에서 얘기한 것과 유사한데, 여기서는 클래스 외부에서 이 메소드를 사용할 수 있다는 뜻이다. 이 프로그램을 사용할 사용자는 당연히 클래스 외부에 있고 이 프로그램을 사용하려면 main 메소드를 호출해야 하므로 main 메소드는 당연히 public으로 선언되어야 한다.

static과 void는 각각 main 메소드의 종류와 리턴 타입(return type)을 나타낸다. 클래스 내의 메소드는 여러 가지로 분류할 수 있는데, 가장 기본적으로 분류하는 방법이 클래스 메소드(class method)와 인스턴스 메소드(instance method)로 분류하는 것이다. **클래스 메소드**란 클래스를 통해 직접 사용할 수 있는 메소드를 뜻하고, **인스턴스 메소드**는 객체를 생성한 후에 사용할 수 있는 메소드를 뜻한다. Java에서 클래스 메소드 앞에는 항상 static이라는 단어를 붙여준다.

리턴 타입이란 리턴 값(return value)의 자료형(data type)을 의미하는데, **리턴 값**이란 해당 메소드에서 메소드 외부로 전달하는 값을 의미한다. main 메소드에서는 외부로 전달하는 값이 전혀 없다. 즉, 리턴 값이 없다는 의미가 되는데 리턴 값이 없음을 나타내기 위해서 리턴 타입을 void라고 명시한다. void는 영어로 '텅 비었음', '없음'을 의미한다.

메소드 이름 main 뒤에는 String[] args라는 문자열이 괄호로 감싸여 있다. 여기서 args는 매개변수 이름이며 String[]는 매개변수의 타입을 의미한다. 즉 args의 타입이 String 배열임을 나타내고 있는데, Java에서는 어떤 타입 T의 배열을 T[]로 나타낸다. main 메소드 내에서는 args를 사용하지 않으므로 여기 매개변수 선언 부분은 그냥 무시해도 된다. 그러나 생략해서는 안 된다. Java에서 main 함수는 항상 String[] 타입의 매개변수를 받아야만 한다고 정해져 있다.

메소드 호출 문장

이제 main 메소드의 외형은 충분히 살펴보았으므로 main 메소드 내부를 살펴보자. main 메소드 안에는 현재 하나의 문장이 존재한다. C/C++와 마찬가지로 Java에서도 문장은 세미콜론 ";"으로 끝난다. 현재 main 메소드의 중괄호 안에는 세미콜론이 하나만 존재하므로 main 메소드에는 현재 한 문장만 존재한다. 그 문장은 다음과 같다.

```
System.out.println("Hello");
```

이 문장은 크게 세 부분으로 나누어 볼 수 있는데 System.out, println, ("Hello")로 분해해 볼 수 있다. 이 문장은 메소드를 호출하는 문장이다. 이 메소드는 System.out이라는 객체의 메소드로서 이름은 println이다. ("Hello")에서 문자열 "Hello"는 이 메소드에 전달되는 인수(actual argument)다. **인수는**

해당 메소드에서 사용할 데이터를 의미하는데, 이 경우에는 `System.out` 객체의 메소드 `println`이 사용할 데이터가 `"Hello"`라는 것을 의미한다. 매개변수를 선언할 때에도 괄호를 사용하였는데, 인수를 전달할 때에도 마찬가지로 괄호를 사용한다.

프로그래밍 오류

프로그램을 작성하다 보면 여러 가지 오류를 만나게 된다. **프로그래밍 오류**(programming error)란 프로그램이 원하는 대로 실행되지 않는 여러 가지 원인을 말한다. 여기서 프로그램의 실행 형태를 원하는 주체는 프로그램 작성자, 즉 '프로그래머'다. 따라서 프로그래밍 오류는 매우 포괄적인 개념이며 여러 가지 형태로 나타날 수 있다.

예컨대 프로그램을 작성할 때, 잘못 입력하여 프로그램을 컴파일할 수 없다고 하자. 이것도 프로그래밍 오류에 해당한다. 이런 부류의 오류를 **구문 오류**(syntax error)라고 한다. 프로그래밍 언어가 정하고 있는 작성 규칙에 따라 프로그램을 작성하지 않았기 때문에 발생하는 오류다. 예를 들어서 문장을 끝낼 때 세미콜론 "`;`"을 사용하지 않고 콜론 "`:`"을 사용했다면 이는 구문 오류가 된다. 구문 오류는 컴파일 시간에 발생하기 때문에 **컴파일 오류**(compile error)라고 부르기도 한다.

무사히 컴파일 과정을 거쳐 바이트코드를 생성했지만 바이트코드를 실행하는 중에 오류가 발생할 수도 있다. 이러한 오류를 **실행시간 오류**(run-time

Q&A

출력하는 객체 이름을 그냥 out이라고 하지 않고 왜 System.out이라고 했나요?

System이라는 클래스에 소속된 객체임을 나타내기 위해서 그렇게 한 것입니다. System 클래스는 표준입력과 표준출력, 표준오류 스트림을 포함하고 있는 클래스로서 시스템 환경변수와 같은 시스템 세부 사항에 관한 정보를 제공하는 클래스입니다.

error), 간단히 **실행 오류**라고 한다. 실행 오류 중에는 컴퓨터가 검출할 수 있는 오류도 있지만 프로그래머만이 검출할 수 있는 오류도 있다. 예를 들어서 정수 3751이 저장되어 있는 변수 sum을 정수 0이 저장되어 있는 변수 num으로 나누라고 했다면 컴퓨터는 이런 나눗셈을 실행할 수 없으므로 실행 오류가 발생한다.

프로그래머가 검출할 수 있는 실행 오류를 특별히 **논리 오류**(logical error)라고 한다. 사실 컴퓨터는 프로그래머가 시킨 대로 일을 수행한다. 따라서 실행 결과가 프로그래머 의도와 다르게 나왔다면 프로그래머가 잘못 지시한 것이라고 볼 수 있다. 따라서 프로그래머가 논리적인 실수를 한 것이라고 볼 수 있으며, 그래서 이런 부류의 오류를 논리 오류라고 한다. 프로그램 오류 종류 중 논리 오류가 가장 검출하기 어렵다.

Key Point 프로그래머가 원하는 대로 실행되지 않는 원인을 프로그래밍 오류라고 하는데, 프로그래밍 오류는 구문 오류, 실행시간 오류, 논리 오류로 구별할 수 있다.

Key Points

▶ Java는 안전한 프로그램을 개발하기 위해 설계된 (   ) 프로그래밍 언어다.

▶ (   )(이)란 스스로 상태를 유지하며 외부 요청에 반응하는 어떤 대상으로서 능동적인 데이터라고 볼 수 있는데 (   ) 프로그래밍이란 (   )을(를) 중심으로 프로그램을 작성하는 방식을 뜻한다.

▶ Java의 원래 이름은 오크였는데, 오크는 (   )이(가) 주도한 프로젝트에서 설계한 언어로서 (   ) 시스템용 프로그램을 개발하기 위해 제작된 언어다.

▶ Java는 (   ) 브라우저에 내장(임베딩)됨으로써 성공을 거두었으며, Java 개발 환경은 현재까지 무료로 제공되고 있다.

▶ 컴퓨터는 (   )와(과) (   )(으)로 구성된다. 컴퓨터 (   )(이)란 물리적인 장치를 의미한다.

▶ 컴퓨터 CPU는 메모리에 있는 프로그램에 대하여 (   ) 주기를 반복한다.

▶ 하드디스크에 저장된 것은 프로그램이든 데이터든 상관없이 (   )(이)라고 부른다.

▶ 컴퓨터는 프로그램에 의해 동작되는데, 컴퓨터가 수행할 프로그램과 필요한 데이터 등을 합쳐서 컴퓨터 (   )(이)라고 부른다.

▶ 프로그램과 (   )의 가장 큰 차이는 실행 중인가 여부다. 실행 중인 프로그램을 (   )(이)라고 부른다.

▶ (   )은(는) 소스코드를 번역하여 실행파일을 만들어 준다. 일단 실행파일이 만들어지면 소스코드와 (   )이(가) 없어도 프로그램을 실행시킬 수 있다.

▶ (　　　　)은(는) 소스코드를 실행할 때마다 CPU에서 소스코드를 해석하여 번역한다. 이 방식으로 프로그램을 수행하려면 소스코드와 (　　　　)이(가) 모두 있어야 한다.

▶ 웹 프로그램은 한 번 작성하면 어떤 곳에서든 수행될 수 있는데, 이러한 특성을 (　　　　　　　　　　　　)(이)라고 부른다.

▶ Java (　　　　)은(는) Java 코드를 이해하고 해석하여 수행해 주는 인터프리터다. Java (　　　　)이(가) 읽고 수행할 수 있는 코드를 Java 바이트코드라고 한다.

▶ Java 프로그램을 개발하는 데 필요한 제반 프로그램들을 모두 합쳐서 Java (　　　　)(이)라고 부른다.

▶ Java 프로그램의 가장 외부에는 (　　　　)이(가) 정의되어 있는데, 여러 함수를 묶는 용도로 (　　　　)을(를) 사용할 수 있다.

▶ 클래스 안에 정의된 함수를 (　　　　)(이)라고 한다. Java 프로그램 내에 포함된 여러 클래스 중 적어도 한 클래스에는 (　　　　)이(가) 있어야 한다.

▶ 프로그래머가 원하는 대로 실행되지 않는 원인을 프로그래밍 오류라고 하는데, 프로그래밍 오류는 (　　　　), (　　　　), (　　　　)(으)로 구별할 수 있다.

프로그래밍 실습

1. 하드웨어 사양 조사와 분석

1.2절에서 컴퓨터 하드웨어 구조에 대해 설명하였다. 내가 사용하고 있는 컴퓨터의 하드웨어 사양을 확인해 보자.

1.1 CPU의 속도 메모리(RAM) 용량 등은 다음 메뉴에서 확인할 수 있다.

내 컴퓨터 → 제어판 → 시스템

또 하드디스크 용량은 다음 메뉴를 통해 확인할 수 있다.

내 컴퓨터 → 드라이브의 팝업메뉴(마우스 우클릭) → 속성

하드웨어 장치	사양
CPU	속도
메모리	용량
하드디스크	용량

1.2 컴퓨터를 판매하는 광고지에서 하드웨어 용량에 대해 어떤 표기를 하고 있는지 확인해 보자. 어떤 사양이 바뀌면 컴퓨터 가격이 크게 변동되는지 분석해 보자.

하드웨어 장치	사양			가격 변동 분석	
	저사양	고사양	증가율	변동가격	가성비
CPU					
메모리					
하드디스크					

2. Java 개발 환경 비교

1.5절에서 Eclipse와 DrJava 등 Java 개발 환경을 소개하였다. 이 두 개발 환경을 모두 설치하고 두 개발 환경을 서로 비교해 보자.

2.1 간단한 프로그램을 작성하고 컴파일하는 데 필요한 단계 수를 측정해 보자. 메뉴 선택 1회, 마우스 클릭 1회, 텍스트 필드 입력 1회, 프로그램 1줄 입력을 각각 한 단계로 계산하자. 마우스 클릭 대신 단축키(short-cut key)를 사용해도 한 단계로 계산한다. 그러나 최초 프로그램을 실행하기 위해 마우스를 더블클릭한 것이나 입력하기 위해 마우스 클릭을 한 것은 단계로 계산하지 않는다. 각 개발 환경에서 `Hello`.java를 입력하고 수행하는 데 필요한 단계 수를 비교해 보자.

필요한 단계	개발 환경 작업 단계 수		
	Eclipse(E)	DrJava(D)	차(E–D)
프로그램 작성			
컴파일			
프로그램 실행			
계			

2.2 각 개발 환경에서 자신의 취향에 맞게 사용자 설정을 바꾸는 데에 몇 단계가 필요한지 측정해 보자. 예컨대 글꼴 및 크기 설정을 바꾸는 작업, 탭 문자를 공백 4개 문자로 바꾸도록 설정하는 작업에 필요한 단계 수를 측정해 보자.

필요한 단계	사용자 설정 변경 단계 수		
	Eclipse(E)	DrJava(D)	차(E–D)
글꼴 및 크기 변경			
탭을 공백으로 변경			
계			

2.3 앞서 설명한대로 DrJava에는 재미있는 기능이 있다. 개발 환경의 Interactions 탭을 선택한 후에 여기에 바로 Java 문장을 입력하여 테스트해 볼 수 있다. 예컨대 앞서 예시했던 `println` 메소드 호출문을 입력하면 다음과 같은 출력을 얻을 수 있다. 이러한 방식의 장점은 무엇인지 논의해 보자.

```
Welcome to DrJava. Working directory is C:\Users\USER
> System.out.println("Hello");
Hello
>
```

연습문제

1. 다음 중 프로그래밍 분야에서 스스로 상태를 유지하며 외부 요청에 반응하는 어떤 대상을 추상화한 것을 지칭하는 용어로 가장 적합한 것은?

① 객체
② 변수
③ 상수
④ 클래스

2. Java의 원래 이름은 '오크'였다. 오크는 처음 이 분야에 적용될 목적으로 개발되었다. 이 분야란 어떤 분야인가?

① 네트워크 프로그래밍 분야
② 데이터베이스 프로그래밍 분야
③ 인공지능 프로그래밍 분야
④ 임베디드 프로그래밍 분야

3. Java는 처음 목표했던 분야에서는 사실상 성공하지 못했다. 대신 이 분야에 성공적으로 적용되었는데 Java가 성공한 분야는 어떤 분야였나?

① 병렬 프로그래밍 분야
② 시스템 프로그래밍 분야
③ 웹 프로그래밍 분야
④ 클라우드 시스템 분야

4. 컴퓨터 하드웨어 중에서 메모리(RAM)와 하드디스크는 모두 무엇인가 기억하기 위한 장치다. 기억장치가 두 개나 필요한 이유로 가장 적합한 것은?

① 메모리는 버스에 연결되어 있지만 하드디스크는 그렇지 않아서
② 메모리는 용량 당 가격이 비싸지만 하드디스크는 저렴해서
③ 메모리 내용은 전원이 꺼지면 사라지지만 하드디스크는 기록되므로
④ 메모리는 반도체 칩이지만 하드디스크는 기계 장치이므로

5. 컴퓨터 프로그램이 CPU에 의해 실행될 때 인출 · 실행 주기를 반복하게 된다. 다음 중 인출 · 실행 주기의 각 단계를 바르게 나열한 것은?

① 인출 → 해석 → 실행
② 인출 → 실행 → 해석
③ 해석 → 인출 → 실행
④ 해석 → 실행 → 인출

6. 객체는 구체적으로 어떤 형태로 프로그램 내에 존재하게 되는지 예를 들어서 설명하라.

7. GUI를 채택하고 있는 운영체제 상에서 프로그램 아이콘을 더블클릭하여 수행시키면 하드웨어에서 어떤 일이 일어나는지 설명하라.

8. 프로그램과 프로세스의 차이점을 설명할 수 있는가? 여러분이 잘 아는 대상을 하나 골라서 비유적으로 프로그램과 프로세스를 설명하라.

9. WORA는 무슨 의미인가? WORA에는 어떤 장점이 있는가?

10. Java는 WORA를 지원하는 것으로 유명하다. Java가 WORA를 지원할 수 있는 근본적인 이유는 무엇인지 설명하라.

11. Java 바이트코드가 무엇인지 설명하라. Java 바이트코드는 구체적으로 어떤 역할을 하는가?

12. Java 프로그램에서 가장 바깥에 있는 것은 클래스인가 메소드인가? 메소드와 클래스를 구별하여 설명하라.

13. `"Playing with Java"`라는 문자열을 한 행에 한 번씩, 세 번 출력하는 프로그램을 작성하라. 이 프로그램을 한 문장으로 작성할 수 있을까?

14. 프로그램을 작성하는 데 다음과 같이 작성하였다. 각각을 컴파일 오류, 실행 시간 오류, 논리 오류로 구별하여 설명하라.

(1) 어떤 수를 0으로 나누었다.

(2) 문장의 마지막에 세미콜론 대신에 콜론을 넣었다.

(3) 10.5를 출력해야 하는데 10을 출력했다.

(4) 프로그램 입력 시 '{'를 입력해야 하는데 '['를 입력했다.

Java 프로그래밍 기초

2장

이 장에서부터 Java 프로그래밍에 대한 공부를 시작하겠습니다. 다함께 간단한 Java 프로그램으로부터 시작하여 Java의 기능들을 하나씩 익혀나가도록 합시다. 또한, Java 프로그래밍을 하기 위해서는 그 기초가 되는 객체지향 프로그래밍에 대한 개념적인 이해가 필요합니다. 이 장에서는 객체지향 프로그래밍 개요에 대해서 공부하고 Java 프로그램의 두 종류인 애플리케이션과 애플릿에 대해서도 함께 공부하겠습니다.

이 장의 목표

★ Java로 작성된 간단한 프로그램을 이해한다.
★ Java가 제공하는 기본 자료형 및 관련 연산을 이해한다.
★ Java에서 변수와 상수의 차이점 및 사용법을 익힌다.
★ 객체지향 프로그래밍의 기본 개념을 익힌다.
★ 애플릿과 애플리케이션에 대해서 이해한다.

2.1 간단한 Java 프로그램

간단한 출력 프로그램

간단한 출력 프로그램부터 시작해 보자. 이 장에서 작성할 프로그램은 대부분 **표준입력**(standard input)과 **표준출력**(standard output)을 사용하는 프로그램이다. 표준입력과 표준출력은 간단히 말하면 키보드와 모니터라고 할 수 있다. 표준입력은 키보드로부터 들어오는 일련의 문자열을 말하며 Java에서는 `System.in`이 표준입력을 나타낸다. 표준출력은 모니터로 출력되는 일련의 문자열을 말하며 Java에서는 `System.out`가 표준출력을 나타낸다.

표준출력을 이용하는 간단한 예제 프로그램 2.1을 살펴보자. 이 프로그램은 영어, 한글, 한문의 출력을 보여주기 위한 예제로 설명을 위해 각 줄 앞에 줄 번호(line number)를 포함하였다.

프로그램 2.1 • Hello.java

```java
/************************************************************
 * 표준 출력에 영어,한글,한문을 출력하는 프로그램
 ***********************************************************/

public class Hello
{
    public static void main(String[] args)
    {
        System.out.println("Hello World!");
        System.out.println("대~한민국");
        System.out.println("大韓民國");
    }
}
```

실행결과

```
Hello, World!
대~한민국
大韓民國
```

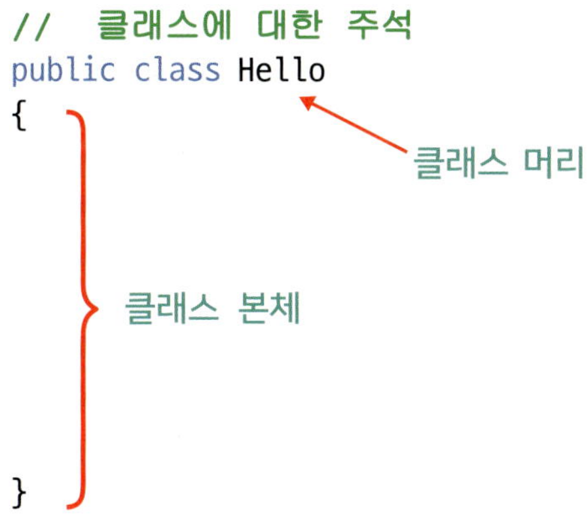

■ **[그림 2.1]** 클래스 구조

Java 프로그램은 하나 혹은 여러 개의 클래스로 구성된다. 이 프로그램은 Hello라는 이름의 하나의 클래스로 이루어진 간단한 프로그램이다. 그림 2.1은 클래스의 구조를 보여주고 있다. 파일 이름 Hello.java는 클래스 이름 Hello와 Java 프로그램이라는 점을 나타내기 위한 확장자로 .java를 사용하고 있다. 이 예에서 파일 이름이 클래스 이름과 같다는 점에 유의하라.

하나의 클래스 내에는 여러 개의 메소드들을 선언할 수 있다. 메소드는 일단 C 언어의 함수 같은 것이라고 생각하기로 하자. Hello 클래스 내에는 main 메소드가 하나 있으며 그림 2.2는 main 메소드의 구조를 보여주고 있다. 프로그램 실행은 main 메소드부터 시작된다. 이 프로그램의 경우 간단한 메시지

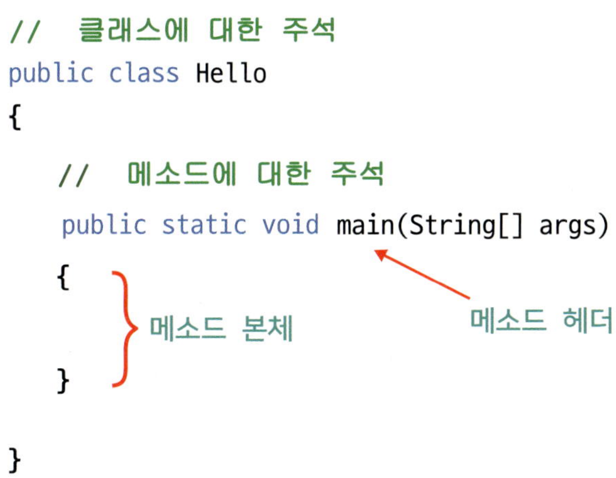

■ **[그림 2.2]** main( ) 메소드 구조

를 출력한다.

먼저 앞 프로그램에서 1~3번 행은 **주석**(comment)을 나타낸다. 주석은 프로그램에 대한 이해를 돕기 위해 프로그래머가 추가한 프로그램에 대한 설명이다. 즉, 주석은 해당 프로그램을 읽게 될 사람을 위한 것이지 컴파일러나 실행을 위한 것이 아니다. 따라서 컴파일러는 주석을 무시한다.

Java 프로그램에서는 두 가지 형태로 주석을 기입할 수 있다. 하나는 위에서 기술한 것처럼 여러 줄에 걸쳐질 수 있는 형태의 주석인데, 다음과 같이 주석 시작을 나타내는 기호로 /*를 사용하고 끝을 나타내는 기호로 */를 사용한다.

```
/* 여기에 포함된
   모든 내용은 주석이다.
*/
```

또 다른 방식은 한 줄짜리 주석으로 주석 표시 부분(슬래시 연속 두 개, //)부터 줄 끝까지 주석을 기입할 수 있다.

```
// 한 줄짜리 주석
```

Key Point Java 언어는 두 가지 형태의 주석을 사용한다. 여러 줄에 걸쳐질 수 있는 /* ... */ 형태의 주석과 한 줄 끝까지 주석으로 처리하는 // ... 형태의 주석이다.

4번 행과 같은 빈줄은 프로그램 이해를 돕기 위해 일부러 추가한 빈줄이다. 복잡한 프로그램의 경우, 공백문자와 빈줄을 이용하여 가로 여백과 세로 여백을 적절히 맞추면 프로그램을 이해하는 데 큰 도움이 된다. 공백문자를 이용하여 좌측에 여백을 주는 것을 특별히 **들여쓰기**(indentation)라고 부른다.

9번 행은 영문 "Hello, World!"를 출력하고, 10번 행은 한글 "대~한민국"을 출력하고, 11번 행은 한문 "大韓民國"을 출력한다.

간단한 입력 프로그램

이번에는 입력을 받는 프로그램의 예를 살펴보자. 프로그램 2.2는 두 개의 정수를 입력받아 그중 작은 수를 출력하는 프로그램이다. 아직 배우지 않았지만 편리한 입력을 위해서는 다음과 같이 표준입력 System.in을 이용해서 Scanner 객체를 생성해야 한다. Scanner에 대해서는 2.4절의 입출력에서 자세히 다룰 것이다.

```
Scanner scan = new Scanner(System.in);
```

Scanner가 제공하는 nextInt 메소드는 표준입력으로부터 정수를 하나 읽어서 리턴한다. 14, 15번 행의 다음 코드는 표준입력으로부터 정수를 읽어서 각각 변수 x, y에 저장한다.

```
x = scan.nextInt();
y = scan.nextInt();
```

다음으로 16~19번 행의 if 문을 이용하여 변수 x, y 값 중에 작은 값을 결정하여 출력한다.

프로그램 2.2 • Min1.java

```
1   /************************************************************
2    * 두 정수를 읽어서 작은 수를 출력하는 첫 번째 프로그램
3    ************************************************************/
4   import java.util.*;
5
6   public class Min1
7   {
8      // 두 정수를 읽어서 작은 수를 출력한다.
9      public static void main(String[] args) {
10        int x, y;
11        Scanner scan = new Scanner(System.in);
12
```

```
        System.out.println("두 정수 입력");
        x = scan.nextInt();
        y = scan.nextInt();
        if (x < y)
            System.out.println("작은 값: " + x);
        else
            System.out.println("작은 값: " + y);
    }
}
```

실행결과

```
두 정수 입력
35 28
작은 값: 28
```

여러 개의 메소드들을 포함한 클래스

지금까지 살펴본 프로그램은 하나의 메소드로 이루어진 클래스 하나로 구성된 간단한 프로그램들이었다. 한 클래스는 필요하면 여러 개의 메소드들을 포함할 수 있다. 한 클래스 내에 두 개의 메소드를 포함하는 프로그램 2.3을 살펴보자. 이 프로그램은 프로그램 2.2와 똑같은 일을 하는 프로그램으로 두 개의 정수 중에 작은 정수를 결정하는 과정을 다음과 같은 별도의 메소드 min으로 정의하였다. 이 메소드는 매개변수로 받은 a와 b 중에서 작은 값을 반환하도록 22~27번 행에 구현하였다.

```
static int min(int a, int b)
```

이 프로그램은 시작하면 두 개의 정수를 읽어 각각 변수 x와 y에 저장한 후에 다음과 같이 min 메소드를 호출할 때 이들을 인수로 전달한다. 이 메소드는 호출되면 둘 중 작은 정수 값을 리턴하며 리턴 값은 변수 m에 저장된다.

```
m = min(x, y);
```

프로그램 2.3 • Min2.java

```java
/***********************************************************
 * 두 정수를 읽어서 작은 수를 출력하는 두 번째 프로그램
 ***********************************************************/
import java.util.*;

// 작은 수를 리턴하는 메소드를 정의하고 이를 사용하는 클래스
public class Min2
{
    // 두 수를 읽은 후 min 메소드를 호출한다.
    public static void main(String[] args) {
        int x, y, m;
        Scanner scan = new Scanner(System.in);

        System.out.println("두 정수 입력");
        x = scan.nextInt();
        y = scan.nextInt();
        m = min(x, y);
        System.out.println(x + "와 " + y + "의 작은 값: " + m);
    }

    // 매개변수로 받은 두 수 중 작은 수를 리턴하는 메소드
    static int min(int a, int b) {
        if (a < b)
            return a;
        else
            return b;
    }
}
```

2.2 기본 자료형 및 변수

기본 자료형

프로그램에서 표현 혹은 저장할 수 있는 데이터에는 여러 종류가 있다. 이 데이터의 종류 혹은 유형을 **자료형**(data type)이라고 한다. Java에서 모든 데이터는 자료형을 갖는다. 자료형은 데이터에 가능한 연산, 데이터 표현을 위해 필요한 메모리 크기 등을 결정한다. 예를 들어 프로그램에서 19세와 같은 나이를 표현하는 데이터와 수학의 π 값 3.14를 표현하는 데이터는 그 종류가 다르다. 또한, 프로그램에서는 'A'와 같은 문자도 표현할 수 있는데 이 역시 그 종류가 다르다.

Java 언어에서는 이러한 여러 종류의 데이터를 표현하기 위한 여러 가지 기본 자료형을 제공한다. **기본 자료형**(primitive data type)은 **논리형**(boolean type), **문자형**(char type), **정수형**(integral type), **부동소수점형**(floating point type)으로 크게 분류할 수 있다. 이들을 다시 분류하면 다음 표와 같이 논리형, 문자형, 4가지 정수형, 2가지 부동소수점형으로 분류할 수 있다. 논리형은 참 혹은 거짓 값을 나타내기 위한 자료형이다. 문자형은 'A', 'x', '창'과 같은 문자를 나타내기 위한 자료형이다. 정수형은 −10, 0, 55와 같은 정수 값을 나타내기 위한 자료형이다. 부동소수점형은 3.14, 300.25와 같은 실수를 나타내기 위한 자료형이다. Java 언어는 표 2.1과 같이 크게 8개의 기본 자료형을 제공한다.

[표 2.1] Java 언어의 기본 자료형 분류

자료형 종류	자료형
정수형	byte, short, int, long
부동소수점형	float, double
문자형	char
논리형	boolean

Key Point

Java 언어는 자료형으로 크게 1개의 논리형, 1개의 문자형, 4개의 정수형, 2개의 부동소수점형을 제공한다.

논리(boolean) 값 true와 false는 참 혹은 거짓을 나타낸다. 예약어인 true와 false 만이 논리형의 유효한 값이다. 논리형 변수(boolean variable)는 두 가지 상태를 나타내는 데 사용할 수 있다. 예를 들어 전구의 켜짐과 꺼짐, 과제의 제출과 미제출, 회원과 비회원 등을 표현하는 데 사용될 수 있다. 다음 코드는 on이라는 논리형 변수를 선언하고 false로 초기화하였다.

```
boolean on = false;
```

문자 집합은 특정 순서를 갖는 문자들로 이루어져 있고 각 문자는 유일한 수로 표현된다. Java에서의 char 변수는 **유니코드 문자집합**(Unicode character set)의 문자를 저장할 수 있다. 유니코드 문자집합은 한 문자당 16비트를 사용하며 65,536개의 문자를 지원할 수 있다. 유니코드 문자집합은 국제적 문자집합으로 여러 나라의 언어에서 사용하는 기호와 문자를 포함하고 있다. char 변수는 하나의 문자를 저장할 수 있다. 문자 리터럴(character literal)은 다음과 같이 단일 인용 부호로 표현된다.

```
'a'   'X'   '7'   '$'   '한'   '大'   '\n'
```

다음 변수 선언에서 변수 grade는 char 자료형으로 한 문자를 저장할 수 있다.

```
char grade = 'A';
```

Java 언어에서 수를 나타내는 4가지 정수형과 2가지 부동소수점형을 살펴보자. 수를 나타내는 여러 기본 자료형의 차이점은 데이터의 크기이다. 저장할 수 있는 데이터의 범위는 표 2.2와 같다.

[표 2.2] Java 언어의 기본 자료형 크기

자료형	기억장소	최솟값	최댓값
`byte`	8비트	–128	127
`short`	16비트	–32,768	32,767
`int`	32비트	–2,147,483,648	2,147,483,647
`long`	64비트	약 -9×10^{18}	약 9×10^{18}
`float`	32비트	약 -3.4×10^{38} (유효숫자 7자리)	약 3.4×10^{38} (유효숫자 7자리)
`double`	64비트	약 -1.7×10^{308} (유효숫자 15자리)	약 1.7×10^{308} (유효숫자 15자리)

기본 자료형은 아니지만 Java가 제공해주는 중요한 자료형으로 문자열을 나타내기 위한 **String** 자료형이 있다. **String**은 사실 Java에서 미리 정의한 클래스 이름이지만 마치 기본 자료형처럼 사용될 수 있다. Java에서는 유니코드를 사용하므로 한글, 영문, 중문을 비롯한 세계 여러 나라 언어의 문자열을 표현할 수 있다. 예를 들어 이준 인용 부호를 사용한 다음과 같은 문자열을 표현할 수 있다.

```
"Java", "대한민국", "大韓民國", "독도는 우리 땅", "Google",
"5 stars", ...
```

+는 두 문자열을 붙여 새로운 문자열을 만드는 문자열 접합 연산자로 사용된다. 따라서 "5" + "stars"는 "5 stars"를 나타낸다. 문자열 접합 시 수는 다음과 같이 문자열로 자동 변환된다는 점에 유의하자.

```
5 + "stars" ⇒ "5 stars"
```

변수 및 상수

프로그램을 구성하는 가장 기본적인 데이터 요소로 변수와 상수가 있다. **변수**(variable)는 데이터를 저장하는 데 사용되는 메모리 위치(memory location)를

나타내는 이름이다. 변수를 사용하기 위해서는 반드시 사용 전에 선언해야 한다. 변수의 선언은 다음과 같이 그 변수에 저장할 데이터의 자료형과 변수 이름을 명시해야 한다.

자료형 변수이름;

> **Key Point** 변수(variable)는 데이터를 저장하는 데 사용되는 메모리 위치(memory location)를 나타내는 이름이다.

변수, 상수, 메소드, 클래스 등에 대한 이름을 **식별자**(identifier)라고 한다. Java에서 식별자의 이름을 지을 때는 다음과 같은 규칙을 지켜야 한다.

- 식별자는 영문자와 숫자로 구성되며 첫 번째 글자는 반드시 문자로 시작해야 한다.
- 밑줄문자 '_'도 하나의 문자로 사용될 수 있다.

표 2.3은 바른 식별자 이름과 잘못된 식별자 이름의 예를 보여주고 있다. Java에서 식별자는 대소문자를 구별한다는 점에 유의하자. 따라서 sum, Sum, SUM은 모두 다른 식별자들이다.

예를 들어 다음과 같이 세 변수들을 선언할 수 있다.

```
char c;
int age;
String name;
```

■ **[표 2.3]** 식별자 이름 예

바른 식별자 이름	잘못된 식별자 이름
x25	25x
X	X#
age01	01age
sum	sum*
SUM	합계
_jumsu	-jumsu
address_01	address-01

변수 c는 하나의 문자를 저장할 수 있고 변수 age에는 정수 값을 저장할 수 있다. String 변수 name은 문자열을 저장할 수 있다. 변수는 기억장소에 대한 이름이므로 프로그램 실행 시 변수를 위한 메모리가 할당된다. 앞의 예에서 문자형 변수 c를 위해서는 2바이트가 할당되고 age를 위해서는 4바이트가 할당된다. String 변수를 위한 기억장소에 대해서는 5장에서 자세히 다룰 것이다. 변수 선언 시 필요하면 다음과 같이 변수의 값을 초기화할 수 있다.

```
char c = 'A';
int age = 1;
String name = "대한민국";
```

또한, 필요하면 다음과 같이 하나의 선언문에서 같은 자료형의 변수 여러 개를 동시에 선언할 수도 있다.

```
int age, count, sum;
```

상수(constant)는 변수와 비슷한 식별자(identifier)이나 존재하는 동안 언제나 같은 값만을 유지한다는 점이 다르다. 이름이 의미하는 것처럼, 그 값이 변하지 않는다. 상수의 값을 변경하려고 한다면 컴파일러는 오류 메시지를 낼 것이다. 선언문 앞에 예약어 final을 사용하면 그 식별자는 상수가 된다.

```
final int MAX_SCORE = 100;
```

상수는 다음과 같은 경우에 유용하게 사용될 수 있다.

(1) 불명확한 리터럴 값에 의미를 부여할 수 있다.
예를 들어 100이라는 숫자보다는 MAX_SCORE가 의미를 더 잘 전달한다.

(2) 프로그램 관리가 편리해진다.
예를 들어 프로그램의 여러 곳에서 사용된 상수 값을 변경하려는 경우, 상수 선언문 한 곳만 수정하면 된다.

(3) 변화되면 안 되는 값이라는 것을 명백히 한다.
다른 프로그래머에 의한 부주의한 오류를 예방할 수 있다.

리터럴

리터럴(literal)은 프로그램 내에서 직접 표현하는 상수 값이다. 리터럴의 예를 몇 개 살펴보자.

```
25, 'A', true, 3.14
```

자료형에 따라 리터럴을 표현하는 방식을 정수형 리터럴과 실수형 리터럴을 중심으로 살펴보자. 문자형 리터럴과 논리형 리터럴은 기본 자료형에서 이미 소개하였다.

정수형 리터럴

정수형 리터럴은 정수 값을 나타내는 리터럴로 10진수뿐만 아니라 8진수, 16진수 정수 값도 나타낼 수 있다. 예를 들어, 다음과 같은 정수 리터럴을 사용할 수 있다.

```
25    // 십진수 25
025   // 8진수 25로 십진수로는 21
0x25  // 16진수 25로 십진수로는 37
```

정수 리터럴을 표현하는 형식은 다음과 같다.

- 8진수: `0`으로 시작하는 숫자는 8진수
- 16진수: `0x`로 시작하는 숫자는 16진수
- 10진수: `0`으로 시작하지 않는 숫자는 10진수

예를 들어, 다음과 같이 변수를 다양한 정수 리터럴 값으로 초기화할 수 있다.

```
int i = 25;
int j = 025;
int k = 0x25;
```

모든 정수형 리터럴은 `int` 형으로 처리한다. `long` 타입 리터럴을 표현하려면 다음과 같이 리터럴 뒤에 `L` 혹은 `l`을 붙이면 된다.

```
long l = 21L; // long 형 21
```

실수형 리터럴

실수형 리터럴은 소수점을 갖는 실수 값을 나타낸다. 실수 값을 나타내기 위해 다음과 같이 소수점을 사용하거나 지수를 사용할 수 있다.

```
25.0, 0.25, .25, 25E-2
```

실수형 리터럴은 기본적으로 double 형으로 간주한다. double 형 리터럴을 명시적으로 표현하려면 리터럴 뒤에 D 혹은 d을 붙이면 된다. 또한 float 형 리터럴을 명시적으로 표현하려면 리터럴 뒤에 F 혹은 f를 붙이면 된다. 예를 들어, 다음과 같이 변수를 다양한 실수 리터럴 값으로 초기화할 수 있다.

```
double x = 0.25;
double y = 0.25D;
float z = 0.25F;
```

그러나 다음과 같이 변수를 초기화하면 double 리터럴 값을 float 변수에 초기화하게 되므로 컴파일 오류이다.

```
float w = 0.25;     // 컴파일 오류
```

대입문

대입문(assignment statement)은 변수의 값을 변경하는 데 사용된다. 대입 연산자는 = 기호가 사용된다. 대입 연산자의 오른쪽에 있는 식이 먼저 계산되고 그 결과가 왼쪽에 있는 변수(실제로는 변수가 나타내는 메모리)에 저장된다. 예를 들어, 다음 문장은 age에 기존에 저장된 값이 무엇이든지 age에는 새로운 값 20을 저장한다.

```
age = 20;
```

또한, 다음 문장은 새로운 값 age + 1을 계산하여 기존의 age에 저장되어 있던 값을 덮어쓴다. 결과적으로 age에 저장된 값은 1 증가하게 된다.

```
age = age + 1;
```

변수에 저장하는 값은 선언문에서 선언했던 자료형과 일치하여야 한다.

예를 들어 double 자료형을 이용하여 화씨온도를 섭씨온도로 변환하는 프로그램을 작성해 보자. 프로그램 2.4는 15번 행에서 Scanner의 nextDouble 메소드를 이용하여 실수로 화씨온도를 입력받고 이를 double 변수 fahrenheit에 저장하고 16번 행에서 이를 섭씨온도로 변환하여 double 변수 celsius에 저장한 후에 17번 행에서 출력한다.

프로그램 2.4 • FtoC.java

```
1   /***********************************************************
2    * 화씨온도를 섭씨온도로 변환하는 프로그램
3    ***********************************************************/
4   import java.util.*;
5
6   public class FtoC
7   {
8      // 화씨온도를 읽어서 섭씨온도로 변환하여 출력한다.
9      public static void main(String args[]) {
10        double celsius;
11        double fahrenheit;
12        Scanner scan = new Scanner(System.in);
13
14        System.out.print("화씨온도 : ");
15        fahrenheit = scan.nextDouble();
16        celsius = (fahrenheit - 32.0) * 5.0 / 9.0;
17        System.out.println("섭씨온도 : " + celsius);
```

```
        }
    }
```

실행결과

```
화씨온도 : 100.0
섭씨온도 : 37.77777777777778
```

Q&A

섭씨온도가 37.77777777777778로 출력되었는데 소수점 이하 한 자리까지만 출력할 수 없나요?

물론 소수점 이하 원하는 자리까지 출력할 수 있습니다. 이를 위해서 `System.out.printf("%5.1f", celsius)` 형태의 `printf` 문을 사용하면 됩니다. 자세한 사항은 3.5절을 참고하세요.

2.3 객체지향 프로그래밍

객체지향 프로그래밍 개요

우리가 프로그램을 작성하는 목적은 주어진 어떤 문제를 해결하는 것이다. 프로그램을 통한 문제 해결은 일반적으로 다음과 같은 과정으로 이루어진다.

(1) 문제의 이해
문제를 해결하기 위해서는 먼저 그 문제를 제대로 이해해야 한다.

(2) 해법(solution) 설계 및 개선
문제 이해를 바탕으로 그 문제를 해결하기 위한 방법(간단히 해법)을 강구하고 이를 구체적으로 설계해야 한다. 설계된 해법은 더 좋은 해답을 낼 수 있도록 지속적으로 개선되어야 한다.

(3) 해법 구현
설계된 해법을 실제로 프로그램 형태로 구현해야 한다.

(4) 테스트
작성된 프로그램을 테스트하여 올바로 동작하여 정확한 답을 주는지 반복적으로 테스트해야 한다.

해법 설계의 핵심은 문제를 관리 가능한 조각들로 나누어 해결하는 것이다. 이를 분할 정복(divide and conquer) 방법이라고 한다. 소프트웨어 작성 역시 이러한 과정을 거쳐서 이루어진다. 소프트웨어를 설계할 때도 주어진 큰 문제를 해결하기 위해서 그 문제의 해결 방법을 여러 작은 부분으로 나누어 설계한다.

객체지향 방법(object-oriented approach)도 일종의 문제 해결 방법으로 주어진 문제를 실세계의 물체들을 나타내는 여러 개의 객체들로 분할하여 해결하는 방법이라고 할 수 있다. **객체지향 프로그래밍**(object-oriented programming)은 객체지향 방법에 기초한 프로그래밍 방법으로 기본적인 아이디어는 실세계의 사물 혹은 물체를 프로그램 상에 표현하고 이들 사이에 일어나는 상호작용을 프로그램 상에서 시뮬레이션하는 것이다. 이를 위해서 실세계의 사물 혹은 물체를 프로그램 상에 객체로 표현하고 이들 사이의 상호작용을 메소드(혹은 함수)로 표현한다.

예를 들어, 은행에서 일어나는 일들을 프로그래밍하기 위해서는 프로그램 상에 고객, 직원, 은행계좌 등을 나타내는 객체들을 만들고 고객이 은행계좌에서 입금 혹은 출금하는 것과 같은 객체들 간의 상호작용을 표현해야 한다.

Java 언어는 객체지향 방법으로 설계된 프로그램을 실제로 구현, 즉 프로그래밍하기 위한 **객체지향 프로그래밍 언어**(object-oriented programming language)이다. Java 프로그램에서 객체는 실세계의 사물 혹은 물체를 나타내는 데 사용된다. 예를 들어, 주사위, 학생, 은행계좌, 자동차, 교통카드, 신용카드 등이 객체의 예가 될 수 있다. 그렇다면 Java 프로그램에서 객체는 어떻게 표현할 수 있을까? 이를 위해서는 먼저 객체의 특성과 행동을 이해하여야 한다.

객체와 클래스

Java 프로그램에서 **객체**(Object)는 실세계의 사물 혹은 물체를 나타내는 데 사용된다. 예를 들어, 주사위, 학생, 은행계좌, 자동차, 마일리지, 신용카드 등

Q&A

지금까지 C 언어와 같은 명령형 언어를 사용하여 프로그래밍을 잘 해 왔는데 왜 객체지향 언어가 필요한가요?

좋은 질문입니다. 물론 C 언어를 이용하여도 거의 모든 프로그램을 작성할 수 있습니다. 심하게 말하면 어셈블리어를 이용해서도 모두 프로그래밍할 수도 있습니다. 그러나 프로그램의 크기가 커짐에 따라 프로그래밍 작업의 효율성이 매우 중요해지고 있습니다. 어떤 작업들은 객체지향 방식으로 훨씬 효과적으로 설계하고 프로그래밍할 수 있습니다. 물론 반대의 경우도 있습니다. 자세한 사항은 이 책을 공부하면서 자세히 배우게 될 것입니다.

은 모두 객체이다. 그렇다면 프로그램 상에 객체를 어떻게 표현할 수 있을까? 어떤 객체든 객체를 표현하려면 먼저 그 객체에 대한 데이터가 필요할 것이다. 이들 데이터는 객체의 현재 상태(state)를 나타낸다. 예를 들어, 그림 2.3과 같이 대학생의 경우에는 이름, 학번, 전공, 학기, 취득학점 등의 데이터가 대학생의 현재 상태를 나타낸다. 또한, 어떤 객체든 그 객체가 취할 수 있는 행동들이 있으므로 이를 표현해야 한다. 예를 들어, 대학생의 경우에는 입학, 졸업, 등록, 수강신청 등이 대학생이 취할 수 있는 행동이다.

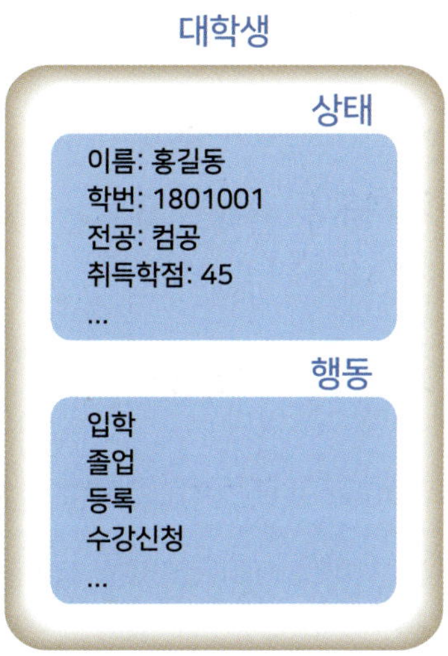

[그림 2.3] 대학생의 상태와 행동

정리하면 객체는 그 객체의 특성을 나타내는 **상태**(state)와 그 객체의 **행동**(behavior)으로 이루어진다. 상태는 객체의 현재 상태를 나타내며 행동은 그 객체가 할 수 있는 혹은 그 객체를 대상으로 할 수 있는 행위를 의미한다. 객체를 구성하는 상태와 행동은 어떤 관계가 있을까? 각 객체는 현재 상태를 저장하고 있다. 이 객체의 현재 상태는 객체가 어떤 행동을 함으로써 변경될 수 있으며 또한 객체의 현재 상태에 따라서 행동에 영향을 줄 수도 있다.

Key Point 객체는 그 객체의 특성을 나타내는 상태(state)와 그 객체의 행동(behavior)으로 이루어진다.

프로그램에서 객체를 생성하기 위해서는 먼저 객체를 정의하는 클래스를 작성해야 한다. **클래스**(Class)는 객체에 대한 정의이며 객체에 대한 설계도라고 생각할 수 있다. 따라서 프로그램 내에서 객체를 생성하기 위해서는 먼저 객체의 상태와 행동을 표현하는 클래스를 정의해야 한다. 이 클래스는 생성할 객체를 위한 청사진 혹은 설계도라고 할 수 있다. 이 클래스를 사용하여 원하는 수만큼의 객체를 생성할 수 있다. Java에서는 new 연산자를 이용하여 클래스로부터 객체를 생성할 수 있다.

> **Key Point** 클래스는 객체에 대한 정의로 객체에 대한 설계도라고 생각할 수 있다.

이번에는 클래스 내부를 생각해 보자. 클래스 내부는 상태를 나타내기 위한 데이터(data)와 행동을 정의하는 메소드(method)로 구성되어 있다. 데이터는 상태를 표현하기 위한 상수, 변수 등을 의미하고, 메소드는 그 객체의 행동을 표현하는 함수 혹은 프로시저라고 할 수 있다.

> **Key Point** 클래스 내부는 상태를 나타내기 위한 데이터(data) 선언들과 행동을 정의하는 메소드(method) 선언들로 구성된다.

두 개 이상의 클래스로 구성된 애플리케이션 프로그램의 경우 main 메소드를 포함하는 클래스가 전체 프로그램의 시작 클래스라고 할 수 있으며 main 메소드부터 프로그램 실행이 시작된다.

계수기 예제 프로그램

두 개의 클래스로 구성된 애플리케이션 프로그램의 간단한 예로 수를 세기 위한 계수기 프로그램을 생각해 보자. 앞에서 기술한 것처럼 계수기 객체를 생성하기 위해서는 먼저 이를 위한 클래스 Counter를 정의하여야 한다. 21번 행의 Counter 클래스는 계수기를 정의하기 위한 클래스로 그림 2.4와 같이 데이터(변수) 선언과 메소드 선언으로 구성되어 있다. 클래스 내에 선언된 이 변수들을 **인스턴스 변수**(instance variable)라고 한다. 이 변수 count는 계수기의 현재 값, 즉 계수 값을 저장한다. 프로그램 2.5에서 25~27번 행의 Counter 메소드는 클래스와 이름이 같은 메소드로 **생성자**(constructor)라고 하며 객체가 생성될 때 자동으로 수행된다. 29~31번 행의 getCount 메소드는 현재 계수 값을 리턴한다. 33~35번 행의 incrementCount 메소드는 계수 값을 1 증가시킨다. 37~39번 행의 reset 메소드는 count 값을 0으로 초기화한다.

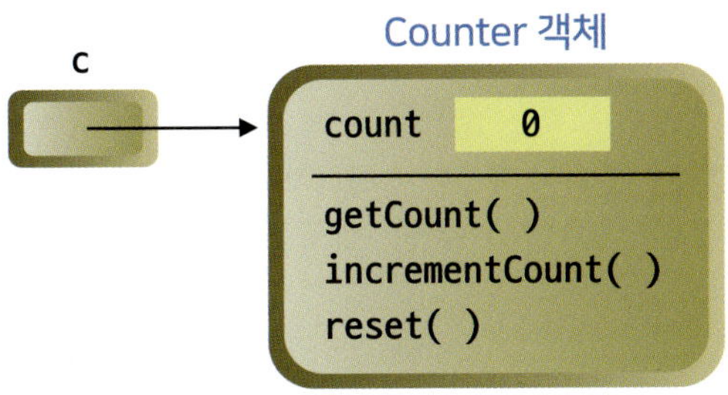

[그림 2.4] 객체와 참조변수

이 프로그램은 두 개의 클래스로 구성되어 있다. 하나는 계수기를 나타내는 Counter 클래스이고, 또 하나는 이를 테스트하는 CounterTest 클래스이다. CounterTest 클래스 내에서는 Counter 객체를 만들어서 그 객체에 대해 여러 메소드를 적용한다. main 메소드 내의 9번 행에서 new 연산자를 이용하여 Counter 객체를 만들고 그림 2.4에 보인 것처럼 이 객체를 Counter 변수 c가 가리킨다. 이후에 11~15번 행에서 c.getCount 메소드를 이용하여 현재 계수 값을 출력하고 c.incrementCount 메소드를 이용하여 count 값을 증가시킨 후 다시 계수 값을 출력한다.

프로그램 2.5 • CounterTest.java

```
1   /*************************************************************
2    * 계수기(Counter)를 정의하고 테스트하는 프로그램
3    *************************************************************/
```

```java

public class CounterTest
{
    // 계수기(Counter)를 생성한 후 테스트한다.
    public static void main(String[] args) {
        Counter c = new Counter();

        System.out.println("계수 값: "+ c.getCount());
        c.incrementCount();
        System.out.println("계수 값: "+ c.getCount());
        c.incrementCount();
        System.out.println("계수 값: "+ c.getCount());
    }
}

// 계수기(Counter)를 정의하는 클래스로 현재 값(getCount),
// 증가(incrementCount), 리셋(reset)을 위한 메소드를 제공한다.
class Counter
{
    private int count;

    public Counter() {
        count = 0;
    }

    public int getCount() {
        return count;
    }

    public void incrementCount() {
        count = count + 1;
    }

    public void reset() {
        count = 0;
    }
}
```

실행결과

```
계수 값: 0
계수 값: 1
계수 값: 2
```

이제 클래스와 객체를 비교해서 정리해 보자. 클래스는 객체에 대한 정의 혹은 설계도라고 생각할 수 있고 객체는 그 클래스의 실체이다. 따라서 한 클래스로부터 여러 객체들을 생성할 수 있다. Java 프로그램은 객체들의 특성과 기능을 정의하는 하나 혹은 그 이상의 클래스들로 이루어진다.

Key Point Java 프로그램은 객체들의 특성과 기능을 정의하는 하나 혹은 그 이상의 클래스들로 이루어진다.

클래스 이름 사용

Java에서는 클래스 이름이 하나의 자료형으로 사용된다는 점에 주의하자. 따라서 클래스 이름을 다른 자료형처럼 변수 선언에 사용할 수 있다. 다음과 같이 클래스 타입의 변수를 선언할 수 있다.

```
클래스이름 변수이름;
```

예를 들어 다음과 같은 선언이 가능하다.

```
String name;
Counter c;
```

클래스 타입으로 선언된 변수는 그 클래스의 객체를 참조, 즉 가리킬 수 있다. 이러한 이유로 클래스 타입으로 선언된 변수를 **객체 참조 변수**(object reference variable)라고 한다. 다음 코드에서 변수 name은 문자열 객체 "**대한민국**"을, c는 새로 생성된 Counter 객체를 가리킨다.

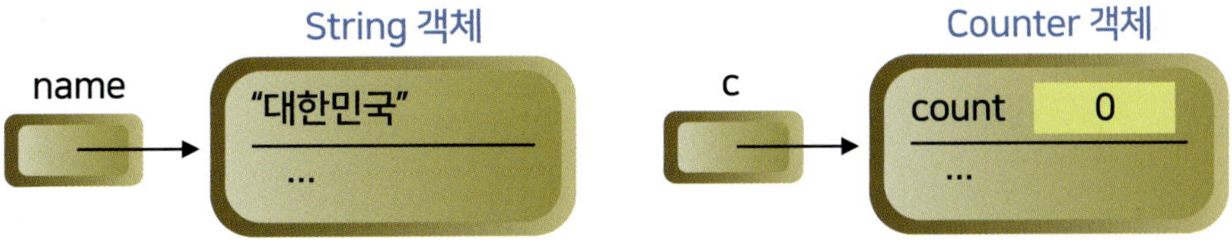

[그림 2.5] 객체와 참조변수

```
name = "대한민국";
c = new Counter();
```

또한, 간단한 코드를 위하여 다음과 같이 변수를 선언하면서 동시에 초기화하는 것도 가능하다.

```
String name = "대한민국";
Counter c = new Counter();
```

2.4 기본 클래스 사용

Scanner 클래스

키보드는 컴퓨터에 문자 데이터를 전달한다. 숫자판의 숫자를 입력했다고 하더라도, 문자가 전달된다. 그리고 모니터는 문자를 모니터에 출력한다. 그림 2.6은 키보드로 입력된 문자가 모니터에 출력되는 과정을 묘사하고 있다.

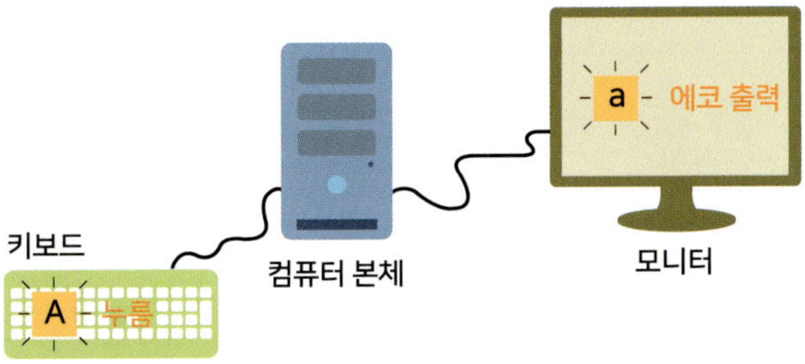

■ **[그림 2.6]** 키보드에 입력 문자가 모니터에 출력됨

키보드로 받아들인 데이터는 눈으로 보기에 숫자라고 하더라도 사실상 모두 문자이다. 만약 산술계산을 하고 싶다면, 문자를 일단 숫자로 바꾼 다음 산술계산을 해야 한다. 그러므로 만약 프로그램이 산술계산을 하려면 키보드로 입력된 문자들을 `int` 정수와 같은 데이터로 변환해야 한다. Scanner 클래스를 이용하면 이러한 변환을 쉽게 할 수 있다. 이렇게 해서 산술연산을 한 결과 데이터를 모니터에 출력할 때는 다시 문자 데이터로 변환해야 하는데 이는 앞에서 사용해본 표준 출력 `System.out`의 `println`과 같은 메소드를 이용하면 쉽게 할 수 있다.

Scanner 클래스는 `java.util` 패키지 내에 정의된, 편리한 입력을 위한 클래스이다. Scanner는 Java의 기본요소가 아니며, `java.util` 패키지가 제공하는 입력을 위한 클래스이다. 패키지는 다른 프로그램에서 사용할 수 있게 만들어 놓은 클래스들의 모음으로 라이브러리라고 생각할 수 있다. Scanner 클래스를 이용하려면 먼저 프로그램 시작 부분에서 다음과 같이 `import`해야 한다.

```java
import java.util.Scanner;
```

Scanner 객체는 입력된 문자열을 여러 메소드들을 이용하여 필요한 타입의 값들로 변환한다. 예를 들어, 표준 입력인 키보드로부터 입력을 위해서는 다음과 같이 Scanner를 생성한다. 정수 값을 입력받기 위해서는 nextInt 메소드를 이용한다. Scanner 객체에서 제공하는 nextInt 메소드는 읽어 들인 문자열을 int 타입으로 변환하여 리턴한다. 다음 코드에서 입력된 데이터는 int 타입으로 변환되어 변수 i에 저장된다.

```java
Scanner sc = new Scanner(System.in);
int i = sc.nextInt();
```

■ **[표 2.4]** Scanner의 메소드

반환 타입	메소드 이름	설명
String	next()	다음 한 토큰을 읽는다.
byte	nextByte()	다음 한 바이트를 읽는다.
double	nextDouble()	다음 double 부동소수점 수를 읽는다.
float	nextFloat()	다음 부동소수점 수를 읽는다.
int	nextInt()	다음 정수를 읽는다.
String	nextLine()	다음 한 줄을 읽는다.
long	nextLong()	다음 long 정수를 읽는다.
short	nextShort()	다음 short 정수를 읽는다.
boolean	hasNext()	다음 한 바이트가 있으면 true를 리턴한다.
boolean	hasNextByte()	다음 한 바이트가 있으면 true를 리턴한다.
boolean	hasNextDouble()	다음 double 부동소수점 수가 있으면 true를 리턴한다.
boolean	hasNextFloat()	다음 부동소수점 수가 있으면 true를 리턴한다.
boolean	hasNextInt()	다음 정수가 있으면 true를 리턴한다.
boolean	hasNextLine()	다음 한 줄이 있으면 true를 리턴한다.
boolean	hasNextLong()	다음 long 정수가 있으면 true를 리턴한다.
boolean	hasNextShort()	다음 short 정수가 있으면 true를 리턴한다.

또한, 필요하면 파일로부터 입력받을 수 있는 Scanner 객체를 만들어 파일로부터 Scanner를 이용해 데이터를 읽을 수 있다. 예를 들면 myNumbers.dat 파일로부터 Scanner 객체를 만들어 다음과 같이 정수를 입력받을 수 있다. 이 코드에서는 hasNextInt()는 다음 정수 데이터가 있으면 true를 리턴하고 그렇지 않으면 false를 리턴한다.

```
Scanner sc = new Scanner(new File("myNumbers.dat"));
if (sc.hasNextInt()) {
   long aLong = sc.nextInt();
}
```

다양한 자료형의 입력을 위해 Scanner에서 제공하는 메소드들은 표 2.4에 정리되어 있다.

Scanner 클래스를 이용한 예제

이제 Scanner 객체를 이용한 예제 프로그램을 살펴보자. 프로그램 2.6은 nextLine 메소드를 이용하여 키보드로부터 줄 단위로 입력을 받아 String 객체에 저장한 후, System.out의 println 메소드를 이용하여 모니터에 출력하는 일을 한다. 프로그램이 생성한 String 객체를 참조하기 위한 참조 변수 input을 선언하고 다음과 같이 Scanner 객체를 생성하며, 이를 참조 변수 scan에 대입한다.

```
Scanner scan = new Scanner(System.in);
```

nextLine 메소드를 이용하여 키보드로부터 다음과 같이 한 줄의 문자열을 읽어 들일 수 있다.

```
input = scan.nextLine();
```

읽어 들인 문자열은 String 참조변수 input이 참조한다. input이 참조하고 있는 문자열을 모니터에 다음과 같이 출력한다.

```
System.out.println("입력한 데이터: " + input );
```

이 프로그램의 실행결과는 다음과 같다.

프로그램 2.6 • Echo.java

```
/************************************************************
 * Scanner를 사용하는 예제 프로그램
 ************************************************************/
import java.util.Scanner;

class Echo
{
   // Scanner를 사용하여 한 줄씩 읽기
   public static void main (String[] args) {
      String input;
      Scanner scan = new Scanner(System.in);

      System.out.println("데이터 입력:");
      input = scan.nextLine();
      System.out.println("입력한 데이터: " + input );
   }
}
```

실행결과

```
데이터 입력:
Hello World
입력한 데이터: Hello World
```

String 클래스

Java에서 변수는 기본 타입 혹은 클래스 타입으로 선언된다. 기본 타입 변수는 기본 타입의 값을 저장하는 데 사용된다. 반면에 클래스 타입으로 선언된 변수는 그 클래스의 객체의 주소를 저장한다. 객체의 주소를 저장하는 데 사용되는 이러한 변수를 **객체 참조 변수**(object reference variable)라고 한다. 예를 들어, 다음 선언은 문자열(String 객체)을 참조하는 `title` 변수를 선언한다.

```
String title;
```

주의할 점은 이 선언으로 객체가 자동으로 생성되는 것은 아니라는 점이다. 객체 자체는 new 연산자를 이용하여 별도로 생성되어야 한다.

잠깐만

객체 참조 변수를 선언했다고 객체가 생성된 것은 아니다. 객체는 new 연산자를 이용하여 별도로 생성해야 한다.

먼저 Java에서 제공하는 간단한 클래스로 String 클래스를 예로 들어보자. Java에서 String은 기본 타입이 아니며 라이브러리로 제공되는 클래스이다. 따라서 하나의 문자열을 생성하기 위해서는 다른 객체와 마찬가지로 new 연산자를 사용해야 한다. 예를 들어, 다음은 "Playing with Java"라는 문자열(더 정확히 말하면 String 객체)을 생성한다.

```
title = new String("Playing with Java");
```

객체를 생성하는 String 생성자 호출

위와 같이 new 연산자를 이용하여 객체를 생성하는 것을 **실체화**(instantiation)라고 하며 객체는 클래스의 **실체**(instance)라고 한다.

문자열의 경우 자주 사용되는 기본적인 객체이므로 new 연산자 없이 String 객체를 생성하도록 허용하고 있다. 이것은 문자열에만 적용되는 특별한 경우로 "..."은 생성된 String 객체를 나타낸다. 따라서 다음 두 선언은 같은 의미이다.

```
title = "Playing with Java";
title = new String("Playing with Java");
```

객체 생성 후에 점 연산자(dot operator)를 사용하여 메소드를 호출할 수 있는데 메소드 호출은 객체에 서비스를 요청하는 것으로 생각할 수 있다. 호출된 메소드는 값을 리턴(return)할 수 있다. 리턴 값은 대입문이나 수식 등에서 사용된다. String 클래스가 제공하는 가장 간단한 메소드로 length와 charAt 등이 있다.

▷ `length()`
문자열의 길이를 리턴한다.

▷ `charAt(int index)`
`index` 위치에 있는 문자를 리턴한다.

Key Point 객체 생성 후에 점 연산자(dot operator)를 사용하여 메소드를 호출할 수 있다.

String 클래스를 이용한 예제

프로그램 2.7은 `length` 메소드를 이용하여 입력받은 문자열의 길이를 출력한다. 이 프로그램은 14번 행에서 한 줄을 입력받아 입력받은 문자열에 대해서 15번 행에서 문자열 길이를 리턴하는 `length` 메소드를 호출하여 그 결과를 출력한다.

프로그램 2.7 • StringLength.java

```
1  /*************************************************************
2   *  문자열의 길이를 출력하는 프로그램
3   *************************************************************/
4  import java.util.Scanner;
5
6  public class StringLength
7  {
8     // length 메소드를 사용하여 문자열의 길이를 출력한다.
9     public static void main(String[] args) {
10       String line;
11       Scanner scan = new Scanner(System.in);
12
13       System.out.print("한 줄 입력: ");
```

```java
        line = scan.nextLine();
        System.out.println("문자열의 길이:" + line.length());
    }
}
```

실행결과

```
한 줄 입력: Happy New Year !
문자열의 길이: 16
```

2.5 애플릿과 애플리케이션

애플릿

Java 프로그램에는 두 종류가 있다. 하나는 **애플리케이션**(application)이고 또 다른 하나는 **애플릿**(applet)이다. 지금까지 살펴본 예제들은 모두 애플리케이션으로 Java 애플리케이션은 Java 인터프리터를 사용하여 실행될 수 있는 독립적인 프로그램이다. 반면에 웹 브라우저나 **애플릿뷰어**(appletviewer)를 이용하여 실행될 수 있는 Java 프로그램으로 애플릿이 있다. Java 애플릿은 HTML 문서에 연결되어 네트워크를 통해서 전송될 수 있고, 웹 브라우저 상에서 실행될 수 있다. 애플릿에 대해서는 12장에서 자세히 설명할 것이며 여기서는 Java 프로그램의 한 종류로서 간단하게 소개한다.

> **Key Point** Java 애플리케이션은 Java 인터프리터를 사용하여 실행될 수 있는 독립적인 프로그램이고 애플릿은 웹 브라우저나 애플릿뷰어를 이용하여 실행될 수 있는 Java 프로그램이다.

Java 애플릿은 네트워크를 통해서 전송될 수 있지만 꼭 그럴 필요는 없으며 필요하면 한 컴퓨터 내에서 웹 브라우저 혹은 Java 소프트웨어 개발 키트의 한 도구인 애플릿뷰어를 이용하여 실행될 수도 있다. Java 애플릿도 실행을 위해서는 먼저 바이트코드 형식으로 컴파일되어야 하며 웹 페이지(HTML 문서)에 연결되어서 웹을 통해서 다운로드된다. 애플릿이 다운로드되면, 웹 브라우저에 포함된 Java 인터프리터가 그 애플릿을 자동으로 실행한다.

애플릿이 웹에서 다운로드되어 브라우저에서 실행되기 위해서는 **하이퍼텍스트 마크업 언어**(HTML: Hypertext Markup Language) 문서에서 참조되어야 한다. HTML 문서는 편집 명령을 지정하는 태그(tag)를 포함하며, 그 문서에 포함될 미디어의 특정 자료형을 식별한다. 애플릿도 텍스트, 그래픽, 사운드처럼 구체적인 하나의 미디어 타입으로 간주된다. HTML 태그는 각괄호(< >)로 감싸

서 나타낸다. 다음은 애플릿 태그를 포함한 HTML 문서의 예이다:

```
<html>
<head>
<title>Hello World Applet</title>
</head>

<body>
<h1>Hello World Applet</h1>
<p>
   <applet code="HelloWorld.class" width=250 height=350>
   </applet>
</body>
</html>
```

애플릿 태그 <applet>을 이용하여 실행될 애플릿 코드 파일을 명시하고 그 애플릿의 너비와 높이도 명시할 수 있다. 이 애플릿 태그가 프로그램 2.8의 HelloWorld 애플릿의 소스코드 파일이 아닌, 컴파일된 바이트코드 파일인 HelloWorld.class를 참조한다는 것에 유의하라. 웹 브라우저가 이 웹 문서를 적재할 때 포함된 애플릿도 자동으로 적재되고 실행될 것이다. 이 애플릿 실행화면은 실행결과에서 확인할 수 있다.

Java 애플릿 프로그램의 구조와 애플리케이션 프로그램의 구조 사이에는 중요한 차이가 있다. 애플릿의 경우에 웹 브라우저가 애플릿을 실행하기 때문에 애플릿은 더 큰 프로그램인 웹 브라우저의 일부라고 볼 수 있으며 따라서 애플릿에는 실행의 시작 시점인 main 메소드가 없다. 대신에 애플릿이 제공하는 여러 메소드들을 사용하여 실행시킬 수 있다.

Hello World 애플릿

프로그램 2.8을 살펴보자. 프로그램의 시작 부분에서 두 개의 import 문이 이 프로그램에서 수입하여 사용할 패키지들을 명시적으로 나타낸다. 이 예제에서는 java.awt 패키지와 java.applet에 정의되어 있는 다양한 그래픽 기능들을 수입하여 사용한다. 11장에서 import 문에 대해서 더 자세히 살펴본다.

애플릿을 정의하고 있는 클래스는 그 클래스의 헤더(header) 줄에서 보여주듯이, Applet 클래스를 확장한다(extends). 이러한 과정은 **상속**(inheritance)이라는 객체지향 개념을 사용하는 것이다. 상속에 대해서는 6장에서 더 상세히 살펴본다. 애플릿 클래스는, 또한 public으로 선언되어야 한다.

paint 메소드는 특별한 의미를 갖는 여러 애플릿 메소드들 중의 하나이다. 이 메소드는 애플릿이 처음으로 실행될 때 자동으로 호출된다. 뿐만 아니라 애플릿을 가리고 있는 다른 창이 이동될 때와 같이 애플릿의 그래픽 요소를 화면에 보여줄 필요가 있을 때마다 자동으로 호출된다. paint 메소드는 매개변수로서 Graphics 객체를 받는데, 이 객체는 애플릿에 그림을 그리기 위한 그래픽 환경을 나타낸다. 이 프로그램의 paint 메소드에서는 매개변수로 받은 Graphics 객체 g의 drawString 메소드를 이용하여 "Hello World!" 문자열을 좌표 (50, 50) 위치에 보여준다.

```
g.drawString("Hello World!", 50, 50);
```

비슷하게 "대~한민국"과 "大韓民國"을 각각 좌표 (50, 100)과 (50, 150) 위치에 보여준다. 애플릿에서는 애플리케이션에서처럼 System.out.println 메소드를 이용하여 출력할 수 없음을 주의해야 한다. 다음과 같이 애플릿뷰어를 이용한 실행결과를 확인할 수 있다.

프로그램 2.8 • HelloWorld.java

```
/**************************************************************
 *  간단한 애플릿을 보여주기 위한 프로그램
 **************************************************************/
import java.awt.*;
import java.applet.*;

// 영문, 한글, 한자를 보여주는 애플릿
public class HelloWorld extends Applet
{
   public void paint(Graphics g) {
```

```java
        g.drawString("Hello World!", 50, 50);
        g.drawString("대~한민국", 50, 100);
        g.drawString("大韓民國", 50, 150);
    }
}
```

실행결과

Q&A

애플릿에서는 왜 System.out.println 메소드를 이용할 수 없나요?

애플릿은 일종의 GUI(Graphical User Interface) 프로그램입니다. 따라서 표준 출력을 이용한 텍스트 출력을 사용하지 않고 문자열이나 이미지 등을 윈도우에 보여줍니다. 따라서 애플릿에서는 텍스트 출력을 위한 println 메소드를 사용할 수 없습니다. 자세한 사항은 GUI 프로그램에 관한 부분에서 보다 자세히 배우게 됩니다.

이미지를 디스플레이하는 애플릿

이미지를 디스플레이하는 간단한 애플릿 프로그램을 작성해 보자. 먼저 다음과 같이 서울시 지하철 페이지를 위한 간단한 HTML 문서를 만들고 그 내부에 지하철 노선도 이미지를 보여주기 위한 애플릿 코드 Welcome.class를 포함시켰다.

```
<html>
<head>
<title>서울시 지하철</title>
</head>

<body>
<h1>환영</h1>
서울시 지하철에 온 것을 환영합니다.
<p>
   <applet code="Welcome.class" width=550 height=350>
   </applet>
</body>
</html>
```

이제 이미지를 디스플레이하는 프로그램 2.9를 살펴보자. 이 프로그램에서 init 메소드는 애플릿이 시작되면 가장 먼저 자동적으로 실행되어 이 애플릿이 포함되어 있는 디렉터리로부터 이미지 파일 "seoul.png"을 가져온다. getDocumentBase 메소드가 이 애플릿이 포함되어 있는 HTML 파일이 있는 디렉터리 정보를 URL로 리턴한다.

```
image = getImage(getDocumentBase(), "seoul.png");
```

다음으로 paint 메소드가 자동으로 호출되어 화면에 서울시 지하철 지도의 이미지를 보여준다. 이 프로그램의 paint 메소드는 매개변수로 받은 Graphics 객체 g의 drawImage 메소드를 이용하여 다음과 같이 이미지 파일을 보여준다.

```
g.drawImage(image, 0, 0, r.width, r.height, this);
```

프로그램 2.9 • Welcome.java

```java
/*********************************************************
 * 이미지를 보여주는 간단한 애플릿 프로그램
 *********************************************************/
import java.awt.*;
import java.applet.*;

public class Welcome extends Applet
{
    Image image;

    // 이 프로그램이 있는 곳에서 서울시 지하철 이미지 파일을 가져온다.
    public void init() {
        image = getImage(getDocumentBase(), "seoul.png");
    }

    // 이미지 파일을 보여준다.
    public void paint(Graphics g) {
        Dimension r = size();
        g.drawImage(image, 0, 0, r.width, r.height, this);
    }
}
```

실행결과

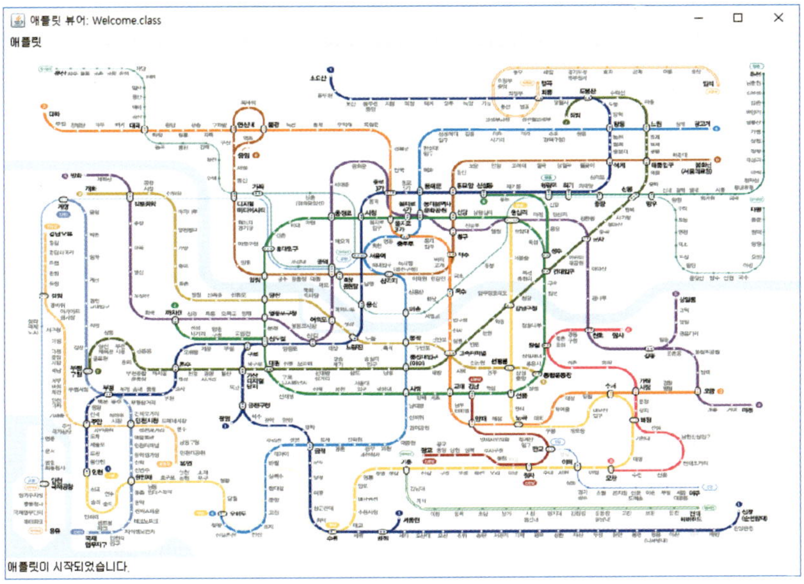

Key Points

▶ Java 언어는 두 가지 형태의 주석을 사용한다. 여러 줄에 걸쳐질 수 있는 (　　) 형태의 주석과 한 줄 끝까지 주석으로 처리하는 (　　　) 형태의 주석이다.

▶ Java 언어는 자료형으로 크게 1개의 (　　) , 1개의 (　　), 4개의 (　　　), 2개의 (　　)을(를) 제공한다.

▶ 변수(variable)는 데이터를 저장하는 데 사용되는 (　　)을(를) 나타내는 이름이다.

▶ 객체는 그 객체의 특성을 나타내는 (　　)와(과) 그 객체의 (　　)(으)로 이루어진다.

▶ 클래스는 객체에 대한 정의로 객체에 대한 (　　)(이)라고 생각할 수 있다.

▶ 클래스 내부는 상태를 나타내기 위한 (　　) 선언들과 행동을 정의하는 (　　) 선언들로 구성된다.

▶ Java 프로그램은 객체들의 특성과 기능을 정의하는 하나 혹은 그 이상의 (　　)들로 이루어진다.

▶ Java (　　)은(는) Java 인터프리터를 사용하여 실행될 수 있는 독립적인 프로그램이고 (　　)은(는) 보통 네트워크를 통해서 전송되고, 웹 브라우저를 사용하여 실행될 수 있는 Java 프로그램이다.

프로그래밍 실습

1. 섭씨온도 화씨온도 변환

프로그램 2.4를 수정하여 섭씨온도를 화씨온도로 변환하는 프로그램을 작성하라. 예를 들어, 다음과 같이 섭씨온도를 입력받아 화씨온도로 출력한다.

```
섭씨온도: 36.8
화씨온도: 98.24
```

2. 은행계좌 클래스

프로그램 2.5의 `Counter` 클래스를 참조하여 은행계좌를 정의하는 `Account` 클래스를 정의하라.

(1) 이 계좌는 소유자 이름과 잔액을 나타내는 필드 변수를 갖는다.

(2) 입금, 출금 및 잔액조회를 위한 `deposit()`, `withdraw()`, `getBalance()` 메소드를 작성한다.

(3) 사용자로부터 소유자 이름을 입력받아 해당 계좌를 생성하고 이 계좌의 메소드를 테스트한다. 예를 들어, 다음과 같이 테스트한다.

```
계좌 소유자 이름: 홍길동
입금액: 300000
출금액: 100000
현재잔액: 200000
```

3. 명함 출력

자신의 명함을 출력하는 애플릿 프로그램을 작성하시오. 예를 들어, 다음과 같이 홍길동의 명함을 출력한다. 우측 상단에 사진도 함께 디스플레이하도록 확장하라.

연습문제

1. 다음 문장의 괄호에 알맞은 말을 넣어라.

(1) Java 언어에서 하나의 클래스로부터 여러 개의 (　　)을(를) 만들 수 있다.

(2) (　　)은(는) 문자열을 정의하는 클래스 이름이다.

(3) `Scanner` 클래스는 (　　　　) 패키지 내에 정의된 편리한 (　　)을(를) 위한 클래스이다.

(4) `String` 클래스의 (　　　　) 메소드는 문자열의 길이를 리턴한다.

(5) `Scanner` 클래스의 (　　　　) 메소드는 다음 한 정수를 읽는다.

2. Java 프로그램에 대한 설명 중 옳지 않은 것은?

① Java 프로그램은 하나 이상의 클래스로 구성된다.

② Java 프로그램에는 애플릿과 애플리케이션이 있다.

③ Java 프로그램은 `java` 명령어로 컴파일할 수 있다.

④ Java 프로그램에서 `Scanner` 객체는 입력을 위한 것이다.

3. 다음 중 Java 애플릿에 대한 설명으로 옳지 않은 것은?

① 애플릿은 `appletviewer`로 실행할 수 있다.

② 애플릿을 실행하기 위해서는 HTML 문서가 애플릿 태그 〈`applet`〉를 이용하여 실행될 애플릿 파일을 명시해야 한다.

③ 애플릿은 `main` 메소드부터 실행이 시작된다.

④ 애플릿은 `Applet` 클래스를 확장(extends)해서 정의한다.

4. 다음 중 Java 애플리케이션에 대한 설명으로 옳지 않은 것은?

① 애플리케이션은 `init` 메소드부터 실행된다.

② 하나의 클래스로부터 여러 개의 객체를 만들 수 있다.

③ 애플리케이션은 하나 이상의 클래스로 구성된다.

④ 애플리케이션은 `java` 명령어로 실행시킬 수 있다.

5. Java 애플릿이 시작되면 자동으로 실행되는 메소드들을 순서대로 나열하고 각각에 대해 설명하라.

6. 다음은 Scanner에서 제공하는 메소드들에 대한 설명이다. 메소드 이름을 채우라.

리턴 타입	메소드 이름	설명
String		다음 한 토큰을 읽는다.
float		다음 부동소수점 수를 읽는다.
int		다음 정수를 읽는다.
String		다음 한 줄을 읽는다.

7. 다음은 Scanner에서 제공하는 메소드들에 대한 설명이다. 메소드 이름을 채우라.

리턴 타입	메소드 이름	설명
boolean		다음 한 바이트가 있으면 true를 리턴한다.
boolean		다음 부동소수점 수가 있으면 true를 리턴한다.
boolean		다음 정수가 있으면 true를 리턴한다.
boolean		다음 한 줄이 있으면 true를 리턴한다.

8. 다음 프로그램은 표준입력으로부터 한 줄의 입력을 받아 그 입력 문자열의 길이를 출력하는 프로그램이다. (1), (2), (3)에 알맞은 코드를 작성하라.

```
import java.util.Scanner;
public class StringLength
{
   public static void main(String[] args)
   {
      String line;
      Scanner scan = (1)__________________
      System.out.print("한줄 입력: ");
      line = (2)__________________
      System.out.println("문자열의 길이:" + (3)__________________);
   }
}
```

9. Scanner 객체를 이용하여 자신의 이름과 나이, 주소를 입력받아 이를 출력하는 프로그램을 작성하라.

10. 두 개의 줄을 입력받아 이 중에서 긴 줄을 출력하는 프로그램을 작성하라.

3장 수식과 연산자

컴퓨터가 처음 사용된 분야는 계산 분야였습니다. 사람보다 빠르게 계산할 수 있다는 것이 컴퓨터의 가장 큰 특징입니다. 컴퓨터는 수식을 통해 계산 값을 나타냅니다. 컴퓨터는 정해진 규칙에 따라 계산 결과를 구합니다. 예를 들어서, 덧셈 규칙에 따라 1과 2를 받고 3을 반환하는 방식이죠. 이러한 규칙을 연산이라고 하고 프로그램 내에서는 연산자라는 기호로 나타냅니다. 이 장에서는 자바의 문장과 수식에 대해 개략적으로 살펴보고, 그 중에서 수식에 대하여 더 자세히 살펴봅니다. 특히, 수식을 구성하는 데 필요한 연산자를 중점적으로 살펴보겠습니다.

이 장의 목표

- ★ 문장과 수식을 구별할 수 있다.
- ★ Java 연산자의 종류와 기능을 이해한다.
- ★ Java 연산자를 이용하여 계산할 수 있다.
- ★ 자료형과 형 변환 연산을 이해한다.
- ★ 피연산자가 계산되는 순서를 이해한다.

3.1 문장과 수식

앞서 컴퓨터는 주어진 명령대로 수행된다고 하였는데, 컴퓨터가 수행해야 할 내용을 적은 것을 프로그램이라고 한다. 1장에서 첫 번째 Java 프로그램 예를 통해, Java 프로그램은 클래스로 구성되며 한 클래스 내에는 메소드가 존재한다고 설명하였다. 그렇다면 메소드는 무엇으로 구성되어 있을까? 메소드는 문장으로 구성되어 있다. 문장 내에서 필요한 값은 수식으로 나타낸다. 아주 간단한 프로그램을 통해서 문장과 수식의 예를 살펴보자.

프로그램 3.1 • Double.java

```
/******************************************************************
 * 정수 하나를 입력받아서 그 두 배를 출력하는 프로그램
 ******************************************************************/
import java.util.Scanner;

// 입력 정수의 두 배를 출력하는 main 메소드 하나로 이루어진 클래스
public class Double
{
  // 정수 num을 읽고 num의 두 배를 출력하는 메소드
  public static void main(String[] args) {
     int num = 0;
     Scanner scan = new Scanner(System.in);
     System.out.println("정수 하나를 입력하세요. ");
     num = scan.nextInt();
     System.out.println(num + "의 두 배는 " + (num * 2) + "입니다.");
     scan.close();
  }
}
```

실행결과

```
정수 하나를 입력하세요.
815
815의 두 배는 1630입니다.
```

먼저 프로그램 3.1의 구조를 보자. 프로그램 파일 전체는 Double이라는 클래스 하나로 구성되어 있다. 이 클래스는 7번 행에서 18번 행에 걸쳐 정의되어 있다. 그리고 클래스 Double 안에는 메소드 main이 정의되어 있다(10~17번 행). 한 파일에 클래스가 여러 개 있다고 하더라도 어느 한 클래스에는 main 메소드가 있어야 하며 main 메소드를 포함한 클래스는 public 클래스여야 한다. 메소드 하나는 0개 이상의 문장으로 구성되는데, 프로그램을 실행하면 main 메소드의 문장이 차례로 실행된다.

Key Point Java 프로그램은 클래스로 구성되고 클래스는 메소드로, 메소드는 문장으로 구성된다.

프로그램 3.1의 main 메소드에는 모두 여섯 개의 문장이 있다. 이들 문장은 11번 행에서 16번 행에 걸쳐져 있는데 이 프로그램에서 각 문장은 한 행을 차지하며 무엇보다도 세미콜론(;)으로 끝나기 때문에 쉽게 구별할 수 있다. 사실 한 행에 세미콜론을 여러 개 사용하여 여러 문장을 포함시킬 수 있다.

이 중에서 11번 행과 12번 행의 문장은 선언문이다. 2장에서 설명한 것처럼 선언문은 사용할 변수를 선언하고 초기화하기 위해 사용한다. 변수를 선언할 때 변수의 자료형이 결정되며 변수를 초기화할 때 초깃값이 결정된다. 11번 행에서는 정수형 변수 num을, 12번 행에서는 Scanner형 변수 scan을 선언하고 있다. 변수를 초기화할 때에는 연산자 =를 사용하는데, 메소드 내의 변수에 대해 초기화 구문이 없으면 Java는 오류를 발생시킨다. 따라서 메소드 내의 모든 변수는 초기화해야 한다.

잠깐만
Scanner 객체 사용 후에는 close() 메소드로 객체를 닫아 주는 것이 좋다.

키보드로부터 정수 값을 읽기 위해서는 Scanner 객체를 사용하는데 Scanner 객체는 12번 행처럼 System.in을 기초로 생성할 수 있다. System.in은 **표준입력**(standard input)을 나타내는 객체로서 키보드에 대응한다. 표준입력에서 정수를 읽기 위해서는 14번 행처럼 scan 객체의 nextInt() 메소드를 이용한다. Scanner 객체를 다 사용한 후에는 16번 행처럼 close() 메소드를 이용하여 Scanner 객체를 닫아주는 것이 좋다.[1]

1) 표준입력 사용 후 Scanner 객체를 close()로 닫지 않으면 표준입력 객체로 다른 Scanner 객체를 다시 만들어 사용할 때 문제가 생길 수 있다. 두 개의 Scanner 객체가 하나의 표

컴퓨터 화면에 글자를 출력하기 위해서는 System.out 객체를 사용하면 된다. System.out은 **표준출력**(standard output)을 나타내는 객체로서 컴퓨터 화면에 대응한다. 화면에 문자열을 출력하려면 13번 행이나 15번 행처럼 System.out 객체의 println()이라는 메소드를 사용한다.

Key Point Java에서 표준입력 객체는 System.in, 표준출력 객체는 System.out으로 나타낸다.

13번 행의 출력 내용은 매우 간단한 반면 15번 행의 출력 내용은 조금 복잡하다. 13번 행의 출력 내용은 "정수 하나를 입력하세요."라는 문자열이다. 그런데 15번 행의 출력 내용에는 문자열과 더불어 +나 *와 같은 연산자(operator)가 사용되고 있으며 num, "의 두 배는", 2와 같은 피연산자(operand)도 사용되고 있다. 중요한 것은 이 계산 결과가 문자열이 된다는 것이다.

이처럼 값을 나타내는 어떤 표현을 수식(expression)이라고 한다. 15번 행의 의미를 자세히 살펴보기 위해 사용된 수식을 여기에 다시 써 보자.

```
num + "의 두 배는 " + (num * 2) + "입니다."
```

위 수식을 계산하기 위해 수식 앞부분을 보면 num + "의 두 배는 "이라고 되어 있다. 연산자 +의 앞부분 num은 정수고 뒷부분은 문자열이다. 정수와 문자열을 덧셈하면 정수를 문자열로 바꾼 후에 두 문자열을 접합한다. 예를 들어, num에 815가 저장되어 있다면 "815"라는 문자열을 생성한 다음, 문자열 "의 두 배는 "과 접합하여 "815의 두 배는 "을 생성해 낸다.

다음 + 연산자의 우측 피연산자는 (num * 2)인데 *는 곱셈 연산자[2]이므로 이를 계산하면 1630이다. 따라서 마찬가지로 문자열로 바꾸어 접합하면 "815의 두 배는 1630"이 된다. 끝으로 "입니다."를 접합하면 최종 "815의 두 배는 1630입니다."가 생성된다.

준입력을 사용하기 때문에 동기화 문제(synchronization problem)가 발생한다. 동기화 문제는 13장에서 더 자세히 다룬다.

2) Java에서는 ×가 아닌 *를 곱셈 연산자로 사용한다. 그 이유는 ×가 영문자 X와 헷갈릴 수 있기 때문이다.

3.2 연산자 계산 순서

문장은 세미콜론으로 구별되어 있으므로 위에서부터 아래로 하나씩 수행된다. 그러나 수식은 어떤 순서로 계산될까? 컴퓨터가 계산을 수행하는 순서도 우리가 생각하는 순서와 비슷하다. 그러나 수식이 복잡한 경우에는 계산 순서가 헷갈릴 수 있는데, 수식 계산 순서 때문에 큰 차이가 발생할 수도 있다. 다음 프로그램을 살펴보자.

프로그램 3.2 ● WrongDouble.java

```java
/*****************************************************************
 * 정수 하나를 입력받아서 그 두 배를 출력하는 잘못된 프로그램
 *****************************************************************/
import java.util.Scanner;

// 입력 정수의 두 배 출력을 시도하는 main 하나로 이루어진 클래스
public class WrongDouble
{
   // 읽은 정수를 n1, n2에 저장하고 n1 + n2를 출력하려고 함
   public static void main(String[] args) {
      int n1 = 0, n2 = 0;
      Scanner scan = new Scanner(System.in);
      System.out.println("정수 하나를 입력하세요. ");
      n1 = scan.nextInt();
      n2 = n1;
      System.out.println(n1 + "의 두 배는 " + n1 + n2 + "입니다.");
      scan.close();
   }
```

실행결과

```
정수 하나를 입력하세요.
815
815의 두 배는 815815입니다.
```

프로그램 3.2는 앞서 제시한 Double.java 프로그램을 변형한 것으로서 정수 변수 num 하나 대신 두 개의 변수 n1과 n2를 사용했다. 14번 행에서 사용자가 입력한 값을 n1에 저장하고 15번 행에서는 n1의 값을 n2에 저장한다. 결국 n1의 값과 n2의 값은 같아지므로 n1 + n2는 n1의 두 배가 된다.

프로그램 3.2에서는 프로그램 3.1과 달리 출력 수식이 바뀌었다. 프로그램 3.1의 출력 수식은 다음과 같았지만

```
num + "의 두 배는 " + (num * 2) + "입니다."
```

프로그램 3.2의 출력 수식은 16번 행에서 볼 수 있는 것처럼 다음과 같다.

```
n1 + "의 두 배는 " + n1 + n2 + "입니다."
```

곱셈 연산자 *와 덧셈 연산자 +가 연속하여 나란히 있을 때에는 곱셈 연산자부터 수행되기 때문에, 사실 프로그램 3.1의 수식 (num * 2)에서 괄호를 생략해도 원하는 대로 num의 두 배가 출력된다. 그러나 덧셈 연산만 있을 경우에는 수행 순서가 달라진다.

덧셈 연산자 +는 대입 연산자와 다르게 왼쪽 연산자부터 수행된다. 이는 연산자가 문자열 접합으로 사용되든 정수 덧셈으로 사용되든 마찬가지다. 따라서 프로그램 3.2의 수식은 다음과 같은 순서로 수행된다.

Q&A

수식에는 반드시 연산자가 있어야 하나요?

항상 그런 것은 아닙니다. 1+2도 수식이지만 여기서 피연산자인 1과 2도 독립적인 수식입니다. 즉, 연산자는 수식을 피연산자로 받아서 새로운 수식을 생성한다고 볼 수 있습니다. 피연산자로 주어진 수식도, 연산을 적용한 결과로서 표현된 수식도 모두 값을 나타낸다는 면에서는 같습니다. 연산자는 값을 받아서 값을 생성하는 것일 뿐, 그 값이 수식이든 실제 값이든 상관하지 않습니다. 다만 편의상 이 둘을 구별하는 것이 필요한 경우가 있는데, 이런 경우에는 연산자가 포함되지 않은 수식을 **단순수식(simple expression)**이라고 구별하여 부르기도 합니다.

```
(((n1 + "의 두 배는 ") + n2) + n1) + "입니다."
```

그래서 n1과 n2가 815였을 때 두 815를 더하는 연산이 수행되지 않고 문자열에 정수 815를 두 번 접합하는 연산이 수행된다.

괄호 이용

수식 계산 순서를 명확히 나타내기 위해서 괄호를 사용할 수 있다. 특정 수식을 괄호로 묶으면 그 수식을 한 묶음으로 간주하여 계산한다. 예컨대 위 프로그램은 다음과 같이 출력 수식을 바꿈으로써 올바른 프로그램으로 고칠 수 있다.

```
n1 + "의 두 배는 " + (n2 + n1) + "입니다."
```

이렇게 괄호를 사용하면 (n2+n1)을 한 묶음으로 간주하기 때문에 n2만 먼저 문자열에 접합할 수가 없다. 따라서 우리가 원하는 대로 출력된다.

잠깐만

괄호로 묶은 수식을 항상 먼저 계산하는 것은 아니다. 한 단위로 계산될 뿐이다.

괄호를 설명할 때, 간단히 '괄호로 묶은 수식을 가장 먼저 수행한다.'고 설명하기도 하는데, 이는 사실이 아니다. 괄호로 묶은 수식은 한 단위로 취급될 뿐이다. 다만 괄호로 묶은 수식 값이 필요할 경우에는 이를 한 단위로 계산하여 값을 구해야 한다는 것뿐이며 이 과정에서 먼저 계산하는 것이 필요하다면 그렇게 계산하는 것이다. 괄호에 대해서는 3.6절에서 더 자세히 논의한다.

Key Point 수식이 복잡한 경우에는 괄호를 이용하여 명시적으로 수식 단위를 묶어 준다.

연산자 우선순위

수식 계산 순서는 프로그래밍 언어마다 다르게 정의되어 있을 수 있다. 그러나 다행스럽게도 대부분의 프로그래밍 언어에서는 연산자 계산 순서를 우리가 일상적으로 사용하는 순서대로 정하고 있다. 수학에서 1+2×3을 계산할 때 2×3을 먼저 계산하고 1을 더하는 것처럼 Java에서도 1+2*3을 계산할 때 곱셈 연산자 *를 덧셈 연산자 +보다 우선 고려하여 2*3을 계산한 후 1을 더한다.

피연산자를 사이에 두고 인접한 두 연산자 사이에서 피연산자가 어느 연산자의 피연산자인지 결정하는 순서를 **연산자 우선순위**(operator precedence)라고 한다. 앞서 예로 든 수식 1+2*3에서 +와 *는 피연산자 2를 사이에 두고 나란히 놓여 있으므로 +와 *는 인접해 있다. 이 중에서 피연산자 2는 곱셈 연산자의 피연산자로 간주하므로 곱셈은 덧셈보다 우선순위가 높다고 한다.

수식 1+2*3의 연산자 피연산자 연관 관계를 우선순위에 따라 괄호로 묶어 나타내면 1+(2*3)으로 나타낼 수 있다. 물론 괄호로 연관 관계를 바꿀 수 있다. 예를 들어 1+2를 먼저 수행하도록 하려면 (1+2)*3으로 나타내면 된다. 이 두 수식의 연산자 피연산자 연관 관계를 그림으로 나타내면 그림 3.1과 같다.

Key Point 피연산자를 사이에 두고 인접한 두 연산자 사이에서 피연산자가 어느 연산자의 피연산자인지 결정하는 순서를 연산자 우선순위라고 한다.

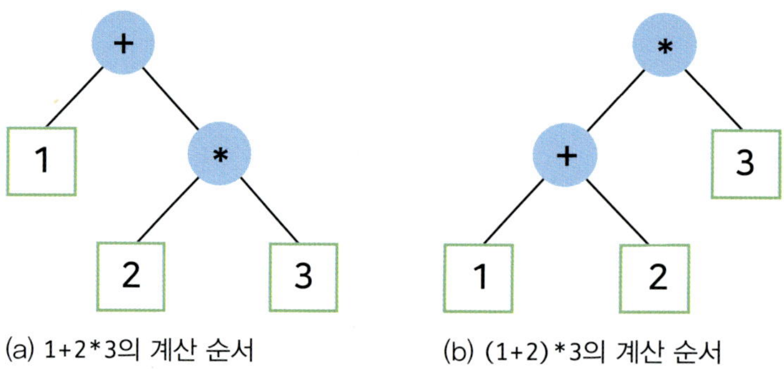

[그림 3.1] 연산자 우선순위에 따른 계산 순서와 괄호를 이용한 변경

연산자 결합순서

인접한 연산자의 우선순위가 같은 경우에도 연산자 계산 순서가 중요한 경우가 있다. 예컨대 수식 7-3-1의 경우 두 뺄셈 연산자 -는 피연산자 3을 사이에 두고 인접해 있다. 첫 번째 연산자 우선이라면 계산 순서는 (7-3)-1이 되므로 수식 값은 3이 되겠지만, 두 번째 연산자 우선이라면 7-(3-1)이 되어 수식 값은 5가 된다. 이처럼 우선순위가 같은 연산자가 인접한 경우에 어느 쪽 연산자를 우선으로 생각하여 피연산자를 연관시키는지 결정하는 순서를 **연산자 결합순서**(operator associativity)라고 한다.

뺄셈 연산자는 왼쪽 결합(left associative)이므로 왼편 피연산자를 먼저 고려한다. 따라서 수식 7-3-1의 계산 순서는 (7-3)-1과 같은 순서로 계산된다. 7에서 2를 빼는 것이 목적이었다면 괄호를 이용하여 7-(3-1)과 같이 명시적으로 나타낼 수 있다. 뺄셈 연산자의 결합순서에 따른 계산 순서를 그림으로 나타내면 그림 3.2와 같다.

Java에서 덧셈 연산자와 뺄셈 연산자는 우선순위가 같다. 따라서 이 두 연산자들 사이에서 계산 순서는 결합순서에 의해 결정된다. 두 연산자 모두 결합순서는 좌결합(left associative)이므로, 즉 왼쪽에서 오른쪽(left to right)이므로 왼쪽 연산자부터 먼저 계산된다. 예를 들어서 3+4-2는 (3+4)-2로 계산되고 3-4+2는 (3-4)+2로 계산된다.

Java 연산자 중에서 결합순서가 우결합(right associative)인 연산자로는 대입

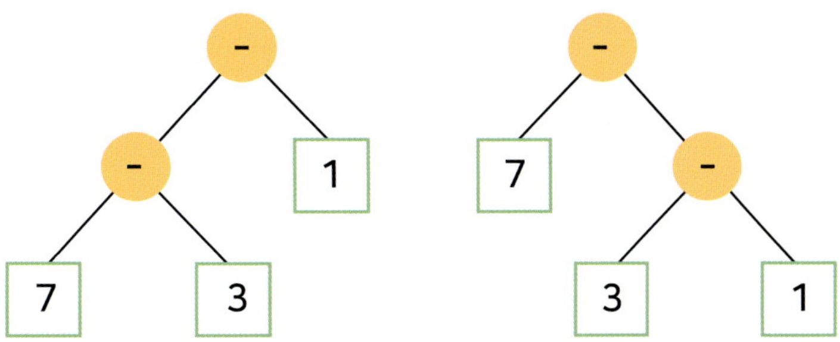

(a) 7-3-1의 계산 순서 (b) 7-(3-1)의 계산 순서

■ **[그림 3.2]** 연산자 결합순서에 따른 계산 순서와 괄호를 이용한 변경

연산자와 단항 부호 연산자 등을 들 수 있다. 대입 연산자 결합순서는 우측에서 좌측(right to left)이므로 n1=n2=3은 n1=(n2=3)으로 계산된다. 부호 연산자를 사용한 수식의 예로 -+-n을 들 수 있다. 부호 연산자의 결합 방향에 따른 계산 순서를 괄호로 나타내면 -(+(-n))이 되므로 결과 값은 n과 같다. 부호 연산자는 항상 피연산자의 좌측에 붙기 때문에 우결합이 자연스럽다. 대입 연산자의 좌측 피연산자는 변수여야 하므로 대입 연산자도 역시 우결합이 자연스럽다.

Key Point 우선순위가 같은 연산자가 인접한 경우에 어떤 연산자를 먼저 고려하는가를 결정하는 순서를 연산자 결합순서라고 한다.

3.3 Java의 연산자 종류

앞서 수식은 값을 나타내기 위한 것이라고 설명하였다. 그런데 수식은 어떻게 구성할 수 있을까? 상수, 변수 등은 그 자체로 수식이다. 그리고 하나 이상의 수식을 연산자로 묶으면 그것도 수식이다. 예컨대 정수 변수 n이 있다고 하면 이 자체로도 수식이며 수식 n과 수식 n을 연산자 +로 묶은 n+n도 수식이다.

Java에서는 다양한 연산자를 이용하여 다양한 값을 표현할 수 있도록 하고 있다. 그렇다면 Java에는 어떤 연산자들이 있을까? Java의 연산자 종류를 표로 나타내면 표 3.1과 같다. 표 3.1에서 확인할 수 있는 것처럼 Java에는 아주 다양한 연산자가 존재한다. 대부분의 연산자는 C++ 언어의 연산자를 그대로 받아들인 것이므로 C++를 잘 아는 사람은 이들 연산자를 그대로 이해할 수 있다.

Java에 새로 도입된 연산자로는 비트 연산자 >>>와 `instanceof` 연산자를

■ **[표 3.1]** Java의 연산자 종류

종류	연산자
산술 연산자	`+ - * / %`
관계 연산자	`> < == != >= <=`
논리 연산자	`&& ¦¦ !`
증감 연산자	`++ --`
대입 연산자	`= += -= *= /= %= &= ¦= ^= <<= >>= <<<=`
조건 연산자	`? :`
비트 연산자	`& ¦ ^ ~ << >> >>>`
참조 연산자	`. []`
기타 연산자	`instanceof new (자료형)`

들 수 있다. 비트 연산자 >>>는 >> 연산자의 변형으로서 우측 비트 이동을 할 때, 부호 비트를 채우는 대신 0을 채우는 연산자다. `instanceof` 연산자는 어떤 객체가 특정한 클래스의 인스턴스인가 검사하는 연산자다.

너무 많은 연산자가 존재하므로 연산자를 배우는 것이 힘들다고 생각할지도 모르겠다. 그러나 이 연산자들 중에서 처음 5개 종류(산술, 관계, 논리, 증감, 대입 연산자)만 알고 있어도 일반적인 계산을 수행하는 데에는 큰 불편함이 없다. 따라서 이 장에서는 자주 사용되는 연산자들만 설명할 예정이며, 나머지 연산자들은 해당 연산자가 처음 사용될 때, 그때마다 설명하도록 하겠다.

표 3.1의 연산자 종류는 또 크게 두 가지로 분류할 수 있는데, 하나는 순수하게 값만 계산하는 연산자이며 다른 하나는 관련 변수의 내용을 바꾸는 연산자이다. 대입 연산자 및 증감 연산자를 제외하면 Java의 연산자 대부분은 순수한 연산자이다. **순수한 연산자**(pure operator)란 그냥 값을 계산해서 생성하기만 할 뿐, 다른 일은 하지 않는 연산자를 뜻한다. 예컨대 정수 변수 a에 대하여 a+1을 수행하면 a보다 하나 큰 값이 생성되기만 할 뿐이며 a 값은 변경되지 않는다. 다음 절을 통하여 가장 대표적인 순수한 연산자인 산술 연산자부터 살펴보자.

3.4 산술 연산자

산술 연산자(arithmetic operator)는 수치 계산을 수행하기 위한 연산자다. 산술 연산자는 계산 수행 후 수를 돌려주므로 산술 연산자는 순수한 연산자다. 초등학교 때 배우던 사칙 연산에 사용되는 연산자가 바로 산술 연산자에 해당한다. 이 절에서는 산술 연산자의 종류와 자료형이 섞여 있는 경우의 산술 연산 수행 방법, 형 변환 연산자에 대하여 살펴본다.

산술 연산자의 종류

Java에서는 덧셈(+), 뺄셈(-), 곱셈(*), 나눗셈(/)과 더불어 나머지 연산(%)까지 제공한다. C/C++에서는 나머지 연산자를 정수형에 대해서만 사용할 수 있는 데 반해 Java에서는 부동소수점형(floating-point type)에 대해서도 사용할 수 있다. Java의 산술 연산자를 정리하면 표 3.2와 같다.

[표 3.2] 산술 연산자

연산	연산자	피연산자 자료형	결과 값
단항 플러스	+a	정수형, 부동소수점형	a의 값 그대로
단항 마이너스	-a	정수형, 부동소수점형	a의 부호를 변경한 값
덧셈	a + b	정수형, 부동소수점형	a와 b의 합
	a + b	문자열 형	a 뒤에 b를 접합한 값
뺄셈	a - b	정수형, 부동소수점형	a에서 b를 뺀 값
곱셈	a * b	정수형, 부동소수점형	a와 b의 곱
나눗셈	a / b	정수형	a를 b로 나눈 몫
	a / b	부동소수점형	a를 b로 나눈 값
나머지	a % b	정수형, 부동소수점형	a를 b로 나눈 나머지

여기서 단항 플러스와 단항 마이너스 연산자는 피연산자를 하나만 받는데, 일반 수학에서의 의미와 같다. 예를 들어서 a 값이 -3이면 +a는 그대로 -3을 나타내고 -a는 a의 부호를 변경한 값 3을 나타낸다. 즉, 단항 플러스는 아무 일도 하지 않는 **항등 연산자**(identity operator)이며 단항 마이너스는 피연산자의 부호를 바꾸는 **부호 변경 연산자**(negation operator)이다.

모든 산술 연산자는 정수형과 부동소수점형에 적용 가능하며 예외적으로 덧셈 연산자만 추가로 문자열형에 적용할 수 있다. 덧셈 연산자가 문자열에 적용될 때에는 문자열 접합 연산으로 사용된다. 산술 연산자의 사용 예를 보면 프로그램 3.3과 같다.

프로그램 3.3 • IntArithmetic.java

```
/*****************************************************************
 * 정수형 산술 계산을 수행하는 프로그램
 *****************************************************************/
import java.util.Scanner;

// 정수 a, b를 읽고 이를 이용하여 사칙연산과 나머지 연산을 수행한다.
public class IntArithmetic
{
   public static void main(String[] args) {
      int a, b;
      Scanner sc = new Scanner(System.in);
      System.out.println("정수 두 개를 입력하세요.");
      a = sc.nextInt();
      b = sc.nextInt();
      System.out.printf("%d + %d = %d%n", a, b, a + b);
      System.out.printf("%d - %d = %d%n", a, b, a - b);
      System.out.printf("%d * %d = %d%n", a, b, a * b);
      System.out.printf("%d / %d = %d%n", a, b, a / b);
      System.out.printf("%d %% %d = %d%n", a, b, a % b);
      sc.close();
   }
}
```

실행결과

```
정수 두 개를 입력하세요.
119 10
119 + 10 = 129
119 - 10 = 109
119 * 10 = 1190
119 / 10 = 11
119 % 10 = 9
```

프로그램 3.3은 정수 두 개를 읽고 덧셈, 뺄셈, 곱셈, 나눗셈, 나머지 연산 수행 결과를 출력하는 프로그램이다. 값을 입력받기 위해서 Scanner 객체의 nextInt() 메소드를 이용하였고(13-14행) 결과를 출력하기 위해서 System.out 객체의 printf() 메소드를 이용하였다(15-19행). printf() 메소드는 Java 1.5부터 추가된 메소드로서 출력 형식에 맞추어 출력하기 위한 함수이다.

잠깐만

Java에서는 \n 대신 %n을 줄바꿈 문자로 사용한다. %n을 이용하면 운영체제에 따라 다르게 표현되는 줄바꿈 문자를 알아서 출력하므로 프로그램 이식성이 더 좋아진다.

본래 printf는 C 언어에서 사용되던 라이브러리 함수인데 C에 익숙하지 않은 사용자를 위해 간단히 설명하면, printf() 메소드는 특정 형식에 맞추어 데이터를 출력할 때 사용된다. 원하는 형식은 첫 번째 인수인 **형식지정 문자열**(format string)로 주어지는데, 형식지정 문자열에서 %d는 해당 자리에 해당되는 인수 값을 십진수(decimal)로 출력하라는 뜻이다. 이처럼 퍼센트 문자(%)를 특수한 목적으로 사용하므로 % 문자 자체를 출력하려면 %를 두 번 연달아 사용하여 %%로 표기해야 한다(19행). %n은 줄바꿈 문자(newline)를 나타내는 \n과 유사한 기능을 한다.

프로그램 실행 결과에서 눈여겨 볼 것은 나눗셈 연산과 나머지 연산이다. 119를 10으로 나눈 결과는 11.9이지만 정수형 연산 결과는 정수형이어야 하므로 소수점 이하를 절사하여 11로 계산한다(18행). 즉, 정수 몫 11을 계산한다. 나머지 계산 결과는 9가 된다(19행). 정수 나눗셈 연산과 나머지 연산을 수행할 때, 나누는 수(제수; 우측 피연산자)는 0이어서는 안 된다. 나누는 수를 0으로 하면 산술계산 예외(arithmetic exception; java.lang.ArithmeticException)가 발생한다.

Q&A

-119를 10으로 나눈 나머지를 출력해 보았더니 -9였습니다. 나머지는 항상 양수여야 하는 것 아닌가요?

수학적으로 말하면 양수가 되어야 맞습니다. 그러나 Java에서는 나누어지는 수(피제수)를 기준으로 나머지를 계산합니다. 그렇게 하는 이유는 몫을 계산할 때, 소수점 이하를 절사하는 방식으로 계산하기 때문입니다. 따라서 a를 b로 나눈 몫 a/b와 a를 b로 나눈 나머지 a%b 사이에는 항상 다음과 같은 관계가 성립하게 되어 있습니다.

```
a == (a/b) * b + (a%b)
```

구체적인 예를 이용하여 한 번 더 정리하면 다음과 같습니다.

```
+119/+10 == +11 이므로 +119%+10 == +9
+119/-10 == -11 이므로 +119%-10 == +9
-119/+10 == -11 이므로 -119%+10 == -9
-119/-10 == +11 이므로 -119%-10 == -9
```

산술 연산자의 우선순위를 보면, 단항 연산자 +, -가 이항 연산자보다 우선순위가 높고 이항 연산자 *, /, %가 이항 연산자 +, - 보다 우선순위가 높다. 산술 연산자의 우선순위와 결합순서를 정리하면 표 3.3과 같다. 단항 연산자의 결합순서는 오른쪽에서 왼쪽이며 이항 연산자의 결합순서는 왼쪽에서 오른쪽이다.

[표 3.3] 산술 연산자 우선순위

우선순위	연산자	결합순서
1순위	단항 + 단항 -	오른쪽
2순위	* / %	왼쪽
3순위	이항 + 이항 -	왼쪽

혼합 자료형 수식

지금까지 배운 산술연산자들을 이용해서 넓이 단위 평(坪)형[3]을 제곱미터(m^2)로 변환하는 수식을 작성해 보자. 한 자가 30.3cm(정확히는 30/99m)라는 것과 가로 6자, 세로 6자인 정사각형이 한 평형이라는 것을 알면, 쉽게 단위 변환을 수행할 수 있다. 상수 JA가 JA = 30.0 / 99.0으로 정의되었다고 가정할 때, 평형 P를 제곱미터 M으로 바꾸는 변환 수식은 다음과 같다.

```
M = (6 * JA) * (6 * JA) * P
```

이 수식에서 (6 * JA)라는 부분 수식을 살펴보면, 6은 int 형인데 JA는 double 형이다. int 형 값과 double 형 값을 곱하면 어떤 결과가 나올까? 결과는 int 형이 될까, 아니면 double 형이 될까? 정답은 double 형이다. 위 수식에서는 정수 상수 6을 double로 변환한 후 곱셈을 계산한다.

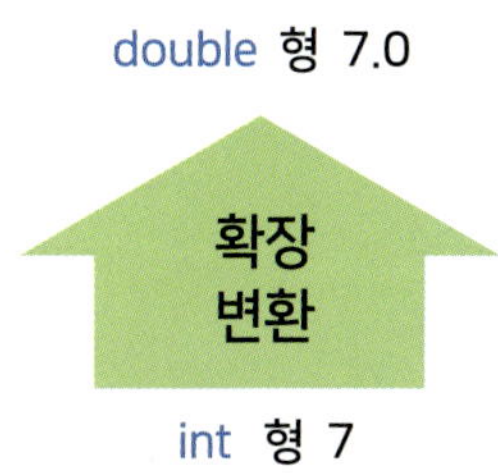

[그림 3.3] 확장 변환

그렇다면 일반적으로 변수를 포함한 서로 다른 형의 피연산자에 대해 연산자를 적용하면 어떻게 될까? Java의 이항연산에서 두 피연산자의 자료형이 서로 다를 경우에는 표현 범위가 작은 쪽에서 큰 쪽으로 자동으로 자료형을 변환한 후 연산한다. 이렇게 자동으로 형을 변환하는 것을 **묵시적 형 변환**(implicit type conversion), 자동 형 변환이라고 부르기도 한다. 표현 범위가 넓은 쪽으로 변환하는 것을 **상향 변환**(promotion), **확장 변환**(widening conversion)이라고 한다.

변수에 대해 자동 형 변환이 수행되더라도 변수에 저장된 값 자체는 변화가 없고, 단지 그 변수 값으로부터 새로운 값을 생성하여 사용할 뿐이라는 점에 주의해야 한다. 따라서 앞서 정수형 상수 6대신 같은 값의 변수 SIX를 사용하였다고 하더라도 형 변환 시에 SIX 값에는 변화가 없고, 이 값으로부터

3) 본래 넓이 단위는 '평형'이 아니라 '평'이다. 그러나 우리나라에서는 2007년 7월 이후 공식적인 면적 단위에 '평'을 사용하면 과태료를 부과하는 이상한 정책을 시행하고 있다. 그래서 여기서도 '평' 대신 '평형'이라는 용어를 사용하였다.

double형 상수 6.0이 생성된다. 형 변환에 대해서는 다음 절에서 자세히 설명한다.

Java의 수치 자료형에 대해 확장 변환 순서를 적으면 다음과 같다.

byte(1) < short(2) < int(4) ≤ long(8) ≤ float(4) < double(8)

위에서 각 자료형 옆에 괄호로 나타낸 수는 각 자료형의 자료가 차지하는 바이트 수를 나타낸다. 가령, byte에서 short로의 변환은 안전하다. 왜냐하면 byte 값은 8비트에 저장되고 short 값은 16비트에 저장되기 때문에 어떠한 정보도 손실되지 않는다. 작은 정수형에서 큰 정수형으로, 작은 부동소수점형에서 큰 부동소수점형으로의 확장 변환은 그 수치 값을 정확히 보존한다.

확장 변환이 값의 크기에 관한 한 어떠한 정보도 손실하지 않지만, 부동소수점 값을 생성하는 확장 변환은 정확도를 손실할 수 있다. int나 long을 float나 double로 변환시킬 때, 유효 숫자 중 일부가 소실될 수 있다. 이 경우에 생성되는 부동소수점 값은 IEEE 754 부동소수점 표준에 정의된 대로 가장 가까운 부동소수점 값이 된다.

Key Point 수식에서 여러 자료형이 사용되면 자동으로 확장 변환이 일어난다.

확장 변환의 반대되는 개념으로 축소 변환이 있는데, **축소 변환**(narrowing conversion)이란 표현 범위가 작은 자료형으로 변환하는 것을 말한다. 예컨대 int를 short로, double을 float로 형 변환하는 것을 들 수 있다.

[그림 3.4] 축소 변환

축소 형 변환이 꼭 필요한 경우의 대표적인 예로 대입 연산을 들 수 있는데, 대입 연산 시 발생되는 형 변환을 특별히 **대입 변환**(assignment conversion)이라고 한다. 대입 변환의 경우에도 확장 변환인 경우에만 자동으로 수행되며 축소 변환인 경우에는 자동으로 수행되지 않는다.

다만 예외적으로 int 상수를 대입할 때에는 정보 손실이 일어나지 않는 경우에 한해 자동으로 축소 변환이 수행된다. 대입 변환의 수행 예로서 프로그램 3.4를 보자.

프로그램 3.4 • Assignment.java

```
1   /*****************************************************************
2    * 대입 변환을 수행하는 프로그램
3    *****************************************************************/
4
5   // 대입과 관련된 축소 변환과 확장 변환을 테스트하는 클래스
6   public class Assignment
7   {
8      // int 형과 byte, short 사이의 변환을 테스트하는 메소드
9      public static void main(String[] args) {
10        byte  b = 123;       // 축소 변환: int -> byte
11        short s = 456;       // 축소 변환: int -> short
12        int   i = s;         // 확장 변환: short -> int
13        // byte b2  = 456;   // 오류: byte 범위로 표현할 수 없음
14        // short s2 = i;     // 오류: int 상수가 아님
15        System.out.printf("b = %d%n", b);
16        System.out.printf("s = %d%n", s);
17        System.out.printf("i = %d%n", i);
18     }
19  }
```

실행결과

```
b = 123
s = 456
i = 456
```

프로그램 3.4에서 10~12번 행의 변수 b, s, i는 각각 byte, short, int 형이다. 그러나 123, 456은 모두 int 상수다. 따라서 10번 행처럼 b에 123을 저장하거나 11번 행처럼 s에 456을 저장하면 축소 변환이 수행된다. 12번 행처럼 i에 s를 저장하면 확장 변환이 수행된다. 10번 행과 11번 행의 축소 변환은 int 상수에 대한 것이고 축소 변환에 따른 정보 손실이 없으므로 모두 자동으로 형 변환된다.

한편 13번 행과 14번 행의 주석으로 처리된 대입 연산은 이 규정에 위배된다. 13번 행에서 변수 b2는 byte 형이고 표현 범위는 -128에서 +127까지이다. 따라서 int 상수 456을 저장할 수 없으므로 b2에 456을 저장하는 것은 오류가 된다. 14번 행에서는 short 변수 s2에 int 변수 i 값을 대입하기 위한 것인데 이는 상수에 관한 축소 변환이 아니므로 오류가 된다. 요약하면 자동 축소 변환은 대입할 상수가 int 상수이며 정보 손실이 없는 경우에만 허용된다.

> **Key Point** 축소 형 변환은 대개 자동으로 수행되지 않는다. 다만 int 상수를 저장할 때 정보 손실이 없는 경우에는 자동으로 축소 형 변환이 수행된다.

형 변환 연산자

묵시적 형 변환은 자동으로 자료형을 변환하지만 축소 형 변환에는 제한이 있다. 정보가 손실될 수 있기 때문이다. 정보 손실 우려가 없는 경우(예: 프로그램 3.4의 14번 행)에, 혹은 정보 손실이 발생한다고 하더라도 의도적으로 축소 형 변환을 수행하려면 어떻게 해야 할까? 이때는 형 변환 연산자를 이용하면 된다. 형 변환 연산자를 **타입 캐스팅 연산자**(type casting operator)라고 하는데 간단히 **캐스트**(cast)라고 부르기도 한다. Java의 캐스트는 괄호 안에 타입 이름이 명시된 형태로서, 변환할 값의 좌측에 다음과 같이 나타낸다.

```
(형이름) 변수
(형이름) 값
```

> **Key Point** 타입 캐스팅은 명시적으로 형을 변환하는 방법인데 타입 캐스팅 연산자는 괄호 안에 타입 이름을 명시한 행태로서 변환할 값의 좌측에 사용한다.

앞서 프로그램 3.4에서 다음 대입 연산은 오류였다.

```
short s2 = i;    // 오류: int 상수가 아님
```

현재 정수 변수 i에는 short 변수 s의 값이 저장되어 있기 때문에, 이 값을 s2에 저장한다고 해도 정보 손실의 우려가 없다. 그러나 대입 연산자 우변이 int 변수이므로 오류가 발생했던 것이다. 또한, 정보 손실의 우려가 있다고 해도 형 변환 연산자를 사용하면 형 변환을 수행할 수 있다. 물론, 정보 손실이 발생되는 것은 감수해야 한다. 타입 캐스팅 연산자 사용 예를 보면 다음과 같다.

```
byte  b2 = (byte) 456;  // 캐스팅: 정보 손실
short s2 = (short) b2;  // 캐스팅: 정보 손실 없음
int   i2 = (int) 3.14;  // 캐스팅: 정보 손실
```

b2는 byte형 변수고 456은 int형 상수지만 캐스트(byte)로 인해 축소 변환이 가능하다. s2와 i2에 대한 대입 연산도 마찬가지로 각각 캐스트(short)와 (int)를 이용하여 변환할 수 있다.

잠깐만

형 변환 연산자를 이용하면 정보 손실이 발생할 수 있다는 점에 주의하자.

형 변환 연산자를 이용하여 축소 변환을 수행할 때에는 정보 손실이 일어날 수 있다는 점에 주의해야 한다. 위 예에서 b2와 i2에 대입할 때 정보 손실이 발생한다. 정수형 값에서 정보 손실이 발생할 경우에는 하위 비트만 취한다. 정수 456은 이진수로 1 1100 1000인데 하위 8 비트만 취하면 1100 1000이 되고, 이는 2의 보수[4]로 절댓값이 0011 1000인 음수이다. 따라서 b2에는 -56이 저장된다.

부동소수점형 상수를 정수형으로 축소 변환할 때에는 소수점 이하가 절사되는 방식으로 변환된다. 따라서 double 상수 3.14를 int 형으로 변환할 때 소수점 이하 0.14가 절사되어 3이 저장된다. 음수일 때도 마찬가지다. 따라서 -3.14를 int 형으로 변환하면 -3으로 변환된다.

---

4) 보수란 보충해 주는 수를 뜻한다. 따라서 2의 보수는 2를 보충해 주는 수를 뜻하는데 일반적으로 n자리 2의 보수는 2^n에서 해당 수를 뺀 값이 된다. 컴퓨터 분야에서는 음의 정수를 나타내기 위해 통상 2의 보수를 사용한다.

3.5 관계 연산자 및 논리 연산자

프로그램을 수행하다 보면 두 값을 비교해야 할 때가 있다. 비교 결과는 참이나 거짓으로 나타나는데, 이처럼 두 값을 비교하기 위한 연산자를 **관계 연산자**(relational operator) 혹은 **비교 연산자**(comparison operator)라고 한다. 또한, 비교 결과 값을 조합해야 하는 경우도 있는데 예를 들어서 a가 10보다 크고 100보다 작다고 하고 싶다면 두 비교 연산을 조합해야 한다. 이처럼 논리 값을 다루는 연산자를 **논리 연산자**(logical operator) 혹은 **부울 연산자**(boolean operator)라고 부른다. 이 절에서는 관계 연산자와 논리 연산자에 대해 살펴본다.

관계 연산자

먼저 두 값을 비교하는 관계 연산자들을 살펴보자. 변수 a가 b보다 작은가 살펴보기 위해서는 a < b라고 쓴다. a와 b가 같은지 알아보려면 a == b라고, 다른지 알아보려면 a != b라고 쓴다. 값이 같은지 여부를 판단하기 위한 연산자인 ==와 !=를 합쳐서 **동등 비교 연산자**(equality operator)라고 부르기도 한다. Java의 관계 연산자를 정리하면 표 3.4와 같다.

■ **[표 3.4]** Java의 관계 연산자. 모든 연산자는 기본 데이터 형을 비교할 때 사용할 수 있다.

연산	연산자	결과 값
같다	a == b	a 값과 b 값이 같으면 true(참) 그렇지 않으면 false(거짓)
다르다	a != b	a 값과 b 값이 같지 않으면 true(참) 그렇지 않으면 false(거짓)
작다	a < b	a 값이 b 값보다 작으면 true(참) 그렇지 않으면 false(거짓)
작거나 같다	a <= b	a 값이 b 값보다 작거나 같으면 true(참) 그렇지 않으면 false(거짓)
크다	a > b	a 값이 b 값보다 크면 true(참) 그렇지 않으면 false(거짓)
크거나 같다	a >= b	a 값이 b 값보다 크거나 같으면 true(참) 그렇지 않으면 false(거짓)

관계 연산의 결과는 참 혹은 거짓이다. Java에서는 참을 true, 거짓을 false로 나타내는데, 이 두 값의 자료형은 boolean이다. boolean형 값을 출력하기 위해서는 printf 메소드에서 %b를 사용하는데 사용 예를 보면 다음과 같다.

```
System.out.printf("(%d == %d): %b%n", a, b, (a == b));
```

a와 b의 값이 같으면 true, 그렇지 않으면 false가 출력된다.

Key Point 관계 연산자는 두 값의 동치 관계나 대소 관계를 비교하여 논리 값인 참(true)이나 거짓(false)을 돌려준다.

관계 연산자는 산술 연산자보다 우선순위가 낮다. 따라서 산술 연산과 관계 연산이 인접해 있으면 우선순위에 따라 산술 연산을 먼저 수행한다. 예를 들어 다음 연산을 생각해 보자.

```
a + b > 0
```

이 식이 주어지면 Java는 산술식 a + b를 먼저 계산한 후에 그 값이 0보다 큰

Q&A

저는 C를 잘 모릅니다. printf의 첫 번째 인수에 대해 자세히 알 수 있을까요?

printf의 형식지정 문자열(format string) 중에서 가장 많이 쓰는 것 몇 가지만 소개하면 다음과 같습니다.

%d	십진수로 출력
%x	십육진수로 출력
%c	문자 하나를 출력
%b	boolean 값을 true나 false로 출력
%f	부동소수로 출력
%s	문자열을 출력

printf의 형식지정 문자열의 자세한 내용은 아래 사이트의 Java 문서에서 확인할 수 있습니다.

http://www.oracle.com/technetwork/java/javase/documentation

지 검사한다. 괄호를 이용하여 연산 순서를 명시적으로 나타내면 다음과 같다.

```
(a + b) > 0
```

물론 항상 괄호를 이용해서 명시적으로 연산 순서를 지정할 수 있으므로 기억이 명확하지 않을 때는 항상 괄호를 사용하자.

논리 연산자

관계 연산자의 결과는 boolean 형이다. boolean 형은 논리 값을 나타내기 위한 자료형인데, 논리 값에 적용 가능한 연산자를 **논리 연산자**(logical operator)라고 한다. Java에서 제공되는 세 가지 논리 연산자를 요약하면 표 3.5와 같다.

논리 연산자 !는 **논리** NOT(logical NOT) 연산을 수행한다. 이 연산자는 하나의 피연산자를 받는 단항 연산자로서 연산의 결과 값은 피연산자의 논리 값의 반대 값이다. 그래서 논리 NOT 연산자를 논리 부정 연산자라고도 한다.

&& 연산자는 **논리** AND(logical AND) 연산으로서 두 피연산자가 모두 참이면 그 결과는 참이고, 그렇지 않으면 거짓이다. || 연산자는 **논리** OR(logical OR) 연산으로서 연산의 결과는 두 개의 피연산자 중에서 적어도 한 개가 참이면 참이고, 그렇지 않으면(두 피연산자 모두가 거짓이면) 거짓이다.

> **Key Point** Java의 논리 연산자 세 개는 논리 NOT 연산자, 논리 AND 연산자, 논리 OR 연산자로서 각 연산 기호는 !, &&, ||이다.

논리 AND와 논리 OR는 각각 논리곱 연산자, 논리합 연산자라고 부르기

[표 3.5] Java의 논리 연산자

연산	연산자	결과
논리 NOT	`! a`	a가 false면 true고, 그렇지 않으면 false다.
논리 AND	`a && b`	a, b 모두 true면 true고, 그렇지 않으면 false다.
논리 OR	`a || b`	a, b 모두 false면 false고, 그렇지 않으면 true다.

도 한다. 그 이유는 논리 값 false를 0, true를 1로 가정했을 때 각 논리 연산의 결과가 산술 연산의 곱 연산, 합 연산 결과와 유사하기 때문이다. 따라서 논리곱 연산자 &&의 우선순위가 논리합 연산자 ||의 우선순위보다 높다. 논리부정 연산자는 단항 연산자이므로 논리곱 연산자보다 우선순위가 높다.

또한, 논리 AND 연산자와 논리 OR 연산자는 관계 연산자보다 우선순위가 낮다. 관계 연산을 수행한 결과 값에 논리 연산을 적용하는 것이 일반적으로 사용하는 연산이기 때문이다. 예를 들어 입력된 점수 score가 0점에서 100점 사이에 있는지(0점 및 100점 경계 포함) 검사하려면 다음과 같은 논리식을 사용할 수 있다.

```
score >= 0 && score <= 100
```

괄호를 사용하지 않았지만 우선순위에 따라 위 수식은 다음 수식과 같은 의미다.

```
(score >= 0) && (score <= 100)
```

입력된 점수 score가 이 범위 밖에 있는지 검사하려면 다음과 같이 작성할 수 있다.

```
score < 0 || score > 100
```

입력 받은 점수가 0점에서 100점 사이에 있는지 검사하는 전체 프로그램은 프로그램 3.5와 같다.

프로그램 3.5 • ScoreInput.java

```
/*********************************************************************
 * 점수를 입력받아서 0이상 100이하인지 검사하는 프로그램
 *********************************************************************/
import java.util.Scanner;
```

```java

// 입력된 점수를 검사하기 위한 ScoreInput 클래스
public class ScoreInput
{
   // 점수 score가 범위 내의 점수인지 아닌지 검사하는 메소드
   public static void main(String[] args) {
      int score;
      Scanner scan = new Scanner(System.in);
      System.out.print("점수를 입력하세요: ");
      score = scan.nextInt();
      if (score >= 0 && score <= 100)
         System.out.printf("%d은(는) 범위 내의 점수입니다.%n", score);
      else
         System.out.printf("%d은(는) 범위 밖의 점수입니다.%n", score);
      scan.close();
   }
}
```

실행결과

```
점수를 입력하세요: 80
80은(는) 범위 내의 점수입니다.
```

단락회로 계산

논리곱 연산자 &&와 논리합 연산자 ||의 중요한 특성으로서 단락회로 계산(short-circuit evaluation)을 수행한다는 점을 들 수 있다. **단락회로 계산**이란 일부 피연산자의 계산 결과에 따라 다른 피연산자의 계산 여부를 결정하는 방식의 계산을 의미한다. &&와 || 연산자는 왼쪽 피연산자를 계산한 결과가 최종 결과 값을 결정하는 데 충분할 경우에, 오른쪽 피연산자는 계산하지 않는다. 예를 들어 a&&b연산의 경우에 a 값이 거짓이면 그 연산의 결과는 b 값에 관계없이 거짓이 되므로 b 값을 계산하지 않는다. 마찬가지로 a || b의 경우에 a 값이 참이면 그 연산의 결과는 b의 값에 관계없이 참이 되므로 b 값은 계산하지 않는다.

Key Point 연산자 &&과 ||은 왼쪽 피연산자가 연산의 결과 값을 결정하기에 충분하면, 오른쪽 피연산자는 계산하지 않는다. 이러한 계산 방식을 단락회로 계산이라고 한다.

프로그램 3.5에서 `if` 문의 논리식을 생각해 보자.

```
score >= 0 && score <= 100
```

이 수식에서 score가 0보다 작으면 첫 번째 관계식이 거짓이 되므로 전체 논리식 값은 두 번째 관계식 값과 무관하게 거짓이다. 따라서 이 경우에 두 번째 관계식은 계산할 필요가 없다. 이 식의 단락회로 계산과정을 그림으로 나타내면 그림 3.5와 같다.

그림 3.5에는 두 가지 회로가 있다. 하나는 수식 `score >= 0`만 거치는 회로고 다른 하나는 `score >= 0`뿐만 아니라 `score <= 100`도 거치는 회로이다. 이 두 회로 중에서 `score >= 0`만 거치는 회로가 더 짧으므로 이 회로를 **단락회로**(short-circuit)라고 한다. 연산자 &&와 ||는 단락회로를 선호하는 방식으로 계산을 수행한다.

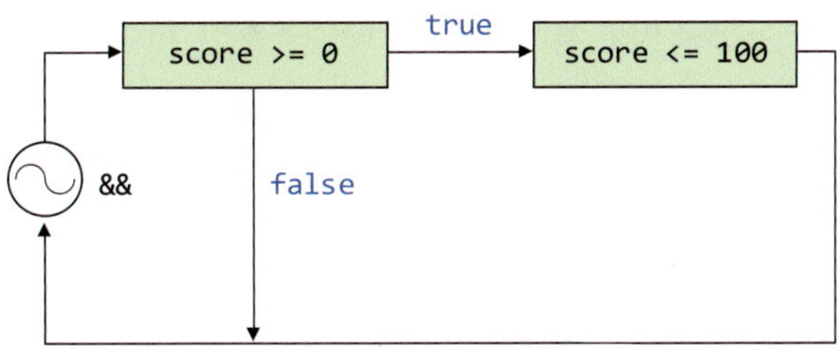

■ **[그림 3.5]** 연산자 &&의 단락회로 계산 예

조건 연산자

조건 연산자(conditional operator) ?: 는 Java의 유일한 삼항 연산자이다. 지금까지 배운 연산자는 단항 연산자이거나 이항 연산자였다. 즉, 피연산자 하나 혹은 두 개를 받는 연산자였다. 조건 연산자는 피연산자 세 개를 받는다. 조건

연산자를 이용한 수식의 일반적인 형태는 다음과 같다.

```
조건 ? 수식1 : 수식2
```

조건 연산자의 세 피연산자가 차례로 a, b, c일 때 조건 수식은 a?b:c 형태가 된다. 수식 a?b:c의 의미는 조건 a를 검사한 후 그것이 참이면 b가, 거짓이면 c가 결과 값이 된다는 뜻이다. 즉, a?b:c의 결과 값은 b나 c가 된다.

조건 연산자의 구체적인 예로서 다음 수식을 살펴보자.

```
max = a > b ? a : b;
```

위 문장에는 세 개의 연산자, 즉 대입 연산자 =, 조건 연산자 ?:, 비교 연산자 >가 사용되었다. 조건 연산자가 대입 연산자보다 우선순위가 높고 비교 연산자가 조건 연산자보다 우선순위가 높기 때문에 위 문장의 의미는 다음 문장의 의미와 같다.

```
max = ((a > b) ? a : b);
```

조건 연산식의 결과는 a 혹은 b이다. 먼저 (a > b)를 검사한 후 이것이 참이면(즉, a가 b보다 크면) a가 결과 값이 되고 그렇지 않으면 b가 결과 값이 된다. 어느 경우든 max에는 두 값 중에서 다른 값보다 작지 않은 값이 저장된다.

Key Point

조건 연산자 ?:는 피연산자를 세 개 받는 삼항 연산자이다. 조건 연산자를 사용한 수식 a?b:c의 값은 a가 참(true)일 때 b가 되고 a가 거짓(false)일 때 c가 된다.

잠깐만

수식 구조를 이해하기 쉽도록 괄호를 적절히 이용하는 것이 좋다. 특히 조건 연산자의 조건은 괄호로 감싸는 편이 프로그램 읽기에 더 도움이 된다.

조건 연산자에서 조건 부분이 수식인 경우에는 괄호를 사용하는 것이 이해하기 쉽다. 사실 우선순위를 둔 이유는 괄호가 많아지는 것을 방지하기 위해서이다. 괄호가 많아지면 수식을 작성하기도 힘들고 이해하기도 힘들기 때문이다. 그러나 조건 연산자의 경우에는 조건 수식에 괄호를 사용하면 조건을 한 단위로 볼 수 있기 때문에 더 이해하기 쉽다. 따라서 위 문장은 보통 다음과 같이 작성한다.

```
max = (a > b)? a: b;
```

조건을 괄호로 명시했기 때문에 위 문장이 다음 문장보다는 더 이해하기 쉽다.

```
max = a > b ? a : b;
```

또한, 조건 연산자도 단락회로 계산을 수행한다. 이는 조건 연산자의 의미상 매우 자연스러운데, 조건 연산자는 조건에 따라 피연산자를 계산하므로 계산되지 않는 피연산자가 항상 존재한다. 즉, a?b:c 형태에서 a가 거짓인 경우에는 b를 계산할 필요가 없고, 반대로 a가 참인 경우에는 c를 계산할 필요가 없다. 따라서 다음과 같이 수식을 작성할 수 있다.

```
(n != 0)? sum / n: 1
```

단락회로 계산을 수행하지 않는다면 조건 연산에 필요한 세 개의 피연산자 값을 모두 구해야 할 것이다. 즉, (n != 0)이라는 조건식과, 조건이 참일 때의 결과인 수식 (sum / n), 거짓일 때의 결과인 수식 1의 값을 모두 구해야 한다. 그러나 만약 n 값이 0이라면 두 번째 수식 (sum / n)은 구할 수 없다. 수학적으로 불가능하기 때문이다.

그러나 조건 연산자의 경우에 단락회로 계산을 수행하기 때문에 다행스럽게도 위 수식에서 이런 경우는 발생하지 않는다. n 값이 0이라면 조건식 (n != 0)은 거짓이 되고 따라서 (sum / n)은 구할 필요가 없다. 결국 단락회로 계산 덕분에 위와 같은 수식을 쓸 수 있는 것이다.

Key Point 조건 연산자는 단락회로 계산을 이용한다. 즉, 조건 연산자의 두 번째 피연산자와 세 번째 피연산자 중 하나는 계산되지 않는다.

비트 연산자

컴퓨터 시스템 내에서는 모든 데이터가 이진수로 표현된다는 것을 앞서 설명한 바 있다. 지금까지 다루었던 정수, 부동소수 등도 모두 사실은 이진수 형태로 저장된다. 부동소수는 IEEE 754라는 복잡한 표준에 따라 저장되지만 정수는 이에 비해 꽤 간단한 2의 보수 표기법에 따라 저장된다. 이진수의 한 자릿수를 **비트**(bit: binary digit)라고 하는데 Java에서는 이진수로 표현된 정수에 대해 표 3.6과 같은 비트 연산들을 제공한다.

비트 이동 연산자 <<와 >>, >>>는 비트를 좌로 혹은 우로 이동시키는 연산자이다. 좌측 이동 연산은 채워지는 숫자가 항상 0이므로 복잡할 것이 없지만 우측 이동 연산은 채워지는 숫자가 부호 비트일 수도 있고 0일 수도 있다. 2의 보수 표기로 정수를 나타내었을 때 최상위 비트는 해당 정수의 부호에 따라 다르게 되는데, 양수일 경우에는 `0`이고 음수일 경우에는 `1`이다. 부호 비트를 유지하려면 연산자 >>를 이용하고 `0`을 채우려면 >>>를 이용하면 된다.

한 비트 좌측 이동(<<1)은 이진수 10을 곱한 것과 같으므로 원래 수를 두 배로 만든 효과를 낸다. 따라서 8을 좌측으로 두 칸 이동시키면 4를 곱한 것

[표 3.6] Java의 비트 연산자

구분	종류	연산자	자료형	결과
비트 이동 연산자	좌측 이동 (left shift)	`a << n`	정수형	a를 n 비트만큼 좌측으로 이동하고 오른쪽 끝은 이동한 수만큼 `0`으로 채움
	우측 이동 (right shift)	`a >> n`	정수형	a를 n 비트만큼 우측으로 이동하고 왼쪽 끝은 이동한 수만큼 부호 비트로 채움
	무부호 우측 이동 (right shift without sign)	`a >>> n`	정수형	a를 n 비트만큼 우측으로 이동하고 왼쪽 끝은 이동한 수만큼 `0`으로 채움
비트 논리 연산자	비트 AND	`a & b`	정수형	a와 b의 비트 AND 값
	비트 OR	`a ¦ b`	정수형	a와 b의 비트 OR 값
	비트 XOR	`a ^ b`	정수형	a와 b의 비트 XOR 값
	비트 NOT	`~a`	정수형	a의 1의 보수 값

과 같으므로 결과는 32가 된다. 반대로 한 비트 우측 이동(>>1)은 부호 비트를 채우므로 이진수 10으로 나눈 것과 같고 원래 수를 반으로 나눈 효과를 낸다. 따라서 -8을 우측으로 두 칸 이동하면 4로 나눈 효과이므로 결과는 -2가 된다.

> **잠깐만**
> 좌측 이동 연산은 항상 0을 채우지만 우측 이동 연산은 0이나 부호 비트를 채운다. 0을 채우려면 >>>을 이용하고 부호 비트를 채우려면 >>을 이용한다.

무부호 우측 이동 연산(>>>)의 효과를 이해하려면 정수 표현 방법을 이해해야 한다. `int` 상수 -8을 예로 들면, `int` 형은 32비트로 나타내어지므로 -8은 2의 보수 형태로 다음과 같이 저장된다.

```
1111 1111 1111 1111 1111 1111 1111 1000
```

따라서 무부호 우측 이동 연산자를 이용하여 -8을 두 비트 이동하면(-8 >>>2) 좌측 끝이 0으로 채워져 다음과 같은 수(십진수로 1073741822)가 된다.

```
0011 1111 1111 1111 1111 1111 1111 1110
```

> **Key Point**
> 비트 이동 연산자 <<와 >>는 비트를 좌로 혹은 우로 이동시키는 연산자이다. 부호 비트 대신 0으로 채우며 우측으로 이동시키려면 >>>를 이용한다.

~ 연산자는 **비트 NOT 연산자**(bitwise NOT operator)로서 비트 1을 0으로, 0을 1로 변환한다. ~ 연산자의 정의는 표 3.7의 진리표를 참고하기 바란다.

& 연산자는 **비트 AND 연산자**(bitwise AND operator)로서 a & b는 a와 b의 비트 AND 값이다. 비슷하게 | 연산자는 **비트 OR 연산자**(bitwise inclusive OR operator)이고 ^ 연산자는 **비트 XOR 연산자**(bitwise exclusive OR operator)로서 결과 값은 각각 a와 b의 비트 OR, 비트 XOR 값이다. & 연산자와 | 연산자, ^ 연산자의

[표 3.7] 비트 NOT 연산자의 진리표

a	~a
0	1
1	0

진리표는 표 3.8에 정리되어 있다.

[표 3.8] 비트 AND와 비트 OR 연산자, 비트 XOR 연산자의 진리표

a	b	a & b	a ¦ b	a ^ b
0	0	0	0	0
0	1	0	1	1
1	0	0	1	1
1	1	1	1	0

3.6 변수를 바꾸는 연산자

연산자 중에는 결과 값 계산 외에도 다른 효과를 발생시키는 연산자가 있다. 대표적으로 대입 연산자를 들 수 있는데, 사실 대입 연산자는 결과 값을 만들기 위해서라기보다 변수에 값을 저장하기 위해서 사용한다고 볼 수 있다. 이렇게 연산자가 값을 계산해주는 것 외에 부수적으로 발생시키는 효과를 **부수효과**(side effect)라고 하는데, 이 절에서는 부수효과를 발생시키는 연산자를 살펴본다.

대입 연산자

대입 연산자(assignment operator)는 변수에 값을 저장한 후 저장된 값을 돌려준다. 대입 연산자는 해당 변수에 저장되어 있던 값을 바꾸기 때문에 치환 연산자라고 부르기도 한다. 변수에 값을 저장하기 위해서는 대입 연산자 =의 좌측에 값이 저장될 변수 이름을 적고 대입 연산자의 우측에는 저장할 값을 나타내는 수식을 적는다. 일반적으로 대입 수식의 형태는 다음과 같다.

```
변수 = 수식
```

예컨대 변수 a에 현재 a의 값보다 하나 큰 값을 저장하기 위해서는 다음과 같이 문장을 구성할 수 있다.

```
a = a + 1;
```

수학적으로는 a와 a+1이 같을 수 없지만, 여기서는 같다는 뜻이 아니라 a+1 '값'을 변수 a에 저장한다는 뜻이다. 정수형 변수 a에 20이 저장되어 있다면 + 연산자를 수행하여 21을 계산하고 이를 변수 a에 저장한다.

대입 연산자는 연산 결과로 저장된 값을 돌려주기 때문에 연속하여 사용할 수 있다. 예를 들어서 정수 변수 a와 b에 대하여 다음과 같은 수식을 수행할 경우에 변수 a와 b에는 모두 2 값이 저장된다.

```
b = (a = 2)
```

변수 b에 값을 저장하기 전에 저장할 값을 계산해야 하는데, 그 값은 수식 a = 2의 값이다. 수식 a = 2는 a에 2 값을 저장하고 저장된 값을 돌려준다. 따라서 대입 연산의 결과는 a에 저장된 값 2가 되고 이 값이 변수 b에 저장된다.

> **Key Point** 대입 연산자는 변수에 값을 저장하는 부수효과를 발생시킬 뿐만 아니라 변수에 저장된 값을 돌려준다.

누적대입 연산자

간혹 우리는 변수의 값을 이용하여 어떤 계산을 수행한 후에 결과 값을 같은 변수에 그대로 저장하고 싶은 경우가 있다. 이런 경우에 Java는 더욱 간결한 대입 연산자를 제공한다. 구체적인 예를 살펴보자. 위에서 우리는 a의 값을 1만큼 증가시키는 경우 다음과 같은 대입문을 사용할 수 있다고 배웠다.

```
a = a + 1;
```

그런데 이 수식에서는 a라는 변수를 두 번 사용했다. Java는 C 언어의 연산자를 그대로 가져왔기 때문에 간결성을 중시하는 C 언어의 철학에 따라 다음과 같이 쓰는 것을 허용한다.

```
a += 1;
```

누적대입 연산자는 ◎=의 형태이다. 여기서 ◎는 이항 연산자를 나타낸다. 대입 연산자와 마찬가지로 누적대입 연산자의 좌변도 항상 변수여야 한다. 우변은 임의의 수식일 수 있다. 누적대입 연산자의 일반적인 형태는 다음과 같다.

```
변수 ◎= 수식;
```

누적대입 연산자를 수행한 결과는 연산을 수행한 후 대입 연산을 수행한 결과와 같다. 구체적으로 말해서 위에서 소개한 일반적인 형태의 누적대입문은 다음과 같은 대입문과 같은 뜻이다.

```
변수 = 변수 ◎ (수식);
```

> **Key Point** 이항 연산자 ◎에 대한 누적대입 연산자 ◎=를 사용한 수식 a◎=b를 같은 의미의 수식으로 바꾸어 쓰면 a=a◎(b)와 같다.

모든 이항 연산자에 대해 누적대입 연산자를 사용할 수 있는 것은 아니다. 누적대입 연산자의 ◎=의 형태에서 이항 연산자 ◎로 사용할 수 없는 연산자로는 <나 >, = 등을 들 수 있다. 이들 연산자는 대입 연산자 =와 결합되면 각각 <=, >=, ==로서 다른 의미의 비교 연산자와 같은 형태가 되기 때문이다.

증감 연산자

앞서 언급한 대입 연산자와 누적대입 연산자는 모두 좌측 피연산자의 값을 변경할 수 있는 연산자이다. 이들 대입 연산자들은 모두 추가로 하나의 피연산자를 더 필요로 한다. 그러나 값을 하나 증가시키거나 하나 감소시키는 경우에는 피연산자가 하나만 있으면 되는 특별한 연산자를 사용할 수 있는데, 증감 연산자가 바로 이러한 연산자이다.

증감 연산자는 증가 연산자와 감소 연산자를 함께 부르는 말이다. **증가 연산자**(increment operator)는 피연산자로 주어진 변수의 값을 1만큼 증가시키는 연산자이고 **감소 연산자**(decrement operator)는 1만큼 감소시키는 연산자이다. 증감 연산자의 경우 피연산자의 값을 변경시키므로 피연산자는 항상 변수여야 한다. 증가 연산자는 다음 두 형태 중 하나로 사용된다.

```
변수++
++변수
```

위 두 수식은 모두 주어진 변수를 1만큼 증가시킨다. 감소 연산자도 마찬가지로 아래 두 형태 중 하나로 사용된다.

```
변수--
--변수
```

위 두 수식 모두 주어진 변수를 1만큼 감소시킨다.

> **Key Point** 증감 연산자는 변수의 값을 1만큼 증가시키거나 감소시킬 때 사용한다. 변수 a의 값을 1 증가시키려면 a++나 ++a를, 1 감소시키려면 a--나 --a를 사용한다.

두 형태를 각각 **후치**(postfix), **전치**(prefix)라고 구별하여 부른다. 구체적으로 a++의 경우에는 증가 연산자 ++가 피연산자 a의 뒤에 있으므로 후치 형태이며 ++a의 경우에는 증가 연산자가 피연산자 a의 앞에 있으므로 전치 형태이다. 그렇다면 이 두 형태의 차이는 무엇일까? 차이는 바로 결과 값이다.

> **잠깐만** 증감 연산자의 결과 값은 전치, 후치에 따라 달라진다. 전치로 사용되면 증감 후의 결과를 돌려주며 후치로 사용되면 증감 전의 결과를 돌려준다.

증감 연산자도 연산자이므로 특정 값을 돌려주는데, 후치 형태의 증감 연산자는 값이 변경되기 전의 값을 결과 값으로 돌려주고, 전치 형태의 증감 연산자는 변경된 후의 값을 결과 값으로 돌려준다. 따라서 증감 연산자가 다른 수식의 일부로 사용되지 않는 경우에는 후치나 전치 형태 모두 같은 의미이지만 다른 수식의 일부로 사용되는 경우에는 결과 값으로 인해 의미가 달라질 수 있다. 간단한 예를 통해 이를 살펴보자.

```
b = 2 * a++;
```

위 수식에서 a와 b는 모두 정수형의 변수라고 하자. 그리고 각 변수에는 5가 저장되어 있다고 하자. b에 저장할 값을 구하기 위해서는 대입 연산자의 우변 2 * a++의 값을 구해야 한다. 곱셈 연산자 *를 수행하기 위해서는 a++의 값을 알아야 한다. a++는 후치 형태이므로, a++의 값은 현재 저장되어 있는 값 5

가 되고 증가 연산 수행 결과로 a 값은 6으로 증가한다. 증가된 a 값과 상관없이 a++의 값이 5이므로 곱셈 결과는 10이 된다. 따라서 위 문장을 수행한 후에 a에는 6이, b에는 10이 저장된다. 이 과정을 표로 나타내면 표 3.9와 같다.

즉, 위 문장은 다음 두 문장을 차례로 수행한 것과 같은 효과이다.

```
b = 2 * a;
a = a + 1;
```

한편, 유사한 형태의 수식에서 증가 연산자를 전치 형태로 적용해 보자.

```
b = 2 * ++a;
```

앞서 언급한 것처럼 a와 b는 정수형 변수로서 각 변수에는 5가 저장되어 있다고 하자. a * ++a를 구하기 위해서는 ++a 값을 알아야 한다. 이 경우에는 전치 형태이므로 ++a 값은 a 값을 증가시킨 결과 값이 된다. 따라서 a 값은 6으로 증가되고 ++a 값도 6이 된다. 그러므로 2 * ++a 값은 12가 되고 b에는 12가 저장된다. 따라서 위 문장은 아래 두 문장을 차례로 수행한 것과 같은 효과이다.

```
a = a + 1;
b = 2 * a;
```

증가 연산자의 효과를 확인하기 위한 전체 프로그램을 보면 프로그램 3.6과 같다.

[표 3.9] 수식 b = 2 * a++의 수행 과정

순번	수행 연산	수식	a 값	b 값
0	없음	b = 2 * a ++	5	5
1	++	b = 2 * 5	6	5
2	*	b = 10	6	5
3	=	10	6	10

프로그램 3.6 • PrePost.java

```java
/******************************************************************
 * 증가 연산자의 전치와 후치 차이를 보기 위한 프로그램
 ******************************************************************/

// 증가 연산자의 전치와 후치 결과를 점검하기 위한 PrePost 클래스
public class PrePost
{
    public static void main(String[] args) {
        int a, b;
        a = b = 5;
        System.out.println("초기 a, b 값");
        System.out.printf("\ta = %d, b = %d%n", a, b);
        b = 2 * a++;
        System.out.println("b = 2 * a++ 수행 후");
        System.out.printf("\ta = %d, b = %d%n", a, b);
        a = b = 5;
        System.out.println("원래 a, b 값");
        System.out.printf("\ta = %d, b = %d%n", a, b);
        b = 2 * ++a;
        System.out.println("b = 2 * ++a 수행 후");
        System.out.printf("\ta = %d, b = %d%n", a, b);
    }
}
```

실행결과

```
초기 a, b 값
    a = 5, b = 5
b = 2 * a++ 수행 후
    a = 6, b = 10
원래 a, b 값
    a = 5, b = 5
b = 2 * ++a 수행 후
    a = 6, b = 12
```

프로그램 3.6의 실행 결과를 보면 앞서 설명한 것처럼 전치, 후치 여부와 상관없이 a 값은 하나 증가된 것을 알 수 있다. 10번, 16번 행에서 a와 b의 값을 5로 설정하였고 13번, 19번 행의 수행 뒤에 a 값은 6으로 증가했기 때문이다. 그러나 증가 연산자가 적용된 수식, 즉 13번 행의 a++나 19번 행의 ++a의 값은 전치와 후치의 경우에 따라 다른데 13번 행처럼 후치로 사용된 경우에는 증가 전의 값이 되고 19번 행처럼 전치로 사용된 경우에는 증가 후의 값이 된다. 그래서 위 프로그램에서 13번 행과 19번 행을 수행한 후의 b 값은 다르게 출력되었다.

감소 연산자도 마찬가지로 전치 또는 후치 형태로 사용될 수 있다. 전치로 사용될 경우에는 변수의 값을 감소시킨 후의 값을 돌려주고 후치로 사용될 경우에는 감소시키기 전의 값을 돌려준다.

Key Point 증감 연산자는 전치로 사용했을 경우와 후치로 사용했을 경우에 결과 값이 다르다. 전치로 사용하면 증감된 후의 값이 결과 값이 되며 후치로 사용하면 증감되기 전의 값이 결과 값이 된다.

잠깐만
같은 수식 내에서 같은 변수에 대해서는 증감 연산자를 두 번 이상 적용하지 말라.

그렇게 추천하는 방법은 아니지만 증감 연산자의 전치와 후치를 한 수식에서 함께 쓸 수도 있다. Java에서는 모든 연산자에 대하여, 특히 이항 연산자와 삼항 연산자에 대하여 피연산자의 계산 순서가 정해져 있다. 예컨대 Java에서는 이항 산술 연산자의 피연산자 중 좌측 피연산자를 항상 먼저 계산한다. 이러한 특성 때문에 Java에서는 다음과 같은 문장을 써도 된다.

```
b = ++a * a++;
```

C나 C++라면 * 연산자의 두 피연산자 중 어느 것을 먼저 계산할지 알 수 없지만 Java에서는 항상 좌측 피연산자를 먼저 계산한다. 따라서 ++a를 계산한 후 a++를 계산하며 그 다음 두 값을 곱한다. 따라서 a에 5가 저장되어 있다고 하면 위 문장 수행 후에는 b에는 항상 36이 저장된다. 그러나 프로그램을 읽어야 하는 사람에게는 매우 혼란스러울 수 있기 때문에 이런 수식은 쓰지 않는 것이 좋다.

괄호도 연산자인가?

앞서 언급한 것처럼 Java 수식에는 괄호를 사용할 수 있다. 예컨대 아래 수식에서

```
2735 + 3427 * 1249
```

곱셈 연산자보다 덧셈 연산자를 먼저 수행하도록 하고 싶다면 괄호를 사용하여 다음과 같은 형태로 작성해야 한다.

```
(2735 + 3427) * 1249
```

이 경우, 괄호로 인해 우선순위에 따른 연산 순서가 변경되었다. 이 예에서 괄호는 2735 + 3427을 인수로 받아서 6162를 결과 값으로 내는 단항 연산자로 볼 수도 있겠다.

그러나 이처럼 연산자 및 피연산자의 관계를 명시하기 위해 사용된 괄호는 연산자가 아니다. 연산자라면 값 계산 후 결과 값을 내야 하는데 괄호가 항상 값을 계산하는 것은 아니기 때문이다. 예컨대 앞의 예 (2735 + 3427)에서 괄호의 피연산자 2735 + 3427의 값은 괄호 때문에 계산된 것은 아니다. 괄호로 감싼 수식의 값이 계산된 이유는 곱셈 연산자 *를 수행하기 위해 좌측 피연산자 값이 필요했기 때문이다.

앞서 괄호는 계산순서를 변경하기 위해 사용한다고 했는데, 좀 더 정확히 말하면 연산자와 피연산자 사이의 관계를 명시하는 것일 뿐 계산순서를 변경하는 것이 아니다. 위 예에서 사용된 괄호는 3427을 *의 좌측 피연산자에서 +의 우측 피연산자로 바꾸는 기능을 하는 것이다. 다만 이 예에서는 이러한 변경으로 인해서 +의 계산 순서가 *보다 우선하게 되는 결과가 나타난 것일 뿐이다.

> **잠깐만**
> 괄호로 감싼 수식을 항상 먼저 계산하는 것은 아니다. 피연산자의 계산 순서는 연산자의 의미에 따라 결정된다.

어떤 프로그래머들은 '수식에서 괄호로 묶은 수식을 가장 먼저 계산한다.'고 말하는데 엄밀히 말하면 이는 잘못된 말이다. 괄호는 계산 순서를 정하기

위한 것이 아니라 피연산자와 연산자의 관계를 명확하게 정하기 위한 것이기 때문이다. 피연산자의 계산 순서는 연산자의 의미에 따라 정해지며, 구체적으로 단락회로계산, 우선순위, 결합순서 등에 의해 정해진다. 극단적인 경우에는 괄호로 묶은 수식이 끝까지 계산되지 않을 수도 있다. 간단한 예로 다음 수식을 보자.

```
n != 0 ? (sum / n) : 1
```

위 수식은 앞서 예로 든 수식에서 괄호만 변경한 것이다. 여기서 sum / n이 괄호로 묶여 있지만 이것이 가장 먼저 계산된다고 생각하는 사람은 없을 것이다. 여기서 가장 먼저 계산되는 수식은 n != 0이며, sum / n은 이 수식의 결과 값에 따라서 계산 여부가 결정된다.

이처럼 단순히 연산자와 피연산자의 관계를 나타내기 위한 괄호는 연산자가 아니다. 그러나 괄호가 연산자로서 사용되거나 연산자의 일부로서 사용되는 경우도 있다. 그 대표적인 경우가 메소드 호출에 사용되는 괄호이다. 메소드를 호출할 때 인수들을 감싸고 있는 괄호를 **메소드 호출 연산자**(method call operator)라고 하는데, 다음과 같은 형태로 사용된 괄호를 말한다.

```
메소드이름(인수목록)
```

메소드 호출 연산자는 단항 연산자보다 우선순위가 높다. 인수로 주어진 문자열의 길이를 구하는 함수 length가 있다고 가정하고 다음과 같은 문장을 예로 생각해 보자.

```
n = - length("four");
```

위 문장에는 세 개의 연산자 =, -, ()가 사용되었다. 이들 연산자의 우선순위에 따라 괄호를 명시하면 다음과 같다.

```
n = ( - ( length ("four") ) );
```

length는 문자열의 길이를 리턴하므로 위 문장 수행 후에 n에 저장되는 값은 -4가 된다.

메소드 호출 연산자와 유사한 경우로서 괄호가 연산자의 일부로 사용되는 경우도 있다. **형 변환 연산자**(type casting operator)에 사용된 괄호가 바로 이러한 경우인데, 구체적인 예로 다음 수식을 보자.

```
sum / (double) n
```

위 수식의 (double)에는 괄호가 사용되고 있는데, 괄호로 형 이름 double을 감싸면 형 변환 연산자가 된다. 형 변환 연산자는 단항 연산자이고 이항 산술 연산자 /보다 우선순위가 높다. 따라서 위 수식은 다음과 같은 의미이다.

```
sum / ((double) n)
```

따라서 위 수식은 변수 n을 double 형으로 변환하고 그 결과 값으로 sum 값을 나눈 값을 나타낸다.

> **Key Point**
> 연산자의 적용 범위를 명시하기 위한 괄호는 연산자가 아니다. 괄호가 연산자로 사용되는 경우는 형 변환 연산자와 메소드 호출 연산자뿐이다.

3.7 우선순위와 결합순서 정리

Java의 모든 연산자에 대하여 우선순위와 결합순서를 정리하면 표 3.10과 같다. 우선순위와 결합순서는 모든 연산자에 대해 정해져 있는데, 표 3.10에서 연산자를 나열한 순서는 우선순위가 높은 것부터 낮은 것 순이다. 또한 같은 행에 있는 연산자들의 우선순위는 같고 결합순서도 모두 같다. 우선순위와 결합순서를 정해 놓은 이유는 괄호를 생략하기 위해서다. 따라서 우선순위와 결합순서를 기억하기 힘들다면 괄호를 이용하여 연산자 적용 범위를 명시하면 된다.

Java 언어의 연산자들은 매우 다양하므로 표 3.10의 우선순위와 결합순서를 모두 기억한다는 것은 엄두가 나지 않을 수 있다. 그러나 우선순위와 결합순서를 기억하는 요령이 있는데, 여기서는 이 요령에 대해 간단히 살펴보자.

먼저 결합순서는 거의 모든 연산자가 좌측에서 우측으로 결합한다. 즉, 우리가 글을 읽는 방향으로 결합한다. 이 중에서 몇 가지만 우측에서 좌측으로

[표 3.10] Java 연산자의 우선순위와 결합순서

연산자 분류	연산자	결합순서
단항 후치 연산	(인수) [] . ++ --	좌측결합
단항 전치 연산	! ~ ++ -- + - (형)	우측결합
곱셈 연산	* / %	좌측결합
덧셈 연산	+ -	좌측결합
비트 이동 연산	<< >> >>>	좌측결합
관계 연산	< <= > >= instanceof	좌측결합
동등 비교 연산	== !=	좌측결합
비트 AND	&	좌측결합
미트 XOR	^	좌측결합
비트 OR	¦	좌측결합
논리 AND	&&	좌측결합
논리 OR	¦¦	좌측결합
삼항 조건 연산	?:	우측결합
대입 연산	= += -= *= /= %= &= ^= ¦= <<= >>= >>>=	우측결합

결합하는데 이들 연산자는 전치로 사용되는 단항 연산자와 대입 연산자(누적대입 연산자 포함), 조건 연산자뿐이다. 즉, 홀수항 연산자(단항 연산자들과 삼항 연산자인 ?:)와 대입 연산자만 우측에서 좌측으로 결합한다고 기억해 두면 된다.

Key Point 전치 단항 연산자, 대입 연산자, 삼항 조건 연산자만 우측 결합이며 나머지 연산자는 모두 좌측 결합이다.

우선순위는 기억하기 더 어렵다. 그러나 모두 암기할 필요는 없다. 먼저 우선순위가 가장 높은 연산자들과 가장 낮은 연산자는 따로 기억해 두자. 우선순위가 가장 높은 연산자는 단항 연산자들이다. 짝 없는 연산자를 먼저 우대해 준다고 생각하면 된다.

가장 우선순위가 높은 연산자들은 메소드 호출 연산자 ()와 **첨자 연산자**(index operator) **[]**, **메소드 및 변수 선택 연산자**(method and variable selection operator)인 **.** 연산자, 논리 NOT 연산자, 부호 연산자, 형 변환 연산자 등이다. 표 3.10의 두 번째 행에 있는 '**(형)**' 형태의 연산자는 형 변환 연산자로서 여기서 '**형**'에는 임의의 자료형 이름이 들어갈 수 있다. 형 변환 연산자도 마찬가지로 단항 연산자다.

단항 연산자 다음으로 우선순위가 높은 연산자는 이항 연산자다. 단 하나 예외는 대입 연산자인데 대입 연산자들은 피연산자의 값을 변경하므로 삼항 연산자보다도 더 우선순위가 낮다.

Key Point 단항 연산자가 이항 연산자보다 우선순위가 높고 대입 연산자를 제외한 이항 연산자가 삼항 연산자보다 우선순위가 높다. 대입 연산자의 우선순위가 제일 낮다.

대입 연산자를 제외한 이항 연산자들 중에서는 곱에 해당하는 연산이 합에 해당하는 연산보다 우선순위가 높다. 산술 연산자의 경우 *, /가 +, -보다 우선순위가 높고 논리 연산자의 경우 논리 AND인 &&가 논리 OR인 ||보다 우

선순위가 높다. 비트별 연산자의 경우에도 마찬가지로 &가 |보다 우선순위가 높다.

그리고 이들 연산자들은 몇 개의 집합으로 분류할 수 있는데 각 연산자 집합을 우선순위가 높은 것부터 나열하면 표 3.11과 같다.

이들 연산자의 우선순위는 다음과 같이 기억하자.

"계산하여 비교한 후 판단하여 저장한다."

'계산'은 산술 연산과 비트 이동 연산을 말하는 것이고 '비교'는 비교 연산자를 뜻하며 '판단'은 비트 논리 연산과 논리 연산, 조건 연산을 뜻하며 '저장'은 대입 연산을 뜻한다. 이제 각 그룹에서의 순서는 앞서 기술한 순서대로 기억하거나 각자 창의적인 방법으로 기억하면 된다.

> **Key Point** 이항 연산자들 사이에서는 곱에 해당하는 연산(*, /, &, &&)이 합에 해당하는 연산(+, -, ^, |, ||)보다 우선순위가 높다.

■ **[표 3.11]** Java 연산자의 우선순위 기억 요령

<table>
<tr><th>연산자 분류</th><th>연산자</th><th>기억 요령</th></tr>
<tr><td>산술 연산자</td><td>* / % + -</td><td rowspan="2">계산하여</td></tr>
<tr><td>비트 이동 연산자</td><td><< >></td></tr>
<tr><td>비교 연산자</td><td>< <= > >= == !=</td><td>비교한 후</td></tr>
<tr><td>비트 논리 연산자</td><td>& ^ |</td><td rowspan="3">판단하여</td></tr>
<tr><td>논리 연산자</td><td>&& ||</td></tr>
<tr><td>조건 연산자</td><td>?:</td></tr>
<tr><td>대입 연산자</td><td>= += -= *= /= %= &= ^= |= <<= >>= >>>=</td><td>저장한다.</td></tr>
</table>

Key Points

- Java 프로그램은 클래스로 구성되고 클래스는 메소드로, 메소드는 ( )(으)로 구성된다.
- Java에서 표준입력 객체는 (   ), 표준출력 객체는 (   )(으)로 나타낸다.
- 수식이 복잡한 경우에는 ( )을(를) 이용하여 명시적으로 수식 단위를 묶어 준다.
- 피연산자를 사이에 두고 인접한 두 연산자 사이에서 피연산자가 어느 연산자의 피연산자인지 결정하는 순서를 연산자 (   )(이)라고 한다.
- 우선순위가 같은 연산자가 인접한 경우에 어떤 연산자를 먼저 고려하는가를 결정하는 순서를 연산자 (   )(이)라고 한다.
- 수식에서 여러 자료형이 사용되면 자동으로 (   )이(가) 일어난다.
- 축소 형 변환은 대개 자동으로 수행되지 않는다. 다만 `int` ( )을(를) 저장하는 경우에 한하여 정보 손실이 없다면 자동으로 축소 형 변환이 수행된다.
- 타입 ( )은(는) 명시적으로 형을 변환하는 방법인데 타입 ( ) 연산자는 괄호 안에 타입 이름을 명시한 형태로서 변환할 값의 좌측에 사용한다.
- ( ) 연산자는 두 값의 동치 관계나 대소 관계를 비교하여 참(`true`)이나 거짓(`false`)을 돌려준다.
- Java의 논리 연산자 세 개는 논리 NOT 연산자, 논리 AND 연산자, 논리 OR 연산자로서 각 연산 기호는 ( ), ( ), ( )이다.
- 연산자 &&와 ||는 왼쪽 피연산자가 연산의 결과 값을 결정하기에 충분하면, 오른쪽 피연산자는 계산하지 않는다. 이러한 연산 방식을 (   ) 계산이라고 한다.

▶ 조건 연산자 ?:는 피연산자를 세 개 받는 (   ) 연산자이다. 수식 a?b:c의 값은 a가 참(true)일 때 b, 거짓(false)일 때 c가 된다.

▶ 조건 연산자도 (   ) 계산을 이용한다. 즉, 조건 연산자의 두 번째 피연산자와 세 번째 피연산자 중 하나는 계산되지 않는다.

▶ 비트 이동 연산자 <<와 >>는 비트를 좌로 혹은 우로 이동시키는 연산자이다. 부호 비트 대신 0으로 채우며 우측으로 이동시키려면 (   )을(를) 이용한다.

▶ (   ) 연산자는 변수에 값을 저장하는 부수효과를 발생시킬 뿐만 아니라 변수에 저장된 값을 돌려준다.

▶ 이항 연산자 ◎에 대한 누적대입 연산자 ◎=를 사용한 수식 a◎=b를 같은 의미의 수식으로 바꾸어 쓰면 (   )와(과) 같다.

▶ 증감 연산자는 변수의 값을 1만큼 증가시키거나 감소시킬 때 사용한다. 변수 a의 값을 1 증가시키려면 (   )(이)나 (   )을(를), 1 감소시키려면 (   )(이)나 (   )을(를) 사용한다.

▶ 증감 연산자는 전치로 사용했을 경우와 후치로 사용했을 경우에 결과 값이 다르다. (   )(으)로 사용하면 증감된 후의 값이 결과 값이 되며 (   )(으)로 사용하면 증감되기 전의 값이 결과 값이 된다.

▶ 연산자의 적용 범위를 명시하기 위한 괄호는 연산자가 아니다. 괄호가 연산자로 사용되는 경우는 (   ) 연산자와 (   ) 연산자뿐이다.

▶ (   ) 단항 연산자, 대입 연산자, 삼항 (   ) 연산자만 우측 결합이며 나머지 연산자는 모두 좌측 결합이다.

▶ (   ) 연산자가 이항 연산자보다 우선순위가 높고 대입 연산자를 제외한 이항 연산자가 (   ) 연산자보다 우선순위가 높다. 대입 연산자의 우선순위가 제일 낮다.

▶ 이항 연산자들 사이에서는 (   )에 해당하는 연산(*, /, &, &&)이 (   )에 해당하는 연산(+, -, ^, |, ||)보다 우선순위가 높다.

프로그래밍 실습

1. 이차방정식의 근

이차방정식 $ax^2+bx+c=0$의 두 근은 아래 식으로 주어진다.

$$x=\frac{-b\pm\sqrt{b^2-4ac}}{2a}$$

이차방정식을 입력 받기 위해 계수 a, b, c를 입력 받는다. 이차방정식의 계수는 `double` 타입이며 a는 0이 아니라고 가정한다.

근의 공식을 이용하여 두 근을 구하기 위해서는 제곱근을 구할 수 있어야 하는데, 제곱근을 구하는 메소드는 `java.lang.Math` 클래스에 `sqrt()`로 정의되어 있다. 예를 들어, 2의 제곱근은 `Math.sqrt(2.0)`과 같이 호출하면 구할 수 있다.

실근이 하나인 경우에는 실근 하나만 출력하고 실근이 두 개인 경우에는 두 근 중 작은 근을 먼저 출력한다. 실근을 출력할 때에는 소수점 이하 둘째 자리까지 출력한다. 실근이 없는 경우에는 "**실근이 없음**"이라고 출력한다. 소수점 이하 둘째 자리까지 출력하기 위해서는 `printf`의 형식지정문자열 `"%.2f"`를 이용하면 된다.

프로그램 실행 예
이차 방정식의 계수를 입력하세요: 1 -5 6 2.00 3.00
이차 방정식의 계수를 입력하세요: 1.0 2.0 1.0 -1.00
이차 방정식의 계수를 입력하세요: 2.1 2.2 2.3 실근이 없음

2. 평형을 제곱미터로 변환

평(坪)형은 넓이를 나타내는 단위로서 여섯 자(길이의 단위)를 한 변으로 하는 정사각형의 넓이를 의미한다. 이는 한 사람이 팔과 다리를 벌리고 누울 수 있는 넓이에서 비롯된 것이다. 한 자가 30/99미터이므로 한 평형을 정확하게 제곱미터로 나타내기 어렵지만 통상 3.3 m^2로 나타낸다. 이 프로그램에서는 30/99를 `double` 형 *JA*로 정의하고 6을 *SIX*로 정의한 후에 아래 공식을 이용하여 평형 P를 제곱미터로 바꾸는 프로그램을 작성한다.

$$sqMeter(P) = (SIX \times JA)^2 \times P$$

평형 *P*를 입력으로 받아 제곱미터 환산 결과를 출력하는 프로그램을 작성하라. 변환된 제곱미터는 소수점 이하 둘째 자리까지 출력한다.

프로그램 실행 예
평을 입력하세요: 24 24.00평 = 79.34제곱미터
평을 입력하세요: 32 32.00평 = 105.79제곱미터

연습문제

1. **다음 중 명령어와 연산자가 하는 일을 가장 바르게 설명한 것은?**

① 명령어는 작업을 수행하고 연산자는 데이터를 생성한다.

② 명령어는 데이터를 생성하고 연산자는 변수 값을 바꾼다.

③ 명령어는 변수 값을 바꾸고 연산자는 입출력을 제어한다.

④ 명령어는 입출력을 제어하고 연산자는 작업을 수행한다.

2. **정수형 변수 a와 b의 값이 각각 -119, 10일 때, 다음 중 수식 a % b의 값은?**

① 9

② -9

③ 11

④ -11

3. **다음 중 부수효과를 발생시키지 않는 순수한 연산자는?**

① 누적 대입 연산자

② 대입 연산자

③ 증감 연산자

④ 캐스트 연산자

4. **다음 수식은 논리 연산자의 단락회로 계산을 가정하여 작성한 수식이다. 논리 연산자가 단락회로 계산을 수행하지 않고 조건 연산자만 단락회로 계산을 수행한다고 가정할 때, 다음 조건식을 바르게 바꾼 것은?**

```
n != 0 && sum/n > 90
```

① `(n != 0)? true: sum/n > 90`

② `(n != 0)? false: sum/n > 90`

③ `(n != 0)? sum/n > 90: true`

④ `(n != 0)? sum/n > 90: false`

5. 다음 중 Java에서 제공하고 있는 비트 연산자가 아닌 것은?

① <<

② >>

③ <<<

④ >>>

6. 두 정수 a, b 중 최댓값 max를 계산하는 프로그램을 예로 하여 연산자와 피연산자의 차이점을 설명하라.

7. 프로그램 3.1에서는 Scanner 객체를 이용하여 십진 정수를 두 배하는 프로그램을 작성하였다. 이와 유사한 방법으로 십육진 정수를 읽어 세 배하는 프로그램 Triple을 작성하라. 프로그램의 출력도 십육진수로 출력해야 한다(힌트: 십육진수로 출력하려면 printf의 형식지정문자열 %x나 %X를 이용하면 된다).

8. 수식의 계산 순서를 변경하기 위해서 괄호를 사용할 수 있지만, 또 연산자의 우선순위와 결합 방향에 따라 괄호를 생략할 수 있다. 다음 수식에서 꼭 필요한 괄호는 무엇인가? 생략 가능한 괄호를 모두 제거하고 수식을 다시 작성하라. 단, 변수 a, b, c는 정수라고 가정하고 변수 x, y, z는 문자열이라고 가정하자.

(1) ((a+b)+((x+y)+(c)))

(2) ((x)+(a+b))+(y+((b)+(c)))+(z+(c*a))

9. 절댓값을 구하는 프로그램 코드는 다음과 같은 if 문으로 표현할 수 있다. if 문 대신 조건 연산자를 이용하여 absVal을 계산하도록 이 프로그램을 변경하라.

```
if (val > 0)
    absVal = val;
else
    absVal = -val;
```

10. 누적 대입 연산자는 항상 대입 연산자로 풀어서 쓸 수 있다. 다음 수식에서 누적 대입 연산자를 대입 연산자로 풀어서 써라.

(1) x += y * 2;

(2) a += b += (1 + 2);

(3) x[a += c] *= d;

11. 연산자와 피연산자를 정점(vertex)으로 하는 트리 형태로 수식을 나타낼 수 있다는 것을 설명하였다. 실습문제 1에서 사용한 근의 공식에서 두 근 중에 큰 근을 Java 수식으로 나타내고 이 수식을 트리 형태로 표현하라. 단 제곱근은 sqrt를 연산자처럼 사용하라.

12. 직각 삼각형에서 빗변을 제외한 두 변 a와 b의 길이를 입력으로 받아서 빗변 c를 구하는 프로그램을 작성하라. 각 변의 길이 a, b, c는 double형 값으로 주어진다고 가정하라.

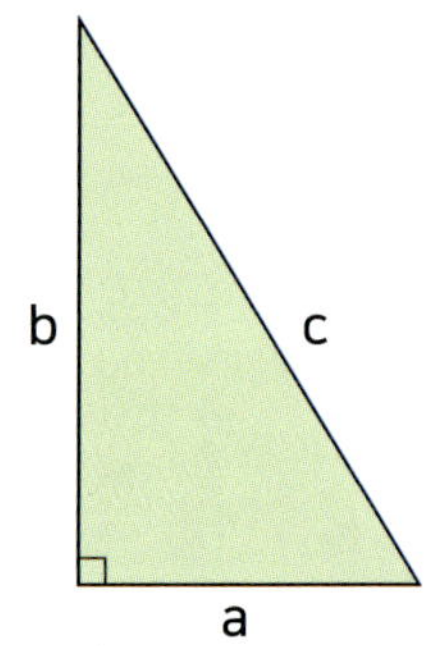

13. 위 12의 프로그램에서 a와 b가 정수로 주어진다고 가정하라. 빗변 c를 구할 뿐만 아니라 c가 정수로 정해지는지 여부도 판별하라. 예를 들어서, a = 3, b = 4라면 c는 정수 5로 정해지지만 a = 1, b = 1이라면 c는 $\sqrt{5}$로서 정수 값으로 정해지지 않는다.

14. 이자를 계산하는 방법은 단리가 있고 복리가 있다. 복리 이자는 원금에 붙은 이자에 대한 이자까지 산정하기 때문에 고객에게는 단리 이자보다 훨씬 유리하다. 원금이 A, 연이율이 r일 때, n년 간 예치한 후의 원리금 합계 S는 다음과 같은 식을 이용하여 계산할 수 있다.

$$S = A \times (1 + r)^n$$

원금, 연이율, 예치연수를 입력으로 받아서 예치 기간이 지난 뒤 총금액(원리합계)을 계산하는 프로그램을 작성하라. 거듭제곱을 구하는 메소드는 java.lang.Math 클래스에 pow()로 정의되어 있다. 즉, a^b을 구하려면 Math.pow(a, b)를 이용하면 된다.

제어 구조 4장

프로그램이 본래 무슨 뜻인지 아시나요? 프로그램이란 발생될 사건을 사건 발생 이전에 시간 순으로 정리해 둔 것입니다. 공연 프로그램이나 TV 프로그램을 생각해 보면 알 수 있지요. 따라서 해야 할 일이 순서대로 정리되어 있다는 것은 프로그램의 본질이라고 할 수 있습니다. Java 프로그램도 마찬가지입니다. 따라서 컴퓨터가 특정 시간에 해야 할 일이 무엇인가를 지시하는 것이 중요한데, 이렇게 수행 흐름을 제어하기 위한 프로그램 요소를 제어 구조라고 합니다. 이 장에서는 Java의 제어 구조에 대해서 살펴봅니다.

이 장의 목표

★ 제어 흐름과 제어 구조를 이해한다.
★ Java의 순차구조 종류와 수행 순서를 이해한다.
★ Java의 선택구조 종류와 수행 순서를 이해한다.
★ Java의 반복구조 종류와 수행 순서를 이해한다.
★ 기타 제어문의 종류와 기능을 이해한다.

4.1 제어 구조

프로그램은 여러 개의 문장들로 구성된다. 이 문장들 사이에도 실행 순서가 존재하는데 지금까지는 문장을 순차적으로 실행해 왔다. 문장들의 순차적인 실행은 매우 기초적인 방법이긴 하지만, 좀 더 유용한 프로그램을 작성하려면 필요에 따라 문장의 실행 순서를 바꾸어야 할 필요가 있다. 프로그램 내에서 실행되는 문장들의 실행 순서를 **실행 흐름**(flow of execution) 혹은 **제어 흐름**(flow of control)이라고 한다. 프로그램의 제어 흐름을 바꾸는 문장을 **제어문**(control statement) 혹은 **제어 구조**(control structure)라고 한다.

제어 구조 종류

Java의 제어문은 크게 네 가지로 나누어 생각해 볼 수 있는데, Java의 제어문을 분류하면 표 4.1과 같다. **복합문**(compound statement)은 블록 내에 포함된 문장을 순서대로 실행하는 구조를 뜻한다. **조건문**(conditional statement)은 프로그램 수행 중에 어떤 조건에 따라 다음에 실행할 부분을 선택하는 제어 구조로서 `if` 문, `if-else` 문, `switch` 문 등이 있다. **반복문**(repetition statement)은 어떤 조건이 만족될 때까지 특정 부분을 반복하여 수행하도록 하는 제어 구조로서 `while` 문, `for` 문, `do-while` 문 등이 있다. 표 4.1에 보인 기타 제어문은 모두 특정 위치로 제어 흐름을 이동시키는 문장인데 이러한 문장을 **분기문**

[표 4-1] Java의 제어 구조 종류

제어문	종류
복합문	블록
조건문	`if` 문, `if-else` 문, `switch` 문
반복문	`while` 문, `for` 문, `do-while` 문
기타 제어문	`break` 문, `continue` 문, `return` 문

(branching statement)이라고 부른다.

> **Key Point** 프로그램에서 실행되는 문장들의 실행 순서를 제어 흐름이라고 하며, 제어 흐름을 바꾸는 문장을 제어문 혹은 제어 구조라고 한다.

표 4.1에 나타낸 제어문 중에서 `return` 문을 제외한 모든 제어문은 이 장에서 설명한다. `return` 문은 메소드가 호출된 다음에 호출 지점으로 복귀하기 위한 문장으로서 메소드 호출 및 리턴에 대해서는 5장에서 자세히 설명한다.

> **Key Point** Java의 제어문은 복합문, 조건문, 반복문으로 분류할 수 있다. 그 외 제어문으로서 `break`, `continue`, `return` 등이 있다.

복합문

Java 프로그램에서는 별다른 지시 사항이 없으면 메소드 내의 문장이 차례대로 수행된다. 다시 말해서 순차 구조가 기본적인 제어 구조인 셈이다. 또한, 순차적으로 실행되는 여러 문장들을 괄호로 묶어 하나의 문장처럼 사용할 수 있는데, 이렇게 여러 문장들을 괄호로 묶은 것을 **블록**(block)이라고 한다. 블록 내에는 여러 문장들이 복합되어 들어 있기 때문에 블록을 **복합문**(compound statement)이라고도 부르는데, 복합문에 대해 간단히 살펴보면 다음과 같다.

복합문은 다음과 같이 여러 문장들을 중괄호로 묶은 것으로 그림 4.1과 같이 순차적으로 실행된다. Java에서 복합문은 한 문장처럼 사용될 수 있다.

```
{
    문장1;
    문장2;
     ...
    문장n;
}
```

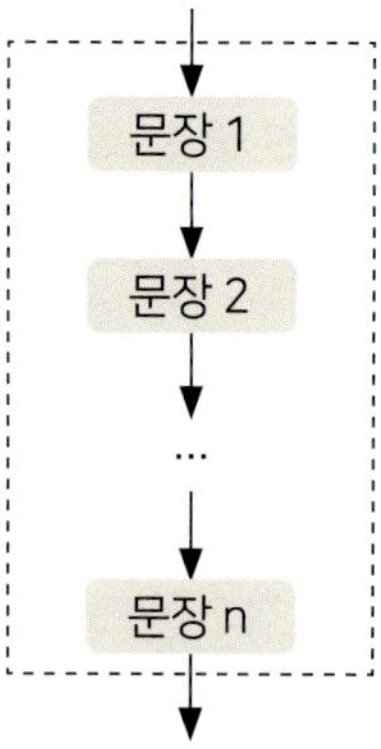

■ **[그림 4.1]** 복합문

Key Point 복합문(블록)은 여러 문장들을 중괄호로 묶은 것으로 한 문장처럼 사용될 수 있다.

복합문은 다른 제어 구조와 함께 사용될 때 그 진가를 발휘한다. 앞서 언급한 것처럼 선택문이나 반복문은 원하는 문장을 선택하여 실행하거나 반복하여 실행하는데, 실행할 문장이 여러 개일 때 복합문을 사용하면 편리하다.

예를 들어, 다음 절에서 소개할 if 문에서 복합문을 사용하여 조건을 만족할 때 복합문 내의 여러 문장들을 실행할 수 있다. 복합문을 사용하는 다음 if 문의 예를 살펴보자. 이 if 문은 점수를 나타내는 score 값이 90 이상이면 다음과 같이 복합문 내의 2개의 println 문장을 실행한다.

```
if (score >= 90) {
   System.out.println("A 학점입니다.");
   System.out.println("우등생입니다.");
}
```

4.2 if 문

if 문의 구조

if 문(if statement)은 정해진 조건이 만족되는 경우에만 어떤 문장을 실행시키고자 할 때 사용한다. if 문의 일반적인 형태는 예약어 if 다음에 조건식이 오고, 그 다음에 수행할 문장이 오는 구조로서 다음과 같다.

```
if (조건식)
    문장1;
```

조건식은 괄호 안에 표현하는데, 참이나 거짓으로 계산되어야 한다. if 문은 그림 4.2와 같이 조건식이 참이면 **문장1**을 실행하고, 조건식이 거짓이면 **문장1**을 실행하지 않는다.

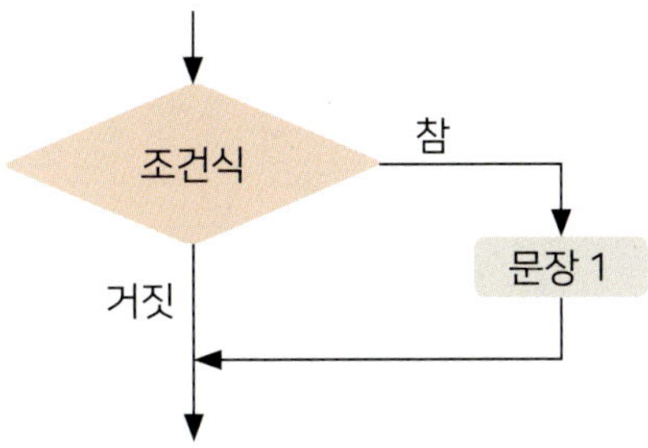

[그림 4.2] if 문의 제어 흐름

다음 if 문의 예를 생각해 보자. 이 예에서 a 값이 min 값보다 작으면, min에 a 값을 대입하는 문장이 실행된다. 그렇지 않으면, 대입문은 실행되지 않고 다음 문장이 실행된다. 이 예처럼 보통 if 문이 참일 때 실행되는 문장은 다음 줄에 한 단계 들여쓰는데 이렇게 함으로써 그 문장이 if 문의 일부이며 이 if 문이 그 문장의 실행 여부를 관장한다는 것을 보여준다. 이러한 들여쓰기는 코드를 이해하는 데 도움이 된다.

```
if (a < min)
    min = a;
```

만약 if 문이 참일 때 여러 개의 문장을 실행하려면 어떻게 하여야 할까? 이런 경우에 앞에서 소개한 복합문을 사용하면 된다. 예를 들어, 다음과 같이 복합문을 사용하여 조건이 참일 때 여러 개의 문장들을 실행할 수 있다.

```
if (a < min) {
   min = a;
   System.out.println("작은 값 결정");
}
```

if-else 문의 구조

if 문에 else 절(else clause)을 추가하면 조건에 따라 수행할 문장을 두 문장 중에서 선택할 수 있는데 else 절이 추가된 문장을 if-else 문(if-else statement)이라고 부른다. if-else 문의 일반적인 형태는 다음과 같다.

```
if (조건식)
   문장1;
else
   문장2;
```

문장1은 조건식이 참일 때 수행할 문장을 나타내고 **문장2**는 조건식이 거짓일 때 수행할 문장을 나타낸다. if-else 문은 그림 4.3과 같이 조건식이 참

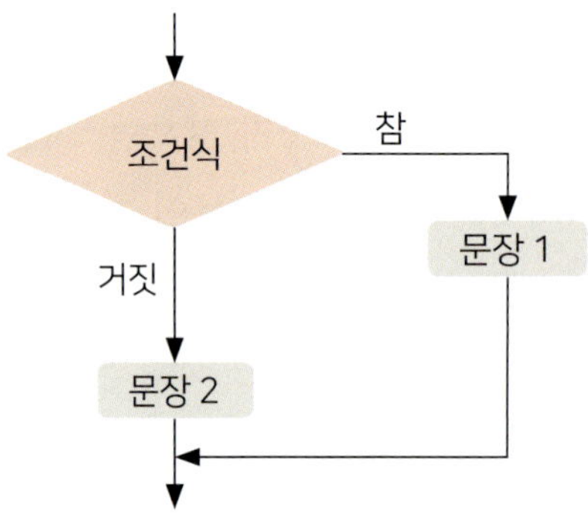

[그림 4.3] if-else 문의 제어 흐름

이면 **문장1**을 실행하고, 거짓이면 **문장2**를 실행한다.

다음 if-else 문은 a, b 값 중 작은 값을 min에 대입하는 문장이다. a가 b보다 작으면, 첫 번째 대입문을 실행하여 min에 a 값을 대입한다. 그렇지 않으면 두 번째 대입문을 실행하여 min에 b 값을 대입한다. 조건에 따라 두 개의 대입문 중에서 단지 하나만 실행될 것이다.

```
if (a < b)
   min = a;
else
   min = b;
```

Key Point if-else 문은 조건에 따라 실행할 문장을 선택할 수 있다.

두 정수 중에 큰 수와 작은 수 계산

위의 예를 확장하여, if 문 내에 복합문을 사용하는 예제 프로그램을 작성해 보자. 프로그램 4.1은 두 정수를 각각 변수 a와 b에 입력받아, 18~25번 행의 if-else 문을 이용하여 이 중 큰 값을 변수 max에 대입하고 작은 값을 변수 min에 대입한 후에 출력한다. 이 if-else 문에서는 복합문을 사용하여 큰 값과 작은 값을 동시에 계산한다.

프로그램 4.1 • MinMax.java

```
1  /*****************************************************************
2   * 정수 두 개를 입력받아서 큰 값과 작은 값을 계산하는 프로그램
3   ****************************************************************/
4  import java.util.Scanner;
5
6  public class MinMax
7  {
```

```
    // Scanner 객체를 이용하여 두 정수 a와 b를 입력받아
    // if-else문을 이용하여 작은 값과 큰 값을 결정하여 출력한다.
    public static void main(String[] args) {
        int a, b, min, max;
        Scanner scan = new Scanner(System.in);

        System.out.print("정수 입력 1: ");
        a = scan.nextInt();
        System.out.print("정수 입력 2: ");
        b = scan.nextInt();
        if (a < b) {
            min = a;
            max = b;
        }
        else {
            min = b;
            max = a;
        }
        System.out.printf("작은 값: %d%n", min);
        System.out.printf("큰 값:   %d%n", max);
    }
}
```

실행결과

```
정수 입력 1: 20
정수 입력 2: 35
작은 값: 20
큰 값:   35
```

4.3 if 문의 중첩

중첩 if 문

if 문 내에는 어떤 문장이든 올 수 있다. 따라서 if 문 내에 또 다른 if 문을 포함시킬 수 있다. 이렇게 다른 if 문을 포함하고 있는 if 문을 **중첩 if**(nested if) 문이라고 한다. 중첩 if 문을 이용하면 이미 결정한 사항에 기초하여 또 다른 결정을 할 수 있다. 다음 코드 예를 살펴보자. 첫 번째 if 문의 **문장1** 대신에 또 다른 if 문이 오면 두 번째 코드 형태가 된다. 또한, 첫 번째 if 문의 **문장1** 대신에 if-else 문이 오면 세 번째 코드 형태가 된다.

if (조건식1)
    문장1
	if (조건식1)
	    if (조건식2)
	        문장2
		if (조건식1)
		    if (조건식2)
		        문장2
		    else
		        문장3

> **Key Point**
> if 문 안에 어떤 문장이나 올 수 있다. 따라서 if 문 안에 또 다른 if 문이나 if-else 문이 올 수 있다.

프로그램 4.2는 중첩 if 문을 사용하여 사용자가 입력한 세 개의 정수 값들 중에서 가장 작은 값을 결정하는 프로그램이다. 실행결과에 예시한 세 개의 입력 값을 예로 하여 프로그램의 실행흐름을 살펴보자. 이 경우 num1 값 41이 num2 값 25보다 작지 않으므로 18번 행의 첫 번째 if 문의 조건은 거짓이 되고 23번 행의 else 절이 실행된다. 이 else 절에서 24번 행의 중첩 if 문은 num2 값 25가 num3 값 99보다 작으므로 참이 되고 결과적으로 25번 행에서 min에는 num2 값, 즉 25가 대입되어 출력된다.

프로그램 4.2 ● MinOfThree.java

```java
/************************************************************
 * 정수 세 개를 입력받아서 가장 작은 값을 계산하는 프로그램
 ************************************************************/
import java.util.Scanner;

public class MinOfThree
{

   // Scanner 객체를 이용하여 세 정수 num1, num2, num3를 입력받는다.
   // 중첩 if-else 문을 이용하여 가장 작은 값 min을 결정하여 출력한다.
   public static void main(String[] args) {
      int num1, num2, num3, min;
      Scanner scan = new Scanner(System.in);
      System.out.print("세 개의 정수 입력: ");
      num1 = scan.nextInt();
      num2 = scan.nextInt();
      num3 = scan.nextInt();
      if (num1 < num2)
         if (num1 < num3)
            min = num1;
         else
            min = num3;
      else
         if (num2 < num3)
            min = num2;
         else
            min = num3;

      System.out.printf("최솟값: %d%n", min);
   }
}
```

실행결과

```
세 개의 정수 입력: 41 25 99
최솟값: 25
```

중첩 if 문과 관련해서 하나 주의해야 할 점은 중첩 if 문 다음에 오는 else 절이 어느 if 문과 짝이 되는가이다. 다음 코드 예를 살펴보자.

```
if (num1 < num2)
   if (num1 < num3)
      min = num1;
   else
      min = num3;
```

else 절이 안쪽 if 문과 짝이 될까 아니면 바깥 if 문과 짝이 될까? 위 예에서 들여쓰기는 else 절이 안쪽 if 문의 짝이라는 것을 암시하고 있는데, else 절은 항상 그 전에 오는 가장 가까운 짝이 없는 if 문과 짝이 된다. 이는 들여쓰기와 상관없다. 예를 들어, 다음과 같이 작성해도 가까운 if와 짝이 된다.

```
if (num1 < num2)
   if (num1 < num3)
      min = num1;
else
   min = num3;
```

만약 else 절을 바깥쪽 if 문과 짝을 이루게 하려면 어떻게 해야 할까? 이 경우에는 복합문에 사용되는 중괄호를 이용하여 else 절과 짝을 이루는 if 문을 지정할 수 있다. 다시 말해서 다음과 같이 작성하면 else 절은 바깥쪽 if 문과 짝을 이루게 된다. 중첩 if 문에서는 짝을 찾는 것이 어려울 수 있으므로 이와 같이 중괄호를 적절히 사용하는 것이 좋다.

```
if (num1 < num2)
{
   if (num1 < num3)
      min = num1;
}
else
   min = num3;
```

Key Point 중첩 if 문에서, else 절은 짝이 없는 가장 가까운 if와 짝이 된다.

다중 선택 if 문

if-else 문의 else 부분에도 어떠한 문장이나 올 수 있다. 전형적인 예는 else 부분에 또 다시 if-else 문이 오는 경우로 주로 다중 선택에 사용된다. 예를 들어, 다음 코드를 살펴보자. 첫 번째 코드의 else 부분인 **문장2** 대신에 다시 if-else 문이 올 수 있으며 이렇게 되면 두 번째 코드 형태가 될 것이다. 두 번째 코드에서 다시 else 부분인 **문장3** 대신에 다시 if-else 문이 오면 세 번째 코드 형태가 될 것이다.

<table>
<tr>
<td><pre>if (조건식1)
   문장1
else
   문장2</pre></td>
<td><pre>if (조건식1)
   문장1
else if (조건식2)
   문장2
else
   문장3</pre></td>
<td><pre>if (조건식1)
   문장1
else if (조건식2)
   문장2
else if (조건식3)
   문장3
else
   문장4</pre></td>
</tr>
</table>

여러 문장 중에서 하나를 선택하는 다중 선택 if 문의 일반적인 형태는 다음과 같다. 다중 선택 if 문의 실행 흐름은 그림 4.4와 같다. 첫 번째 조건식이 참이면 **문장1**이 실행되고 그렇지 않으면 두 번째 조건식을 계산한다. 두 번째 조건식이 참이면 **문장2**가 실행되고 그렇지 않으면 세 번째 조건식을 계산한다. 이런 식으로 n번째 조건식까지 계속해서 진행된다.

```
if (조건식1)
   문장1;
else if (조건식2)
   문장2;
   ...
else if (조건식n)
   문장n;
else
   문장n+1;
```

Key Point if-else 문의 else 부분에도 어떠한 문장이나 올 수 있다. 전형적인 예는 else 부분에 또 다시 if-else 문이 오는 경우로 주로 다중 선택에 사용된다.

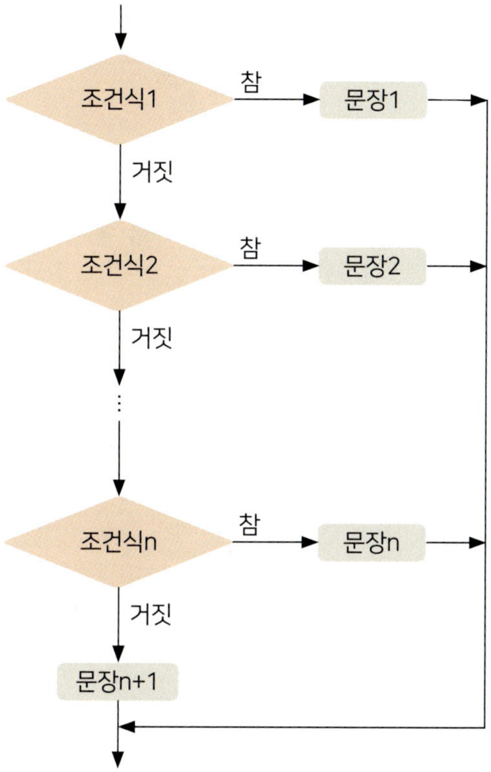

■ **[그림 4.4]** 다중 선택 if 문의 제어 흐름

다중 선택 if 문을 이용한 학점 계산

다중 선택 if 문의 사용 예로서 프로그램 4.3을 살펴보자. 이 프로그램은 다중 선택 if 문을 사용하여 점수에 따른 학점을 결정하는 프로그램이다. 이 프로그램은 else 절에 if 문이 연속해서 중첩되어 사용되고 있다. 예를 들어, 입력 점수가 85이면 17번 행의 첫 번째 if 문의 조건식은 거짓이 되고 19번 행의 else 절의 두 번째 if 문을 실행한다. 두 번째 if 문의 조건식은 참이므로 20번 행에서 학점이 'B'로 결정된다.

프로그램 4.3 • Grade.java

```java
/************************************************************
 * 중첩 if 문을 이용하여 학점을 결정하는 프로그램
 ************************************************************/
import java.util.Scanner;

public class Grade
{
   // Scanner 객체를 이용하여 시험 점수 score를 입력받는다.
   // 중첩 if-else 문을 이용하여 학점 grade를 결정하여 출력한다.
   public static void main(String[] args) {
      int score;
      char grade;
      Scanner scan = new Scanner(System.in);

      System.out.print("점수 입력: ");
      score = scan.nextInt();
      if (score >= 90)
         grade = 'A';
      else if (score >= 80)
         grade = 'B';
      else if (score >= 70)
         grade = 'C';
      else if (score >= 60)
         grade = 'D';
      else
         grade = 'F';
      System.out.printf("점수: %d \t학점: %c%n", score, grade);
   }
}
```

실행결과

```
점수 입력: 85
점수: 85        학점: B
```

다중 선택 if 문을 이용한 체질량지수 계산

다중 선택 if 문을 사용하는 두 번째 예로서 체질량지수를 계산하는 프로그램 4.4를 살펴보자. 이 프로그램은 키와 몸무게를 입력받아 다중 선택 if 문을 사용하여 체질량지수를 계산하고 이를 바탕으로 비만 정도를 출력한다. 체질량지수(BMI)는 다음과 같이 계산하는데 몸무게는 킬로그램(kg) 단위이고 키는 미터(m) 단위이다.

```
체질량지수(BMI) = 몸무게 / (키 * 키)
```

계산된 체질량지수에 따라 다음과 같이 비만 정도를 판별한다.

체질량지수	비만 정도
30 이상	고도 비만
25 ~ 30	비만
23 ~ 24.9	과체중
18.5 ~ 22.9	정상
18.5 미만	저체중

이 프로그램은 16번 행에서 키를 입력받고 18번 행에서 몸무게를 입력받는다. 20번 행에서 BMI 값을 계산할 때 키는 미터(m) 단위이므로 입력으로 받은 센티미터(cm) 단위의 키 height를 100으로 나누어 사용하였다. 계산된 BMI 값에 따라 중첩 if 문을 사용하여 비만 정도를 판별한다. 예를 들어, 계산된 BMI 값이 22.50인 경우에는 22번 행의 첫 번째 if 문의 조건식은 거짓이 되어 24번 행의 else 절의 두 번째 if 문을 실행한다. 두 번째 if 문의 조건식은 참이므로 25번 행에서 "**정상**"으로 출력한다.

프로그램 4.4 • BMI.java

```java
/************************************************************
 * 중첩 if 문을 이용하여 체질량지수를 계산하는 프로그램
 ************************************************************/
import java.util.Scanner;

public class BMI
{
    // Scanner 객체를 이용하여 키와 몸무게를 입력받는다.
    // 중첩 if-else 문을 이용하여 체질량지수를 계산하여 출력한다.
    public static void main(String[] args) {
        float height, weight, BMI;
        Scanner scan = new Scanner(System.in);

        System.out.println("키와 몸무게를 입력하면 체질량지수를 계산합니다. ");
        System.out.print("키(cm) 입력: ");
        height = scan.nextFloat();
        System.out.print("몸무게(kg) 입력: ");
        weight = scan.nextFloat();

        BMI = weight / (height/100 * height/100);
        System.out.printf("체질량지수: %4.2f ", BMI);
        if (BMI < 18.5)
            System.out.println(": 저체중");
        else if (BMI < 23)
            System.out.println(": 정상");
        else if (BMI < 25)
            System.out.println(": 과체중");
        else if (BMI < 30)
            System.out.println(": 비만");
        else
            System.out.println(": 고도비만");
    }
}
```

실행결과

```
키와 몸무게를 입력하면 체질량지수를 계산합니다.
키(cm) 입력 : 185
몸무게(kg) 입력 : 77
체질량지수 : 22.50 : 정상
```

4.4 switch 문

switch 문의 구조

다중 선택 if 문은 if 문이 중첩되므로 코드가 상당히 복잡해지기 쉽다. 다중 선택을 간단하게 표시할 수 있는 Java의 조건문으로서 switch 문(switch statement)이 있다. switch 문은 수식의 값에 따라서 여러 경로 중에서 한 경로를 선택하여 실행한다. switch 문의 일반적인 형식은 다음과 같다.

```
switch ( 수식 ) {
   case 상수1: 문장들1
   case 상수2: 문장들2
        ...
   case 상수n: 문장들n
   default   : 문장들n+1
}
```

Key Point switch 문은 수식의 값에 따라서 여러 경로 중에서 한 경로를 선택하여 실행한다.

잠깐만
switch 문에서 사용될 수 있는 수식은 문자형을 포함하여 정수형만 가능하다.

switch 문에서 사용될 수 있는 수식은 문자형, 열거형을 포함한 정수형과 문자열형만 가능하다. 각 case에는 정수형 상수나 문자열 상수가 올 수 있으며 각 case 절에는 중괄호 없이 여러 문장들이 올 수 있다는 점을 유의해야 한다. default 절은 다른 case 절로 명시되지 않은 모든 경우를 나타내는데, 필요 없다면 생략해도 된다. 일반적으로 각 case 절과 default 절의 마지막 문장으로는 break 문을 사용한다.

switch 문의 실행과정은 그림 4.5와 같다. 그림 4.5에서 각 문장들 다음에 있는 점선은 각 case 절 끝에 break 문이 없을 때의 실행 흐름을 나타낸다. switch 문의 실행 흐름을 요약해서 살펴보면 다음과 같다.

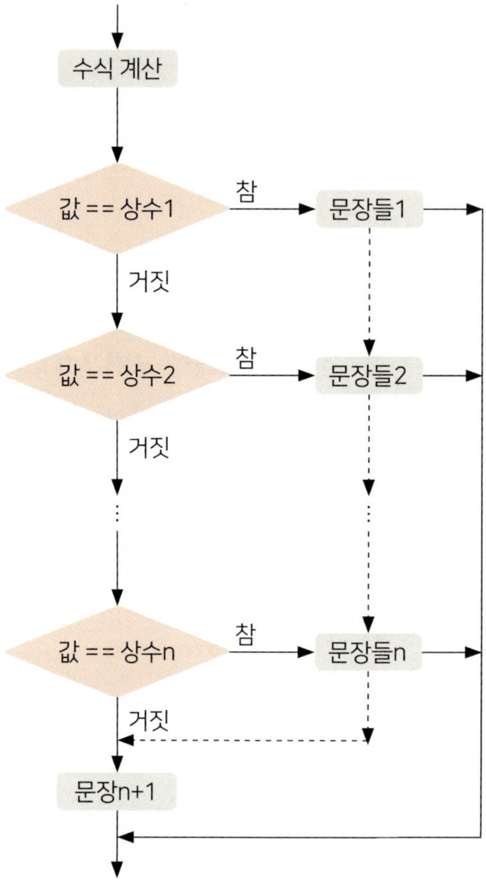

■ **[그림 4.5]** switch 문의 제어 흐름

(1) 수식의 값을 계산한다.

(2) 수식의 값을 각 case의 상수 값과 같은지 차례대로 검사한다.

(3) 일치된 case 값이 있으면 그 case 절의 문장들을 실행한다.

　(3.1) 그 case 절의 마지막 문장이 break이면 switch 문을 빠져나온다.

　(3.2) 그렇지 않은 경우에는 다음 case 절의 문장들을 실행한다.

(4) 일치된 case 값이 없으면 default 절의 문장들을 실행한다.

switch 문을 사용한 학점 계산

다중 선택 if 문을 사용하는 프로그램 4.3을 switch 문을 사용하여 다시 작성하면 프로그램 4.5와 같다. 17~20번 행에서는 잘못된 점수가 입력되면 오류 메시지를 출력하고 main 메소드를 종료한다. main 메소드를 종료하기 위해서 System.exit() 메소드를 사용하였는데, exit()의 인수로 종료 코드를 지정할 수 있다. 여기서는 비정상적 종료라는 것을 나타내기 위해서 종료 코드를 1로 정했다.

이 프로그램은 점수 score가 0에서 100 사이라는 점에 착안하여 정수 나눗셈 score/10을 사용하였다. 0에서 100 사이의 점수를 10으로 나누면 0에서 10 사이의 정수가 나오므로 21번 행에서 이 수식을 switch 문의 수식으로 사용하였다. 예를 들어, score가 85로 입력되었다면 switch 문의 이 수식의 값은 8이 된다. case 8이 존재하므로 28번 행의 이 case 절로 이동한다. 그 다음에는 29번 행에서 학점을 결정하고 30번 행의 break를 수행하면 switch 문을 빠져나온다.

case 절로 이동했든 default 절로 이동했든, 일단 분기된 후에는 그 다음 문장을 차례로 수행할 뿐이다. switch 문을 빠져 나가도록 하려면 반드시 break 문(break statement)을 사용해야 한다는 점을 주의하자. 만약 위의 예에서 case 8 끝에 break 문이 없었다면 계속해서 다음 case 7로 진행하여 grade를 다시 'C'로 설정하였을 것이다.

프로그램 4.5 • ReportGrade.java

```
1   /**************************************************************
2    * switch 문을 이용하여 학점을 결정하는 프로그램
3    **************************************************************/
4   import java.util.Scanner;
5
6   public class ReportGrade
7   {
8      // Scanner 객체를 이용하여 시험 점수를 입력받아 if 문을 이용하여 올바른
9      // 범위의 점수인지 확인하고, switch 문을 이용하여 학점을 결정하여 출력한다.
10     public static void main(String[] args) {
11        int score;
```

```
        char grade;
        Scanner scan = new Scanner(System.in);

        System.out.print("점수 입력 (0 to 100): ");
        score = scan.nextInt();
        if (score < 0 || score > 100) {
            System.out.println("잘못된 점수입니다.");
            System.exit(1);;
        }
        switch (score / 10) {
            case 10:
                grade = 'A';
                break;
            case 9:
                grade = 'A';
                break;
            case 8:
                grade = 'B';
                break;
            case 7:
                grade = 'C';
                break;
            case 6:
                grade = 'D';
                break;
            default:
                grade = 'F';
                break;
        }
        System.out.printf("점수: %d \t학점: %c%n", score, grade);
    }
}
```

실행결과

```
점수 입력 (0 to 100): 85
점수: 85        학점: B
```

사실 어떠한 switch 문이든지 중첩 if 문의 집합으로 구현할 수 있다. 그러나 switch 문이 중첩 if 문보다 더 정형화된 간결한 구조이므로 정수에 대한 다중 선택은 switch 문으로 구현하는 것이 더 편리하다.

Key Point

switch 문에서 각 case 절이나 default 절을 수행하다가 switch 문을 빠져 나오기 위해서는 break 문을 사용한다.

Q&A

switch 문 case 절의 마지막 부분에 break 문이 없다면 어떻게 되나요? 이렇게 해야 할 경우가 정말 있나요?

앞에서 설명한 것처럼 case 절의 마지막 부분에 break 문이 없으면 switch 문은 끝나지 않고 다음 case 절을 계속해서 실행하게 됩니다. 이런 경우에는 상당히 주의가 필요합니다. 그런데 왜 이런 기능이 필요한지 한 번 생각해 봅시다. 예를 들어, 여러 case에 대해서 동일한 일을 하고 싶을 때에는 각 case 마다 같은 문장을 반복해서 쓸 필요 없이 break를 생략함으로써 같은 효과를 낼 수 있습니다. 예를 들어서 프로그램 4.4는 break를 생략함으로써 다음과 같이 더 간단히 쓸 수 있습니다.

```
switch (category) {
   case 10:
   case 9:
      grade = 'A';
      break;

   ...
}
```

4.5 while 문

while 문의 구조

컴퓨터의 가장 큰 장점은 어떤 일을 빠르게 반복해서 수행할 수 있다는 점이다. 그러나 지금까지 배운 문장들만을 이용하면 반복적인 작업을 수행할 수 없다. **반복문**(loop; 루프)은 어떤 문장을 여러 번 반복해서 수행한다.

while **문**(while statement)은 조건이 참인 한 어떤 문장을 반복해서 실행하는 반복문이다. 이때, 반복 실행하는 문장을 루프의 **본체**(body)라고 한다. while 문의 일반적인 형태는 다음과 같다.

```
while (조건식)
    문장;
```

while 문은 if 문처럼 조건식을 계산하고, 그 값이 참(true)이면 루프 본체의 문장을 실행한다. 그러나 if 문과 달리, 본체를 실행한 후에 조건식을 다시 계산하고 조건이 여전히 참이면, 본체를 다시 실행한다. 조건이 거짓이 될 때까지 이러한 과정을 반복하며 조건이 거짓이 되면 while 문을 종료하고 다음 문장을 실행한다. 그림 4.6은 이러한 실행 흐름을 보여준다.

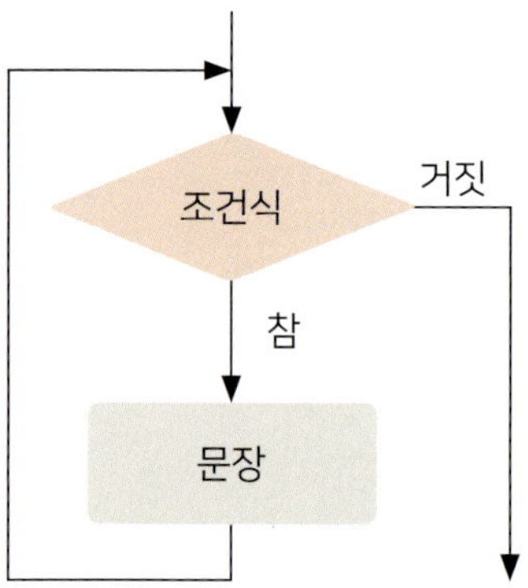

■ **[그림 4.6]** while 루프의 제어 흐름

예를 들어, 다음과 같이 while 문을 이용하여 1부터 100까지 값을 출력하는 코드를 작성할 수 있다. 이 코드는 count 값을 1부터 시작하여 1씩 증가하면서 그 값을 출력하며, 이러한 과정을 count 값이 100보다 작거나 같을 때까지 반복한다. 결과적으로 1부터 100까지 값을 출력한다.

```
int count = 1;
while (count <= 100) {
   System.out.printf("%d %n", count);
   count++;
}
```

이 코드에서는 변수 count를 이용하여 루프의 종료 조건을 결정하는데, 이와 같이 루프가 반복됨에 따라 변화하면서 루프의 종료 조건을 결정하는 변수를 **루프 제어변수**(loop control variable)라고 한다. 루프 제어변수는 해당 루프 내에서만 사용하는 것이 좋다.

잠깐만

while 문은 조건식이 처음부터 거짓이면 본체 문장을 한 번도 실행하지 않을 수도 있다.

while 루프는 조건식이 참인 동안, 본체 문장을 반복적으로 실행한다. 그러나 조건식을 먼저 계산하기 때문에, 조건식이 처음부터 거짓이면 본체 문장을 한 번도 실행하지 않을 수도 있다는 점에 주의하자. 결과적으로 while 루프는 본체 문장을 0번 이상 반복하여 실행한다.

Key Point while 문은 그 조건이 거짓이 될 때까지 동일한 문장을 반복해서 실행한다.

while 문을 이용한 홀수의 합 계산

while 문의 사용법을 보기 위해 1부터 100 사이의 홀수의 합을 계산하는 간단한 프로그램을 작성해 보자. 프로그램 4.6에서 num은 홀수를 위한 변수로 1로 초기화되었고 sum은 합을 위한 변수로 0으로 초기화되었다. 12번 행의 while 문은 num 값이 100보다 작거나 같은 동안 num 값을 sum에 더하고 num 값을 2씩 증가시키는 과정을 반복한다. while 문의 본체가 두 개의 문장을 포함하고 있는 복합문이라는 것에 주의하자. 루프 본체가 복합문인 경우 복합문 전체를 반복하여 실행한다.

프로그램 4.6 • SumOfOdds.java

```java
/***********************************************************
 * 1에서 100 사이의 홀수 합을 구하는 프로그램
 ***********************************************************/

// while 문을 이용하여 1에서 100 사이의 홀수 합을 구하기 위한 클래스
public class SumOfOdds
{
   // num을 1에서 2씩 증가시켜 가며 sum에 num을 더한다.
   public static void main(String[] args) {
      int num = 1, sum = 0;

      while (num <= 100) {
         sum += num;
         num += 2;
      }
      System.out.printf("1부터 100까지 홀수의 합은 %d입니다.%n", sum);
   }
}
```

실행결과

```
1부터 100까지 홀수의 합은 2500 입니다.
```

while 문을 이용한 합과 평균 계산

이번에는 1부터 100 사이의 점수를 여러 개 입력받아 합과 평균을 계산하는 프로그램을 작성해 보자. 프로그램 4.7은 사용자가 입력한 일련의 점수들을 읽어 들여서 합과 평균을 계산하는 프로그램이다. 이 프로그램에서, total은 입력한 값들의 합을 저장하는 변수로 0으로 초기화된다. score는 입력 값을, count는 입력 값들의 개수를 저장하기 위한 변수로 각각 0으로 초기화된다. 이 프로그램은 숫자 0을 입력의 끝을 알리는 경계 값(sentinel value)으로 사

용한다. 따라서 17번 행의 while 루프는 사용자가 0을 입력할 때까지 입력 값들을 계속 처리한다. score에 입력된 점수는 18번 행에서 total에 누적하여 더해진다. 루프가 종료된 후에 25번 행에서 평균을 계산하는데, 이를 위해 점수가 입력될 때마다 20번 행에서 count를 증가하여 개수를 관리한다. 22번 행에서 if 문을 추가한 이유는 입력 값이 없을 때 0으로 나누는 오류(divide-by-zero error)를 방지하기 위해서다.

프로그램 4.7 • Average.java

```
1  /*******************************************************
2   * 입력된 점수의 합과 평균을 계산하는 프로그램
3   *******************************************************/
4  import java.util.Scanner;
5  
6  public class Average
7  {
8     // 0이 입력될 때까지 score에 점수를 입력 받으면서 total에 입력 점수를
9     // 합하면서 count를 하나씩 증가시킨다. 모든 점수가 입력되면 평균을 계산한다.
10    public static void main(String[] args) {
11       int total = 0, score = 0, count = 0;
12       double average;
13       Scanner scan = new Scanner(System.in);
14 
15       System.out.println("점수 입력(0은 끝): ");
16       score = scan.nextInt();
17       while (score != 0) {
18          total += score;
19          score = scan.nextInt();
20          count++;
21       }
22       if (count == 0)
23          System.out.println("입력 없음.");
24       else {  // total과 count를 이용하여 평균을 계산한다.
25          average = (double) total / count;
26          System.out.printf("총점: %d%n", total);
27          System.out.printf("평균: %5.2f%n", average);
28       }
29    }
30 }
```

실행결과

```
점수 입력(0은 끝):
85
90
75
99
64
0
총점: 413
평균: 82.60
```

do-while 문

while 문과 비슷한 문장으로서 do-while 문(do-while statement)이 있다. do-while 문은 while 문과 유사하나, 종료 조건을 루프의 끝에서 검사한다는 점이 다르다. do-while 문의 구문 형태는 다음과 같다.

```
do {
   문장1;
    ...
   문장n;
} while (조건식);
```

while 루프는 조건식이 루프의 시작에 있으므로 조건을 먼저 검사하는 반면에, do-while 루프는 조건식이 루프의 끝에 있으므로 루프 본체를 먼저 실행하고 조건을 검사한다. 조건이 참인 동안 반복한다는 점은 같다. 따라서 while 루프는 처음 조건식을 검사할 때 거짓이면 본체가 한 번도 실행되지 않을 수 있지만 do-while 루프의 본체는 적어도 한 번 실행된다. do-while 루프의 이러한 실행 흐름은 그림 4.7과 같이 나타낼 수 있다.

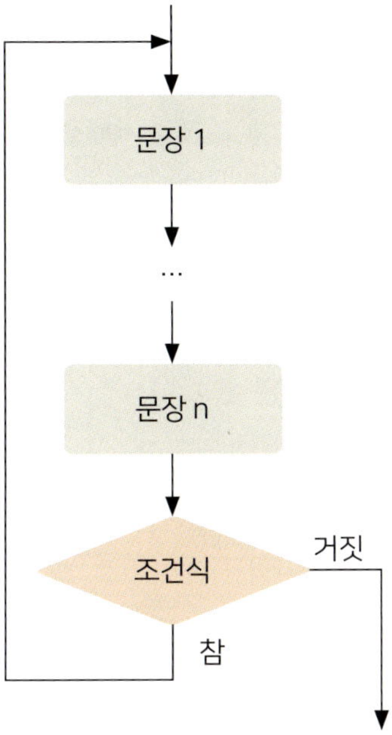

■ **[그림 4.7]** do-while 루프의 제어 흐름

Key Point do-while 문은 루프 본체를 적어도 한 번 실행한다.

do-while 문을 이용해서 입력된 양수 중에 가장 큰 수를 찾는 프로그램을 작성하면 프로그램 4.8과 같다. 이 프로그램은 16번 행에서 입력을 받으며 17번 행에서 입력값을 기존의 max 값과 비교한다. 그리고 19번 행에서 입력된 값이 0이 아닌지 검사하고 입력값이 0이면 종료한다. 이 프로그램에서 do-while 문은 루프 본체를 일단 한 번 실행하므로 while 문을 사용하는 프로그램 4.7과는 다르게 입력 문장을 한 번만 쓰면 된다.

프로그램 4.8 • Max.java

```
1  /*****************************************************************
2   * 입력된 양수 중에서 가장 큰 수를 찾는 프로그램
3   *****************************************************************/
4  import java.util.Scanner;
5
```

```java
public class Max
{
   // 0이 입력될 때까지 양수를 하나씩 읽어 가며 최댓값 max를 유지한다.
   // 0이 입력되면 가장 큰 수 max를 출력한다.
   public static void main(String[] args) {
      int x, max = 0;
      Scanner scan = new Scanner(System.in);

      System.out.println("양수를 입력하세요(0은 끝):");
      do {
         x = scan.nextInt();
         if (x > max)
            max = x;
      } while (x != 0);
      System.out.printf("가장 큰 수는 %d입니다.%n", max);
   }
}
```

실행결과

```
양수를 입력하세요(0은 끝):
12 15 172 80 95 0
가장 큰 수는 172입니다.
```

4.6 for 문

for 문의 구조

while과 do-while 문 외에 많이 사용되는 반복문이 for 문(for statement)이다. 일반적으로 while 문과 do-while 문은 어떤 조건이 만족되는 동안 반복하며 루프의 반복 횟수를 미리 알 수 없을 때 많이 사용된다. for 문은 루프의 반복 횟수를 미리 알고 있을 때 사용하기 적합한 반복문으로, 정해진 횟수만큼 반복하여 실행할 때 많이 사용한다.

Key Point for 문은 정해진 횟수만큼 반복하여 실행할 때 많이 사용한다.

for 루프의 헤더에는 다음과 같이 세미콜론으로 구분된 세 개의 수식이 포함될 수 있는데 각 수식은 필요에 따라 생략할 수 있다.

```
for (초기화식; 조건식; 증감식)
    문장;
```

(1) 초기화식은 보통 루프 제어 변수를 초기화하기 위한 수식으로서 루프를 시작하기 전에 실행한다. **루프 제어 변수**(loop control variable)란 루프의 반복을 제어하기 위해 사용되는 변수이다.

(2) 조건식은 부울 조건식으로서 루프를 반복할 때마다 본체 문장을 실행하기 전에 계산된다. 조건식이 true면 루프 본체 문장을 실행하고 false면 루프를 벗어난다.

(3) 증감식은 주로 조건식에 사용된 변수를 증가시키거나 감소시키기 위한 식으로 루프를 반복할 때마다 본체 문장을 실행한 후에 계산된다.

초기화식은 처음에 한 번만 실행하고, 조건식과 증감식은 루프의 본체 문장 반복 전후에 실행한다는 점을 주의하자. 그림 4.8은 for 루프의 이러한 제어 흐름을 보여준다.

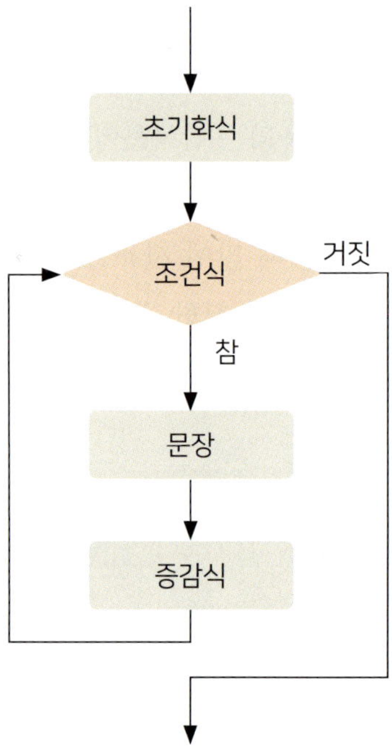

■ **[그림 4.8]** for 루프의 제어 흐름

> **Key Point** 루프 제어 변수란 루프의 반복을 제어하기 위해 사용되는 변수이다.

for 루프를 사용해서 1부터 100까지의 자연수의 합을 계산하는 프로그램을 작성하면 다음과 같다. 이 프로그램은 count 값을 1로 초기화하고, count 값을 1씩 증가시키면서 count 값을 total 값에 누적하여 더한다. 이러한 과정을 count 값이 100보다 작거나 같은 동안 반복한다.

```
int total = 0, count;
for (count = 1; count <= 100; count++)
   total += count;
```

for 루프의 첫 번째 수식에는 변수 선언을 포함할 수 있다. 따라서 위 프로그램은 다음과 같이 바꿀 수 있으며 이렇게 초기화식에서 변수를 선언하면 여기에 선언된 변수는 for 문 내에서만 사용할 수 있다.

```
int total = 0;
for (int count = 1; count <= 100; count++)
   total += count;
```

for 루프의 제어 흐름에 따라서 위의 for 문은 다음과 같이 while 문으로 바꿀 수 있다. 이 예에서 확인할 수 있는 것처럼 for 문을 while 문으로 작성하면 더 복잡해진다. 또 while 문에서는 루프 제어 변수를 변경하는 부분이 여러 곳에 흩어져 있기 때문에 루프 제어 변수를 알아보기 힘들다. 따라서 간결성을 위해서는 가능하면 while 문보다는 for 문을 사용하는 것이 좋다.

```
int total = 0, count;
count = 1;
while (count <= 100) {
   total += count;
   count++;
}
```

for 루프에서 또 흥미로운 것은 증감식이다. for 루프의 증감식에서는 사실 루프 제어 변수에 대한 어떤 계산도 수행할 수 있다. 예를 들어, 다음과 같이 count 값을 2씩 증가시킬 수 있다. 이렇게 하면 1부터 100까지 홀수 값들을 누적하여 더하게 된다.

```
int total = 0;
for (int count = 1; count <= 100; count+=2)
   total += count;
```

또한, 증감식은 루프 제어 변수를 감소시키는 데 사용될 수도 있다. 예를 들어, 루프 제어 변수를 감소시키면서 1부터 100까지 합을 구하는 코드를 작성하면 다음과 같다. 이렇게 하면 100부터 1까지 감소하면서 누적하여 더하게 된다.

```
int total = 0;
for (int count = 100; count > 0; count--)
   total += count;
```

또한, for 루프의 세 수식 중 어떠한 것도 생략할 수 있다. 특히, 두 번째 조건식을 생략하면 조건 검사는, 항상 true로 평가된다는 점에 주의해야 한다. 따라서 다음 문장은 무한 반복된다.

```
for (int i=0; ;i++)
   printf("루프 반복: %d\n", i);
```

for 문을 이용한 화씨온도-섭씨온도 변환표

for 루프를 이용하여 화씨온도를 섭씨온도로 변환하는 변환표를 작성해 보자. 프로그램 4.9는 화씨온도 0도부터 100도까지 10도 간격으로 화씨온도를 섭씨온도로 변환하여 출력한다. 이를 위해 먼저 **FROM**, **TO**, **STEP**을 각각 상수 0, 100, 10으로 정의하였다. 그리고 for 루프를 반복할 때마다 13번 행에서 화씨온도(fahr)를 10도씩 증가하여 14, 15번 행에서 10도 간격으로 화씨온도를 섭씨온도(cel)로 변환하여 출력한다. 이 반복은 화씨온도 값이 100보다 작거나 같은 동안 계속된다. 실행결과를 통해 변환 표를 확인할 수 있다.

프로그램 4.9 • F2CTable.java

```
1   /*************************************************************
2    * 화씨온도->섭씨온도 변환 표를 출력하는 프로그램
3    *************************************************************/
4
5   public class FtoCTable
6   {
7      // 화씨온도(F)->섭씨온도(C) 변환 공식 C = 5/9 (F - 32)를
8      // 이용하여 화씨온도를->섭씨온도 변환 표를 만들어 출력한다.
9      public static void main(String[] args) {
10        double fahr, cel;
```

```
        final int FROM = 0, TO = 100, STEP = 10;

        for (fahr = FROM; fahr <= TO; fahr += STEP) {
            cel = 5.0 / 9.0 * (fahr - 32);
            System.out.printf("%5.1f F = %5.1f C%n", fahr, cel);
        }
    }
}
```

실행결과

```
  0.0 F = -17.8 C
 10.0 F = -12.2 C
 20.0 F =  -6.7 C
 30.0 F =  -1.1 C
 40.0 F =   4.4 C
 50.0 F =  10.0 C
 60.0 F =  15.6 C
 70.0 F =  21.1 C
 80.0 F =  26.7 C
 90.0 F =  32.2 C
100.0 F =  37.8 C
```

향상된 for 문

Java 1.5 버전에서부터는 배열의 각 원소에 대해 반복하는 향상된 for 문이 추가되었다. 여러 개의 데이터를 포함하고 있는 배열과 같은 자료구조(Java에서는 이러한 자료구조를 총칭하여 컬렉션이라고 함)가 있을 때, 이 자료구조 내의 모든 데이터에 관해 어떤 작업을 반복해서 수행하고 싶을 때 이러한 for 문[1]을 사용할 수 있다. 배열의 각 원소에 대해 반복하는 향상된 for 문의 구문은 다음과 같다.

---

1) 배열과 같은 자료구조 내에 있는 각 데이터에 대해 반복하는 for 문이므로 이러한 for 문을 for-in 혹은 for-each 문이라고 부르기도 한다. Java에서는 in 혹은 each라는 키워드를 사용하는 것은 아니므로 여기서는 향상된 for 문이라고 소개하였다.

```
for (자료형 변수이름 : 배열이름)
   문장;
```

예를 들어, 배열 원소가 int 형인 배열 a의 모든 원소의 합을 구하고 싶다면 다음과 같이 작성할 수 있다.

```
int sum = 0, a[] = { /* 초기화 리스트 */ }
for (int n: a)
   sum += n;
```

물론 이 for 문장은 다음과 같이 기존의 for 문을 사용해서 작성할 수도 있다. 여기서 a.length는 배열의 크기를 나타낸다.

```
for (int i=0; i < a.length, i++)
   sum += a[i];
```

좀 더 구체적인 예로 프로그램 4.10을 살펴보자. 이 프로그램은 1부터 10까지 각 원소의 세제곱값을 계산하여 출력한다. 이를 위해 먼저 9번 행에서 1부터 10까지의 원소로 구성된 배열 ns를 선언한다. 11번 행에서 for 문을 사용하여 이 배열의 각 원소 n에 대해 반복 수행하는데 반복할 때마다 변수 n의 값을 세제곱하여 출력한다. 이 for 문은 ns 내의 모든 값에 대해서 반복한 후에 종료하게 된다.

프로그램 4.10 • CubeTable.java

```
1  /***********************************************************
2   * 세제곱표를 출력하는 프로그램
3   ***********************************************************/
4
5  public class CubeTable
6  {
7     // 배열과 for 문을 이용하여 1부터 10까지의 수에 대해 세제곱값을 출력한다.
8     public static void main(String[] args) {
9        int[] ns = {1, 2, 3, 4, 5, 6, 7, 8, 9, 10};
10
```

```java
            for (int n: ns)
                System.out.printf("%5d%5d%n", n, n*n*n);
        }
    }
```

실행결과

```
    1    1
    2    8
    3   27
    4   64
    5  125
    6  216
    7  343
    8  512
    9  729
   10 1000
```

Key Point 순차적인 형태로 저장되어 있는 데이터 구조의 각 데이터에 대해 반복하고자 할 때에는 데이터 구조에 대해 for 루프를 사용할 수 있다.

Q&A

루프가 왜 이렇게 여러 개 있나요? 하나만 있으면 안 되나요?

좋은 질문입니다. 사실 루프는 하나만 있어도 됩니다. while 루프 하나면 do-while이나 앞에서 본 것처럼 for 루프를 표현할 수 있습니다. 그래도 루프가 여러 종류 있는 이유는 상황에 따라 적절한 것을 골라 쓰도록 프로그래머에게 편의를 제공하려는 것입니다. 예를 들면 한 번 이상 루프를 반복하고자 할 때는 do-while을 사용하는 것이 편합니다. 루프의 반복 횟수를 미리 아는 경우나 반복할 원소가 이미 데이터 구조에 저장되어 있다면 for 루프가 제격이지요.

4.7 중첩 루프와 무한 루프

중첩 루프

루프의 본체 내에 다른 루프를 포함하도록 루프를 작성할 수 있는데, 다른 루프를 포함하는 루프를 **중첩 루프**(nested loop)라고 한다. 예를 들어 while 루프 내에 다시 while 루프가 포함될 수 있고 for 루프 내에 다시 for 루프가 포함될 수 있다. 물론 for 루프 내에 while 루프를 포함시킬 수도 있다. 이렇게 루프를 2회 중첩시키면 바깥 루프의 각 반복에 대해서 안쪽 루프가 완전히 실행되므로 이차원의 반복적인 일을 수행할 수 있다.

예를 들어, 구구단 출력 프로그램을 작성해 보자. 먼저 구구단 중에서 2단만을 출력하는 코드는 다음과 같이 쉽게 작성할 수 있다. 여기서 제어 변수 j의 값이 1부터 9까지 증가하면서 2단을 출력한다.

```
int i = 2 ;
for (int j = 1; j <= 9; j++)
   System.out.printf(" %d x %d = %2d%n", i, j, i * j);
```

프로그램 4.11은 이 코드를 중첩 루프를 이용하여 확장하여 구구단을 출력한다. 이 프로그램은 for 루프 내에 다시 for 루프가 포함된 중첩 루프를 사용하고 있다. 10번 행 바깥 루프의 제어 변수 i 값은 각 단을 반복하는 데 사용되는데, 바깥 루프가 한 번 반복될 때마다 12번 행의 안쪽 루프가 완전히 실행되어 i단을 출력한다. 예를 들어, 바깥 루프의 제어 변수 i 값이 2일 때 안쪽 루프가 완전히 실행되어 2단을 출력한다. 그 다음에 변수 i 값이 3이 되면 이제는 안쪽 루프가 3단을 출력하게 된다. 이런 식으로 9단까지 출력하게 된다.

이 프로그램에서 안쪽 루프 내의 메소드 printf 호출 횟수를 생각해 보자. i가 2부터 9까지 반복되기 때문에, 바깥 루프는 8번 실행된다. 바깥 루프의

프로그램 4.11 ● NineByNineTable.java

```java
/**************************************************************
 * 구구단을 출력하는 프로그램
 **************************************************************/

public class NineByNine
{
   // 중첩된 for 루프를 이용하여 구구단을 출력한다.
   // 첫 번째 루프의 제어 변수 i가 각 단을 나타낸다.
   public static void main(String[] args) {
      for (int i = 2; i <= 9; i++) {
         System.out.printf("%n %d단%n%n", i);
         for (int j = 1; j <= 9; j++)
            System.out.printf(" %d x %d = %2d%n", i, j, i * j);
      }
   }
}
```

실행결과

```
2단

 2 x 1 =  2
 2 x 2 =  4
 2 x 3 =  6
 2 x 4 =  8
 2 x 5 = 10
 2 x 6 = 12
 2 x 7 = 14
 2 x 8 = 16
 2 x 9 = 18

  ...

9단

 9 x 1 =  9
 9 x 2 = 18
 9 x 3 = 27
 9 x 4 = 36
 9 x 5 = 45
 9 x 6 = 54
 9 x 7 = 63
 9 x 8 = 72
 9 x 9 = 81
```

각 반복(각 i 값)에 대해서 안쪽 루프의 j가 1부터 9까지 반복해서 실행된다. 따라서 안쪽 루프 내의 printf는 총 8 * 9 = 72번 실행된다. 이처럼 중첩 루프의 반복 횟수는 각 루프의 반복 횟수의 곱이 된다.

Key Point 다른 루프를 포함하는 루프를 중첩 루프라고 한다. 중첩 루프의 반복 횟수는 각 루프의 반복 횟수의 곱이 된다.

중첩된 for 문은 구구단이나 행렬 계산과 같은 이차원의 반복적인 일을 수행할 때 주로 사용된다. 행렬 계산의 예로 여러 학생들의 국영수 점수가 이차원 배열 score에 저장되어 있을 때 각 학생의 총점을 계산하는 프로그램 4.12를 생각해 보자. 이 경우에 11번 행의 외부 for 루프는 각 학생에 대해서 반복하고 12번 행의 내부 for 루프는 각 학생의 국어, 영어, 수학 점수에 대해서 반복하여 수행된다. 이렇게 하면 각 학생의 총점을 계산할 수 있다. 또한, 15번 행의 for 루프에서는 각 학생의 계산된 총점을 출력한다.

프로그램 4.12 • TotalScore.java

```
1   /*************************************************************
2    * 2각 학생의 국영수 점수 합을 계산하는 프로그램
3    ************************************************************/
4
5   class TotalScore
6   {
7      public static void main(String[] args) {
8         int score[][] = {{80,90,85},{70,80,80},{90,90,95},{60,70,65}};
9         int sum[] = {0,0,0,0};
10
11        for(int i = 0; i < 4; i++)
12           for(int j = 0; j < 3; j++)
13              sum[i] += score[i][j];
14
15        for(int i=0; i<4; i++)
16           System.out.printf("%d번 학생 총점: %d %n", i+1, sum[i]);
17     }
18  }
```

실행결과

```
1번 학생 합계: 255
2번 학생 합계: 230
3번 학생 합계: 275
4번 학생 합계: 195
```

무한 루프

루프의 조건이 언젠가는 거짓이 되어 종료되도록 하는 것은 프로그래머의 책임이다. 만약 루프의 조건이 항상 참이 되도록 프로그램을 작성하면 루프 본체는 영원히 반복되어 실행될 것이다. 이럴 경우에는 사용자가 그 프로그램을 중단시킬 수밖에 없다. 이렇게 루프 본체가 영원히 반복해서 실행되는 루프를 **무한 루프**(infinite loop)라고 한다.

루프의 조건이 항상 참이면 그 루프는 무한히 반복된다. 다음 코드에서 while 문의 조건식은 true이므로 항상 참이다. 따라서 이 루프의 조건은 항상 참이 되어 무한히 반복할 것이다.

```
while (true)  // 경고: 무한 루프임
   System.out.println("무한 루프");
```

다음 코드는 1에서 100까지의 합을 구하는 프로그램이다. 이 코드에서는 count 값을 증가시켜야 하지만 실수로 count 값을 감소시켰다.

```
int sum = 0;
for (int count = 1; count <= 100; count--)   // 경고: 무한 루프
   sum += count;
```

따라서 루프 제어 변수 count의 값이 점점 작아지므로 조건은 항상 참이 될 것이다. 따라서 이론적으로는 무한 루프가 된다. 그러나 실제로는 count의 값이 너무 작게 되어 **언더플로 오류**(underflow error)가 발생하므로, 언더플로 오류가 발생할 때까지 계속 반복될 것이다.

또한, 다음 예제처럼 count 값이 증가하더라도 결코 조건이 만족될 수 없으면 루프는 무한히 반복될 것이다. 이 예제는 count 값이 증가하더라도 홀수이기 때문에 결코 100이 될 수 없다.

```
int count = 1;
while (count != 100)
   count += 2;
```

또한, 앞에서 살펴본 것처럼 다음 for 루프는 조건이 없으므로 무한히 반복된다.

```
for (int i = 0; ;i++)
   System.out.printf("루프 반복: %d\n", i);
```

이러한 무한 루프를 실행시킨다면, 그 루프를 중단할 준비를 해야 한다. 명령창에서 실행 중인 프로그램이라면 컨트롤-C 키[컨트롤(Ctrl) 키를 누른 상태에서 C 키를 함께 누름]를 이용하여 프로그램을 중단시킬 수 있다.

Key Point 무한히 반복하여 실행되는 루프를 무한 루프라고 한다. 프로그래머는 무한 루프를 피하기 위해서 프로그램을 주의 깊게 설계해야 한다.

Q&A

언더플로(underflow)란 대체 무엇인가요?

컴퓨터에서 표현할 수 있는 값은 유한합니다. 예를 들어 표현할 수 있는 정수 값의 범위는 우리가 알고 있는 것처럼 정해져 있습니다. int 형의 경우에 표현할 수 있는 값의 범위는 –2,147,483,648에서 +2,147,483,647까지입니다. 우리는 오버플로(overflow)에서 가장 큰 수에 1을 더하면 부호비트가 변하여 음의 정수가 된다는 것을 배웠습니다. 비슷하게 가장 작은 수에서 1을 빼면 역시 부호비트가 변하여 양의 정수가 되어 버립니다. 이러한 현상을 오버플로와 비교해서 언더플로라고 합니다.

Q&A

무한 루프는 반드시 잘못된 것인가요? 혹시 무한 루프가 필요한 프로그램은 없나요?

좋은 질문입니다. 호기심이 강하시군요. 사실 무한 루프가 필요한 프로그램들이 있습니다. 대표적인 것들이 서버 프로그램과 운영체제입니다. 보통 이런 소프트웨어들은 컴퓨터를 끄지 않는 한 계속해서 수행되는 프로그램들입니다. 이런 소프트웨어 내에서는 계속해서 무언가(사용자 입력이나 서비스 요청 등)를 기다리면서 무한 루프를 돌고 있겠지요.

4.8 분기문

break 문

switch 문으로부터 빠져나오기 위해서 break 문을 사용할 수 있다는 것을 배운 바 있다. 그런데 break 문을 루프의 본체 내부에서도 사용할 수 있다. 루프에서 break 문의 효과는 switch 문에서의 그 효과와 유사하다. 루프의 실행이 중단되고 루프 다음에 위치한 문장이 실행된다. 예를 들어, 다음 코드에서 break 문은 읽은 값이 0이면 루프를 빠져 나오게 한다.

```
int total = 0, num ;
while (true) {
   num = scan.nextInt();
   if (num == 0) break;
   total += num;
}
```

중첩 루프의 안쪽 루프에서 break 문을 이용하여 여러 루프를 빠져나오려면 빠져나오고자 하는 루프에 레이블을 붙일 수 있다. 다음 코드는 구구단 프로그램을 변형한 것인데, 50을 초과하는 시점에 구구단 출력을 중단하는 프로그램이다. 구구단 출력을 중단하려면 루프 제어 변수가 i인 루프까지 빠져나가야 한다. 그래서 i 루프에 레이블 OUT을 붙이고 break OUT; 형태로 break 문을 수행하였다.

```
OUT:  for (int i = 2; i <= 9; ++i) {
         System.out.printf("%n %d단%n%n", i);
         for (int j = 1; j <= 9; ++j) {
            if (i * j > 50) break OUT;
            System.out.printf(" %d*%d = %2d%n", i, j, i * j);
         }
      }
```

루프에서 break 문을 사용하는 것이 꼭 필요한 것은 아니다. break 문을 사용하면 루프 종료 지점이 여러 개가 되기 때문에 프로그램을 이해하기 더 어렵다. 따라서 루프에서 break를 사용하지 않고 같은 일을 할 수 있도록 작성할 수 있다면 그렇게 작성하는 것이 좋다.

Key Point break 문은 반복문을 빠져나올 때도 사용하는데, 중첩 루프에서 여러 단계의 반복문을 빠져나오려면 레이블이 붙은 루프를 사용하고 break 문에서 해당 레이블을 사용한다.

continue 문

continue 문(continue statement)은 루프 처리에서 break와는 다른 효과를 낸다. break 문을 만나면 제어는 루프를 벗어나서 루프 다음에 있는 문장을 실행하는 반면에 continue 문을 만나면 루프 본체의 이후 부분을 건너뛰고 다음 반복을 계속 진행한다.

다음 코드는 1에서 100까지의 합을 구하는 프로그램을 변형한 것이다. i 값이 5의 배수이면 다음에 나오는 문장을 건너뛰고 계속해서 루프를 반복한다. 따라서 5의 배수를 제외한 1에서 100 사이의 수들의 합을 구하게 된다.

```
for (sum = 0, i = 1; i <= 100; i++) {
  if (i % 5 == 0) continue;
  sum += i;
}
```

continue 문도 break 문처럼 레이블이 붙은 형태로 사용할 수 있다. 레이블을 붙인 형태로 사용하면 중첩 루프에서 원하는 루프 반복을 계속하도록 할 수 있다. continue 문도 break 문과 마찬가지로 프로그램 의미를 파악하는 데 장애가 될 수 있다. 따라서 continue 문을 사용하지 않고 프로그램을 작성하는 것이 가능하다면 그렇게 작성하는 것이 좋다.

Key Point continue 문은 루프 본체에서 수행하던 나머지 부분을 건너뛰고 다음 반복을 계속할 때 사용한다.

Key Points

▶ 프로그램에서 실행되는 문장들의 실행 순서를 (   )(이)라고 하며, (   )을(를) 바꾸는 문장을 제어문, 제어 구조라고 한다.

▶ Java의 제어 구조는 (   ), (   ), (   )(으)로 분류할 수 있다. 그 외 제어문으로서 `break`, `continue`, `return` 등을 들 수 있다.

▶ (   )은(는) 여러 문장들을 중괄호로 묶은 것으로 한 문장처럼 사용될 수 있다.

▶ (   ) 문은 조건에 따라 실행할 문장을 선택할 수 있다.

▶ `if` 문 안에 (   )이나 올 수 있다. 따라서 `if` 문 안에 또 다른 `if` 문이나 `if-else` 문이 올 수 있다.

▶ 중첩 `if` 문에서, `else` 절은 짝이 없는 가장 가까운 (   )와(과) 짝이 된다.

▶ `if-else` 문의 `else` 부분에도 어떠한 문장이나 올 수 있다. 전형적인 예는 `else` 부분에 또 다시 (   ) 문이 오는 경우로 주로 다중 선택에 사용된다.

▶ (   ) 문은 수식의 값에 따라서 여러 경로 중에서 한 경로를 선택하여 실행한다.

▶ `switch` 문에서 각 `case` 절이나 `default` 절을 수행하다가 `switch` 문을 빠져 나오기 위해서는 (   ) 문을 사용한다.

▶ (   ) 문은 그 조건이 거짓이 될 때까지 동일한 문장을 반복해서 실행한다.

▶ (   ) 문은 루프 본체를 적어도 한 번 실행한다.

▶ (   ) 문은 정해진 횟수만큼 반복하여 실행할 때 많이 사용한다.

▶ 루프의 종료 여부를 결정하는 변수를 (   )(이)라고 한다.

▶ 순차적인 형태로 저장되어 있는 데이터 구조의 각 데이터에 대해 반복하고자 할 때에는 데이터 구조에 대해 (   ) 루프를 사용할 수 있다.

▶ 다른 루프를 포함하는 루프를 (   )(이)라고 한다. (   )의 반복 횟수는 각 루프의 반복 횟수의 (   )이(가) 된다.

▶ 무한히 반복하여 실행되는 루프를 (   )(이) 라고 한다. 프로그래머는 무한 루프를 피하기 위해서 프로그램을 주의 깊게 설계해야 한다.

▶ (   ) 문은 반복문을 빠져나올 때도 사용하는데, 중첩 루프에서 여러 단계의 반복문을 빠져나오려면 레이블이 붙은 루프를 사용하고 (   ) 문에서 해당 레이블을 사용한다.

▶ (   ) 문은 루프 본체에서 수행하던 나머지 부분을 건너뛰고 다음 반복을 계속할 때 사용한다.

프로그래밍 실습

1. 0이상 9이하의 정수 세 개를 임의로 선택하여 이 셋을 나란히 출력하는 슬롯머신 프로그램을 작성하라. 임의의 정수를 발생시키기 위해서는 `java.util.Random` 클래스를 이용한다. `Random` 객체의 `nextInt(n)` 메소드는 0이상 n미만의 난수를 발생시킨다. 슬롯머신의 세 수 중 두 수가 같거나 세 수가 모두 같으면 이에 적합한 당첨 축하 메시지를 출력한다. 당첨액은 두 수가 같으면 1000원이고 세 수가 같으면 10,000원이다. 세 수를 발생시킨 후 사용자에게 게임을 계속할 것인가 묻고 사용자가 중단을 선택할 때까지 게임을 계속한다. 예를 들어, 다음과 같이 출력한다.

```
5 8 8
축하합니다. 1000원을 획득하였습니다.
계속하겠습니까?(Y/N)
```

2. 섭씨온도 화씨온도 변환표

프로그램 4.9에서는 화씨온도를 섭씨온도로 변환하는 프로그램을 작성하였다. 이 프로그램을 변형하여 섭씨온도를 화씨온도로 변환하는 프로그램을 작성하라. 변환표에서 섭씨온도 범위는 −20°C~100°C로 정한다. 섭씨온도 C에 대한 화씨온도 F는 다음 식에 의해 구할 수 있다.

$$F = \frac{9}{5}C + 32$$

예를 들어, 다음과 같이 10도 간격으로 변환표를 출력한다.

```
섭씨온도 화씨온도
-20      -4
-10      14
         ...
 90      194
100      212
```

3. 빠른 거듭제곱 함수

어떤 수 x의 n 거듭제곱을 구하기 위해서는 x를 n번 반복하여 곱하면 된다. 그러나 n이 짝수일 경우에는 x의 n/2 승을 구한 후 이를 거듭제곱하면 곱하는 횟수를 줄일 수 있다. 이러한 특징을 이용하여 x의 n 거듭제곱을 빠르게 수행하는 메소드 fastPower()를 구현하라. 즉, 시그니처가 다음과 같은 메소드를 구현하라.

```
public int fastPower(int x, int n);
```

4. 표준편차

프로그램 4.7은 입력된 점수의 총점과 평균을 구하는 프로그램이다. 총점과 평균 외에 표준편차도 계산하도록 프로그램을 개선하라. 수 집합 $\{x_i\}$의 평균을 $\mu(x_i)$라고 하면 표준편차 $\sigma(x_i)$는 다음과 같은 식으로 정의할 수 있다.

$$\sigma(x_i) = \sqrt{\mu((x_i - \mu(x_i))^2)}$$

즉, 각 x_i에서 평균을 뺀 값을 제곱한 값들 $\{(x_i - \mu(x_i))^2\}$을 모두 구한 후 이들 값의 평균의 제곱근이 바로 표준편차가 된다. 위 식에 따라서 표준편차를 구하려면 평균을 구한 다음에 다시 모든 x_i 값들을 훑어봐야 한다. 다행스럽게도 위 식은 다음 식의 값과 동일함이 알려져 있다.

$$\sigma(x_i) = \sqrt{\mu(x_i^2) - \mu(x_i)^2}$$

즉, 제곱 값들의 평균을 구한 후 이 값에서 평균의 제곱을 뺀 다음 제곱근을 취하면 표준편차를 구할 수 있다. 위 식을 이용하여 $\{x_i\}$의 표준편차도 구하도록 프로그램 4.7을 확장하라.

연습문제

1. 프로그램 제어 구조는 크게 순차구조, 선택구조, 반복구조로 분류할 수 있다. Java 언어에서 제공하는 제어 구조 중에서 이들에 해당하는 제어 구조 예를 하나씩 들어라.

2. 다음 중 반복문을 빠져나와 다음 문장을 수행할 때 사용하는 문장은 무엇인가?

   ① continue ② break ③ return ④ switch

3. 다음 중 반복을 위한 문장이 아닌 것은 무엇인가?

   ① for ② while ③ do-while ④ switch

4. 다음 코드가 실행될 때 printf 문의 실행 횟수는 몇 번인가?

```
for (int i = 0; i < 100 ; i++)
   for (int j = 0; j < 50; j++)
      System.out.printf("루프 반복: %d, %d\n", i, j);
```

5. 다음 코드가 실행될 때 printf 문의 실행 횟수는 몇 번인가?

```
for (int i = 0; i < 100 ; i = i + 2)
   for (int j = 0; j < 50; j = j + 3)
      System.out.printf("루프 반복: %d, %d\n", i, j);
```

6. 다음 코드가 실행될 때 printf 문의 실행 횟수는 몇 번인가?

```
for (int i = 0; i < 100 ; i++)
   for (int j = 0; j < 50; j++)
      for (int k = 0; k < 20; k++)
         System.out.printf("루프 반복: %d, %d, %d\n", i, j, k);
```

7. 다음 코드가 실행될 때 printf 문의 실행 횟수는 몇 번인가?

```
for (int i = 0; i < 100 ; i = i + 5)
```

```
    for (int j = 0; j < 50; j = j + 2)
        for (int k = 0; k < 20; k = k + 3)
            System.out.printf("루프 반복: %d, %d, %d\n", i, j, k);
```

8. 다음 코드가 실행될 때 printf 문의 실행 횟수는 몇 번인가?

```
for (int i = 1; i <= 100; i++) {
    if (i % 5 == 0) continue;
    System.out.printf("i = %d", i);
}
```

9. 다음 코드가 실행될 때 printf 문의 실행 횟수는 몇 번인가?

```
for (int i = 0; i < 100; i = i + 2) {
    if (i % 50 == 0) break;
    System.out.printf("i = %d", i);
}
```

10. 프로그램 4.1에서는 if-else 문을 이용하여 큰 값 max와 작은 값 min을 구했다. if-else 문 대신 조건 연산자 ?:을 이용하여 같은 일을 하도록 프로그램을 변경하라. 조건 연산자를 한 번만 사용하도록 변경할 수 있을까?

11. 프로그램 4.1에서 두 정수 중 작은 값을 구하는 부분을 별도의 메소드로 작성하라. 즉, 메소드 시그니처가 다음과 같이 되도록 작성해 보라. 그리고 이 메소드를 이용하여 프로그램 4.1을 다시 작성하라.

```
public static int min(int x, int y);
```

12. 프로그램 4.2는 세 정수 중에서 작은 값을 정하는 프로그램이다. 연습문제 4.11에서 작성한 min을 이용하여 같은 일을 하도록 프로그램 4.2를 다시 작성하라.

13. 프로그램 4.3은 100점 이하, 0점 이상인 시험 점수 score를 받아서 grade를 결정하는 프로그램이다. 이 프로그램에서 구체적으로 grade를 결정하는 부분은 중첩 if-else 문으로 작성되어 있다. 이 부분을 별도의 메소드로 작성하여 프로그램을 개선하라. 즉, 시그니처가 다음과 같은 메소드로 작성하라.

```java
public static char grade(int score);
```

14. 프로그램 4.7은 입력된 점수의 총점과 평균을 구하는 프로그램이다. 이 프로그램을 do-while 문을 이용하여 재작성하라.

15. 각 구구단을 가로로 출력하도록 프로그램 4.11을 변경하여라. 가로로 출력한다는 의미는 2단의 우측에 3단이, 3단의 우측에 4단이 출력되는 방식을 의미한다. (힌트: 중첩 루프의 순서를 어떻게 변경할 수 있을지 생각해 보자.)

16. 모든 루프는 다른 루프로 변환할 수 있다. 예컨대 모든 for 루프는 while 루프로 바꿀 수도 있고 do 루프로 바꿀 수도 있다. 다음 for 루프를 while 루프와 do 루프로 바꾸어라.

```java
int count = 0;
for (count = 0; count <= 30; count += 4) {
   System.out.printf("%d ", count);
}
```

17. break와 continue가 들어간 루프는 루프의 제어흐름 외에 추가로 제어흐름이 변경되는 경우가 있으므로 루프 의미가 복잡해진다. 이를 고려하여 다음 for 루프를 while 루프와 do 루프로 바꾸어라.

```java
int sum, i;
for (sum = 0, i = 1; i <= 100; i++) {
   if (i % 4 == 0) continue;
   sum += i;
}
System.out.printf("sum = %d%n", sum);
```

18. 3장 연습문제 3.14에서 원금이 A, 연이율이 r일 때, n년 동안 예치한 후의 원리금 합계는 다음과 같다는 것을 예시한 바 있다. 앞서 3장에서는 Math.pow()를 이용하여 원리금 합계를 구하였는데 Math.pow()를 이용하는 대신 반복문을 이용하여 원리금 합계를 계산하라.

원리 합계 $= A \times (1 + r)^n$

객체와 클래스 5장

Java는 객체지향 프로그래밍 언어라고 합니다. 객체지향이라는 단어가 나타내는 것처럼 객체는 Java 프로그램에서 가장 중요한 핵심개념이라고 할 수 있습니다. 이러한 객체를 정의하는 것이 클래스입니다. 따라서 객체와 클래스가 없는 Java 프로그램은 생각할 수 없습니다. 이 장에서는 객체와 클래스의 기본 개념, 사용법, 정의하는 방법 등을 익힘으로써 본격적으로 Java 프로그래밍의 세계로 들어가겠습니다. 또한, 마지막 절에서는 GUI 프로그램에 대한 공부를 시작하겠습니다.

이 장의 목표

- ★ 객체와 클래스의 기본 개념을 이해한다.
- ★ 클래스 사용법을 익힌다.
- ★ 클래스를 정의하는 방법을 익힌다.
- ★ 메소드를 구현하는 방법을 익힌다.
- ★ 캡슐화 및 접근제어에 대해서 이해하고 사용한다.
- ★ GUI 프로그램을 이해하고 작성한다.

5.1 객체지향 프로그래밍

객체지향 프로그래밍이 무엇인지 몇 개의 질문을 중심으로 생각해 보자.

객체지향 프로그래밍은 왜 시작되었을까?

프로그램이 무엇을 하는지는 여러 관점에서 생각해 볼 수 있는데 Java와 같은 객체지향 언어의 관점에서 프로그램이란 실세계에 있는 객체들을 표현하고 이들 사이의 상호작용을 시뮬레이션(simulation, 모의실험)하기 위한 것이다. 실제로 우리가 사용하는 많은 소프트웨어, 예를 들어, 온라인 쇼핑이나 수강 신청 등을 위한 소프트웨어들은 실세계에 존재하는 객체들을 프로그램 상에 표현하고 이들 사이에 일어나는 일들을 프로그램 상에서 시뮬레이션한다. 이러한 배경에서 탄생한 객체지향 프로그래밍(OOP: Object-Oriented Programming)은 컴퓨터 프로그램을 명령어의 리스트로 보는 시각에서 벗어나 여러 개의 독립된 단위, 즉 "**객체**"들의 모음으로 파악하고자 하는 것이다. 각각의 객체는 메시지를 주고받고, 데이터를 처리할 수 있는 하나의 개체이다.

실세계의 객체를 프로그램 상에 어떻게 표현할 수 있을까?

Java 프로그램에서 객체는 실세계의 사물 혹은 물체를 나타내는 데 사용된다. 예를 들어, 주사위, 학생, 은행계좌, 자동차, 마일리지, 신용카드 등은 모두 객체이다. 그렇다면 프로그램 상에 객체를 어떻게 표현할 수 있을까? 어떤 객체든 객체를 표현하려면 먼저 그 객체에 대한 데이터가 필요할 것이다. 이들 데이터는 객체의 현재 상태(state)를 나타낸다. 예를 들어, 대학생의 경우에는 그림 5.1과 같이 이름, 학번, 전공, 학기, 취득학점 등의 데이터가 대학생의 현재 상태를 나타낸다. 또한, 어떤 객체든 그 객체가 취할 수 있는 행동(behavior)

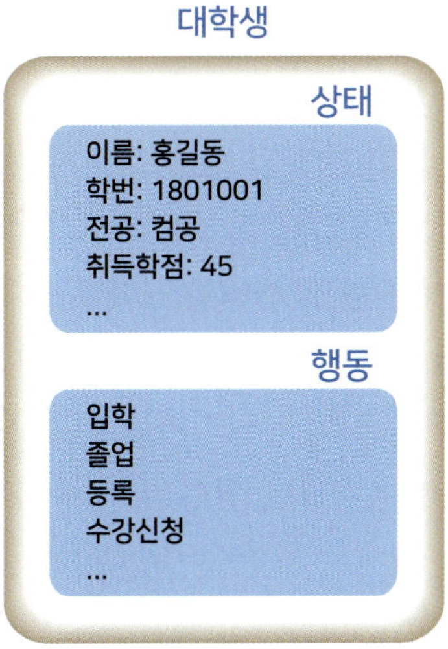

■ **[그림 5.1]** 대학생의 상태와 행동

■ **[그림 5.2]** 마일리지의 상태와 행동

들이 있으므로 이를 표현해야 한다. 예를 들어, 대학생의 경우에는 입학, 졸업, 등록, 수강신청 등이 대학생이 취할 수 있는 행동이다.

대학생처럼 눈에 보이는 사물뿐만 아니라 추상적인 사물도 객체로 표현할 수 있다. 예들 들어, 항공사 마일리지를 생각해 보자. 그림 5.2와 같이 마일리지를 표현하기 위한 데이터로는 소유자명, 적립된 마일리지 등이 있으며 이들은 마일리지의 상태를 나타낸다. 마일리지에 대해 취할 수 있는 행동은 마일리지 적립, 마일리지 사용, 마일리지 조회 등이 있다.

요약하면 객체는 그 객체의 특성을 나타내는 **상태**(state)와 그 객체의 **행동**(behavior)으로 이루어진다. 상태는 객체의 현재 상태를 나타내며 행동은 그 객체가 할 수 있는 연산 혹은 동작을 의미한다.

- 상태(state) – 객체의 현재 상태를 나타내는 데이터
- 행동(behavior) – 객체가 취할 수 있는 연산 혹은 동작

Key Point 객체는 그 객체의 특성을 나타내는 상태(state)와 그 객체의 행동(behavior)으로 이루어진다.

그렇다면 객체를 구성하는 상태와 행동은 어떤 관계가 있을까? 객체는 각 객체마다 현재 상태를 가지고 있다. 이 객체의 현재 상태는 객체가 어떤 행동을 함으로써 변경될 수 있으며 또한 객체의 현재 상태에 따라서 행동에 영향을 줄 수도 있다. 몇 가지 예를 들어보자. 자동차의 경우에는 출발하거나 가속함에 따라 속도, 위치, 주행거리 등의 자동차 상태가 변경될 것이다. 또한, 마일리지의 경우에는 마일리지를 추가하게 되면 적립된 마일리지가 변경될 것이다. 그러나 마일리지 확인은 적립된 마일리지를 변경시키지는 않는다. 또한, 현재 마일리지에 따라 마일리지 사용에 영향을 줄 수 있다.

객체를 어떻게 정의할 수 있을까?

프로그램 상에 객체를 표현하려면 어떻게 하여야 할까? 먼저 객체의 특성을 정의하여야 하는데, 이렇게 객체를 정의한 것을 **클래스**(Class)라고 한다. 클래스는 객체에 대한 도면 혹은 설계도라고 할 수 있으며 객체를 만들려면 그 객체를 먼저 클래스 형태로 정의하여야 한다.

Key Point 클래스는 객체에 대한 정의로 객체에 대한 설계도라고 할 수 있다.

그렇다면 클래스는 어떻게 정의하여야 할까? 클래스는 객체에 대한 설계도이므로 결국 객체의 상태와 행동을 나타내야 하는데, 객체의 상태는 필드 변수로 나타내고 행동은 메소드로 나타낸다. 이들을 클래스의 멤버라고 한다.

- 상태: 필드 변수
- 행동: 메소드

예를 들어, 마일리지 객체를 정의하는 클래스는 그림 5.3과 같이 상태를 나타내는 필드 변수 `name`, `miles`와 행동을 나타내는 메소드 `getMileage`, `addMileage`, `useMileage` 등으로 정의할 수 있다.

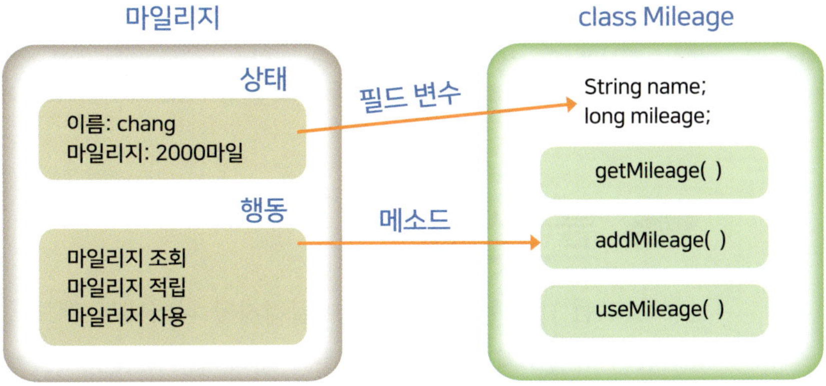

■ **[그림 5.3]** 클래스 정의

객체를 어떻게 생성할 수 있을까?

클래스와 객체 사이의 관계를 생각해 보자. 클래스는 객체에 대한 설계도 역할을 하며 클래스로부터 객체들을 생성해낼 수 있다. 하나의 자동차 설계도로 여러 대의 자동차를 만드는 것처럼 한 클래스로부터 원하는 수만큼의 객체들을 생성할 수 있다. 이와 같이 클래스로부터 객체들을 생성해내는 것을 **실체화**(instantiation)라고 하며 객체는 클래스의 하나의 **실체**(instance) 혹은 **인스턴스**(instance)라고 한다. 예를 들어, 다음과 같이 `Mileage` 클래스로부터 여러 사람의 마일리지 객체들을 생성할 수 있다.

```
Mileage my = new Mileage("chang");
Mileage your = new Mileage("kim");
```

Java 프로그램은 객체들의 특성과 기능을 정의하는 하나 이상의 클래스들로 구성된다. Java 애플리케이션 프로그램의 경우 `main` 메소드를 포함하는 클래스가 전체 프로그램의 시작 클래스라고 할 수 있으며 `main` 메소드부터 프로그램 실행이 시작된다.

Key Point Java 프로그램은 객체들의 특성과 기능을 정의하는 하나 혹은 그 이상의 클래스들로 이루어진다.

5.2 클래스 정의

클래스 정의

프로그램 내에서 한 고객의 마일리지를 나타내는 객체를 생성하기 위해서는 먼저 마일리지의 상태와 행동을 나타내는 **Mileage** 클래스를 정의해야 한다. 프로그램 5.1의 **Mileage** 클래스는 고객의 마일리지를 나타내는 설계도라고 할 수 있다. 클래스 내부에는 마일리지의 소유자명과 잔여 마일리지를 나타내기 위한 필드 변수로 **name**과 **mileage**가 선언되어 있다. 또한, 마일리지에 대해 취할 수 있는 행동을 나타내는 메소드로 **getMileage**, **addMileage**, **useMileage** 등이 정의되어 있다.

Key Point 클래스 내부는 상태를 나타내기 위한 데이터(data) 선언들과 행동을 정의하는 메소드(method) 선언들로 구성된다.

프로그램 5.1 ● Mileage.java

```
// 마일리지를 나타내는 클래스를 정의한다.
class Mileage
{
   private String name;
   private long mileage;

   Mileage(String myname) {
      name = myname;
      mileage = 0;
   }

   long getMileage() {
      return mileage;
   }
```

```java

    long addMileage(long miles) {
        mileage = mileage + miles;
        return mileage;
    }

    long useMileage(long miles) {
        if (miles <= mileage)
            mileage = mileage - miles;
        else System.out.println("마일리지 부족");
            return mileage;
    }
}
```

이 예제 프로그램을 중심으로 클래스 선언에 대해서 알아보도록 하자. 하나의 클래스 정의는 **클래스 헤더**(class header)와 **클래스 본체**(class body)로 구성된다. 클래스 헤더에는 정의하고자 하는 클래스 이름을 표기한다. 클래스 본체 내에서는 객체의 상태를 나타내기 위한 필드 변수들(field variables)을 선언하고, 행동을 정의하는 메소드들(methods)을 정의한다. 이들을 클래스의 멤버라고 한다. 그림 5.4는 Mileage 클래스의 본체 구조를 보여준다.

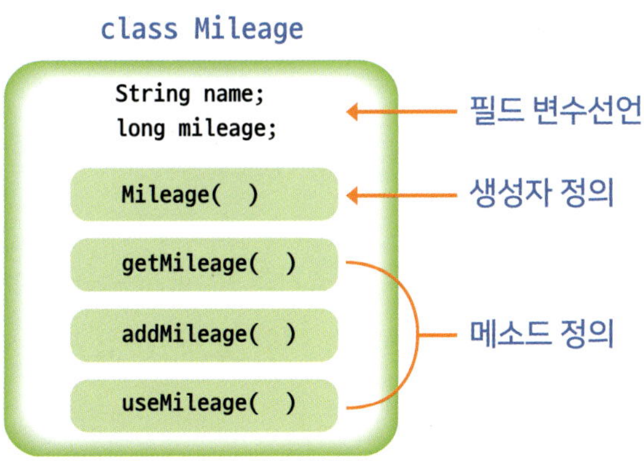

[그림 5.4] Mileage 클래스 본체 구조

프로그램 5.1의 Mileage 클래스는 필드 변수 선언과 메소드 정의들로 구성되어 있다. 클래스 내부에는 마일리지의 소유자명과 잔여 마일리지를 나타내기 위한 필드 변수로 name과 mileage가 선언되어 있다.

이 클래스의 getMileage 메소드는 마일리지 값을 알려준다. addMileage 메소드는 적립할 마일수를 매개변수 miles로 받아 이를 필드 변수 mileage에 더함으로써 마일리지를 적립하고 새로 적립된 마일리지 값을 리턴한다. useMileage 메소드는 기존 마일리지에서 매개변수 miles로 받은 마일수를 사용하고 남은 마일리지를 돌려주는데, 마일리지가 부족할 때는 **"마일리지 부족"**이라는 메시지를 출력한다. 메소드에 대해서는 5.3절에서 자세히 설명한다.

Key Point 클래스 내에 선언된 변수를 필드 변수(field variable)라고 한다.

생성자

생성자(constructor)는 클래스와 같은 이름을 갖는 특수 메소드로 new 연산자에 의해 객체가 생성될 때 자동으로 실행된다. 생성자는 주로 객체를 초기화하는 데 사용된다. 생성자는 리턴 값이 없으므로 리턴 타입이 없으며 생성자에 리턴 타입을 사용하면 컴파일 오류이다. Mileage 클래스의 생성자는 이름을 매개변수로 받으며 마일리지는 0으로 초기화한다.

```
Mileage(String myname) {
   name = myname;
   mileage = 0;
}
```

또한, 필요하면 이름뿐만 아니라 초기화할 마일 수를 매개변수로 받아 다음과 같이 초기화하는 것도 가능하다. 이와 같이 한 클래스 내에 두 개 이상의 생성자를 만들 수 있다.

```
Mileage(String myname, long miles) {
   name = myname;
   mileage = miles;
}
```

잠깐만
생성자는 리턴 값이 없으므로 리턴 타입이 없으며 생성자에 리턴 타입을 사용하면 컴파일 오류이다.

클래스를 정의할 때 생성자를 꼭 선언해야 하는 것은 아니며 필요에 따라 선언할 수 있다. 생성자를 선언하지 않으면 각 클래스는 Java가 기본으로 제공하는 매개변수가 없는 디폴트 생성자를 갖게 된다. 디폴트 생성자는 매개변수가 없고, 내용도 텅 비어있는 생성자이며 실제로는 별 하는 일이 없는 생성자이다.

Key Point 생성자는 클래스와 같은 이름을 갖는 특수 메소드로 new 연산자에 의해 객체가 생성될 때 자동으로 실행된다.

객체 참조 변수

클래스를 사용하여 원하는 수만큼의 객체를 생성할 수 있다. Java에서는 new 연산자를 이용하여 클래스로부터 객체를 생성할 수 있다. 이제 클래스로부터 객체를 생성하여 사용하는 방법을 알아보자. 보통 객체를 생성하기에 앞서 생성된 객체를 가리키기 위해 다음과 같이 **객체 참조 변수**(object reference variable)를 선언한다. 객체 참조 변수는 그 단어가 의미하는 것처럼 객체를 참조하기 위한 변수로 쉽게 말하면 객체를 가리키기 위한 변수이다.

```
클래스이름  변수이름;
```

잠깐만
객체 참조 변수를 선언해도 자동으로 객체가 생성되는 것은 아니다.

예를 들어, 다음과 같이 Mileage 객체를 참조할 수 있는 변수 my를 선언할 수 있다. 그러나 한 가지 주의해야 할 점은 객체 참조 변수를 선언해도 자동으로 객체가 생성되는 것은 아니라는 점이다. 객체는 반드시 new 연산자를 사용해서 별도로 생성해야 한다.

```
Mileage my;
```

Key Point 객체 참조 변수는 객체를 참조하기(가리키기) 위한 변수이다.

Q&A

C 언어에 포인터 변수라는 것이 있는데 참조 변수와 어떻게 다른가요?

아주 좋은 질문입니다. 포인터 변수나 참조 변수나 주소를 저장한다는 면에서는 같습니다. 그러나 참조 변수의 경우에는 참조 변수를 사용할 때 주소를 따라가는 과정이 자동으로 이루어집니다. 즉, 자동 주소 참조가 이루어집니다. 반면에 포인터 변수의 경우에는 주소를 따라가는 과정을 프로그래머가 구체적으로 * 연산자를 이용하여 명시해야 합니다. *를 사용하지 않고 포인터 변수를 사용하면 그 값은 주소가 됩니다.

객체 생성

Java에서 객체를 생성하기 위해서는 반드시 new 연산자를 사용해야 한다. new 연산자는 해당 클래스의 객체를 하나 생성하고 그 객체에 대한 참조 주소를 리턴한다. 다음 코드는 해당 클래스의 객체를 생성하고 이 객체를 객체 참조 변수가 참조하도록 한다.

```
변수이름 = new 클래스이름();
```

혹은 다음과 같이 객체 참조 변수를 선언하면서 동시에 객체를 생성하여 참조하도록 초기화할 수도 있다.

```
클래스이름 변수이름 = new 클래스이름();
```

Key Point Java에서 객체를 생성하기 위해서는 반드시 new 연산자를 사용해야 한다.

생성자의 매개변수가 있는 경우에는 new 연산자를 이용하여 객체를 생성할 때 다음과 같이 생성자를 위한 매개변수들을 명시해야 한다.

```
변수이름 = new 클래스이름(매개변수);
```

new 연산자를 사용할 때마다 클래스의 객체가 하나씩 생성된다. 따라서 하나의 클래스로부터 여러 개의 객체를 생성할 수 있다. 예를 들어, 그림 5.5와 같이 new 연산자를 세 번 사용하면 하나의 Mileage 클래스로부터 세 개의 Mileage 객체가 생성된다.

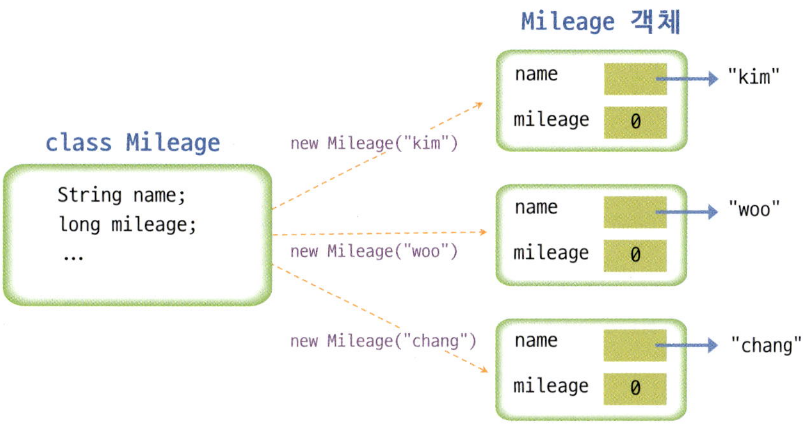

■ **[그림 5.5]** 객체 생성

예를 들어, 다음과 같이 Mileage 객체를 생성할 수 있으며 객체가 생성될 때 자동적으로 생성자가 호출되어 사용자의 이름과 마일리지를 초기화한다.

```
Mileage my = new Mileage("chang");
```

그림 5.6은 Mileage 객체가 생성된 후의 상태를 보여준다. 그림에서 보는 것처럼 객체 참조 변수 my는 Mileage 객체를 가리키고 있으며 이 객체는 실체 변수 name과 mileage를 위한 기억 공간을 갖고 있다.

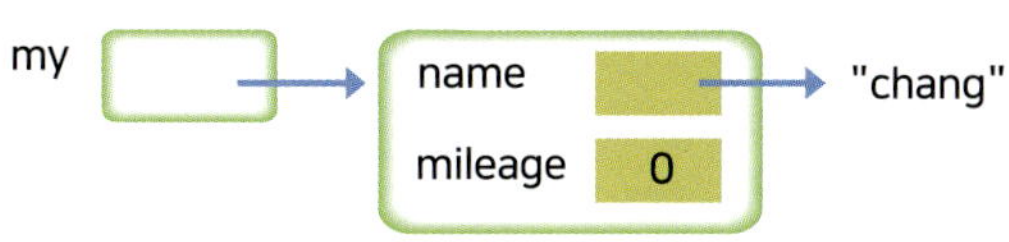

■ **[그림 5.6]** Mileage 객체 생성 후 참조 변수 대입 결과

클래스 내에 선언된 이러한 필드 변수들을 특별히 **인스턴스 변수**(instance variable)라고 하는데, 인스턴스 변수를 위한 기억 공간은 각 객체를 위한 메모리

내에 존재하며, 그 객체가 존재하는 한 소멸되지 않고 그 객체를 위한 메모리 내에 존재한다.

Key Point 인스턴스 변수는 각 객체마다 별도의 기억장소를 유지한다.

Java 애플리케이션 프로그램은 반드시 `main` 메소드를 포함한 클래스가 있어야 하며 `main` 메소드부터 애플리케이션이 실행된다고 했다. 이제 `Mileage` 클래스를 이용하는 프로그램을 작성해 보자. 프로그램 5.2는 프로그램 5.1의 `Mileage` 클래스를 사용하는 `AirMileage` 클래스이다. 하나는 마일리지를 나타내는 `Mileage` 클래스이고, 또 하나는 이를 테스트하는 `AirMileage` 클래스이다. `AirMileage` 클래스는 `Mileage` 객체를 생성하여 메소드를 적용시켜 보기 위한 클래스이다. `main` 메소드 내에서 `new` 연산자를 이용하여 `Mileage` 객체를 하나 생성하고 이 객체를 변수 my가 가리킨다. 이후에 my.addMileage 메소드를 이용하여 마일수를 추가한 후의 마일리지를 출력한다. 또 하나의 `Mileage` 객체를 생성하고 이를 변수 your가 가리킨다.

프로그램 5.2 • AirMileage.java

```java
/**********************************************************
 *  Mileage 클래스를 테스트하는 프로그램
 **********************************************************/

public class AirMileage
{
   // Mileage 클래스의 사용을 테스트한다.
   public static void main(String[] args) {
      Mileage my = new Mileage("chang");
      System.out.println(my.getMileage());
      System.out.println(my.addMileage(2000));
      Mileage your = new Mileage("kim");
      System.out.println(your.getMileage());
   }
}
```

실행결과

```
0
2000
0
```

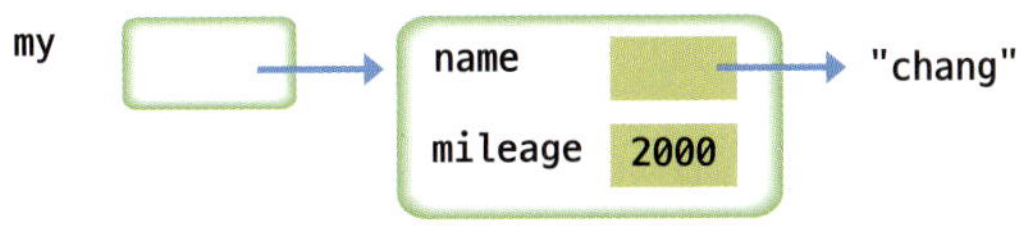

■ **[그림 5.7]** addMiles 호출 후 Mileage 객체의 상태

그림 5.7은 my 객체에 대해서 다음과 같이 addMileage 메소드를 호출한 후의 객체의 변화된 상태를 보여주고 있다.

```
my.addMileage(2000);
```

한 클래스로부터 생성되는 각 객체는 인스턴스 변수들을 위한 기억공간을 각각 별도로 갖는다. 따라서 인스턴스 변수는 각 객체마다 별도의 기억장소를 유지한다. 예를 들어, Mileage 객체가 생성될 때마다 변수 name, miles를 위한 메모리가 별도로 할당된다. 따라서 두 개의 서로 다른 객체는 각기 다른 상태를 가질 수 있다. 그림 5.8은 다음과 같이 두 번째 Mileage 객체를 생성한 후에 새로운 객체의 상태를 보여주고 있다.

```
Mileage your = new Mileage("kim");
```

■ **[그림 5.8]** 두 번째 Mileage 객체 생성 후의 각 객체의 상태

Q&A

객체를 위한 기억장소는 어디에 할당되나요?

Java 프로그램은 보통 JVM(Java Virtual Machine) 내에서 수행됩니다. JVM 내에는 실행되는 프로그램을 위한 여러 종류의 기억장소가 있습니다. 이 기억장소 중 힙(heap) 영역이 있는데 이곳에 각 객체를 위한 기억장소가 할당됩니다.

5.3 메소드 정의 및 호출

메소드 정의

새로운 메소드를 만들어 사용하기 위해서는 먼저 메소드를 정의해야 한다. 먼저 Mileage 클래스 내에 정의된 addMileage 메소드를 살펴보자. 이 메소드는 적립할 마일 수를 매개변수 miles로 받고 이를 필드 변수 mileage에 더함으로써 마일리지를 적립하고 새로 적립된 마일리지 값을 리턴한다.

```
public long addMileage(long miles) {
      mileage = mileage + miles;
      return mileage;
}
```

그림 5.9는 이 메소드의 구조를 보여주는데, 크게 메소드를 선언하는 **메소드 헤더**(method header)와 메소드를 구현하는 **메소드 본체**(method body)로 구성된다. addMileage 메소드의 메소드 헤더는 접근 제한자 public, 리턴 타입 long, 메소드 이름 addMileage, 매개변수 miles 선언으로 구성되어 있다. 메소드 본체는 이 메소드가 실제 실행할 문장들을 명시하는데, 이 메소드의 본체는 매개변수로 받은 마일수 miles를 필드 변수 mileage에 더함으로써 마일리지를 적립하고 새로 적립된 마일리지 값을 리턴한다. 따라서 리턴 타입은 long으로 선언되었다.

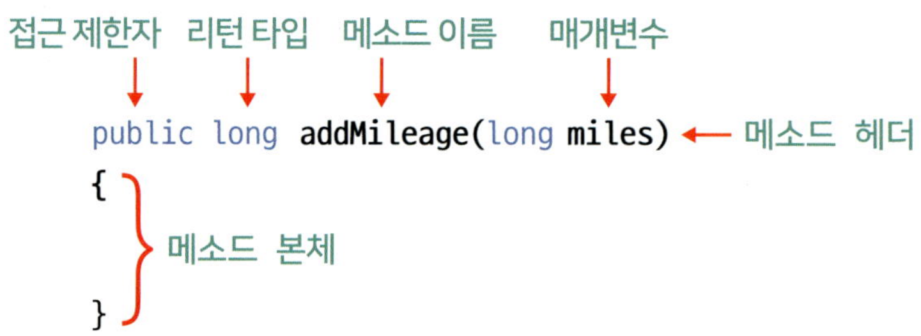

■ **[그림 5.9]** 메소드 구조

메소드의 일반적인 구조는 다음과 같은데, 메소드 헤더는 접근 제한자, 리턴 타입, 메소드 이름, 매개변수 선언들로 구성된다. 하나의 매개변수 선언은 마치 변수 선언처럼 매개변수의 타입과 이름을 선언한다. 이 매개변수를 **형식 매개변수**(formal parameter)라고 한다. 메소드의 **리턴 타입**(return type)은 메소드가 끝날 때 리턴하는 값의 타입을 나타낸다. 값을 리턴하지 않은 경우에는 리턴 타입을 `void`로 선언한다. 메소드 본체에는 메소드 내에서 사용되는 지역 변수(local variable)를 선언할 수 있으며 메소드 내에서 실행되는 문장들을 작성한다.

```
접근제한자 리턴타입 메소드이름(매개변수선언)
{
   실행문장들
}
```

메소드 호출

객체를 생성한 후에 그 객체의 메소드를 호출할 수 있다. 객체의 메소드를 호출하는 구문은 다음과 같다.

```
객체.메소드이름(실매개변수);
```

예를 들어 다음과 같이 `addMileae` 메소드를 호출할 수 있다. 호출하는 데 사용되는 매개변수를 **실 매개변수**(actual parameter) 혹은 **인수**(argument)라고 한다.

```
my.addMileage(2000);
```

메소드가 호출되면 메소드의 형식 매개변수들은 자동으로 기억장소가 할당되고 실 매개변수들의 값이 형식 매개변수들로 복사된다. 이를 **매개변수 전달**(parameter passing)이라고 한다. 호출된 메소드가 종료될 때 형식 매개변수의 기억장소는 소멸된다. 예를 들어, 다음과 같이 `main` 메소드에서 `addMileage` 메소드를 호출했을 때 실 매개변수 값 2000은 형식 매개변수 `miles`에 복사된다.

```
my.addMileage(2000);
        │
        ▼
addMileage(long miles)
```

메소드가 호출되면 실행 흐름은 호출된 메소드로 넘어가서 그 메소드의 문장들을 하나씩 실행한다. 메소드의 실행이 끝나면 실행 흐름은 호출된 위치로 리턴되어 실행이 계속된다. 예를 들어, 다음과 같이 main 메소드에서 addMiles 메소드를 호출했을 때 프로그램의 실행 흐름은 그림 5.10과 같다.

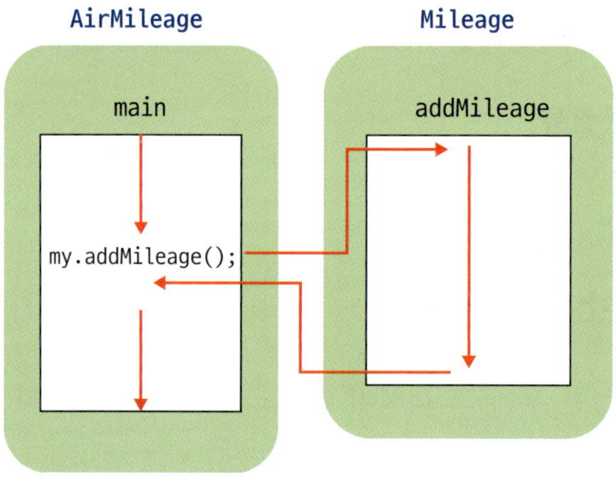

■ **[그림 5.10]** 메소드 호출에 따른 실행 흐름

메소드는 리턴할 때 필요하면 값을 리턴할 수 있다. 이를 **리턴 값**(return value)이라고 한다. **리턴 문**(return statement)은 리턴될 값을 명시하는데, 이 수식(expression)의 결과 값은 반드시 리턴 타입과 타입이 일치하여야 한다.

```
return 수식;
```

예를 들어 addMileage 메소드는 다음과 같이 마일수를 추가한 후의 mileage 값을 리턴한다.

```
long addMileage(long miles) {
   mileage = mileage + miles;
   return mileage;
}
```

지역변수

메소드 내에 변수를 선언하여 사용할 수 있다. 메소드 내에서 선언된 변수는 그 메소드 내에서만 사용될 수 있으며 이러한 의미에서 **지역변수**(local variable)라고 한다. 형식 매개변수도 일종의 지역변수로 볼 수 있으며 호출될 때 실 매개변수 값으로 초기화된다는 점만 다르다. 예를 들어, 다음과 같은 간단한 메소드를 살펴보자. 이 메소드 내에 변수 result가 선언되어 있다. 이 변수는 지역변수로 이 메소드 내에서만 사용 가능하다. 메소드가 호출되면 메소드의 형식 매개변수와 지역 변수들을 위한 기억장소가 자동으로 할당되어 사용되다가 호출된 메소드가 종료되면, 형식 매개변수와 지역변수의 기억장소는 모두 소멸된다.

```
int addNums(int a, int b) {
   int result;
   result = a + b;
   return result;
}
```

클래스 내에서 선언된 필드 변수와 메소드 내에서 선언된 지역변수는 사용될 수 있는 범위가 다르다. 변수가 사용될 수 있는 프로그램 내의 범위를 변수의 **영역** 혹은 **유효범위**(scope)라고 하는데 이들 변수의 유효범위는 어디에 선언되었느냐에 따라 다르다. 클래스 내에서 선언된 필드 변수는 클래스 내의 모든 메소드 내에서 사용될 수 있는 반면에 메소드 내에서 선언된 변수는 그 메소드 내에서만 사용 가능하다.

Key Point 변수의 영역 혹은 유효범위는 프로그램에서 그 데이터가 사용될 수 있는 범위를 말한다.

this 참조

메소드나 생성자 내에서 this 참조를 사용할 수 있다. this는 지금 메소드나 생성자가 호출되고 있는 **대상 객체**(target object)를 참조한다. 따라서 this

참조를 이용하여 현재 객체 내의 어떤 멤버든 사용할 수 있다. 예를 들어, Mileage 클래스의 생성자를 다음과 같이 this 참조를 사용하여 재작성할 수도 있다. this.name과 this.mileage는 각각 생성된 객체의 필드변수 name과 mileage를 나타낸다. 그러나 이 경우에는 프로그램 5.1에서 본 것처럼 this 참조를 생략해도 된다.

```
Mileage(String myname) {
    this.name = myname;
    this.mileage = 0;
}
```

보통 this 참조가 꼭 필요한 경우는 필드 변수 이름이 메소드나 생성자의 매개변수 혹은 지역변수의 이름과 같아서 그 이름이 가려져서 메소드나 생성자 내에서 보이지 않는 경우이다. 이러한 경우에는 필드변수 이름이 보이지 않으므로 필드변수 이름만으로는 사용할 수 없게 되는데, 이러한 현상을 **변수 차단**(variable shadowing)이라고 한다. 만약 Mileage 클래스의 생성자의 매개변수 이름이 name이라면 필드변수 이름 name과 같아서 이 메소드 내에서 필드변수는 보이지 않게 된다. 이러한 경우에 this 참조를 이용하여 다음과 같이 필드변수 name을 사용할 수 있다.

```
Mileage(String name) {
    this.name = name;
    mileage = 0;
}
```

또한, this 참조를 이용하여 생성자를 호출할 수도 있는데, this() 호출은 클래스 내에서 생성자가 다른 생성자를 호출할 때 사용할 수 있다. 예를 들어, 다음과 같이 이름과 마일 수를 설정하는 생성자를 정의하는 경우에는 이름만 설정하는 기존 생성자를 this() 호출을 사용하여 호출할 수 있다. 이 호출은 인수를 하나만 사용하므로 이름만 설정하는 기존 생성자를 호출한다.

```
Mileage(String myname, long miles) {
    this(myname);
    mileage = miles;
}
```

5.4 메소드 중복정의

메소드 중복정의

같거나 비슷한 기능을 하는 메소드를 같은 이름으로 여러 개 작성할 수 있다면 기억하기도 편하고 따라서 사용하기도 편할 것이다. 예를 들어, 두 수를 더하는 메소드는 여러 가지가 있을 수 있다. Java에서는 한 클래스 내에 같은 이름의 메소드를 여러 개 정의할 수 있는데 이를 **메소드 중복정의**(method overloading)라고 한다. 메소드 중복정의는 한 클래스 내에 이름은 같고 매개변수들은 다른 두 개 이상의 메소드를 정의하는 것이다. 중복정의된 메소드의 매개변수들은 개수, 순서 혹은 타입이 서로 달라야 하는데 이를 메소드의 **시그니처**(signature)라고 한다. 중복정의를 이용하면 호출자의 편의를 위해 같은 이름의 메소드들을 다른 매개변수를 가진 여러 버전으로 만들 수 있다.

예를 들어, 다음 예는 한 클래스 내에 두 수를 더하는 메소드를 int를 더하는 버전과 float를 더하는 버전으로 두 개 정의하였다. 이 예에서 보는 것처럼 메소드를 중복정의 할 때 메소드의 시그니처만 다르면 리턴 타입을 다르게 해도 된다.

```
// 중복정의를 위한 예제 클래스
class Overload
{
   int plus(int a, int b) {
      return a + b;
   }

   float plus(float a, float b) {
      return a + b;
   }
}
```

중복정의된 메소드를 호출하면 어떻게 호출할 메소드를 결정할 수 있을까? Java 컴파일러는 중복정의된 메소드가 호출되면 메소드의 시그니처에 따라 적절한 메소드를 호출하도록 결정한다. 예를 들어, 다음과 같이 메소드 호출을 하면 첫 번째 경우에는 정수를 인수로 전달하므로 int 버전의 메소드를 호출하도록 하고, 두 번째 경우에는 부동소수점수를 인수로 전달하므로 float 버전의 메소드를 호출하도록 한다.

```
Overload x = new Overload();
x.plus(2, 3);
x.plus(2.0, 3,0)
```

만약 이 클래스에 다음과 같은 메소드를 추가하면 어떻게 될까? 이 경우에는 메소드 중복정의가 이루어지지 않으며 컴파일 시간에 오류가 발생한다. 왜냐하면 첫 번째는 매개변수 이름만 바뀌었지 개수, 순서, 타입은 그대로이기 때문이다. 두 번째는 매개변수는 바뀌지 않고 리턴 타입만 바뀌었기 때문이다.

```
int plus(int x, int y) {
   return x + y;
}

long plus(int a, int b) {
   return a + b;
}
```

Key Point 메소드 중복정의는 한 클래스 내에 이름이 같고 매개변수들은 다른 두 개 이상의 메소드를 정의하는 것이다.

생성자 중복정의

생성자도 일종의 메소드이므로 필요하면 생성자도 중복정의할 수 있다. 다음 예는 Mileage 생성자를 중복정의한 클래스로 한 클래스 내에 두 개의 생성자를 정의하고 있다. 첫 번째 생성자는 소유자 이름만 매개변수로 받으며 miles는 0으로 초기화하는 데 반해 두 번째 생성자는 소유자 이름뿐만 아니라 마일 수를 매개변수를 받아 초기화한다.

프로그램 5.3 ● Mileage.java

```java
// 중복 정의를 이용하여 마일리지를 표현하는 클래스
class Mileage
{
    private String name;
    private long mileage;

    Mileage(String myname) {
        name = myname;
        mileage = 0;
    }

    Mileage(String myname, long miles) {
        name = myname;
        mileage = miles;
    }

    ...
}
```

마일 수를 매개변수로 받아 초기화하는 생성자를 사용한다면 Mileage 객체를 생성할 때 다음과 같이 생성자를 호출하면 이 Mileage 객체는 마일리지를 1000으로 초기화한다.

```java
Mileage my = new Mileage("chang", 1000);
```

5.5 캡슐화

캡슐화는 왜 필요할까?

필드 변수나 메소드에 대한 **접근 제어**(access control)는 왜 필요할까? C 프로그램의 전역 변수를 예로 들어 생각해 보자. 전역 변수는 프로그램의 어느 함수에서나 사용할 수 있다. 따라서 이 전역 변수에 대한 선언이 수정되면 이 변수를 사용한 모든 함수들도 수정되어야 할 것이다. 이는 프로그램 크기가 작은 경우에는 별 문제가 되지 않을 수도 있으나 크기가 매우 큰 프로그램의 경우에는 이 전역 변수를 사용한 함수들이 프로그램 전체에 걸쳐 여러 곳에 흩어져 있을 수 있고 이런 경우 해당 함수들을 모두 찾아서 일관되게 수정하는 것은 상당히 번거롭고 오류를 범하기 쉬운 일이 될 것이다.

이 문제의 근본 원인을 생각해 보면 데이터와 관련된 함수(메소드)들이 서로 떨어져서 흩어져 있기 때문이다. 따라서 이 문제를 해결하는 방법은 데이터를 선언할 때 관련된 메소드들을 한 곳에 모아 선언하고 이 관련 메소드들만 데이터를 사용할 수 있게 하는 것이다. 이와 같이 데이터와 관련된 메소드들을 함께 선언하고 이 메소드들만 데이터를 사용할 수 있게 하는 것을 **캡슐화**(encapsulation)라고 한다. 이것은 마치 데이터와 관련 메소드들을 그림 5.11과 같이 캡슐에 넣는 것처럼 생각할 수 있다.

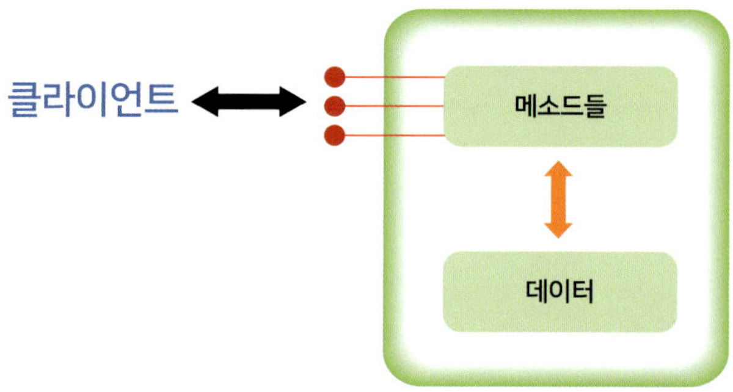

■ **[그림 5.11]** 캡슐화 원리

객체 역시 캡슐화 개념에 기초하고 있으며 객체는 자기 내부에서 관리되어야 한다. 즉, 객체의 상태를 나타내는 데이터는 그 객체의 메소드에 의해서만 접근되고 변경되어야 한다. 다른 객체가 직접 접근하여 상태를 바꾸는 것을 불가능하거나 어렵게 해야 한다. 그렇지 않으면 전역 변수처럼 사용되어 앞에서 설명한 문제점들이 발생할 수 있을 것이다.

Key Point 객체는 캡슐화 개념에 기초하고 있으며 자기 내부에서 관리되어야 한다.

그림 5.11은 객체의 내부적 관점과 외부적 관점을 보여주고 있다. 객체를 내부적(internal) 관점에서 보면 클래스가 정의하는 데이터(변수 혹은 상수)와 메소드들의 세부사항들이 보일 것이다. 객체를 외부적(external) 관점에서 보면 내부의 세부사항들은 보이지 않고 객체가 제공하는 서비스, 즉 프로그램의 다른 부분과의 소통하는 방법들만 보일 것이다. 외부적 관점에서 보면 객체는 서비스를 제공하는 캡슐화된 개체(encapsulated entity)라고 할 수 있으며 서비스를 제공하는 메소드들은 그 객체의 창구(interface) 역할을 한다. 캡슐화된 객체는 일종의 블랙박스(black box) 역할을 하며 내부의 일은 다른 객체들로부터 감추어져 있다. 클라이언트 객체는 실제 데이터를 관리하는 객체의 서비스 메소드를 호출하여 객체와 소통한다.

접근 제한자

Java 언어는 캡슐화를 지원하기 위한 3가지 접근 제한자를 제공한다.

▷ `public`: 공용 접근 제한자
▷ `protected`: 보호 접근 제한자
▷ `private`: 전용 접근 제한자

이들 접근 제한자들은 멤버 필드나 메소드의 접근을 구체적으로 결정한다. 먼저 `public`과 `private` 접근 제한자를 살펴보자. `public`으로 선언된 멤버 필드와 메소드는 프로그램 내의 어느 클래스에서나 접근이 가능하다. `private`

로 선언된 멤버 필드와 메소드는 선언된 클래스 내부에서만 접근 가능하다. protected 접근 제한자는 상속과 관련된 접근 제한자로 6장에서 자세히 설명할 것이다.

> **Key Point** public으로 선언된 멤버 필드와 메소드는 프로그램 내의 어느 클래스에서나 접근 가능하다. private로 선언된 멤버 필드와 메소드는 선언된 클래스 내부에서만 접근 가능하다.

예를 들어, 프로그램 5.1을 접근 제한자를 이용하여 프로그램 5.4와 같이 재작성해 보자.

프로그램 5.4 • Mileage.java

```java
// 마일리지를 나타내는 클래스를 정의한다.
public class Mileage
{
   private String name;
   private long mileage;

   public Mileage(String myname) {
      name = myname;
      mileage = 0;
   }

   public long getMileage() {
      return mileage;
   }

   public long addMileage(long miles) {
      mileage = mileage + miles;
      return mileage;
   }

   public long useMileage(long miles) {
      if (miles <= mileage)
         mileage = mileage - miles;
      else
```

```
            System.out.println("마일리지 부족");
        return mileage;
    }
}
```

접근 제한자를 이용하여 적절하게 캡슐화할 수 있다. 앞에서 살펴본 항공사 마일리지 클래스를 다시 살펴보자. 마일리지의 소유자 이름(name)과 잔여 마일리지(mileage) 정보는 매우 중요하고 민감한 정보로 잘 관리되어야 한다. 따라서 이러한 정보는 다른 클래스에서 임의로 접근하지 못하도록 하여야 한다. Mileage 클래스에서는 마일리지의 소유자 이름(name)과 잔여 마일리지(balance) 정보를 다음과 같이 private으로 선언함으로써 다른 클래스에서 직접 접근하거나 수정할 수 없도록 하였다.

```
private String name;
private long mileage;
```

이 전용 변수들을 접근하거나 수정하려면 반드시 public으로 선언된 다음 메소드들을 사용하도록 하였다. 예를 들어 public으로 선언된 addMileage나 useMileage 메소드를 호출하여 private로 선언된 전용 변수 mileage 값을 수정할 수 있다.

```
public long addMileage(long miles)
public long useMileage(long miles)
public long getMileage( )
```

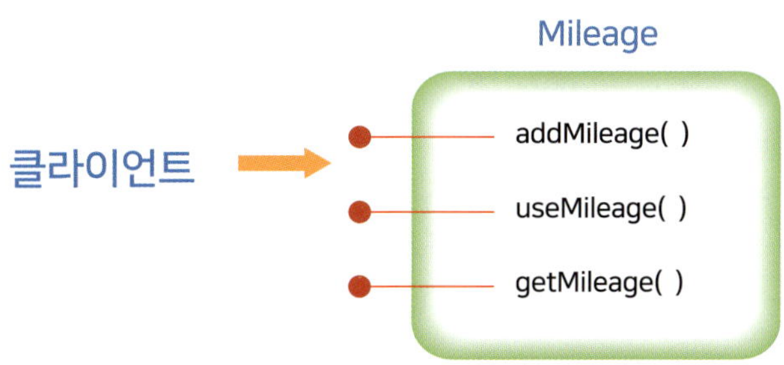

[그림 5.12] public으로 선언된 Mileage 클래스의 메소드

그림 5.12는 `public`으로 선언된 `Mileage` 클래스의 메소드들을 보여준다.

그렇다면 접근 제한자는 어떻게 사용해야 할까? 접근 제한자를 사용하는 일반적 규칙은 객체의 데이터를 나타내는 멤버 필드는 공용으로 선언하면 안 된다는 것이다. 공용으로 선언하면 그 멤버 필드는 사실상 전역변수가 되어 프로그램 내에 어디에서나 사용 가능하게 되며 이는 캡슐화의 기본 취지에 부합하지 않는다. 멤버 필드는 캡슐화 필요에 따라 전용, 보호, 혹은 패키지 가시성을 갖도록 선언함으로써 가시성의 정도를 조정할 수 있다. 객체의 창구 역할을 하는 서비스 메소드는 캡슐화 필요에 따라 공용, 보호, 패키지 가시성을 갖도록 선언하여 클라이언트 객체로부터 호출될 수 있도록 한다.

5.6 정적 변수 및 정적 메소드

정적 필드 변수

앞에서 살펴본 것처럼 인스턴스 변수는 객체마다 별도의 기억공간을 갖는다. 따라서 클래스로부터 실체, 즉 객체를 생성하면 각 인스턴스 변수들은 독립적으로 별도의 기억공간에 값을 유지한다. 따라서 한 클래스의 여러 객체들은 인스턴스 변수를 공유해서 사용할 수 없다. 예를 들어, 클래스 A의 생성된 객체의 개수를 위한 멤버 변수 no를 생각해 보자. 이 변수를 인스턴스 변수로 선언하면 각 객체가 이를 위한 별도의 기억공간을 갖게 된다. 따라서 다음 코드 예와 같이 객체가 생성될 때마다 이 변수 값을 증가하여도 그림 5.13처럼 값은 언제나 1이 된다.

```
// A 객체의 개수를 위해 인스턴스 변수 no 사용
class A
{
   int no = 0;
   public A() {
      no++;
   }
}
```

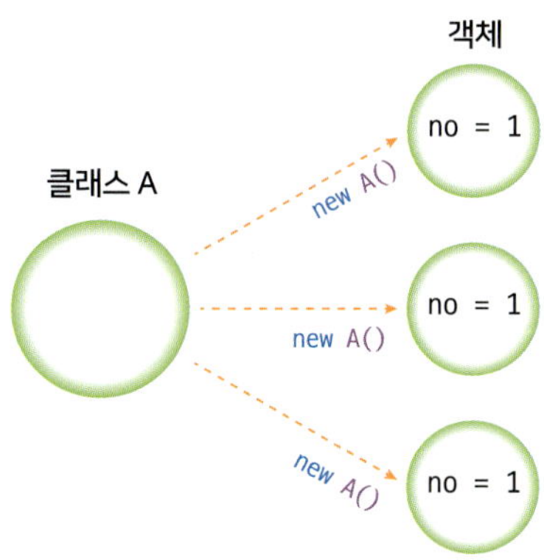

■ **[그림 5.13]** 인스턴스 변수 사용

그렇다면 이와 같이 한 클래스의 모든 실체(객체)들이 어떤 값을 공유하여 사용하려면 어떻게 하여야 할까? 이러한 경우에 static 변수가 필요하다. 즉, 클래스를 설계할 때 모든 실체(객체)가 공유해서 사용하는 멤버 변수가 필요하면 이러한 변수들은 static으로 선언해야 한다. static 변수는 객체가 아니라 클래스 내에 변수를 위한 기억공간이 생성된다. static으로 선언된 변수는 **정적 필드 변수**(static field variable) 혹은 **클래스 변수**(class variable)라고 한다.

예를 들어, 변수 no를 다음 코드 예와 같이 static 변수로 선언해 보자. 이렇게 하면 A 객체가 생성될 때마다 변수 no의 값이 1씩 증가되어 그림 5.14처럼 자연스럽게 총 객체의 수를 유지하게 된다. 또한 이 변수의 값은 모든 객체가 공유하게 되며 언제나 필요하면 접근하여 생성된 객체의 개수를 확인할 수 있다.

```
// A 객체의 개수를 위해 정적 변수 no 사용
class A
{
   static int no = 0;
   public A() {
      no++;
   }
}
```

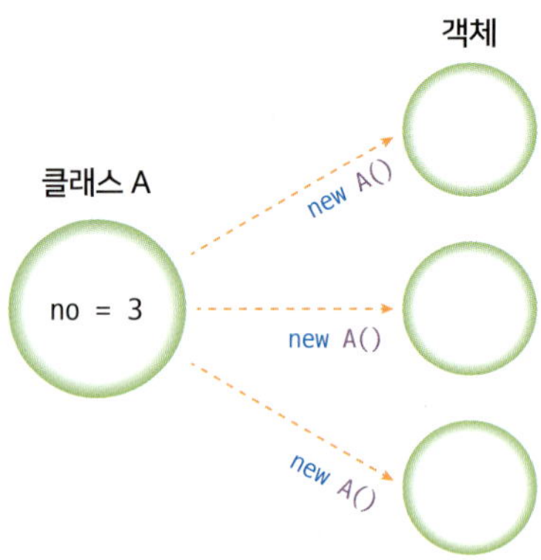

■ **[그림 5.14]** 정적 필드 변수 사용

정적 메소드

메소드 또한 static으로 선언할 수 있는데, 이러한 메소드를 **정적 메소드**(static method) 혹은 **클래스 메소드**(class method)라고 한다. 정적 메소드는 객체를 생성하지 않고도 클래스 이름을 이용하여 호출하는 것이 가능하며 이 때문에 정적 메소드는 인스턴스 변수는 사용할 수 없으며 정적 필드 변수만 사용할 수 있다. 필요하면 클래스 내의 일부 혹은 모든 메소드를 static으로 선언할 수 있다. 메소드 중에 인스턴스 변수를 전혀 사용하지 않고 정적 변수만 사용하는 메소드는 static으로 선언할 수 있다.

예로 다음 클래스 A를 살펴보자. 이 클래스에서 변수 x는 static 변수로 선언되었다. 또한, printX 메소드도 static 메소드로 선언되었다. 따라서 이 메소드 내에서는 정적 변수 x만 사용할 수 있고 인스턴스 변수 y는 사용할 수 없다. printXY 메소드는 일반 메소드로 선언되었다. 따라서 이 메소드에서는 정적 변수 x와 인스턴스 변수 y 모두 사용할 수 있다. 정적 메소드 printY는 인스턴스 변수 y를 사용하고 있기 때문에 컴파일 오류이다.

프로그램 5.5 • Mileage.java

```java
// 정적 메소드 설명 예
class A
{
   static int x = 1;
   int y;

   static void printX() {
      System.out.println(x);
   }

   void printXY() {
      System.out.println(x+y);
   }

   static void printY() {
```

```
        System.out.println(y);        // 컴파일 오류
    }
}
```

가장 대표적인 정적 메소드는 지금까지 사용해 온 main 메소드로 다음과 같이 선언하였다.

```
public static void main(String[] args)
```

main 메소드를 포함한 클래스는 보통 따로 객체를 생성하지 않고 Java 인터프리터에 의해서 호출됨으로써 프로그램이 시작된다. 따라서 main 메소드는 정적 메소드로 선언한다. 또한, Math 클래스 내의 모든 메소드들은 static으로 선언되어 있으며 따라서 다음 코드 예와 같이 객체를 생성하지 않고 클래스 이름 Math를 이용하여 호출할 수 있다.

```
value = Math.cos(90) + Math.sqrt(2);
```

5.7 GUI 프로그램

Java 프로그램의 사용자 인터페이스는 주로 System.in과 System.out을 사용하는 텍스트 기반 사용자 인터페이스와 그래픽 컴포넌트들을 이용하는 **그래픽 사용자 인터페이스**(GUI: Graphical User Interface)로 나눌 수 있다. GUI 프로그램은 그래픽 컴포넌트를 이용하여 그래픽 사용자 인터페이스를 제공하는 Java 애플리케이션 프로그램을 의미한다.

GUI 시작 예제

그림 5.15의 윈도우 각 부분을 살펴보자. **프레임**(frame)은 GUI 프로그램을 디스플레이하는 데 사용하는 윈도우 프레임으로 창틀이라고 생각할 수 있다. 프레임은 타이틀 바를 갖는 별개의 윈도우로 위치, 크기 등을 조정할 수 있다. 프레임은 제목을 표시하는 **타이틀 바**(title bar)와 디스플레이할 판유리를 나타내는 **콘텐트 페인**(content pane)으로 구성된다. 타이틀 바는 프레임의 제목과 메뉴 등을 포함하는 바이다. 프레임의 콘텐트 페인은 타이틀 바를 제외한 프레임의 영역을 지칭하며 콘텐트를 디스플레이하는 데 사용하는 영역이다.

프레임

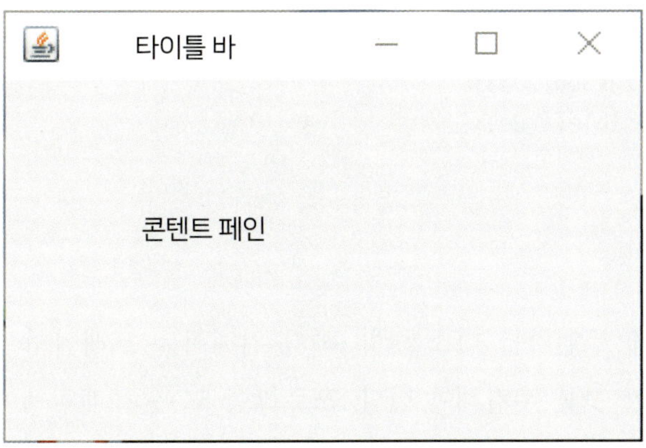

■ **[그림 5.15]** 윈도우 각 부분

그림 5.15의 프레임을 디스플레이하는 프로그램 5.6을 살펴보자. 이 프로그램에서는 11번 행에서 다음과 같이 JFrame 객체를 생성하여 윈도우 프레임을 생성한다.

```
JFrame frame = new JFrame();
```

그 후에 12번 행에서 프레임의 크기를 300×200으로 결정하고, 13번 행에서 다음과 같이 프레임을 디스플레이한다.

```
frame.setVisible(true);
```

하지만 이 프레임은 제목, 즉 타이틀이 없으며 아무 것도 디스플레이하지 않는다.

프로그램 5.6 • DefaultFrame.java

```
1   /***********************************************************
2    * 프레임을 만드는 간단한 GUI 프로그램
3    ***********************************************************/
4   import javax.swing.*;
5
6   // 프레임을 만든다.
7   public class DefaultFrame
8   {
9      public static void main(String[] args) {
10        JFrame  frame;
11        frame = new JFrame();
12        frame.setSize(300,200);
13        frame.setVisible(true);
14     }
15  }
```

프레임에 무언가를 디스플레이하기 위해서는 프레임의 콘텐트 페인에 디스플레이할 것을 추가해야 한다. 프로그램 5.7은 프레임에 "Hello, World"를 디스플레이한다.

화면에 디스플레이하는 예제

이제 타이틀을 갖는 GUI 기반 Hello, World 프로그램을 작성해 보자. 프로그램 5.7에서는 먼저 16번 행에서 다음과 같이 "My Frame"이라는 제목을 JFrame 생성자 매개변수로 넘겨 타이틀을 갖는 프레임을 생성한다.

```
JFrame  frame = new JFrame("My Frame");
```

프레임을 생성하면 프레임의 타이틀 바와 콘텐트 페인도 자동으로 만들어 진다. 17번 행에서 프레임에 디스플레이하기 위해서 다음과 같이 프레임으로부터 getContentPane 메소드를 사용하여 콘텐트 페인을 얻는다.

```
Container contentPane = frame.getContentPane();
```

GUI 프로그램에서는 텍스트 기반 프로그램처럼 문자열을 직접 화면에 디스플레이할 수 없으며 문자열을 레이블 형태로 만들어서 보여주어야 한다. 이제 18번 행에서 "Hello, World"를 디스플레이하기 위해 다음과 같이 JLabel을 이용하여 레이블을 생성한다.

```
JLabel label = new JLabel("Hello, World");
```

20번 행의 다음 코드는 생성된 레이블을 디스플레이할 콘텐트 페인에 추가한다.

```
contentPane.add(label);
```

이제 21, 22번 행에서 윈도우 프레임의 위치와 크기를 원하는 대로 조정하는데, X_ORIGIN과 Y_ORIGIN은 프레임의 좌측상단의 x, y 좌표를 나타내고 WIDTH와 HEIGHT는 프레임의 가로, 세로 크기를 나타낸다. 21, 22번 행의 다음 코드는 프레임의 위치와 크기를 지정한 대로 조정한다.

```
frame.setLocation(X_ORIGIN, Y_ORIGIN);
frame.setSize(WIDTH, HEIGHT);
```

23번 행의 frame.setVisible(true)는 실행결과와 같이 프레임을 모니터에 디스플레이한다.

프로그램 5.7 • MyFrame.java

```
1   /**********************************************************
2    * 원하는 크기의 프레임을 만들어 디스플레이하는 GUI 프로그램
3    **********************************************************/
4   import java.awt.*;
5   import javax.swing.*;
6
7   // 원하는 크기의 프레임을 만들고 Hello, World를 보여준다.
8   public class MyFrame
9   {
10      private static final int WIDTH = 300;
11      private static final int HEIGHT = 200;
12      private static final int X_ORIGIN = 100;
13      private static final int Y_ORIGIN = 200;
14
15      public static void main(String[] args) {
16          JFrame frame = new JFrame("My Frame");
17          Container contentPane = frame.getContentPane();
18          JLabel label = new JLabel("Hello, World");
19
20          contentPane.add(label);
21          frame.setLocation(X_ORIGIN, Y_ORIGIN);
22          frame.setSize(WIDTH, HEIGHT);
23          frame.setVisible(true);
24      }
25  }
```

실행결과

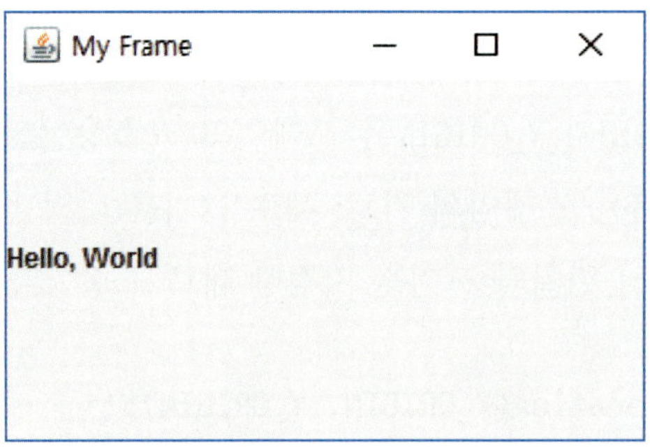

GUI 구성 요소

GUI 프로그램에서 주로 사용하는 GUI **컴포넌트**(component)들은 레이블(label), 버튼(button), 텍스트 필드(text field), 텍스트 영역(text area), 스크롤바(scroll bar), 메뉴(menu) 등과 같은 화면 요소(screen element)를 나타내는 객체들이다. Java 프로그램에서 사용하는 GUI 관련 클래스들은 주로 `java.awt` 혹은 `javax.swing`에 정의되어 있다.

▷ `java.awt`: Abstract Windowing Toolkit(AWT)으로 원조 Java GUI 패키지
▷ `javax.swing`: 다양한 컴포넌트가 추가된 GUI 패키지

GUI **컨테이너**(container)는 다른 컴포넌트들을 포함하고 조직하는 데 사용되며 이 자체가 하나의 특수한 컴포넌트이다. 컨테이너와 컴포넌트 사이의 이 관계는 윈도의 폴더를 생각하면 쉽게 이해할 수 있다. 폴더가 여러 다른 파일과 폴더를 포함할 수 있는 것처럼 컨테이너는 그림 5.16처럼 다른 컴포넌트와 컨테이너를 포함할 수 있다. 또한, 이 컨테이너 역시 하나의 컴포넌트로서 다른 컨테이너에 포함될 수 있다.

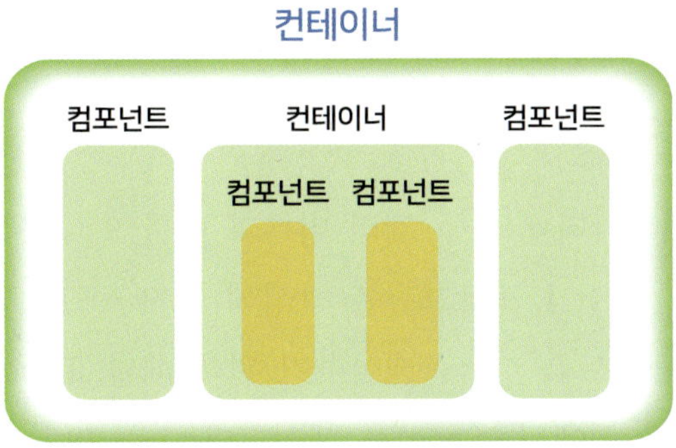

■ **[그림 5.16]** 컨테이너와 컴포넌트

예를 들어, 프레임(frame), 패널(panel), 애플릿(applet), 대화상자(dialog box) 등이 대표적인 컨테이너들이다. 앞에서 사용한 `JFrame`도 일종의 프레임이며 하나의 컨테이너이다. **패널**(panel)은 여러 개의 다른 컴포넌트들을 포함하고 조직할 수 있는 컨테이너이다. 패널은 스스로 디스플레이될 수 없으므로 디스

플레이하려면 콘텐트 페인 같은 디스플레이 가능한 컨테이너에 add해야 한다. 패널에는 awt에서 제공하는 Panel과 swing에서 제공하는 JPanel이 있다. Panel과 JPanel은 일종의 Container이다. 여기에서는 최근에 보다 많이 사용되고 있는 JPanel을 주로 사용할 것이다.

잠깐만

패널은 다른 컴포넌트들을 포함하고 조직할 수 있는 컨테이너로 스스로 디스플레이될 수 없다. 따라서 디스플레이하려면 콘텐트 페인 같은 다른 컨테이너에 add 되어야 한다.

예를 들어 그림 5.18과 같이 아이디와 비밀번호를 입력하는 프레임을 생각해 보자. 이는 그림 5.17과 같이 프레임(JFrame) 내에 하나의 패널(JPanel)을 넣고 이 프레임에 레이블(JLabel)과 텍스트필드(JTextField), 버튼(JButton)과 같은 GUI 컴포넌트를 넣어서 구성할 수 있다.

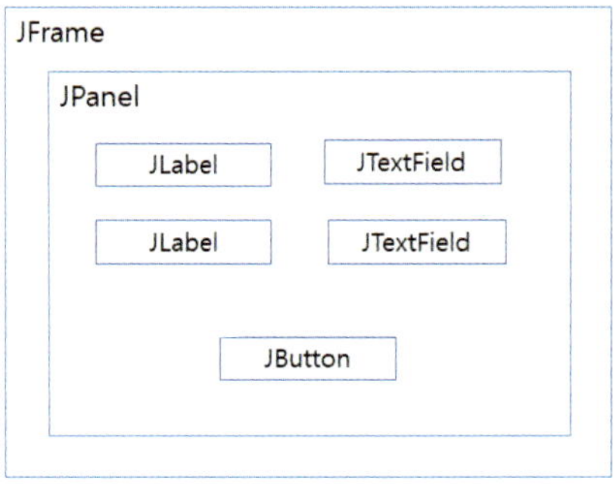

[그림 5.17] 프레임과 패널의 구성

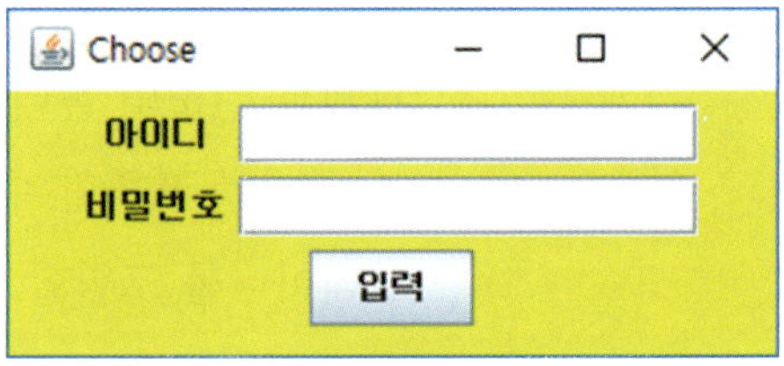

[그림 5.18] 아이디와 비밀번호 입력

버튼 예제

이제 YES와 NO를 나타내는 두 개의 버튼과 이를 안내하는 한 줄의 텍스트를 디스플레이하는 GUI 프로그램을 작성해 보자. 프로그램 5.8은 두 개의 버튼과 한 줄의 텍스트를 디스플레이하기 위해 패널(JPanel)을 사용한다. 이를 위해 먼저 14번 행에서 JPanel을 생성한다. 18, 19번 행에서 두 개의 버튼(JButton)을 생성하고 20번 행에서 하나의 레이블(JLabel)을 생성한다. 22~24번 행에서 이 두 버튼과 레이블을 패널(JPanel)에 추가(add)한다.

그리고 25번 행에서 이 패널을 프레임(JFrame)의 콘텐트 페인에 추가(add)하여 디스플레이한다. 패널을 프레임에 디스플레이하기 위해서는 먼저 프레임으로부터 getContentPane 메소드를 통해서 콘텐트 페인을 얻어야 한다. 이제 이 부분에 다음과 같이 answer가 참조하는 패널을 추가(add)함으로써 패널을 디스플레이할 수 있다.

```
frame.getContentPane().add(answer);
```

26번 행의 `frame.pack` 메소드 호출은 프레임의 크기를, 프레임의 내용을 수용할 수 있도록 적절히 조정하고, 27번 행의 `frame.setVisible(true)`는 실행결과와 같이 프레임을 모니터에 디스플레이한다.

프로그램 5.8 • Choose.java

```
1  /*********************************************************
2   * 버튼과 텍스트를 디스플레이하는 GUI 프로그램
3   *********************************************************/
4  import java.awt.*;
5  import javax.swing.*;
6
7  // YES, NO 버튼을 디스플레이하고 관련 텍스트를 보여준다.
8  public class Choose
9  {
10    public static void main (String[] args) {
11       JFrame frame = new JFrame("Choose");
12       frame.setDefaultCloseOperation(JFrame.EXIT_ON_CLOSE);
13
14       JPanel answer = new JPanel();
15       answer.setBackground(Color.yellow);
16       answer.setPreferredSize(new Dimension(250, 75));
17
18       JButton yes = new JButton("YES");
19       JButton no = new JButton("NO");
20       JLabel label = new JLabel("Choose YES or NO");
21
22       answer.add(yes);
23       answer.add(no);
24       answer.add(label);
25       frame.getContentPane().add(answer);
26       frame.pack();
27       frame.setVisible(true);
```

```
        }
    }
```

실행결과

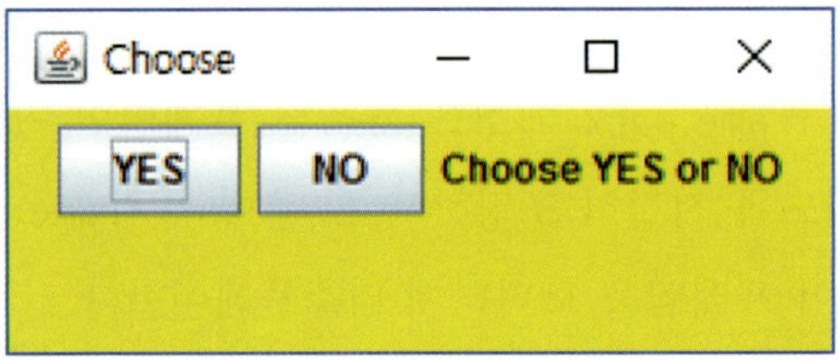

Key Points

- 객체는 그 객체의 특성을 나타내는 (　　　)와(과) 그 객체의 (　　　)(으)로 이루어진다.
- 클래스는 객체에 대한 정의로 객체에 대한 (　　　)(이)라고 할 수 있다.
- Java 프로그램은 객체들의 특성과 기능을 정의하는 하나 혹은 그 이상의 (　　)로(으로) 이루어진다.
- 클래스 내부는 상태를 나타내기 위한 (　　　) 선언들과 행동을 정의하는 (　　　) 선언들로 구성된다.
- 클래스 내에 선언된 변수를 (　　　)(이)라고 한다.
- (　　　)은(는) 클래스와 같은 이름을 갖는 특수 메소드로 (　　　) 연산자에 의해 객체가 생성될 때 자동으로 실행된다.
- (　　　) 변수는 객체를 참조하기(가리키기) 위한 변수이다.
- Java에서 객체를 생성하기 위해서는 반드시 (　　) 연산자를 사용해야 한다.
- 실체 변수는 각 (　　)마다 별도의 기억장소를 유지한다.
- 변수의 (　　　)은(는) 프로그램에서 그 데이터가 사용될 수 있는 범위를 말한다.
- 메소드 (　　　)은(는) 한 클래스 내에 이름이 같고 매개변수들은 다른 두 개 이상의 메소드를 정의하는 것이다.
- 객체는 (　　) 개념에 기초하고 있으며 자기 내부에서 관리되어야 한다.
- (　　　)(으)로 선언된 멤버 필드와 메소드는 프로그램 내의 어느 곳에서나 접근이 가능하다. (　　　)(으)로 선언된 멤버 필드와 메소드는 클래스 내부에서만 접근 가능하다.

프로그래밍 실습

1. 은행계좌

은행계좌를 나타내는 Account 클래스를 설계 구현하라. 이 클래스는 은행계좌의 상태를 소유자 이름, 계좌번호, 잔액 등으로 나타낸다. 다음과 같은 생성자를 두 개 구현한다.

- 이름과 계좌번호를 매개변수로 받는 생성자
- 이름, 계좌번호, 초기잔액을 매개변수로 받는 생성자

다음과 같은 메소드들을 구현한다.

- 입금을 위한 deposit 메소드
- 출금을 위한 withdraw 메소드
- 잔액 조회를 위한 getBalance 메소드
- 계좌이체를 위한 transfer 메소드

Account 클래스를 테스트하기 위하여 별도의 클래스인 AccountTest 클래스를 작성하고, main() 안에서 은행계좌에 대한 정보를 입력받아 Account 객체를 생성하고 Account 클래스의 메소드를 이용하여 해당 객체에 대한 다양한 연산을 수행하라.

2. 원을 정의하는 Circle 클래스

원을 정의하는 Circle 클래스를 작성하라. 이 클래스는 원의 상태를 중점 좌표와 반지름으로 표현한다. 다음과 같은 생성자를 두 개 구현한다.

- 원의 반지름을 매개변수로 받는 생성자
- 원의 반지름과 중심 좌표를 매개변수로 받는 생성자

다음과 같은 메소드들을 구현한다.

- 원의 반지름을 리턴하는 getRadius() 메소드

- 원의 중심 좌표를 리턴하는 `getCenter()` 메소드
- 원의 면적을 계산하는 `getArea()` 메소드
- 원의 둘레를 계산하는 `getPerimeter()` 메소드

`Circle` 클래스를 테스트하기 위한 `CircleTest` 클래스를 작성하고, `main()` 안에서 다양한 `Circle` 객체를 생성하고 작성한 메소드를 이용하여 해당 원에 대한 다양한 정보를 출력한다.

3. 대학 이름 버튼 디스플레이

본인이 지원하기 원하는 대학 이름들을 사용자로부터 입력받고 해당 대학 이름을 버튼으로 디스플레이하는 GUI 프로그램을 작성하라.

4. 주사위

n개의 면을 갖는 주사위 클래스를 작성해 보자. `java.util.Random` 클래스를 이용하여 주사위를 굴리는 메소드를 구현하라. 작성한 클래스를 이용하여 2개의 주사위를 생성한다. 각각 굴려서 그 표면 값의 합을 출력해 보자. 이러한 과정을 100번 반복해서 그 표면 값 합의 평균을 구해 보자.

연습문제

1. 객체와 클래스에 대한 설명으로 옳지 않은 것은?

① 객체는 클래스의 인스턴스이다.
② 하나의 클래스에서 여러 개의 객체를 생성할 수 있다.
③ 클래스는 필드와 메소드로 구성된다.
④ 클래스 타입으로 변수를 선언하면 객체가 생성된다.

2. Java 언어에서 생성자에 대한 설명으로 옳지 않은 것은?

① 한 클래스가 여러 개의 생성자를 포함할 수 있다.
② 생성자는 객체가 생성될 때 자동으로 호출된다.
③ 클래스에 생성자를 작성하지 않아도 된다.
④ 생성자가 없는 클래스로는 객체를 생성할 수 없다.

3. 다음 중 중복정의에 대한 설명으로 옳지 않은 것은?

① 중복정의는 한 클래스 내에 같은 이름을 갖는 메소드를 여러 개 정의하는 것이다.
② 생성자는 중복정의할 수 없다.
③ 중복정의된 메소드들은 서로 시그니처가 달라야 한다.
④ 중복정의된 메소드를 호출하면 컴파일러에 의해 적절한 메소드가 호출된다.

4. 다음은 정적 변수에 대한 설명이다. 괄호에 알맞은 말을 넣어라.

한 클래스의 모든 실체(객체)들이 어떤 값을 공유해서 사용하는 멤버 변수가 필요하면 이러한 변수들은 (　　　)(으)로 선언해야 한다. 이 변수는 (　　)이(가) 아니라 (　　) 내에 변수를 위한 기억공간이 생성된다. 이렇게 선언된 변수는 정적 변수 혹은 (　　　)(이)라고 한다.

5. 다음은 정적 메소드에 대한 설명이다. 괄호에 알맞은 말을 넣어라.

메소드 또한 (　　　)(으)로 선언할 수 있는데 이러한 메소드를 정적 메소드 혹은 (　　　)(이)라고 한다. 정적 메소드는 (　　)을(를) 생성하지 않고도 (　　　)을(를) 이용하여 호출하는 것이 가능하며 이 때문에 정적 메소드는 (　　　) 변수를 사용할 수 없다.

6. 다음은 접근 제한자에 대한 설명이다. 괄호에 알맞은 접근 제한자를 넣어라.

접근 제한자는 데이터나 메소드의 가시성을 구체적으로 결정한다. (　　　)(으)로 선언된 멤버 필드와 메소드는 프로그램 내의 어느 곳에서나 접근이 가능하다. (　　　)(으)로 선언된 멤버 필드와 메소드는 클래스 내부에서만 접근 가능하다. (　　　) 접근 제한자는 상속과 관련된 조정자이다.

7. 다음은 GUI 컨테이너에 대한 설명이다. 괄호에 알맞은 말을 넣어라.

GUI 컨테이너는 다른 (　　　)들을 포함하고 조직하는 데 사용되며 이 자체가 하나의 특수한 (　　　)이다. 컨테이너는 다른 (　　　)와(과) (　　　)을(를) 포함할 수 있다. 또한, 이 컨테이너 역시 하나의 (　　　)(으)로서 다른 (　　　)에 포함될 수 있다.

8. 다음 프로그램의 실행결과는 무엇인가?

```
class A {
   int no = 0;
   public A() {
      no++;
   }
}

class B {
   static int no = 0;
   public B() {
      no++;
   }
}

public class ABTest {
   public static void main(String[] args) {
```

```
        A a;
        B b;
        a = new A();
        System.out.println(a.no);
        b = new B();
        System.out.println(b.no);
        a = new A();
        System.out.println(a.no);
        b = new B();
        System.out.println(b.no);
    }
}
```

9. 다음 클래스의 메소드는 컴파일하면 오류가 난다. 오류가 난 부분을 지적하고 그 원인을 설명하라.

```
class Static {
    static int x = 1;
    int y;

    static void A() {
        System.out.println(x);
    }

    static void B() {
        System.out.println(x+y);
    }

    static void C() {
        System.out.println(y);
    }
}
```

10. 다음 클래스를 컴파일했을 때 오류가 나는 부분은 어디인가? 그 원인을 설명하라.

```
class Overload {
    int plus(int a, int b) {
        return a + b;
    }
```

```
    int plus(int x, int y) {
        return x + y;
    }

    long plus(int a, float b) {
        return a + b;
    }

    float plus(float a, float b) {
        return a + b;
    }
}
```

상속 6장

앞서 클래스를 소개한 바 있습니다. 클래스는 객체를 생성하는 틀로서 객체에 적용할 수 있는 메소드들도 아울러 정의하고 있습니다. 클래스를 작성하다보면 다른 클래스와 유사한 클래스를 작성해야 할 경우가 있습니다. 이럴 때 도움이 될 수 있는 기능이 바로 상속입니다. 상속을 이용하면 기존 클래스를 확장하여 새로운 클래스를 보다 쉽게 정의할 수 있습니다. 클래스 상속을 이용하면 객체의 타입에 따라 다른 일을 하는 메소드를 정의할 수 있는데, 이러한 기능을 다형성이라고 합니다. 이제 상속을 정의하는 방법과 다형성을 이용하는 방법에 대해 살펴봅시다.

이 장의 목표

★ 클래스 상속의 필요성을 이해한다.
★ 클래스 상속을 설계할 수 있다.
★ 상속된 클래스를 Java에서 구현할 수 있다.
★ 클래스 상속과 다형성의 관계를 이해한다.
★ 클래스 계층구조를 이해하고 활용한다.

6.1 상속

상속의 필요성

상속은 객체지향 언어의 핵심 기능이다. 상속에 대해서 몇 가지 핵심적인 질문을 중심으로 살펴보자.

질문 1: 상속이란 무엇인가?

새로운 클래스를 정의할 때 상속을 사용할 수 있는데, 기존 클래스를 상속받아 새로운 클래스를 정의할 수 있다. 기존 클래스는 **부모 클래스**(parent class)라고 하고 새로 정의된 클래스는 **자식 클래스**(child class)라고 한다. 상속을 이용해 자식 클래스를 새로 정의하면 자식 클래스는 부모 클래스의 필드 변수와 메소드들을 상속받아 갖게 되며 필요에 따라 새로운 필드 변수나 메소드들을 추가할 수 있다. 더 쉽게 말하면 자식 클래스는 그림 6.1과 같이 부모 클래스를 확장한(extend) 클래스라고 할 수 있다. 부모 클래스는 **슈퍼클래스**(superclass)라고도 하고 자식 클래스는 **서브클래스**(subclass)라고도 한다.

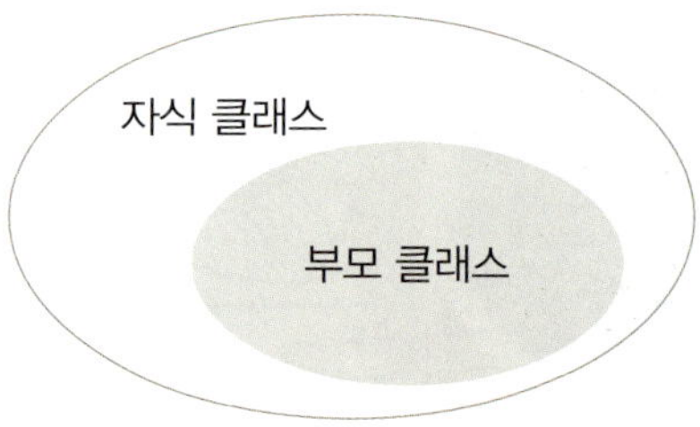

[그림 6.1] 부모 클래스를 확장한 자식 클래스

질문 2: 어떤 클래스를 상속받을 수 있을까?

기존 클래스를 상속받아 새로운 클래스를 정의하고자 할 때 아무 클래스나 상속받아 정의할 수는 없을 것이다.

부모 클래스와 이를 상속받아 정의하려는 자식 클래스 사이에는 반드시

is-a 관계(relationship)가 성립해야 한다. is-a **관계**(relationship)는 영어의 "Dog is an animal."과 같은 문장에서 사용되는 것과 같은 is-a 관계이다. "A is a B." 문장을 생각해 보자. "A는 B이다." 혹은 "A는 B 중의 하나이다." 정도로 번역될 수 있을 것이다.

> **Key Point** 부모 클래스와 이를 상속받아 정의하려는 자식 클래스 사이에는 반드시 is-a 관계(relationship)가 성립해야 한다.

질문 3: 왜 is-a 관계가 성립하는 경우에만 상속받아 정의할 수 있을까?

A와 B 사이에 is-a 관계(A is-a B, A는 B이다)가 성립하면 B가 더 일반적인 것을 나타내는 반면에 A는 B 중의 하나로 더 구체적인 것이라고 할 수 있다. 따라서 A는 B의 일반적인 특성을 모두 포함하며 추가적으로 A만의 특성을 갖게 되므로 B 클래스를 상속받아 확장하여 A 클래스를 정의할 수 있다.

예를 들어 가방(Bag)이 더 일반적인 것이고 할인 중인 할인 가방(SaleBag)은 가방 중의 하나로 더 구체적인 것이다. 이 경우에 할인 가방은 가방의 일반적인 특성을 모두 포함하고 추가적으로 할인 가방만의 특성을 갖고 있다. 따라서 그림 6.2와 같이 Bag 클래스를 상속받아(확장해서) SaleBag 클래스를 정의할 수 있다.

■ **[그림 6.2]** Bag과 이를 확장한 SaleBag 클래스

이렇게 is-a 관계가 성립할 때 부모 클래스를 상속받아 자식 클래스를 정의하므로 자식 클래스는 부모 클래스보다 구체적인 버전("The child is a more specific version of the parent.")이라고 볼 수 있다. 부모 클래스와 자식 클래스 사이의 상속 관계는 UML 클래스 다이어그램으로 표시하는데 그림 6.3과 같이 자

식 클래스로부터 부모 클래스로 화살표로 표시한다.

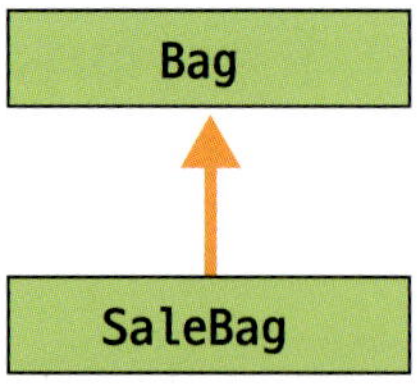

■ **[그림 6.3]** Bag과 이를 확장한 SaleBag 클래스

질문 4: 상속은 왜 사용할까?

예를 들어, 상속을 사용하지 않고도 Bag 클래스와 SaleBag 클래스를 따로 정의할 수도 있을 것이다. 그런데도 상속을 사용하는 것은 무언가 이점이 있기 때문일 것이다. 상속을 사용하면 기존의 클래스를 확장해서 새로운 클래스를 정의하는데, 이는 기존의 클래스(소프트웨어)를 **재사용**(software reuse)하는 것이다. 이렇게 기존 소프트웨어를 재사용함으로써 기존 소프트웨어에 들인 모든 노력을 재사용할 수 있다. 특히, 소프트웨어 재사용은 소프트웨어의 규모가 커지고 복잡해짐에 따라 소프트웨어 개발의 생산성을 위해 매우 중요한 영향을 미친다.

서브클래스 정의

Java에서 기존 클래스를 상속받아 새로운 클래스를 정의하기 위해서는 다음과 같이 예약어 extends를 사용하는데, 이 예약어는 B 클래스는 기존의 A 클래스를 확장(상속)하여 새로 정의한다는 의미이다.

```
class B extends A
{
    ...
}
```

Java 언어는 어떤 클래스를 정의할 때 하나의 부모 클래스만 상속받을 수 있는 **단일 상속**(single inheritance)만을 지원한다. 두 개 이상의 부모 클래스로부터 상속받는 것은 다중 상속(multiple inheritance)이라고 하는데 이렇게 다중 상속을 하게 되면 상속된 메소드 이름의 충돌로 인한 복잡한 문제가 발생한다. 따라서 Java 언어에서는 다중 상속은 제공하지 않는다.

예를 들어, 할인 중인 가방을 나타내는 SaleBag도 일종의 Bag이므로 is-a 관계가 성립한다. 따라서 SaleBag 클래스는 다음과 같이 Bag 클래스를 확장(extends)하여 정의할 수 있다.

```
class SaleBag extends Bag
{
   // 클래스 내용
}
```

지금까지 예를 들어 설명한 Bag 클래스와 이를 상속받아 정의한 SaleBag 클래스를 실제로 구현해 보자. 프로그램 6.1의 Bag 클래스는 일반적인 가방을 정의하며 가격을 나타내는 필드 변수 price, 가격을 설정하는 생성자, 가격을 알려주는 getPrice 메소드로 구성된다. 또한, 15번 행에서 SaleBag 클래스는 Bag 클래스를 상속받아 정의하였다. 이 클래스는 Bag 클래스의 필드와 메소드를 상속받고 여기에 19번 행에서 생성자를 추가하고 29번 행에서 onSale 메소드를 추가하였다. 그리고 24번 행에서 getPrice 메소드를 재정의하였다. 따라서 SaleBag 클래스는 상속받은 Bag의 멤버를 포함하고 추가한 생성자와 onSale 메소드도 포함한다. 이 클래스는 상속받은 getPrice 메소드는 재정의하였으므로 재정의한 getPrice 메소드를 포함한다. 재정의에 대해서는 다음 절에서 자세히 설명할 것이다.

프로그램 6.1 • SaleBag1.java

```
1  // 일반적인 가방(Bag)을 정의한다.
2  public class Bag
3  {
```

* 이 프로그램은 정인상, 채흥식 저 "Java 객체지향 디자인 패턴"의 예제 코드(118, 119쪽)를 수정한 것입니다.

```
    private int price;
    public Bag(int price) {
        this.price = price;
    }

    public int getPrice() {
        return price;
    }
}

// 할인 중인 할인 가방(SaleBag)을 정의한다.
public class SaleBag extends Bag
{
    private int salePercent;

    public SaleBag(int price, int percent) {
        super(price);
        this.salePercent = percent;
    }

    public int getPrice() {
        int firstprice = super.getPrice();
        return firstprice - (int)(salePercent / 100.0 * firstprice);
    }

    public String onSale() {
        return salePercent + "% 할인";
    }
}
```

상속과 생성자

super는 슈퍼클래스, 즉 부모 클래스를 지칭하는 참조이다. super 참조를 이용하여 표 6.1과 같이 슈퍼클래스의 생성자나 메소드를 호출할 수 있으며 필요에 따라 슈퍼클래스의 멤버 필드를 접근할 수도 있다. super() 호출은 슈퍼클래스의 생성자를 호출한다. super.**메소드이름**()은 슈퍼클래스 내의 해당 메소드를 호출한다. super.**필드이름**은 슈퍼클래스 내의 해당 필드를 나타낸다.

■ **[표 6.1]** super 참조 사용

super 사용	설명
super()	슈퍼클래스의 생성자를 호출한다
super.메소드이름()	슈퍼클래스 내의 해당 메소드를 호출한다
super.필드이름	슈퍼클래스 내의 해당 필드를 나타낸다.

예를 들어, SaleBag 클래스의 생성자에서는 다음과 같이 super() 호출을 사용하고 있는데, super()는 서브클래스의 생성자에서 슈퍼클래스의 생성자를 호출할 때 사용되며 다음과 같이 서브클래스 생성자의 첫 줄에 위치해야 한다.

```
public SaleBag(int price, int percent) {
   super(price);
   this.salePercent = percent;
}
```

서브클래스의 생성자와 슈퍼클래스의 생성자 사이의 관계에 대해서 알아보자. 만약 서브클래스의 첫 줄에서 명시적으로 super() 호출을 하지 않으면 어떻게 될까? 서브클래스의 생성자는 자동적으로 슈퍼클래스의 생성자를 호출한다.

예를 들어, 다음과 같이 main 메소드에서 서브클래스 B의 생성자가 호출되면 이 생성자는 자동적으로 슈퍼클래스 A의 생성자를 가장 먼저 호출한다.

```
class A
{
   public A() {
      System.out.println("생성자 A");
   }
}

class B extends A
```

```
{
   public B() {
      System.out.println("생성자 B");
   }
}

public class Main
{
   public static void main(String[] args) {
      B b = new B();
   }
}
```

컴파일러는 서브클래스의 생성자가 자동적으로 슈퍼클래스의 생성자를 호출하도록 다음과 같이 서브클래스의 생성자의 첫 줄에 슈퍼클래스의 생성자를 호출하는 코드 super()를 자동으로 삽입한다. 다만 인자 없이 super() 호출을 한다.

```
public B() {
   super();
   System.out.println("생성자 B");
}
```

만약 SaleBag 생성자에서 다음과 같이 super(price) 호출을 제거하면 어떻게 될까? 컴파일러는 자동으로 super() 호출을 시도할 것이고 Bag 클래스에는 매개변수 없는 Bag() 생성자는 없으므로 오류가 발생할 것이다. 따라서 슈퍼클래스의 생성자를 사용하려면 이를 구체적으로 명시하는 것이 좋다.

```
public SaleBag(int price, int percent) {
   this.salePercent = percent;
}
```

6.2 메소드 재정의

메소드 재정의의 개념

서브클래스는 슈퍼클래스로부터 상속받은 메소드를 그대로 사용할 수도 있지만 서브클래스의 상황이나 필요에 따라 이를 다시 정의해서 사용하는 것도 가능하다. 이와 같이 서브클래스는 슈퍼클래스로부터 상속받은 메소드를 자신이 원하는 대로 재정의할 수 있는데 이를 **메소드 재정의**(method overriding)라고 한다.

새롭게 재정의된 메소드는 슈퍼클래스로부터 상속받은 메소드와 이름과 시그니처(signature), 리턴 타입이 모두 같아야 한다. 메소드의 **시그니처**(signature)는 그 메소드의 매개변수 이름, 개수, 순서, 타입 등을 종합하여 이르는 말이다.

> **Key Point** 자식 클래스는 부모로부터 상속받은 메소드를 자신이 원하는 대로 재정의할 수 있는데 이를 메소드 재정의(overriding)라고 한다.

예를 들어, 다음과 같이 슈퍼클래스 A를 상속하는 서브클래스 B에서 메소드 m을 정의하면 이 메소드 정의는 슈퍼클래스 A에서 상속된 메소드를 재정의하게 된다. 따라서 서브클래스 B 내에는 재정의된 메소드 m만 존재하게 된다.

```
class A
{
   void m() {
      System.out.println("메소드 A.m");
   }
}

class B extends A
{
```

```
    void m() {
        System.out.println("재정의된 메소드 B.m");
    }
}
```

메소드 재정의 프로그램 예

예를 들어, SaleBag 클래스의 getPrice 메소드는 할인된 가격을 반환해야 하기 때문에 일반적인 Bag 클래스의 getPrice 메소드와는 다를 것이다. 따라서 SaleBag 클래스는 상속받은 getPrice 메소드를 그대로 사용하지 않고 이를 재정의하였다. 이 관계는 그림 6.4와 같이 표시한다.

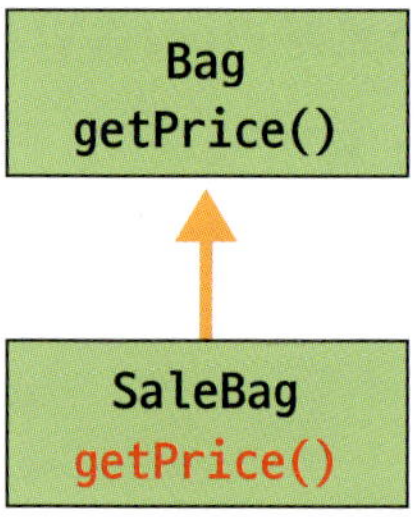

[그림 6.4] 메소드 재정의

SaleBag 클래스의 getPrice 메소드는 다음과 같이 super.getPrice() 메소드 호출을 사용하여 슈퍼클래스의 getPrice 메소드를 호출하여 원래 가격을 가져온 후 이를 이용하여 할인 가격을 계산한다.

```
public int getPrice() {
    int firstprice = super.getPrice();
    return firstprice - (int)(salePercent / 100.0 * firstprice);
}
```

그림 6.5와 같이 Bag 객체를 생성하면 bag 참조변수는 Bag 객체를 가리킨다. 따라서 bag.getPrice()는 Bag 클래스의 getPrice 메소드를 호출한다.

```
Bag bag = new Bag(...);
bag.getPrice();
```

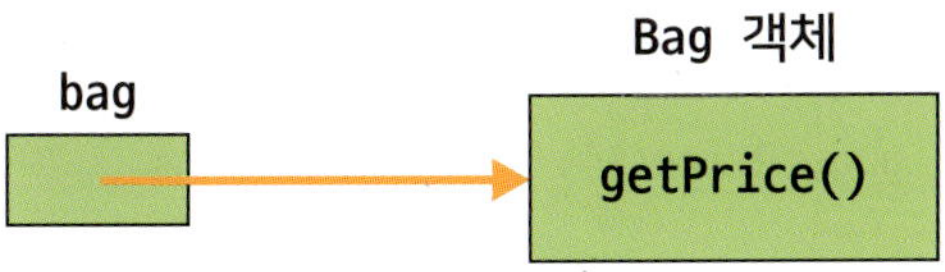

■ **[그림 6.5]** 메소드 호출

그림 6.6과 같이 SaleBag 객체를 생성하면 salebag 참조변수는 SaleBag 객체를 가리킨다. 따라서 salebag.getPrice()는 SaleBag 클래스에서 재정의된 getPrice 메소드를 호출하여 할인 가격을 출력한다.

```
SaleBag salebag = new SaleBag(...);
salebag.getPrice();
```

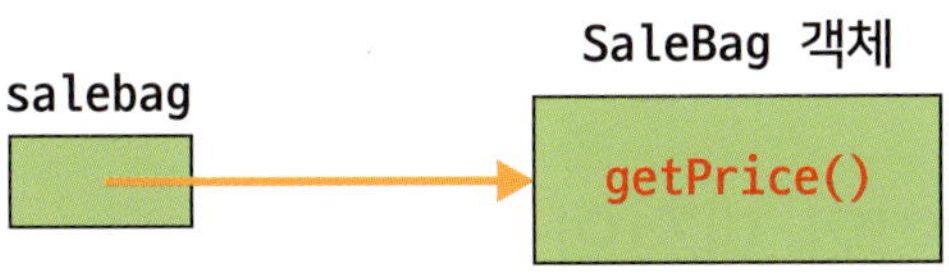

■ **[그림 6.6]** 재정의된 메소드 호출

재정의된 메소드 실행에 대해 생각해 보자. 프로그램 6.2를 살펴보자. 이 프로그램에서는 8번 행에서 Bag 객체를 생성하고, 9번 행의 bag.getPrice()는 Bag 클래스의 getPrice 메소드를 호출한다. 11번 행에서 SaleBag 객체를 생성하고 12번 행에서는 salebag.onSale() 메소드를 호출하여 할인 메시지를 출력한다. 13번 행의 salebag.getPrice()는 SaleBag 클래스에서 재정의된 getPrice 메소드를 호출하여 할인 가격을 출력한다.

프로그램 6.2 • MainBag1.java

```
1  /*************************************************************
2   *  Bag과 SaleBag을  테스트하는 프로그램
3   *************************************************************/
4
5  public class MainBag1
```

```
{
    public static void main(String args[]) {
        Bag bag = new Bag(500000);
        System.out.println(bag.getPrice());

        SaleBag salebag = new SaleBag(500000, 25);
        System.out.println(salebag.onSale());
        System.out.println(salebag.getPrice());
    }
}
```

실행결과

```
500000
25% 할인
375000
```

중복정의와 재정의 비교

5장에서 배운 메소드 중복정의(overloading)와 메소드 재정의(overriding)는 어떻게 다를까? 중복정의는 한 클래스 내에서 이름이 같은 메소드를 여러 개 정의하여 매개변수에 따라 구별하여 편리하게 사용하기 위한 것이다. 메소드를 중복정의하기 위해서는 메소드의 이름은 같지만 시그니처(매개변수 개수, 순서, 타입)는 서로 달라야 한다. 상속받은 메소드를 포함하여 이름이 같은 여러 개 메소드를 정의하면 중복정의된다. 중복정의된 메소드를 호출하면 컴파일 시간에 매개변수에 따라 호출될 메소드가 결정된다.

이에 반해 재정의는 상속과 직접 관련된 기능으로 슈퍼클래스에서 상속된 메소드를 무시하고 서브클래스에서 재정의해서 사용하기 위한 기능이다. 서브클래스는 슈퍼클래스로부터 상속받은 메소드를 재정의할 때 서로 시그니처(매개변수 개수, 순서, 타입)와 리턴타입 모두 같게 해야 한다. 앞에서 설명한 것처럼 실행시간에 참조하는 객체에 따라 호출될 메소드가 동적으로 결정된다. 메소드 중복정의와 메소드 재정의는 표 6.2에 비교 정리되어 있다.

■ [표 6.2] 메소드 중복정의와 재정의의 비교

비교	메소드 중복정의	메소드 재정의
정의 방법	상속받은 메소드를 포함하여 한 클래스 내에 이름이 같은 여러 개 메소드를 선언한다.	서브클래스에서 슈퍼클래스에 있는 메소드와 같은 이름의 메소드를 정의한다.
목적	한 클래스 내에서 이름이 같은 여러 개 메소드를 매개변수에 따라 구별하여 사용한다.	슈퍼클래스에서 상속된 메소드를 무시하고 서브클래스에서 재정의해서 사용한다.
조건	매개변수 개수, 순서, 타입은 달라야 한다.	매개변수 개수, 순서, 타입과 리턴 타입이 모두 같아야 한다
바인딩	컴파일 시간에 매개변수에 따라 호출될 메소드가 결정된다.	실행시간에 참조하는 객체에 따라 호출될 메소드가 결정된다.

잠깐만
부모로부터 상속받은 메소드를 재정의하려고 시도했으나 서로 서명이 다르면 중복정의가 된다.

만약 부모로부터 상속받은 메소드를 재정의하려고 시도했으나 서로 시그니처가 다르면 어떻게 될까? 이런 경우 프로그래머는 재정의하려고 시도했으나 시그니처가 다르기 때문에 재정의되지 않고 중복정의가 된다는 점을 주의해야 한다.

예를 들어, 다음과 같이 getPrice 메소드들 재정의하려고 시도하면 부모의 getPrice 메소드는 매개변수가 없는 반면에 자식의 getPrice 메소드는 하나의 매개변수가 있으므로 서로 시그니처가 다르다. 따라서 실제로는 재정의가 이루어지지 않으며 SaleBag 클래스 내에서는 두 개의 getPrice 메소드, 즉 상속받은 getPrice()와 새로 정의한 getPrice(int x) 메소드가 존재한다.

```
class SaleBag extends Bag
{
   ...

   public int getPrice(int x) {
      ...
   }
}
```

6.3 상속과 가시성

보호 가시성의 필요성

5장에서 살펴본 것처럼 접근 제한자는 캡슐화를 위해 클래스의 멤버의 가시성(즉, 보이는 범위)을 조정하기 위한 것이다. 전용(private)은 클래스 멤버를 클래스 내부에서만 접근할 수 있도록 하는 것으로 private로 선언된 멤버는 선언된 클래스 내에서만 접근 가능하고 자식 클래스를 포함한 다른 클래스에서는 직접 접근할 수 없다. 보통 필드 변수들은 보안을 위해 전용으로 선언하여 선언된 클래스 내에서만 접근할 수 있도록 한다.

이와 반대로 공용(public)은 클래스 멤버를 프로그램 내의 어느 클래스에서나 접근할 수 있도록 하는 것으로 public으로 선언된 멤버는 자식 클래스뿐만 아니라 프로그램 내 어느 클래스에서나 접근 가능하다. 보통 서비스 메소드들을 공용으로 선언하여 프로그램 내 어디서나 사용할 수 있도록 한다.

부모 클래스에서 private로 선언된 멤버는 상속받은 자식 클래스에서 직접 접근할 수 없다. 이는 private 멤버는 선언된 클래스 내에서만 접근할 수 있기 때문이다. 예를 들어, Bag 클래스의 price 필드 변수를 생각해 보자. 이 변수는 private로 선언되었으므로 Bag 클래스 내에서만 접근할 수 있다. Bag 클래스의 자식 클래스인 SaleBag 클래스에서는 이 변수를 직접 접근할 수 없다. 그렇다면 이렇게 상속된 멤버는 어떻게 사용할 수 있을까? 이러한 멤버는 직접 접근할 수는 없지만 이 멤버를 접근하는 메소드가 함께 상속되었을 것이고 이 메소드를 이용하면 간접적으로 접근할 수 있다.

예를 들어, SaleBag 클래스의 getPrice 메소드는 부모 클래스로부터 상속받은 price 필드 변수를 직접 접근할 수 없으나 다음과 같이 super.getPrice() 메소드를 호출하여 Bag 클래스의 private 필드 변수를 간접적으로 접근하였다.

```
public int getPrice() {
   int firstprice = super.getPrice();
   return firstprice - (int)(salePercent / 100 * firstprice);
}
```

보호 가시성

상속을 고려한 제3의 가시성으로 공용 가시성보다는 더 캡슐화되고 전용보다는 덜 캡슐화된 보호(protected) 가시성을 사용할 수 있다. protected로 선언된 멤버는 정의된 클래스뿐만 아니라 자식 클래스도 직접 접근할 수 있다.

보호 가시성은 왜 필요할까? 어떤 클래스에 자신과 자손 클래스들에서만 사용할 수 있는 멤버를 선언하려고 한다고 가정해 보자. 만약 이들을 공용(public)으로 선언하면 프로그램 내의 아무 클래스나 사용할 수 있게 될 것이다. 그렇다고 전용(private)으로 선언하면 자식 클래스 내에서 사용할 수 없게 될 것이다. 따라서 이러한 상황을 위해서는 제3의 가시성이 필요한데 이것이 보호(protected) 가시성이다. protected로 선언된 멤버 필드와 메소드는 클래스가 선언된 패키지 내 또는 이 클래스의 자손(descendent) 클래스에서 접근 가능하다.

예를 들어, Bag 클래스의 price 필드 변수는 private로 선언되었으므로 Bag 클래스 내에서만 접근할 수 있고 Bag 클래스의 자식 클래스인 SaleBag 클래스에서는 이 변수를 직접 접근할 수 없었다. SaleBag 클래스에서 이 필드 변수를 직접 접근하기 위해서 프로그램 6.3의 4번 행과 같이 protected로 선언할 수 있다. 이 경우에 Bag 클래스의 자식 클래스는 이 필드 변수를 상속받으며 protected로 선언되었으므로 직접 사용할 수 있다. 예를 들어, 26번 행과 같이 getPrice 메소드에서 이 필드 변수를 직접 사용할 수 있다. 따라서 앞의 예처럼 가격을 가져오기 위해 super.getPrice 메소드 호출을 하지 않아도 된다.

프로그램 6.3 • SaleBag2.java

```java
// 일반적인 가방(Bag)을 정의한다.
public class Bag
{
   protected int price;
   public Bag(int price) {
      this.price = price;
   }

   public int getPrice() {
      return price;
   }
}

// 할인중인 할인 가방(SaleBag)을 정의한다.
public class SaleBag extends Bag
{
   private int salePercent;

   public SaleBag(int price, int percent) {
      super(price);
      this.salePercent = percent;
   }

   // 할인율을 적용하여 할인가격을 계산한다.
   public int getPrice() {
      return price - (int)(salePercent / 100.0 * price);
   }

   public String onSale() {
      return salePercent + "% 할인";
   }
}
```

Java 언어에서 부모 클래스를 상속받아 자식 클래스를 정의할 때 상속된 멤버의 가시성은 표 6.3과 같다. 부모 클래스에서 `public`으로 선언된 멤버는 상속받은 자식 클래스에서도 `public`이고 부모 클래스에서 `protected`로 선

■ **[표 6.3]** Java에서 상속된 멤버의 가시성

부모클래스	public	protected	private
자식클래스	public	protected	**접근 불가**

언된 멤버는 상속받은 자식 클래스에서도 protected이다. 부모 클래스에서 private로 선언된 멤버는 선언된 클래스 내에서만 접근 가능하므로 상속받은 자식 클래스에서는 직접 접근할 수 없다.

일반적으로 protected로 선언된 멤버는 자식 클래스에서 사용할 수 있을 뿐만 아니라 자식 클래스에서도 protected이므로 계속해서 자손 클래스(descendant class)에서도 사용 가능하다. 뿐만 아니라 protected로 선언된 멤버는 자손 클래스가 아니더라도 같은 패키지 내에 있는 클래스에서는 사용 가능하다.

또한, 필요하면 접근 제한자를 사용하지 않을 수도 있는데 접근 제한자를 사용하지 않으면 같은 패키지 내에서는 자유롭게 접근할 수 있으나, 다른 패키지에서는 접근할 수 없다. 이를 package 가시성이라고 한다. Java의 접근 제한자를 정리하면 표 6.4와 같다.

■ **[표 6.4]** 접근 제한자 표

접근 제한자	설 명
public	프로그램 내의 어느 클래스에서나 접근 가능
private	선언된 클래스 내에서만 접근 가능
사용안함	package 가시성이 적용된다. 같은 패키지 내에서는 자유롭게 접근할 수 있으나, 다른 패키지에서는 접근할 수 없음
protected	같은 패키지 내에 있는 클래스들은 모두 접근 가능하고, 선언된 클래스로부터 상속 받은 자손 클래스에서 접근 가능

Key Point

protected로 선언된 멤버는 정의된 클래스뿐만 아니라 자손 클래스에서도 사용 가능하다. 뿐만 아니라 같은 패키지 내의 클래스에서도 사용 가능하다.

6.4 다형성과 동적 바인딩

다형성

다형성(多形性, polymorphism)이란 무슨 뜻일까? 다형성은 많은 형태를 의미한다. 객체지향 개념에서 다형성이란 '여러 가지 형태를 가질 수 있는 능력'을 의미한다. 다형성은 상속과 재정의와 깊은 관계가 있다.

Java 언어에서 다형성의 예를 살펴보자. 먼저 객체 참조 변수가 다형 참조(polymorphic reference)가 가능하다. 즉, 어떤 클래스 타입으로 선언된 참조 변수는 선언된 클래스의 객체뿐만 아니라 그 클래스의 자손 클래스의 객체도 참조할 수 있다.

> **Key Point** 어떤 클래스 타입으로 선언된 참조변수는 선언된 클래스의 객체뿐만 아니라 그 클래스의 자손 클래스의 객체도 참조할 수 있다.

예를 들어 프로그램 6.4의 MainBag2 클래스에서 bag 참조 변수는 Bag 객체뿐만 아니라 그 자식 클래스인 SaleBag의 객체도 참조할 수 있다. 14번 행에서 bag = salebag 대입문을 실행하면 그림 6.7과 같이 bag 참조 변수는 salebag 변수가 참조하는 SaleBag 객체를 참조하게 된다. bag 참조 변수는

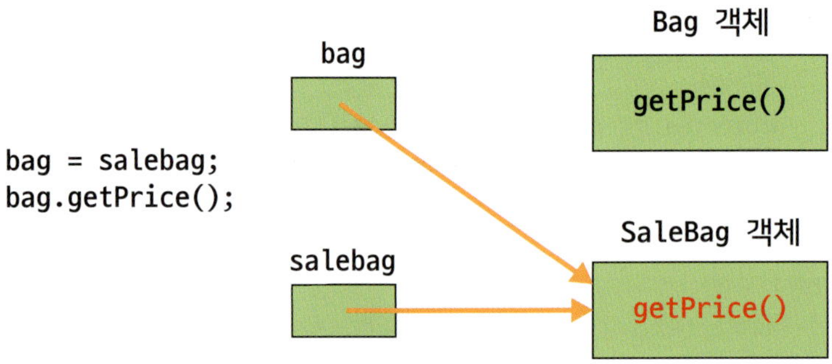

■ **[그림 6.7]** 다형참조를 통한 재정의된 메소드 호출

Bag 타입으로 선언되었지만 그 자식 클래스인 SaleBag도 일종의 Bag이므로 SaleBag 객체도 참조할 수 있다.

메소드 호출에서도 다형성이 가능한데, 즉 다형 참조를 통해 메소드를 호출하는 경우에 호출되는 메소드는 참조한 객체에 따라 다를 수 있다. 예를 들어 9번 행의 첫 번째 bag.getPrice() 메소드 호출의 경우에는 bag 참조 변수가 Bag 객체를 참조하고 있으므로 당연히 Bag 클래스의 getPrice 메소드가 호출될 것이다. 그렇다면 15번 행의 두 번째 bag.getPrice() 메소드 호출은 어떤 메소드를 호출할까? 두 번째 bag.getPrice() 호출은 그림 6.7과 같이 bag 참조 변수가 실제로는 SaleBag 객체를 가리키고 있으므로 이 경우에는 SaleBag 클래스에서 재정의된 getPrice 메소드가 호출될 것이다. 첫 번째와 두 번째 bag.getPrice() 호출은 구문적으로는 같지만 실행 상황에 따라 다른 메소드가 호출된다는 것을 알 수 있다.

프로그램 6.4 • MainBag2.java

```
1  /*************************************************************
2   * Bag과 SaleBag을  테스트하는 프로그램
3   *************************************************************/
4
5  public class MainBag2
6  {
7     public static void main(String args[]) {
8        Bag bag = new Bag(500000);
9        System.out.println(bag.getPrice());
10
11       SaleBag salebag = new SaleBag(500000, 20);
12       System.out.println(salebag.onSale());
13
14       bag = salebag;
15       System.out.println(bag.getPrice());
16    }
17 }
```

실행결과

```
500000
20% 할인
400000
```

Key Point 다형 참조를 통해 메소드를 호출하는 경우에 호출되는 메소드는 참조한 객체에 따라 다를 수 있다.

동적 바인딩

이번에는 프로그램 6.4를 다음과 같이 일부 수정해서 프로그램 6.5의 MainBag3 클래스를 작성해 보자.

프로그램 6.5 • MainBag3.java

```java
/************************************************************
 * Bag과 SaleBag을 테스트하는 프로그램
 ************************************************************/

public class MainBag3
{
    public static void main(String args[]) {
        Bag bag = new Bag(500000);
        System.out.println(bag.getPrice());

        SaleBag salebag = new SaleBag(500000, 20);
        System.out.println(salebag.onSale());

        if (...) bag = salebag;
        System.out.println(bag.getPrice());
    }
}
```

이 프로그램에서 15번 행의 두 번째 bag.getPrice() 호출은 어떤 메소드를 호출하게 될까? 14번 행에서 bag 참조 변수는 if 문의 조건에 따라 다른 객체를 참조하게 되는데 이 조건문이 참일지 거짓일지는 실제 실행하기 전에는 알 수 없다. 따라서 실제 실행할 때 이 변수가 어떤 클래스의 객체를 참조하느냐에 따라 다음과 같이 호출될 메소드가 결정된다.

- bag 참조 변수가 Bag 객체를 참조하는 경우에는 Bag의 getPrice 메소드가 호출된다.
- bag 참조 변수가 SaleBag 객체를 참조하는 경우에는 SaleBag의 getPrice 메소드가 호출된다.

결과적으로 첫 번째와 두 번째 bag.getPrice() 호출은 구문적으로는 같지만 실제 실행 상황에 따라 다른 메소드를 호출하게 된다. 정리하면 참조 변수를 사용하여 메소드를 호출할 때 호출될 메소드는 참조 변수의 선언된 타입이 아니라 실행 중에 참조 변수가 가리키는 객체의 타입에 따라 결정된다. 이런 식으로 실행 중에 호출될 메소드가 결정되는 것을 **동적 바인딩**(dynamic binding)이라고 한다.

일반적으로 바인딩(binding)이란 이름이 가리키는 대상을 결정하는 것을 의미한다. 이름이 가리키는 대상을 컴파일 시간에 결정하면 **정적 바인딩**(static binding)이라고 하고 실행 시간에 결정하면 동적 바인딩이라고 한다. 예를 들어, 메소드를 호출할 때 호출될 메소드를 결정하는 것도 일종의 바인딩인데 Java 언어는 이 경우에 동적 바인딩을 한다. 동적 바인딩은 실행시간 바인딩(runtime binding), 늦은 바인딩(late binding)이라고도 한다.

Key Point

참조 변수를 사용하여 메소드를 호출할 때 호출될 메소드는 참조 변수의 선언된 타입이 아니라 실행중에 참조 변수가 가리키는 객체의 타입에 따라 결정된다. 이런 식으로 실행 중에 호출될 메소드가 결정되는 것을 동적 바인딩(dynamic binding)이라고 한다.

Java 언어에서는 메소드를 호출할 때 왜 동적 바인딩을 채택하고 있을까? MainBag3 예제 프로그램에서처럼 if 문을 실행한 후에 bag 변수는 if 문 조건식 값에 따라 SaleBag 객체를 가리킬 수도 있고 원래대로 Bag 객체를 가리킬 수도 있다. 따라서 두 번째 bag.getPrice() 메소드 호출은 실제 실행 중에 이 변수가 가리키는 객체의 종류에 따라 Bag의 getPrice 메소드가 호출될 수도 있고 SaleBag의 getPrice 메소드가 호출될 수도 있다. if 문의 조건식 값을 실행 전에 미리 알 수 없으므로 이것을 실행 전에 미리 결정하는 것은 불가능하다. 다시 한 번 강조하건대 다형 참조를 통해 호출될 메소드는 참조 변수의 타입이 아니고 실행시간에 참조되고 있는 객체의 타입에 의해 결정된다.

6.5 다형참조와 캐스팅

다형참조

앞서 살펴본 것처럼 Java에서 객체 참조 변수는 **다형 참조**(polymorphic reference)가 가능하다. 즉, 어떤 클래스 타입으로 선언된 참조 변수는 선언된 클래스의 객체뿐만 아니라 그 클래스의 자손 클래스의 객체도 참조할 수 있다.

예를 들어, 직장에서 일하는 근로자를 총칭해서 나타내는 Worker 클래스와 이 클래스를 상속받아 근로자의 종류에 따라 직원인 Employee 클래스와 알바인 Arbeit 클래스를 정의해 보자. 다음과 같이 Worker 클래스와 이 클래스를 상속받은 Employee와 Arbeit 클래스를 정의하면 그들 사이의 상속 관계는 그림 6.8과 같다.

```
class Worker {  ...   }
class Employee extends Worker {   ...   }
class Arbeit extends Worker {   ...   }
```

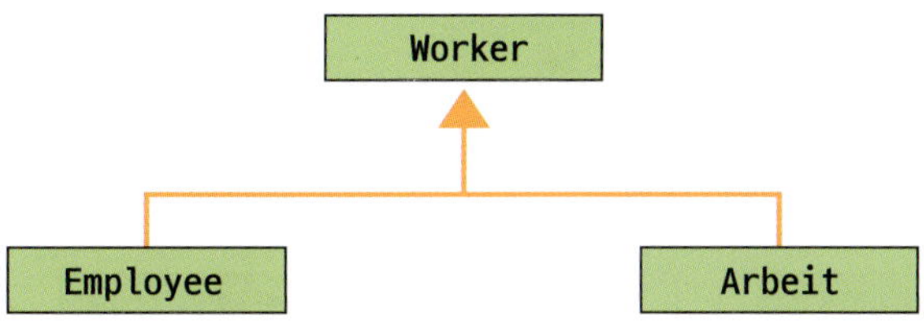

■ **[그림 6.8]** 클래스와 상속 관계 1

각 클래스의 참조 변수 a, b, c를 다음과 같이 선언한 경우를 생각해 보자. 가장 간단한 사용법은 다음과 같이 각 클래스로 선언된 참조변수가 그 클래스의 객체를 가리키는 것이다.

```
Worker a = new Worker();
Employee b = new Employee();
Arbeit c = new Arbeit();
```

또한, 참조 변수 a는 다음과 같이 Worker 객체뿐만 아니라 그 자식인 Employee 객체와 Arbeit 객체도 참조할 수 있다. 이는 Employee 클래스와 Worker 클래스 사이에 is-a 관계가 성립하고 Employee는 일종의 Worker이기 때문에 가능하다. 마찬가지로 Arbeit도 일종의 Worker이므로 참조할 수 있다.

```
a = new Employee();
a = new Arbeit();
```

그러나 참조변수 b는 Employee 객체만, 참조변수 c는 Arbeit 객체만 참조할 수 있다. 따라서 다음과 같이 참조변수 b가 부모 클래스 Worker 객체를 참조하거나 형제 클래스 Arbeit 객체를 참조하는 것은 모두 오류이다.

```
b = new Worker();  // 오류
b = new Arbeit();  // 오류
```

또한 다음과 같이 Employee 클래스를 상속받아 Executive 클래스를 정의했다고 가정해 보자. 클래스 상속관계는 그림 6.9와 같이 확대될 것이다.

```
class Executive extends Employee {   ...   }
```

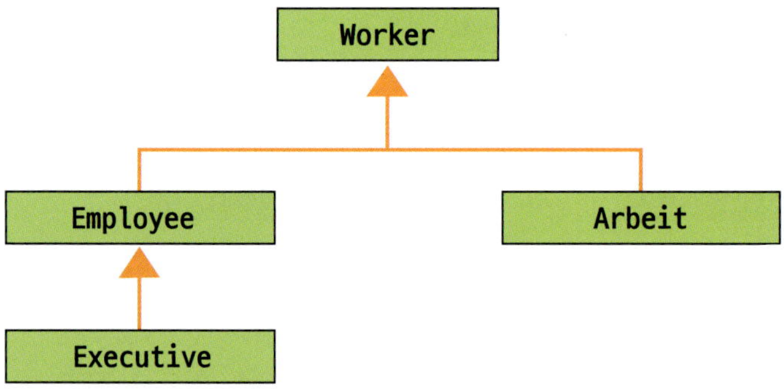

■ **[그림 6.9]** 클래스와 상속 관계 2

이 경우에 Worker 클래스의 참조 변수 a는 다음과 같이 자식 클래스 Employee 객체뿐만 아니라 손자 클래스 Executive 객체도 참조할 수 있다. 왜냐하면 이들은 모두 일종의 Worker이기 때문이다.

```
Worker a;
a = new Employee();
a = new Executive();
```

instanceof 연산자

앞에서 살펴본 것처럼 객체 참조 변수는 다형 참조가 가능한데 그렇다면 객체 참조가 가리키는 실제 객체가 어떤 클래스 타입인지 어떻게 알 수 있을까? Java에서는 객체 참조가 가리키는 실제 객체가 어떤 클래스 타입인지 판별하기 위해 instanceof 연산자를 제공한다. intanceof 연산자는 다음과 같이 사용하며 객체 참조가 가리키는 객체가 해당 클래스 타입이면 true, 아니면 false이다.

```
객체참조 instanceof 클래스명
```

예를 들어 다음과 같이 참조 변수 a가 Employee 객체를 가리키는 경우를 생각해 보자. 이 참조 변수가 가리키는 Employee 객체는 Employee 타입이면서 일종의 Worker 타입으므로 첫 번째와 두 번째 if 문은 true이다. 그러나 이 Employee 객체는 Arbeit 타입도 아니고 Executive 타입도 아니므로 세 번째와 네 번째 if 문은 false이다.

```
Worker a = new Employee();
if (a instanceof Worker) // a는 Worker 타입이므로 true
   System.out.println("a는 Worker 타입입니다");
if (a instanceof Employee) // a는 Employee 타입이므로 true
   System.out.println("a는 Employee 타입입니다");
if (a instanceof Arbeit)  // a는 Arbeit 타입이 아니므로 false
   System.out.println("a는 Arbeit 타입입니다");
if (a instanceof Executive) // a는 Executive 타입이 아니므로 false
   System.out.println("a는 Executive 타입입니다");
```

지금까지 살펴본 instanceof 연산자를 테스트하는 프로그램은 프로그램 6.6을 참고하기 바란다.

캐스팅

다음과 같은 경우에 참조 변수 a는 Employee 객체를 참조하고 있으므로 캐스팅 연산자를 이용하여 Employee 타입으로 타입 변환을 할 수 있다.

```
Worker a = new Employee();
Employee b;
if (a instanceof Employee)
   b = (Employee) a
```

이와 같이 캐스팅 연산자를 이용하면 명시적으로 클래스 타입을 지정하여 객체의 타입을 변환할 수 있다. 이렇게 하면 객체 참조가 가리키는 객체의 타입이 명시된 클래스 타입으로 변환된다.

```
(클래스명) 객체참조
```

그러나 캐스팅 연산자를 이용한 타입 변환은 매우 제한적으로만 할 수 있다는 점을 주의해야 한다. 즉 객체 참조가 가리키는 실제 객체가 변환하려는 클래스 타입인 경우에만 가능하다. 따라서 다음과 같은 경우에는 타입 변환을 할 수 없다. 예를 들어, Worker 타입의 참조 변수 a가 Worker 객체를 참조하고 있는데 이를 Employee 타입으로 변환할 수 없다. 이는 a가 참조하는 Worker 객체는 Employee 타입이 아니기 때문이다.

```
Worker a = new Worker();
Employee b = (Employee) a; // 오류
```

또한, Worker 타입의 참조 변수 a가 Employee 객체를 참조하고 있는데 이를 Arbeit 타입으로 변환할 수 없다. 이는 a가 참조하는 Employee 객체는 Arbeit 타입이 아니기 때문이다.

```
Worker a = new Employee();
Arbiet c = (Arbeit) a; // 오류
```

> **잠깐만**
> 캐스팅 연산자를 이용한 타입 변환은 객체 참조가 가리키는 실제 객체가 변환하려는 클래스 타입인 경우에만 가능하다.

지금까지 살펴본 instanceof 연산자와 캐스팅 연산자들을 테스트하는 프로그램 6.6을 살펴보자. 결과를 보면 a가 참조하는 Employee 객체는 Worker 타입이면서 Employee 타입이라는 것을 알 수 있다. 또한 a가 참조하는 객체는 Employee 타입의 객체이므로 캐스팅 연산자를 이용하여 Employee 타입으로 변환할 수 있다는 것을 알 수 있다. 이 객체를 Arbeit 타입으로 변환하려고 하면 컴파일 오류가 난다. 또한, Worker 타입의 객체를 생성하여 이를 Employee 타입으로 변환하려고 할 때도 컴파일 오류가 난다.

프로그램 6.6 • InstanceOfTest.java

```
/*******************************************************
 *  instanceof를 테스트하는 프로그램
 *******************************************************/

class Worker {
}
class Employee extends Worker {
}
class Arbeit extends Worker {
}
class Executive extends Employee {
}

public class InstanceOfTest
{
    public static void main(String args[]) {
        Worker a = new Employee();
        Employee b;
        if (a instanceof Worker) // a는 Worker 타입이므로 true
            System.out.println("a는 Worker 타입입니다");
        if (a instanceof Employee) // a는 Employee 타입이므로 true
            System.out.println("a는 Employee 타입입니다");
        if (a instanceof Arbeit)  // a는 Arbeit 타입이 아니므로 false
            System.out.println("a는 Arbeit 타입입니다");
        if (a instanceof Executive) // a는 Executive가 아니므로 false
            System.out.println("a는 Executive 타입입니다");

```

```java
        if (a instanceof Employee)
            b = (Employee) a;
        // Arbiet c = (Arbeit) a;  타입 변환 오류
        a = new Worker();
        // b = (Employee) a;  타입 변환 오류
    }
}
```

실행결과

```
a는 Worker 타입입니다
a는 Employee 타입입니다
```

6.6 GUI 컴포넌트 계층구조

GUI 컴포넌트 계층구조

GUI 컨테이너(container)는 다른 컴포넌트들을 포함하고 조직하는 데 사용되며 이 자체가 하나의 특수한 컴포넌트이다. 컨테이너와 컴포넌트 사이의 이 관계는 윈도의 폴더를 생각하면 쉽게 이해할 수 있다. 폴더가 여러 다른 파일과 폴더를 포함할 수 있는 것처럼 컨테이너는 다른 컴포넌트와 컨테이너를 포함할 수 있다. 또한, 이 컨테이너 역시 하나의 컴포넌트로서 다른 컨테이너에 포함될 수 있다.

예를 들어 프레임(frame), 패널(panel), 애플릿(applet), 대화상자(dialog box) 등이 대표적인 컨테이너들이다. 5장에서 사용해 본 JFrame의 상속 관계는 그림 6.10과 같다. JFrame은 일종의 Frame이며 Frame은 일종의 Window이다. Window는 일종의 Container이며 Container는 일종의 Component이다.

패널(panel)은 다른 컴포넌트들을 포함하고 조직할 수 있는 컨테이너로 스스로 디스플레이될 수 없으므로 디스플레이하려면 콘텐트 페인 같은 다른 컨테이너에 추가(add)해야 한다. 패널의 종류는 java.awt에서 제공하는 Panel과 javax.swing에서 제공하는 JPanel이 있다. 그림 6.10 상속 관계에서 볼 수 있는 것처럼 Panel은 일종의 Container이다.

Swing GUI 컴포넌트들은 JComponent 클래스로부터 유도된다. JComponent는 일종의 Container로 많은 Swing GUI 컴포넌트는 컨테이너 역할을 할 수 있다. Container와 JComponent 클래스의 계층구조는 그림 6.10과 같다. 5장에서 사용해 본 JPanel은 일종의 JComponent이고 JComponent는 일종의 Container이다.

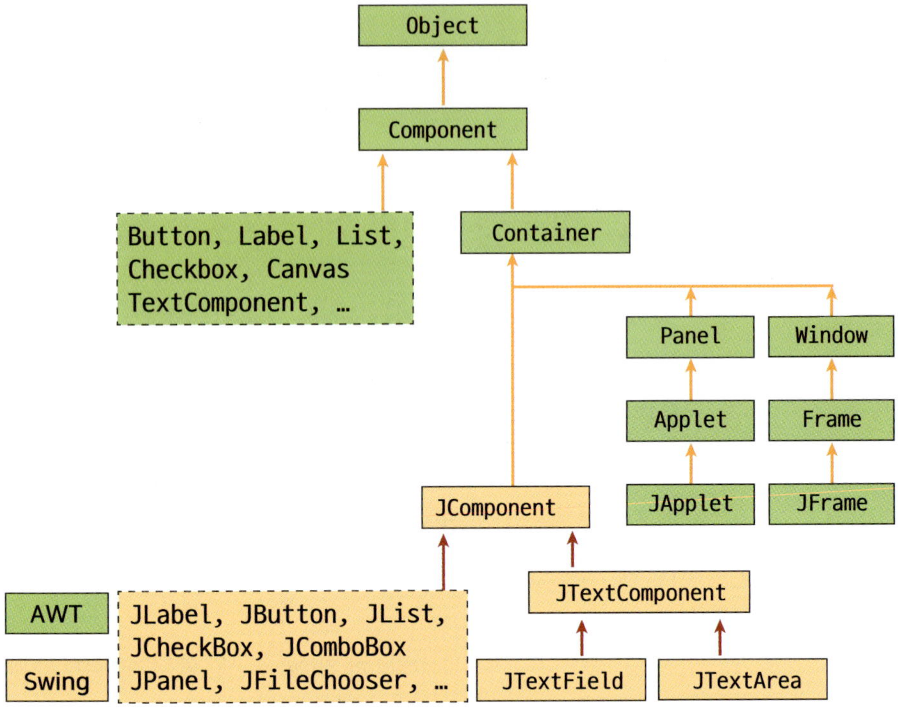

[그림 6.10] GUI 컴포넌트 계층구조

신호등 예제

패널의 내용이 많아지면 패널을 별도의 클래스로 구성하여 프로그램을 작성하는 것이 효과적이다. 이번에는 패널을 별도의 클래스로 구성하여 신호등을 디스플레이하는 예제를 작성해 보자. 그래픽 사용자 인터페이스에서는 화면에 그래픽 컴포넌트를 디스플레이할 뿐만 아니라 필요한 그림을 직접 그릴 수도 있다. 다음 신호등 예제를 통해서 패널에 그림을 그려서 디스플레이하는 방법도 살펴보도록 하자.

프로그램 6.7은 두 개의 클래스로 구성된다. 8번 행의 첫 번째 클래스 TrafficLight는 main 메소드를 포함하고 있는 클래스로 12번 행에서 프레임을 생성하고 14번 행에서 이 프레임에 그림을 그리기 위한 TrafficLightPanel을 생성하고 이를 콘텐트 페인에 추가하여 디스플레이한다. 22번 행의 두 번째 클래스 TrafficLightPanel은 패널을 위한 클래스로 실제로 패널에 신호등 그림을 그리기 위한 클래스이다. 그림을 그리기 위한 TrafficLightPanel의 paintComponent 메소드를 살펴보자. 31번 행의 paintComponent 메소드는 패널이 디스플레이될 때 자동으로 수행되는 메소드로 Graphics 객체를 매개변수로 받는다. Graphics 객체는 그래픽 컨텍스트를 나타내며 화면에 그림을 그리기 위한 환경과 메소드들을 제공한다.

```
public void paintComponent(Graphics page)
```

이 메소드 내에서 Graphics 객체를 이용하여 신호등을 나타내기 위한 색깔 있는 원을 3개 그린다. 예를 들어, 빨간 원을 그리기 위해서는 33번 행에서 먼저 setColor 메소드를 이용하여 색을 빨강(Color.red)으로 정한 후에 34번 행에서 fillOval 메소드를 이용하여 원을 그린다. fillOval 메소드는 타원을 그리기 위한 메소드로 (50, 50)은 타원에 외접하는 사각형의 왼쪽 상단의 좌표이고 (40, 40)은 가로 세로 길이이다.

```
page.setColor(Color.red);
page.fillOval(50,50,40,40);
```

실행결과에서 3색 신호등을 확인할 수 있다.

프로그램 6.7 • TrafficLight.java

```
1   /*************************************************************
2    * 신호등을 디스플레이 하는 GUI 프로그램
3    *************************************************************/
4   import javax.swing.*;
5   import java.awt.*;
6
7   // 그래픽 객체를 이용하여 신호등을 보여준다.
8   public class TrafficLight
9   {
10     // 프레임을 생성하고 신호등 패널을 추가한다.
11     public static void main(String[] args) {
```

```
        JFrame frame = new JFrame("Traffic Light");
        frame.setDefaultCloseOperation(JFrame.EXIT_ON_CLOSE);
        frame.getContentPane().add(new TrafficLightPanel());
        frame.pack();
        frame.setVisible(true);
    }
}

// 신호등을 디스플레이하기 위한 패널 클래스
class TrafficLightPanel extends JPanel
{

    // 생성자: 패널의 크기와 색을 정한다.
    public TrafficLightPanel() {
        setPreferredSize(new Dimension(300, 200));
        setBackground(Color.black);
    }

    // 빨강, 노랑, 녹색의 원을 3개 그린다.
    public void paintComponent(Graphics page) {
        super.paintComponent(page);
        page.setColor(Color.red);
        page.fillOval(50,50,40,40);
        page.setColor(Color.yellow);
        page.fillOval(100,50,40,40);
        page.setColor(Color.green);
        page.fillOval(150,50,40,40);
    }
}
```

실행결과

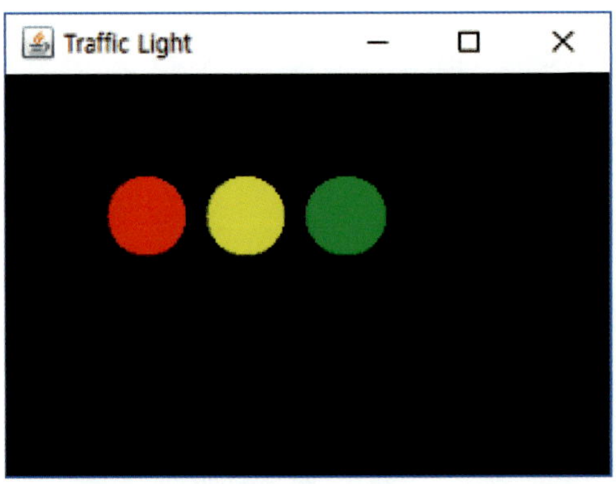

Key Points

▶ 부모 클래스와 이를 상속받아 정의하려는 자식 클래스 사이에는 반드시 (   ) 관계(relationship)가 성립해야 한다.

▶ 자식 클래스는 부모로부터 상속받은 메소드를 자신이 원하는 대로 재정의할 수 있는데 이를 (   )(이)라고 한다.

▶ (   )(으)로 선언된 멤버는 정의된 클래스뿐만 아니라 자손 클래스에서도 사용 가능하다. 뿐만 아니라 같은 (   ) 내의 클래스에서도 사용 가능하다.

▶ 어떤 클래스 타입으로 선언된 (   )은(는) 선언된 클래스의 객체뿐만 아니라 그 클래스의 자손 클래스의 객체도 참조할 수 있다.

▶ (   )을(를) 통해 메소드를 호출하는 경우에 호출되는 메소드는 참조한 객체에 따라 다를 수 있다.

▶ 참조 변수를 사용하여 메소드를 호출할 때 호출될 메소드는 (   )의 선언된 타입이 아니라 실행 중에 (   )이(가) 가리키는 객체의 타입에 따라 결정된다. 이런 식으로 실행 중에 호출될 메소드가 결정되는 것을 (   )(이)라고 한다.

프로그래밍 실습

1. 은행계좌 확장

실습문제 5.1의 은행계좌 Account 클래스를 상속받아 저축예금 계좌 SavingsAccount 클래스를 설계 구현하라. 이 클래스에는 입금, 출금, 잔액 조회, 이체에 해당하는 deposit, withdraw, balance, transfer 메소드 외에 이자 지급에 해당하는 addInterest 메소드가 필요하다. 뿐만 아니라 이자를 계산하기 위해서는 클래스 내에 이자율 등의 정보를 유지해야 한다.

실제로 여러 개의 SavingsAccount 객체를 생성하고 메소드를 사용하여 실제로 주기적으로 이자를 계산하도록 main 메소드를 구현하여 시험하라.

2. 색깔 있는 원

실습문제 5.2의 Circle 클래스를 색을 갖는 원을 표현하는 ColorCircle 클래스로 확장하라. 이 클래스는 원의 색을 리턴하는 getColor() 메소드와 해당 좌표에 해당 색상의 원을 그리는 paint() 메소드를 포함하여야 한다.

JFrame과 JPanel를 사용하여 새로운 창에 원을 그려라. 원을 그리기 위해 JPanel를 상속받아 별도의 클래스를 작성하여 사용하라.

실제로 여러 개의 ColorCircle 객체를 생성하고 paint 메소드를 사용하여 실제로 원을 그리도록 main 메소드를 구현하여 시험하라.

3. 대학 정보 디스플레이

주요 대학의 이름을 나타내는 버튼을 생성하고 버튼을 누르면 해당하는 대학의 정보를 디스플레이하는 GUI 프로그램을 작성하라.

연습문제

1. 다음 중 Java 언어의 상속에 대한 설명으로 옳지 않은 것은?

① 모든 클래스는 Object 클래스로부터 상속받는다.

② Java에서 클래스는 하나의 부모 클래스만 상속받을 수 있다.

③ 상속된 메소드는 재정의할 수 없다.

④ extends 키워드로 상속 관계를 표시한다.

2. 다음은 super 참조에 대한 설명이다. 각각에 대해 설명하라.

super 사용	설명
super()	
super.메소드이름()	
super.필드이름	

3. super() 호출과 this() 호출을 비교하여 설명하라.

4. 다음은 재정의에 대한 설명이다. 괄호 안에 알맞은 말을 넣어라.

서브클래스가 슈퍼클래스로부터 상속된 메소드를 재정의하기 위해서는 메소드의 (　　), (　　), (　　)이(가) 모두 같아야 한다.

5. 다음과 같이 클래스 A를 상속받아 클래스 B를 정의하였다. 클래스 B의 객체가 사용할 수 있는 메소드에는 어떤 메소드가 있는지 설명하라.

```
class A {
    void m1() {
        System.out.println("메소드 A.m1");
    }
    void m2() {
        System.out.println("메소드 A.m2");
    }
}
```

```
class B extends A {
    void m1(int x) {
        System.out.println("메소드 B.m1");
    }

    void m2() {
        System.out.println("메소드 B.m2");
    }
}
```

6. 다음 중 메소드 중복정의에 대한 설명이 아닌 것은?

① 상속받은 메소드를 포함하여 한 클래스 내에 이름이 같은 여러 개 메소드를 선언한다.

② 한 클래스 내에서 이름이 같은 여러 개 메소드를 매개변수에 따라 구별하여 사용한다.

③ 중복정의된 메소드들의 매개변수 개수, 순서, 타입은 달라야 한다.

④ 실행시간에 참조하는 객체에 따라 호출될 메소드가 결정된다.

7. 다음 중 메소드 재정의에 대한 설명이 아닌 것은?

① 서브클래스에서 슈퍼클래스에 있는 메소드와 같은 이름의 메소드를 정의한다.

② 슈퍼클래스에서 상속된 메소드를 무시하고 서브클래스에서 재정의해서 사용한다.

③ 매개변수 개수, 순서, 타입은 달라야 한다.

④ 실행시간에 참조하는 객체에 따라 호출될 메소드가 결정된다.

8. 이차원 상의 점을 정의하는 Point 클래스를 작성하라. 이 클래스를 상속받아 이름이 있는 점을 나타내는 NamedPoint를 정의하라. 이 클래스를 상속받아 이름이 있고 색이 있는 점을 나타내는 NamedColorPoint를 정의하라.

9. java.lang 패키지에 정의되어 있는 랩퍼 클래스인 Short, Integer, Long, Float, Double 등은 모두 Number라는 클래스의 하위 클래스로 정의되어 있다. 이들 클래스에 대해 클래스 계층을 그림으로 그려라.

10. 상속을 이용하여 정수형 이진 트리(binary tree) 타입을 작성하라. 이진 트리는 비어 있는 트리 `NullTree`거나 내부 정점 값 n에 대하여 `BinTree(T1, n, T2)`거나 둘 중 하나인 형태로 나타난다. 여기서 `T1`과 `T2`도 역시 이진 트리여야 한다.

11. 이진 트리 중에서 내부 노드 값의 순서가 정해져 있는 이진 트리를 이진 검색 트리(binary search tree)라고 한다. 즉, `BinTree(T1, n, T2)` 중에서 `T1`의 모든 내부 정점 노드 값은 `n`이하고 `T2`의 모든 내부 정점 노드 값은 `n`이상일 때, 이러한 이진 트리를 이진 검색 트리라고 한다. 이진 검색 트리 클래스 `BST`를 작성하라. 아무 노드도 포함하지 않는 트리는 `NullBST`로 나타내라.

추상 클래스와 인터페이스

7장

객체지향 프로그램은 여러 개의 클래스들로 구성되며 클래스들 사이에는 상속관계에 따라 클래스 계층구조가 형성됩니다. 이와 같이 클래스 설계와 상속은 서로 밀접하게 연관되어 있습니다. 또한, 효과적인 클래스 상속을 위해서 일반적이고 포괄적인 개념을 표현할 수 있는 추상 클래스가 필요합니다. 또한, 작성할 클래스에 대한 명세를 인터페이스 형태로 정의할 수 있으며 클래스 상속과 비슷하게 인터페이스 사이에 상속도 가능합니다.

이 장의 목표

★ 클래스 설계와 상속과의 관계를 이해한다.
★ 클래스 계층구조에 대해 이해한다.
★ 추상 클래스의 필요성과 원리를 이해한다.
★ 인터페이스의 필요성과 원리를 이해한다.
★ 인터페이스 상속을 이해한다.

7.1 클래스 설계와 추상 클래스

클래스 설계

객체지향의 중요한 개념인 객체, 클래스, 상속에 대해서 모두 살펴보았다. 이제 실제 상속을 통해 클래스 계층구조를 구성하는 경우를 생각해 보자. 상속은 객체지향 설계에서 매우 중요한 부분이다. 적절하게 설계된 상속 관계는 소프트웨어의 품격, 유지성, 재사용에 크게 기여할 수 있다. 그렇다면 클래스 설계는 어떻게 하여야 할까? 클래스를 설계하면 상속 관계에 따라 클래스 사이에 **클래스 계층구조**(class hierarchy)가 생성된다. 한 부모의 자식 클래스가 다른 클래스의 부모 클래스가 되어 계층구조가 형성된다. 클래스 계층구조에서 같은 부모를 갖는 자식 클래스들은 형제 클래스(siblings)라고 한다.

예를 들어, 직장에서 일하는 근로자를 총칭해서 나타내는 Worker 클래스와 이 클래스를 상속받아 근로자의 종류에 따라 구체적인 클래스를 정의할 수 있다. 예를 들어, 근로자를 두 종류로 나누어 직원인 Employee 클래스와 알바인 Arbeit 클래스 형태로 정의할 수 있다. 이들 사이의 상속 관계는 그림 7.1과 같은 클래스 계층구조를 형성한다.

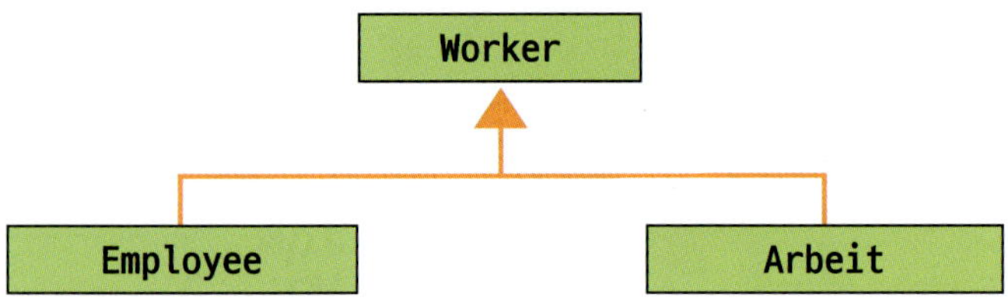

[그림 7.1] 클래스 계층구조 1

상황이나 필요에 따라 클래스 계층구조를 더 확장할 수 있다. 예를 들어, 보너스를 받는 임원을 나타내는 Executive 클래스는 다음과 같이 Employee를 상속받아 정의할 수 있다. Employee 클래스를 상속받아 Executive 클래스를 정의하면 이 클래스 계층구조는 그림 7.2와 같은 형태가 된다.

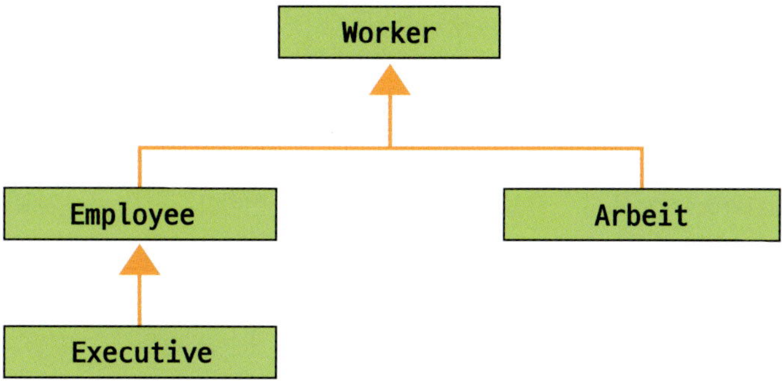

■ **[그림 7.2]** 클래스 계층구조 2

클래스 계층구조는 어떻게 만들어야 할까? 모든 상황에 맞는 좋은 클래스 계층구조는 없으며 클래스 계층구조는 필요에 따라 확장 혹은 수정될 수 있다. 그렇지만 가능하면 클래스 계층구조에서 공통적인 기능들을 높이 위치시키는 것이 상속 측면에서는 좋을 것이다. 왜냐하면 상속된 멤버들이 계속해서 아래로 상속되기 때문이다. 따라서 자식 클래스는 모든 조상 클래스들로부터 상속받는다.

Java 언어에서 클래스 계층구조의 꼭대기에는 Object 클래스가 있다. Object 클래스는 모든 클래스 계층구조에서 궁극적인 루트로 Java 표준 라이브러리의 java.lang 패키지에 정의되어 있다. 모든 클래스는 Object 클래스로부터 상속받는다. 다음과 같이 부모를 선언하지 않고 클래스를 정의하면 자동적으로 Object 클래스의 자식 클래스가 된다. Object 클래스는 표 7.1과 같이 모든 객체에 대해 적용 가능한 유용한 메소드들을 포함하고 있다.

```
class A { ... }
        ||
class A extends Object {  ...  }
```

예를 들어, Object 클래스는 다음과 같은 메소드를 포함하고 있다. toString 메소드는 객체를 출력할 수 있는 문자열 형태로 변환하는 메소드이고, equals 메소드는 두 객체가 같은지 비교하는 메소드이다. 이러한 메소드는 모든 객체가 공통적으로 가져야 할 메소드이므로 Object 클래스에 정의되어 있다.

■ **[표 7.1]** Object 클래스의 주요 메소드

메소드	설 명
boolean equals(Object obj)	두 개의 객체가 같은지 비교하여 같으면 true를, 같지 않으면 false를 리턴한다.
String toString()	현재 객체를 나타내는 문자열을 리턴한다.
protected Object clone()	객체를 복사한다.
protected void finalize()	가비지 컬렉션 직전에 객체의 리소스를 정리할 때 호출한다.
Class getClass()	객체의 클래스형을 리턴한다.
int hashCode()	객체를 구별하기 위한 해시코드 값을 리턴한다.
void notify()	wait 중인 스레드 실행을 재개할 때 호출한다.
void wait()	스레드를 일시적으로 중지할 때 호출한다.

추상 클래스

클래스 계층구조에서 상층부에 있는 클래스일수록 일반적이고 추상적인 개념을 나타내고 하층부에 있는 클래스일수록 보다 구체적인 것을 나타낸다. 따라서 상층부에 있는 클래스를 정의할 때는 클래스를 구체적으로 완전히 완성하는 것이 어려울 수도 있는데 이러한 클래스는 **추상 클래스**(abstract class) 형태로 정의할 수 있다.

예를 들어, 직장에서 일하는 근로자를 총칭해서 나타내는 Worker 클래스를 생각해 보자. 이 클래스는 근로자를 일반적으로 나타내며 예를 들어 급여를 제공하는 방식 등은 근로자의 종류에 따라 다르기 때문에 완전히 구현하기는 힘들 수 있다. 따라서 이러한 클래스를 추상 클래스 형태로 정의할 수 있다. 그리고 이 클래스를 상속받아 근로자의 종류에 따라 구체적인 클래스를 정의할 수 있다. 예를 들어, 근로자를 두 종류로 나누어 직원인 Employee 클래스와 알바인 Arbeit 클래스 형태로 정의할 수 있다. 이들 사이의 상속 관계는 그림 7.1과 같은 클래스 계층구조를 형성한다. 필요하면 직원의 종류에 따라

Employee 클래스를 상속받아 세분화하여 정의하는 것도 가능하다.

추상 클래스(abstract class)는 일반적이고 포괄적인 개념을 표현하기 위한 클래스로 아직 덜 구현된 클래스라고 할 수 있으며, 보통 클래스 계층구조에서 포괄적인 공통 개념을 계층구조 상층부에 위치시키는 데 사용된다. 예를 들어, 동물, 포유류, 근로자 등은 포괄적인 개념이다.

> **Key Point** 추상 클래스는 일반적이고 포괄적인 개념을 표현하기 위한 클래스로 아직 덜 구현된 클래스라고 할 수 있다.

추상 클래스 정의

완전히 구현된 일반 클래스는 모든 메소드가 구현되어 있는 데 반해서, 추상 클래스는 아직 구현되지 않은 추상 메소드를 포함할 수 있다. 추상 메소드는 다음과 같이 abstract 조정자를 사용하여 선언하며, 추상 메소드는 선언하기만 할 뿐 본체 정의를 통해 구현하지는 않는다.

```
abstract 리턴타입 메소드이름(매개변수선언);
```

예를 들어, Worker 클래스의 pay 메소드는 근로자의 종류에 따라 급여 지급 방식이 다르므로 구체적으로 정의할 수 없다. 따라서 다음과 같이 추상 메소드로 선언할 수 있다.

```
abstract long pay();
```

추상 클래스는 다음과 같이 클래스 이름 앞에 abstract 조정자를 사용한다. 보통 추상 클래스는 구현된 일반 메소드(들)과 추상 메소드(들)을 포함할 수 있다.

```
abstract class 클래스이름 {
        ...
    abstract 리턴타입 메소드이름(매개변수선언);
        ...
}
```

> **잠깐만**
> 추상 클래스는 아직 덜 구현된 클래스이므로 추상 클래스의 객체를 생성할 수 없다.

추상 메소드를 포함한 클래스는 아직 덜 구현된 클래스이므로 반드시 추상 클래스로 선언해야 한다. 또한, 추상 클래스는 아직 덜 구현된 클래스이므로 추상 클래스의 객체를 생성할 수 없다는 점을 주의하자.

프로그램 7.1의 Worker 클래스의 경우에 급여를 지급하는 메소드인 pay 메소드는 직원의 종류에 따라 다르므로 Worker 클래스에서 pay 메소드를 구체적으로 구현할 수 없다. 따라서 이 메소드는 추상 메소드 형태로 선언하고 이 클래스는 추상 클래스로 정의하였다. pay() 메소드는 추상 메소드이므로 헤더 선언만 있고 이를 구현하는 본체는 없다는 점을 유의하자.

프로그램 7.1 • Worker.java

```java
// 직장에서 일하는 근로자(Worker)를 추상 클래스로 정의한다.
abstract class Worker {
    protected String name;
    private String id;

    abstract long pay();

    Worker(String name, String id) {
        this.name = name;
        this.id = id;
    }
}
```

추상 클래스 구현

그렇다면 이렇게 덜 구현된 추상 클래스와 추상 메소드는 누가 어떻게 구현할까? 자식 클래스가 부모 클래스의 추상 메소드를 상속받아 이를 재정의하여 구현한다. 만약 자식 클래스에서 구현하지 않으면 자식 클래스도 여전히 추상 클래스가 되며 자식 클래스의 자식 클래스가 구현할 수 있다.

예를 들어, 추상 클래스 Worker의 자식 클래스로 직원을 나타내는 Employee 클래스를 프로그램 7.2와 같이 구현해 보자. 특히, 급여를 계산하는 pay 메소드를 살펴보자. 직원은 정해진 월급여 salary를 받는다. 따라서 pay 메소드는 16번 행과 같이 salary를 리턴하도록 구현하였다.

아르바이트를 나타내는 Arbeit 클래스의 pay 메소드는 아르바이트는 시간 단위로 급여를 계산하기 때문에 38번 행과 같이 일한 시간 곱하기 시급으로 급여를 계산하도록 구현하였다.

프로그램 7.2 • MainWorker.java

```
1  /*********************************************************
2   * 여러 종류의 직원을 정의하여 사용하는 프로그램
3   *********************************************************/
4
5  // 정규 직원을 정의하는 클래스
6  class Employee extends Worker
7  {
8     private long salary;
9
10    Employee(String name, String id, long salary) {
11       super(name, id);
12       this.salary = salary;
13    }
14
15    long pay() {
16       return salary;
17    }
```

```
}

// 아르바이트 직원을 정의하는 클래스
class Arbeit extends Worker
{
    private int hours;
    private int rate;

    Arbeit(String name, String id, int rate) {
        super(name, id);
        this.rate = rate;
        this.hours = 0;
    }

    int addHours(int hours) {
        this.hours += hours;
        return this.hours;
    }

    long pay() {
        return hours * rate;
    }
}

// 여러 직원을 생성하여 급여를 출력한다.
public class MainWorker
{
    public static void main(String args[]) {
        Employee employee = new Employee("김직원","900101-*******",2000000);
        System.out.println(employee.name);
        System.out.println("급여: " + employee.pay() + " 원");

        Arbeit arbeit = new Arbeit("이알바","901212-*******", 10000);
        System.out.println(arbeit.name);
        System.out.println("일한 시간: " + arbeit.addHours(30));
        System.out.println("급여: " + arbeit.pay() + " 원");
    }
}
```

실행결과

```
김직원
급여: 2000000 원
이알바
일한 시간: 30
급여: 300000 원
```

Emloyee를 상속받아 정의된 Executive가 나타내는 임원은 예를 들어 월급여에 50%의 보너스를 받는다고 가정하자. 이 클래스의 pay 메소드는 총급여를 프로그램 7.3의 10번 행과 같이 월급여에 1.5를 곱하여 계산할 수 있다.

프로그램 7.3 • Executive.java

```
1   // 보너스를 받는 Executive 클래스를 Employee를 확장하여 정의
2   class Executive extends Employee
3   {
4       Executive(String name, String id, long salary) {
5           super(name, id, salary);
6       }
7
8       // 보너스를 더하여 급여를 계산한다.
9       long pay() {
10          return super.pay() * 1.5;
11      }
12  }
```

최종 클래스

상속과 관련하여 final 키워드를 사용할 수 있다. final 키워드는 다음과 같이 세 가지 형태로 사용될 수 있는데, 첫 번째는 상수를 정의하는 데 사용된 경우로 이미 살펴보았다. 두 번째와 세 번째는 상속과 관련된 것으로 더

이상 메소드 재정의나 클래스 상속을 원하지 않을 때 사용된다. 각각에 대해서 보다 자세히 살펴보자.

```
final 자료형 변수;

final 리턴타입 메소드(매개변수선언) {
    ...
}

final class 클래스
{
    ...
}
```

- 첫 번째는 변수를 선언할 때 final 키워드를 사용하는 경우로 이렇게 선언된 변수는 값을 변경할 수 없는 상수 역할을 한다.
- 두 번째는 메소드 선언 앞에 final 키워드를 사용하는 경우로 이렇게 선언된 메소드는 더 이상 자식 클래스에서 재정의될 수 없다.
- 세 번째는 더 이상 확장, 즉 상속할 수 없는 클래스를 키워드 final을 이용하여 나타낸다. 이러한 클래스를 **최종 클래스**(final class)라고 한다.

예를 들어, Arbeit 클래스를 상속받아 새로운 클래스를 정의하는 경우가 없다면 Arbeit 클래스를 다음과 같이 최종 클래스로 선언할 수 있다. 이렇게 클래스를 최종 클래스로 선언하면 그 클래스는 더 이상 슈퍼클래스가 될 수 없다.

```
final class Arbeit extends Worker
{
    ...
}
```

java.lang 패키지의 클래스 중에서 Integer, Double과 같은 포장 클래스는 최종 클래스로 선언되어 있다. 따라서 Integer나 Double 클래스의 서브클래스를 정의할 수 없다. Java 클래스 라이브러리를 설계한 사람은 이들 포장 클래스가 더 이상 확장될 수 없도록 제한한 것이다. 최종 클래스를 선언하면 그 클래스에 대해 서브클래스를 정의할 수 없으므로 `final` 키워드는 해당 클래스를 더 이상 변경할 수 없도록 제한하는 효과가 있다.

Key Point 더 이상 확장할 수 없는 클래스를 최종 클래스라고 하는데, Java에서는 키워드 `final`을 이용하여 최종 클래스를 정의한다.

7.2 인터페이스

인터페이스의 필요성

실제 상황에서 여러 사람이 협력하여 하나의 큰 프로그램을 작성한다고 가정해 보자. 프로그램을 구성하는 클래스들도 서루 나누어 작성하게 될 텐데 하나의 프로그램을 구성하는 클래스들을 작성하기 전에 먼저 작성할 클래스에 대한 상호 간의 약속이 필요할 것이다. 작성할 클래스에 대한 이러한 약속을 **명세**(specification)라고 한다. 명세는 작성할 클래스에 대한 디자인이라고 볼 수도 있다.

Java 언어에서는 작성할 클래스에 대한 이러한 명세를 **인터페이스**(interface) 형태로 정의할 수 있다. 인터페이스는 클래스가 아니고 일종의 명세이므로 구체적인 구현이 필요 없는 추상 메소드들과 상수들만으로 구성된다. 인터페이스 내의 메소드는 모두 추상 메소드이므로 별도로 `abstract` 키워드를 사용하지 않는다. 앞에서 다룬 추상 클래스와 인터페이스를 비교해 보면 추상 클래스는 구현된 메소드와 구현되지 않은 추상 메소드를 포함한 반면에 인터페이스는 추상 메소드만을 포함한다. 이에 반해 일반 클래스에서는 모든 메소드들을 클래스 내에서 구현해야 한다.

■ **[표 7.2]** 인터페이스, 추상 클래스, 클래스의 용도

항목	용도
인터페이스	명세
추상 클래스	일부 구현, 일부 명세
클래스	구현

Key Point Java 언어에서는 작성할 클래스에 대한 명세를 인터페이스(`interface`) 형태로 정의할 수 있다.

인터페이스의 정의

인터페이스는 다음과 같이 상수와 추상 메소드 선언으로 구성된다.

```
interface 인터페이스이름
{
    <상수 선언>
    <추상 메소드 선언>
}
```

- 인터페이스 내에 선언된 메소드는 모두 public이고 abstract이므로 이러한 조정자를 생략한다.
- 상수도 public static final을 생략하여 선언한다.
- 인터페이스는 구현된 클래스가 아니므로 인터페이스로부터 객체를 생성할 수 없다.

Key Point 인터페이스는 상수와 추상 메소드 선언으로 구성된다.

예를 들어, 직원이나 아르바이트와 같이 급여를 지급해야 하는 클래스들은 모두 pay 메소드를 구현해야 급여를 지급할 수 있다. 이러한 약속(명세)을 인터페이스 형태로 정의해 보자. Payable 인터페이스는 급여를 지급할 수 있는 클래스에 대한 명세로 pay 메소드를 선언하고 있다.

```
interface Payable
{
    long pay();
}
```

인터페이스 구현

클래스를 작성할 때 작성할 클래스에 대한 인터페이스가 있으면 이 인터페이스를 구현(implements)하여 클래스를 정의할 수 있다. 인터페이스를 구현하는 클래스는 그 인터페이스 내에 선언된 모든 추상 메소드를 반드시 구현해야 하며 그렇지 않으면 컴파일러가 오류 메시지를 낸다. 클래스가 인터페이스를 구현하는 것은 클래스가 인터페이스에서 명세한 것들을 반드시 지키도록 강제하는 역할을 한다. 필요하면 하나의 클래스가 여러 개의 인터페이스들을 구현하는 것도 가능하며 이런 경우에 이 클래스는 여러 인터페이스들에서 명세한 것들을 모두 구현해야 한다. 콤마로 분리된 여러 개의 인터페이스이름들을 **인터페이스이름**$^+$ 형태로 표시한다.[1]

```
class 클래스이름 implements 인터페이스이름+
{
      ...
}
```

Key Point 인터페이스를 구현하는 클래스는 그 인터페이스 내에 선언된 모든 추상 메소드를 반드시 구현해야 한다.

예를 들어, 프로그램 7.4는 2번 행에서 Payable 인터페이스를 구현(implements)하여 급여를 지급할 수 있는 직원을 Employee1 클래스로 정의한다. 이 클래스는 반드시 Payable 인터페이스에서 명세한 pay 메소드를 반드시 구현해야 하는데, 15번 행에서 월급을 나타내는 salary 값을 리턴하도록 구현하였다. 이 둘 사이의 관계는 그림 7.3과 같이 표현할 수 있는데 점선이 인터페이스 구현 관계를 나타낸다.

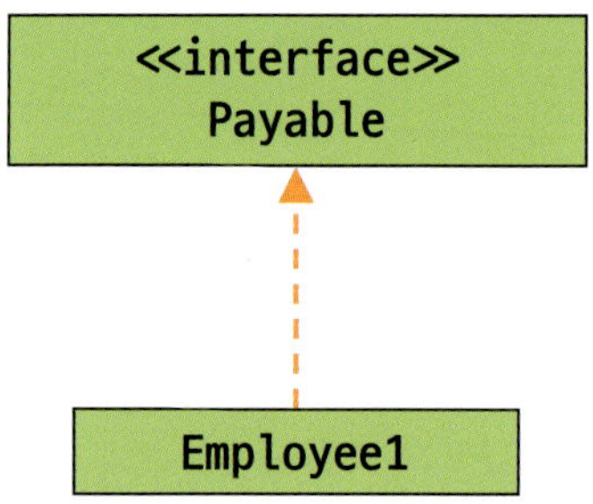

[그림 7.3] Employee1 클래스의 인터페이스 구현 관계

1) A^+ 표기는 A가 1회 이상 반복되는 것을 뜻한다.

프로그램 7.4 • Employee1.java

```
// 인터페이스를 구현하여 정규 직원을 정의하는 클래스
class Employee1 implements Payable
{
   protected String name;
   private String id;
   private long salary;

   Employee1(String name, String id, long salary) {
      this.name = name;
      this.id = id;
      this.salary = salary;
   }

   public long pay() {
      return salary;
   }
}
```

다른 클래스를 사용했던 것처럼 이 클래스로부터 객체를 생성하여 이 객체를 Employee1 타입의 객체 참조 변수가 가리킬 수 있다.

```
Employee1 x = new Employee1(...);
```

또한, 인터페이스 이름을 타입 이름으로 사용할 수 있다. 인터페이스로부터 객체를 생성할 수 없지만 인터페이스 이름은 타입 이름으로 사용될 수 있다. 예를 들어, 다음과 같이 인터페이스 이름을 타입으로 사용하여 객체 참조 변수를 선언할 수 있다.

```
Payable x;
```

이 객체 참조 변수는 어떤 객체를 가리킬 수 있을까? 일반적으로 인터페이스 타입으로 선언된 변수는 그 인터페이스를 구현한 클래스의 객체를 가리킬 수 있다. 예를 들어, 이 변수는 다음과 같이 Payable 인터페이스를 구현한

Employee 클래스의 객체를 가리킬 수 있다.

```
Payable x = new Employee1(...);
```

클래스 상속과 인터페이스 구현

다음과 같이 하나의 클래스가 다른 클래스를 상속받으면서 동시에 어떤 인터페이스를 구현하는 것도 가능하다. 이 클래스는 상속에 의해서 부모 클래스의 모든 것을 상속받으며 동시에 인터페이스에서 명시한 메소드들을 반드시 구현해야 한다. 필요에 따라 여러 개의 인터페이스들을 구현하는 것도 가능하다.

```
class 클래스이름 extends 클래스이름 implements 인터페이스이름+
{
      ...
}
```

예를 들어, 앞에서 살펴본 Employee1 클래스는 Payable 인터페이스를 구현한 클래스로 정의하였는데, 이 클래스는 Payable 인터페이스를 구현할 뿐만 아니라 Worker 클래스를 상속받도록 재작성할 수 있다. 이 관계는 그림 7.4와 같다. 다음 프로그램에서 보는 것처럼 Employee2 클래스는 Worker 클래스를 상속받아 정의하면서 Payable 인터페이스에서 명시한 pay 메소드를 실제로 구현하고 있다.

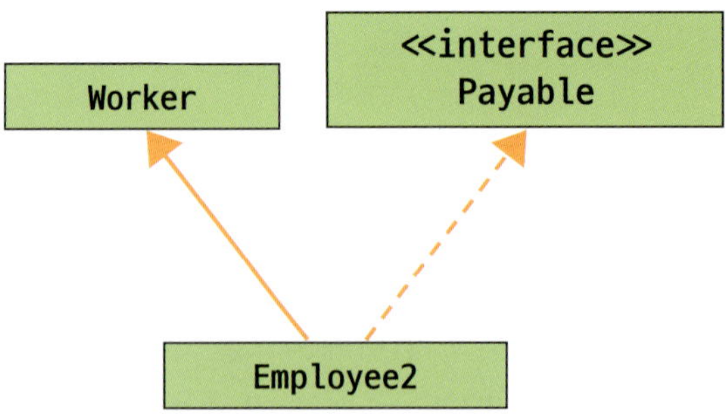

■ **[그림 7.4]** Employee2 클래스의 상속 및 구현 관계

프로그램 7.5 • Employee2.java

```java
// 상속을 받고 인터페이스를 구현하여 직원을 정의하는 클래스
class Employee2 extends Worker implements Payable
{
   private long salary;

   Employee2(String name, String id, long salary) {
      super(name, id);
      this.salary = salary;
   }

   public long pay() {
      return salary;
   }
}
```

지금까지 작성한 Employee, Employee1, Employee2 클래스는 어떻게 다를까? Employee 클래스에서는 Worker 클래스를 상속받으며 추상 메소드로 선언된 pay 메소드를 꼭 구현해야 하는 것은 아니며 만약 구현하지 않으면 Employee 클래스의 자식 클래스에서 구현하면 된다. 반면에 Employee1 클래스는 Payable 인터페이스를 구현하므로 반드시 pay 메소드를 구현해야 한다. 또한, Employee2 클래스는 Worker 클래스를 상속받고 Payable 인터페이스를 구현하므로 마찬가지로 pay 메소드를 구현해야 한다.

Employee 클래스와 비슷하게 Arbeit 클래스도 반드시 급여를 지급해야 하므로 Payable 인터페이스를 구현하여 작성할 수 있다. 이렇게 구현한 클래스 이름이 Arbeit2라면 Employee2나 Arbeit2 모두 Payable 인터페이스를 구현한 클래스이므로 다음과 같이 Payable 타입의 참조 변수 x를 선언하면 이 변수는 Employee2 객체나 Arbeit2 객체를 가리킬 수 있다.

```java
Payable x;
x = new Employee2(...);
x = new Arbeit2(...);
```

예를 들어, Java API로 제공되는 많은 클래스들도 인터페이스를 구현하여 정의되어 있다. java.awt의 Button 클래스는 다음과 같이 Component 클래스를 상속받고 Accessible 인터페이스를 구현한다. Component 클래스는 Object 클래스를 상속받고 세 개의 인터페이스 ImageObserver, MenuContainer, Serializable를 구현한다.

```
public class Button extends Component implements Accessible

public abstract class Component extends Object implements
                        ImageObserver, MenuContainer, Serializable
```

인터페이스 사이의 상속

Java 언어에서 인터페이스는 클래스가 아니며 둘은 서로 다른 것이다. 이번에는 인터페이스 사이의 상속에 대해 알아보자. 클래스 사이에 상속을 이용하여 새로운 클래스를 정의하는 것처럼 인터페이스 사이의 상속을 이용하여 새로운 인터페이스를 정의하는 것도 가능하다. 쉽게 말하면 클래스는 클래스끼리 상속하고 인터페이스는 인터페이스끼리 상속한다.

Key Point 클래스는 클래스끼리 상속하고, 인터페이스는 인터페이스끼리 상속한다.

다음과 같이 어떤 인터페이스를 확장(extends), 즉 상속하여 새로운 인터페이스를 정의할 수 있다. 클래스 상속과 마찬가지로 두 인터페이스 사이에는 is-a 관계가 성립해야 상속할 수 있다. 보통 좀 더 상위 개념의 인터페이스로부터 상속받아 보다 구체적인 인터페이스를 정의하게 된다.

```
interface 인터페이스이름 extends 인터페이스이름
{
   <상수 선언>
   <추상 메소드 선언>
}
```

예를 들어, 프로그램 7.6과 같이 그림으로 그릴 수 있는 도형들을 표현하는 인터페이스로 4번 행과 같이 Drawable 인터페이스를 정의할 수 있는데, 이 인터페이스에는 그림을 그릴 때 사용하는 paint 메소드를 선언할 수 있다. 또한, 컬러로 그림을 그릴 수 있는 객체들을 표현하는 인터페이스 16번 행과 같이 ColorDrawable 인터페이스를 정의할 수 있는데, 이 인터페이스는 Drawable 인터페이스를 상속받고, 추가적으로 색을 지정하는 setColor 메소드를 선언할 수 있다. 또한, 크기를 조절할 수 있는 도형들을 표현하는 인터페이스로 10번 행과 같이 Resizable 인터페이스를 정의할 수 있으며 이 인터페이스에는 도형의 크기를 조정하는 resize 메소드를 선언할 수 있다.

프로그램 7.6 • ColorDrawable.java

```
1  import java.awt.Color;
2
3  // 그림을 그릴 수 있는 것을 명세하는 인터페이스
4  interface Drawable
5  {
6     void paint();
7  }
8
9  // 크기를 조정할 수 있는 것을 명세하는 인터페이스
10 interface Resizable
11 {
12    void resize(int percent);
13 }
14
15 // 컬러 그림을 그릴 수 있는 것을 명세하는 인터페이스
16 interface ColorDrawable extends Drawable
17 {
18    void setColor(Color color);
19 }
```

크기를 조정할 수 있고 컬러로 그림을 그릴 수 있는 원을 나타내는 Circle 클래스를 두 개의 인터페이스 Resizable과 ColorDrawable를 구현하여 다음과 같이 정의할 수 있는데, 이들 사이의 상속 및 구현 관계는 그림 7.5와 같다.

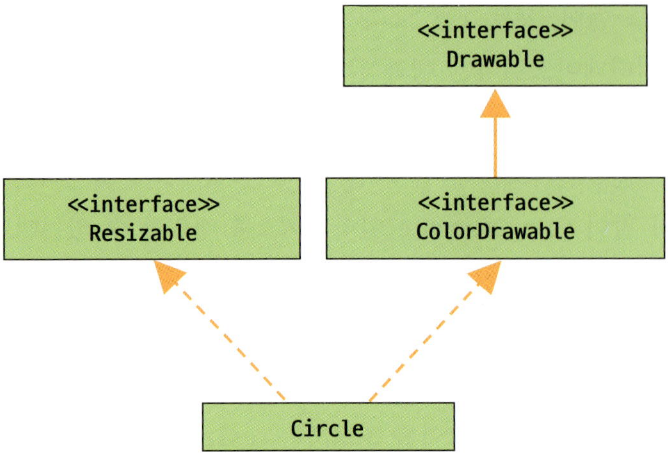

■ **[그림 7.5]** Circle 클래스의 상속 및 구현 관계

프로그램 7.7의 Circle 클래스에서는 Resizable과 ColorDrawable 인터페이스에서 명세한 resize, paint, setColor 메소드를 각각 17, 21, 25번 행에서 구현하고 있다. 실제로 원을 그리는 paint 메소드의 구현은 연습문제로 남겨 둔다. CircleTest 클래스는 원 그리기를 테스트하는 프로그램으로 34~38번 행에서 원을 생성하고 컬러를 지정하고 원을 그린다. 또한 크기를 재조정한 후에 다시 원을 그린다.

프로그램 7.7 • CircleTest.java

```
1   /*************************************************************
2    * 인터페이스를 구현하는 Circle 클래스의 테스트 프로그램
3    *************************************************************/
4   import java.awt.Color;
5
6   // 크기 조정이 가능하고 컬러 그림을 그릴 수 있는 원을 정의하는 클래스
7   class Circle implements Resizable, ColorDrawable
8   {
9      int radius;
10     Color color;
11
12     Circle(int r) {
13        radius = r;
```

```java
        color = Color.BLACK;
    }

    public void resize(int percent) {
        radius += radius * percent / 100;
    }

    public void paint() {
        // 그리기 메소드 구현
    }

    public void setColor(Color color) {
        this.color = color;
    }
}

// 원 그리기를 테스트하는 프로그램
public class CircleTest
{
    public static void main(String[] args) {
        Circle circle = new Circle(10);
        circle.setColor(Color.RED);
        circle.paint();
        circle.resize(200);
        circle.paint();
    }
}
```

클래스는 하나의 부모 클래스만 상속받을 수 있지만 인터페이스는 여러 개의 인터페이스들을 상속받는 **다중상속**(multiple inheritance)이 가능하다. 인터페이스 다중상속은 다음과 같이 extends 키워드와 콤마를 이용해서 여러 개의 인터페이스들을 지정하면 된다.

```
interface 인터페이스이름 extends 인터페이스이름1, ..., 인터페이스이름n {
    <상수 선언>
    <추상 메소드 선언>
}
```

예를 들어, 다음과 같이 Resizable과 Drawable의 특성을 모두 포함하는 ResizableAndDrawable 인터페이스를 정의할 수 있다. 이 인터페이스에는 Resizable과 Drawable으로부터 상속받은 멤버(상수 혹은 메소드) 외에 추가로 멤버를 선언할 수 있다.

```
interface ResizableAndDrawable extends Resizable, Drawable
{
   // 상수 혹은 메소드 추가
}
```

7.3 중첩 클래스와 익명 클래스

중첩 클래스의 필요성

클래스 내부에 새로운 클래스를 정의할 수 있으며 이를 **중첩 클래스**(nested class)라고 한다. 어떤 경우에 중첩 클래스를 사용하면 좋을까? 어떤 클래스가 한 클래스 내에서만 사용되거나 두 클래스가 서로 밀접한 관련이 있는 경우에 중첩 클래스를 사용하면 좋다. 한 클래스를 다른 클래스의 중첩 클래스로 선언하면 중첩 클래스는 외부 클래스의 멤버를 쉽게 접근할 수 있으며, 외부에는 불필요한 클래스를 감춤으로써 코드의 복잡성을 줄일 수도 있다.

다음 코드에서 왼쪽은 클래스 A와 클래스 B를 두 개의 독립적인 클래스로 정의한 것이다. 반면에 오른쪽은 클래스 B를 클래스 A 내에 중첩하여 선언한 것으로 클래스 A는 클래스 B의 외부 클래스(outer class)가 된다. 중첩 클래스 B는 주로 외부 클래스 A 내에서 사용된다. 한 클래스를 다른 클래스의 내부 클래스로 선언하면 내부 클래스는 외부 클래스의 멤버(변수 및 메소드)에 더 자유롭게 접근할 수 있다. 즉, 내부 클래스 B는 외부 클래스 A의 내부에 존재하므로 private로 선언된 x와 같은 멤버 변수도 접근하여 사용할 수 있다.

```
class A
{
   private int x;
}

class B
{

}
```

```
class A
{
   private int x;

   class B
   {

   }

}
```

중첩 클래스를 사용하여 프로그램을 작성하면 다음과 같은 장점이 있다.

- 한 클래스 내에서만 사용되는 클래스들을 중첩함으로써 코드를 논리적으로 그룹화할 수 있다.
- 중첩 클래스는 캡슐화에도 도움이 된다. 두 개의 클래스 A와 B에서 B가 A의 멤버를 접근할 필요가 있는 경우를 생각해 보자. 이런 경우에 B 클래스를 A 클래스 내에 정의하면 A의 멤버를 private로 선언하여도 B 클래스가 이를 접근할 수 있다. 뿐만 아니라 B 자체도 외부로부터 숨겨질 수 있다.
- 중첩 클래스는 가독성 및 유지 관리 측면에서도 좋다. 작은 클래스들을 사용하는 클래스 내에 중첩하여 정의함으로써 코드를 사용되는 곳에 가깝게 둘 수 있다.

중첩 클래스의 종류

클래스 내에는 변수나 메소드 같은 멤버를 선언할 수 있다. 클래스 내에 선언된 멤버 변수는 선언 위치에 따라 그 종류가 다르다. 클래스 내에 멤버 변수로 선언된 변수는 일반적으로 인스턴스 변수(instance variable)이다. 만약 그 멤버 변수 앞에 static으로 선언하면 그 변수는 정적 변수(static variable)가 된다.

마찬가지로 클래스 내에 선언하는 중첩 클래스도 마치 멤버를 선언하는 것과 같은 위치에 선언하며, 그 선언 방식에 따라 내부 클래스, 정적 중첩 클래스, 익명 클래스 등으로 나뉜다. 위 코드처럼 외부 클래스 A의 멤버 선언 위치에 중첩 클래스 B를 선언할 수 있으며 이 경우에 다른 멤버와 같은 성질을 갖는다.

• 내부 클래스

클래스의 멤버 선언 위치에 선언한 클래스를 **내부 클래스**(inner class)라고 하며 내부 클래스는 외부 클래스의 다른 멤버처럼 다루어진다. 주로 외부 클래스의 멤버들과 관련된 작업에 사용될 목적으로 선언된다.

• 정적 중첩 클래스

클래스의 멤버 선언 위치에 static으로 선언한 중첩 클래스를 **정적 중첩 클래스**(static nested class)라고 한다. 정적 중첩 클래스는 외부 클래스의 정적 멤버처럼 다루어진다. 정적 중첩 클래스는 주로 외부 클래스의 정적 메소드에서 사용될 목적으로 선언된다.

• 익명 클래스

클래스의 선언과 객체의 생성을 동시에 하는 이름 없는 클래스를 **익명 클래스**(anonymous class)라고 하며 이러한 클래스는 일회용으로 사용된다.

내부 클래스

클래스 내부의 멤버 선언 위치에 선언한 클래스를 내부 클래스(inner class)라고 하며 내부 클래스는 외부 클래스의 다른 멤버들처럼 다루어진다. 내부 클래스는 주로 외부 클래스의 멤버들과 관련된 작업에 사용될 목적으로 선언된다. 내부 클래스도 클래스이기 때문에 abstract, static, final과 같은 조정자를 사용할 수 있을 뿐만 아니라, 다른 멤버들처럼 private, protected, public과 같은 접근 제한자를 사용할 수 있다.

> **Key Point** 클래스 내부의 멤버 선언 위치에 선언한 클래스를 내부 클래스(inner class)라고 하며 이 클래스는 외부 클래스의 다른 멤버들처럼 다루어진다.

내부 클래스는 외부 클래스 내에 선언된 다른 멤버들처럼 사용될 수 있다. 예를 들어, 프로그램 7.8에서 B 클래스는 A 클래스 내에 선언된 내부 클래스이므로 A 클래스의 private 멤버 변수 x를 사용할 수 있다. 또한, B 클래스는 A 클래스 내에서 private로 선언되었으므로 A 클래스 내에서만 사용 가능하다. 이 예에서는 A 클래스의 생성자에서 B 클래스를 다른 멤버처럼 사용하고 있다.

프로그램 7.8 • Main1.java

```java
class A  // 외부 클래스
{
   private int x = 10;

   A() {
      B b = new B();
      b.m();
   }

   private class B     // 내부 클래스
   {
      void m() {
         System.out.println("A.x: " + x);
      }
   }
}

public class Main1
{
   public static void main(String args[]) {
      A a = new A();
   }
}
```

실행결과

```
A.x: 10
```

내부 클래스를 컴파일했을 때 생성되는 파일명은 **외부클래스명$내부클래스명.class** 형식이 된다. 만일 이 프로그램을 컴파일한다면 A.class와 A$B.class 두 개의 클래스 파일이 생성될 것이다.

이 예제 프로그램과 비슷하게 GUI 프로그램을 작성할 때 리스너 클래스를 내부 클래스 형태로 정의하여 사용할 수 있다. 이에 관해서는 다음 절의 프로그램 7.12와 프로그램 7.13을 참고하기 바란다.

외부 클래스와 내부 클래스에 선언된 변수 이름이 서로 같을 수도 있다. 심지어는 메소드 내에 선언된 지역 변수와 이름이 같을 수도 있다. 이들은 이름만 같지 사실은 다른 변수이며 내부 클래스와 외부 클래스에 선언된 변수의 이름이 같을 때는 변수 이름 앞에 this 또는 **외부클래스명**.this를 붙여서 서로 구별할 수 있다.

프로그램 7.9에서는 변수 x가 세 번 선언되었는데 첫 번째는 클래스 A의 필드 변수로 선언되었고, 두 번째는 내부 클래스 B의 필드 변수로 선언되었다. 또한, 내부 클래스 B의 메소드 m 내에 지역 변수로도 선언되었다. 메소드 m 내에서 이름 x는 이 지역 변수를 나타내고 this.x는 내부 클래스 B의 필드 변수 x를 나타낸다. 또한 A.this.x는 외부 클래스 A의 필드 변수 x를 나타낸다.

프로그램 7.9 • A.java

```
public class A    // 외부 클래스
{
   private int x = 10;

   private class B   // 내부 클래스
   {
      int x = 20;
      void m() {
         int x = 30;
         System.out.println("x: " + x);
         System.out.println("B.x: " + this.x);
         System.out.println("A.x: " + A.this.x);
      }
   }

   public static void main(String args[]) {
      A a = new A();
      B b = a.new B();
      b.m();
   }
}
```

실행결과

```
x: 30
B.x: 20
A.x: 10
```

내부 클래스는 외부 클래스 내에 선언된 클래스로 외부 클래스 객체가 존재하지 않는 상태에서 내부 클래스 객체가 존재할 수 없다. 따라서 내부 클래스 객체를 생성하려면 먼저 외부 클래스 객체를 생성해야 한다. 이 프로그램의 main 메소드에서는 17번 행에서 외부 클래스 A의 객체를 생성한 후에 18번 행에서 내부 클래스 B의 객체를 생성하여 사용하고 있다. 실행결과에서 보는 것처럼 내부 클래스 B의 메소드 m은 지역 변수 x, 내부 클래스 B의 필드 변수 x, 외부 클래스 A의 필드 변수 x의 값을 순차적으로 출력한다.

정적 중첩 클래스

클래스 내부의 멤버 선언 위치에 static으로 선언한 중첩 클래스를 **정적 중첩 클래스**(static nested class)라고 한다. 정적 중첩 클래스는 외부 클래스의 정적 멤버처럼 사용된다. 일반적으로 클래스 내에 static으로 선언된 정적 멤버(변수 혹은 메소드)는 그 클래스의 객체와 무관하게 존재한다. 따라서 정적 멤버는 클래스의 객체를 생성하지 않고 **클래스이름.멤버이름** 형태로 접근하여 사용할 수 있다. 이와 같은 원리가 정적 중첩 클래스에도 그대로 적용된다.

Key Point 클래스 내부의 멤버 선언 위치에 static으로 선언한 중첩 클래스를 정적 중첩 클래스(static nested class)라고 하며 이 클래스는 외부 클래스의 정적 멤버처럼 사용된다.

정적 중첩 클래스는 외부 클래스의 정적 멤버이며 주로 정적 메소드에서 사용될 목적으로 선언된다. 만약 정적 메소드에서 사용되지 않는다면 굳이 static으로 선언할 필요가 없을 것이다. 정적 메소드는 선언된 클래스의 정적 멤버만을 사용할 수 있다는 점을 주의하자.

앞에서 살펴본 내부 클래스는 그 객체를 만들기 위해서 반드시 외부 클래스 객체를 먼저 생성해야 했다. 반면에 static으로 선언된 정적 중첩 클래스는 외부 클래스 객체를 생성하지 않고도 그 클래스의 객체를 생성할 수 있다. 따라서 프로그램 7.10과 같이 A 클래스 객체를 생성하지 않고도 new A.B() 형태로 정적 중첩 클래스인 B의 객체를 생성할 수 있다. 정적 중첩 클래스 B의 메소드 m은 외부 클래스 A의 정적 필드 변수 x와 자신의 필드 변수 y의 값을 출력한다.

프로그램 7.10 • A.java

```java
public class A    // 외부 클래스
{
   private static int x = 10;

   static class B       // 정적 중첩 클래스
   {
      int y = 20;
      void m() {
         System.out.println("A.x: " + x);
         System.out.println("B.y: " + y);
      }
   }

   public static void main(String args[]) {
      B b = new A.B();
      b.m();
   }
}
```

실행결과

```
A.x: 10
B.y: 20
```

중첩 클래스는 내부 클래스든 정적 중첩 클래스든 외부 클래스의 멤버(변수 혹은 메소드)와 같은 위치에 선언되며, 또한 메소드와 비슷한 성질을 갖는다. 즉, 내부 클래스는 외부 클래스 내에 선언된 인스턴스 멤버와 정적 멤버 모두 직접 사용 가능하지만, 정적 중첩 클래스는 일종의 정적 멤버이므로 인스턴스

멤버를 사용할 수 없으며 정적 멤버만 사용 가능하다. 만약 앞의 예에서 A.x 변수가 static으로 선언되지 않았다면 클래스 B에서는 이 변수를 접근할 수 없었을 것이다.

익명 클래스

익명 클래스(anonymous class)는 다른 중첩 클래스들과는 달리 이름이 없다. 클래스의 선언과 객체의 생성을 동시에 하기 때문에 한 번만 사용될 수 있고 오직 하나의 객체만을 생성할 수 있는 일회용 클래스이다. 익명 클래스는 상속받고자 하는 부모 클래스의 이름을 사용해서 부모 클래스를 상속받아 작성할 수 있다. 혹은 구현하고자 하는 인터페이스의 이름을 사용해서 하나의 인터페이스만을 구현하여 비슷하게 익명클래스를 작성할 수도 있다.

예를 들어, 다음과 같이 부모 클래스 A를 상속받아 익명 클래스를 정의하고 바로 객체를 생성할 수 있다.

```
new A () {
  ... // 익명 클래스 정의
}
```

7.4절의 프로그램 7.12는 버튼을 이용한 이벤트 구동 GUI 프로그램인 프로그램 7.11을 익명 클래스를 사용하여 재작성한 것이다.

> **Key Point** 익명 클래스(anonymous class)는 이름이 없으며 클래스의 선언과 객체의 생성을 동시에 하기 때문에 한 번만 사용될 수 있고 오직 하나의 객체만을 생성할 수 있는 일회용 클래스이다.

익명 클래스는 이름이 없기 때문에 몇 가지 제약이 있다. 먼저 이름이 없기 때문에 생성자도 가질 수 없으며, 하나의 클래스를 상속받으면서 인터페이스를 구현하거나 하나 이상의 인터페이스를 구현하는 등의 일을 할 수 없다.

7.4 이벤트 구동 프로그램

이벤트 구동 GUI 프로그램

지금까지 살펴본 GUI 프로그램들은 그래픽 디스플레이를 하지만 버튼을 누르는 등의 사용자 입력에 전혀 반응하지 못한다. 여기에서는 사용자 입력에 반응하는 이벤트 구동 GUI 프로그램(event-driven GUI program)에 대해서 살펴보자. 이벤트 구동 GUI 프로그램은 다음과 같이 크게 3가지 요소로 구성된다.

- 컴포넌트(component)
- 이벤트(event)
- 리스너(listener)

컴포넌트(component)는 레이블(label), 버튼(button), 텍스트 필드(text field), 메뉴(menu), 컨테이너(container) 등의 화면 요소(screen element)를 나타내는 객체이다. 컨테이너는 다른 컴포넌트들을 포함하고 조직하는 데 사용되는 일종의 특별한 컴포넌트로서 프레임(frame), 패널(panel), 애플릿(applet), 대화상자(dialog box) 등이 있다.

이벤트(event)는 어떤 사건 혹은 이벤트의 발생을 나타내며 프로그램은 발생된 이벤트에 대해 대응하는 액션을 취할 수 있다. 예를 들어, 사용자의 입력

Q&A

이벤트 구동 프로그램이 왜 필요한가요?

간단하지만 중요한 질문입니다. 우리가 사용하는 대부분의 GUI 프로그램들은 사용자의 어떤 동작에 대해서 반응하여 무언가를 처리합니다. 만약 이벤트 구동 프로그램이 없다면 사용자의 어떤 동작에 대해서 프로그램은 전혀 반응할 수 없습니다. 결국 거의 아무 일도 할 수 없게 됩니다. 따라서 GUI 프로그램 작성에 있어서 이벤트 구동 개념은 매우 중요하겠지요.

동작과 연계된 이벤트는 마우스 드래그(drag), 마우스 버튼 클릭, GUI 버튼 클릭, 키보드의 키 누름 등이 있다. 사용자의 동작과 관련 없이 발생할 수 있는 이벤트도 있는데, 예를 들면, 설정된 타이머가 끝나면 이벤트가 발생된다. 각 이벤트를 나타내는 클래스가 표준 클래스 라이브러리에 정의되어 있다.

리스너(listener)는 이벤트가 일어나기를 '기다리고' 있다가 그것이 발생했을 때 대응하여 처리하는 객체로, 프로그램 작성자는 발생 가능한 이벤트에 대해서 원하는 일을 수행하도록 리스너를 작성해야 한다. 예를 들어, GUI 버튼이 눌려졌을 때, 액션 이벤트(ActionEvent)가 발생되며, 발생된 이벤트에 대해서 미리 작성된 리스너에서 적절히 대응하여 처리할 수 있다.

컴포넌트가 이벤트를 발생시킬 수 있다.

리스너는 발생된 이벤트를 처리한다.

[그림 7.6] 컴포넌트, 이벤트, 리스너 사이의 관계

그림 7.6은 컴포넌트, 이벤트, 리스너 사이의 관계를 보여준다. 컴포넌트로부터 이벤트가 발생했을 때, 리스너의 적절한 메소드가 호출되며 그 이벤트를 나타내는 객체가 호출되는 메소드에 전달된다.

Key Point 이벤트 구동 GUI 프로그램은 컴포넌트, 이벤트, 리스너로 구성된다.

이벤트 구동 GUI 프로그램은 대체적으로 다음과 같은 과정을 거쳐 만든다.

(1) Java 클래스 라이브러리에 정의된 컴포넌트를 사용하여 필요한 컴포넌트들을 생성한다. 컴포넌트를 사용하거나 조작할 때 그 컴포넌트로부터 이벤트가 발생할 것이다.

(2) 특정 이벤트가 발생했을 때 이를 대응하여 처리할 수 있는 리스너를 구현한다.

(3) 구현한 리스너 객체를 생성하여 이를 이벤트를 발생시킬 컴포넌트에 등록한다.

누름 버튼

예를 들어, 누름 버튼(push button)을 생각해 보자. 누름 버튼은 사용자가 마우스를 사용해서 버튼을 누름으로써 어떤 동작을 시작시키는 컴포넌트이다. 누름 버튼은 JButton 클래스에 의해 정의된다. 다음 표와 같이 누름 버튼을 누르면 누름 버튼으로부터 액션 이벤트(ActionEvent)가 발생된다.

컴포넌트	사용자의 동작	발생 이벤트
JButton	버튼 누름	ActionEvent

또한, 액션 이벤트의 리스너 정의를 위한 리스너 인터페이스와 이벤트 발생 시 자동으로 수행되는 메소드는 다음 표와 같다. 리스너 인터페이스에는 이 인터페이스를 구현하는 리스너가 작성해야 하는 메소드들의 목록이 선언되어 있다. 예를 들어, 발생된 ActionEvent를 처리하기 위한 리스너는 ActionListener 인터페이스에 선언된 actionPerformed 메소드를 구현하여 작성한다.

이벤트 클래스	리스너 인터페이스	메소드
ActionEvent	ActionListener	actionPerformed(ActionEvent e)

버튼(JButton)을 위한 리스너를 제대로 작성해서 등록했다면 그림 7.6과 같이 버튼(JButton)을 누르면 누름 버튼으로부터 액션 이벤트(ActionEvent)가 발생되고 이를 해당 이벤트 리스너의 actionPerformed 메소드가 처리할 것이다.

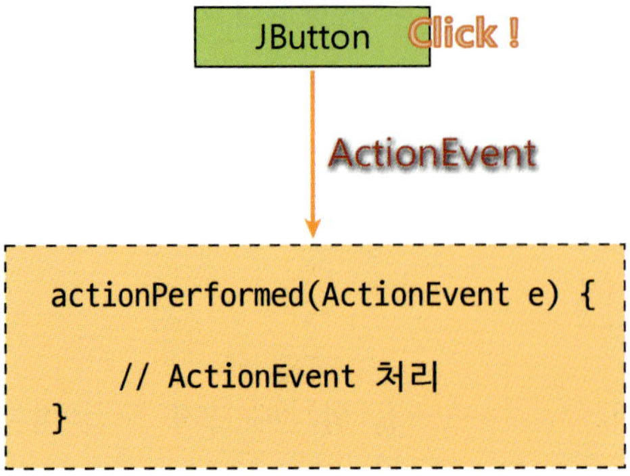

■ **[그림 7.6]** 버튼으로부터 발생된 이벤트 처리

5장에서 살펴본 GUI 프로그램, 예를 들어, `Choose.java` 프로그램은 사용자가 버튼을 누르더라도 아무 반응이 없다. 다음 프로그램 7.11에서는 이벤트와 이벤트 리스너를 이용하여 사용자가 버튼을 누를 때마다 "**시작 버튼 누름 !**"이라는 메시지를 출력한다. 이를 위해서는 버튼을 누르면 발생하는 간단한 액션 이벤트에 대한 리스너를 작성하여 리스너 객체를 생성하고, 이를 버튼에 등록해야 한다.

누름 버튼 테스트 프로그램

프로그램 7.11에서는 23번 행에서 `ActionListener` 인터페이스를 구현하여 액션 이벤트에 대한 리스너인 `ButtonListener`를 작성하였다. `main` 메소드 내의 15번 행에서 이 리스너 객체를 생성하여 `addActionListener` 메소드를 이용하여 버튼에 등록한다. 버튼을 누르면 이 리스너가 자동으로 실행되어 "**시작 버튼 누름 !**"이라는 메시지를 표준출력에 출력한다.

각 이벤트마다 **리스너 인터페이스**(listener interface)가 정의되어 있으며 리스너는 각 이벤트를 위한 리스너 인터페이스를 구현하여 작성할 수 있다. 이 예제에서 `ButtonListener` 클래스는 23번 행에서 `ActionListener` 인터페이스를 구현하여 작성하는데, 특히 이 인터페이스에 명세된 `actionPerformed` 메소드를 구현하여 작성하였다.

프로그램 7.11 ButtonTest1.java

```java
/*************************************************************
 * 버튼과 이벤트 리스너 사용을 보여주는 프로그램
 *************************************************************/
import java.awt.*;
import java.awt.event.*;
import javax.swing.JFrame;

// 버튼을 디스플레이하고 리스너를 테스트하는 클래스
public class ButtonTest1
{
   public static void main(String[] args) {
      JFrame frame = new JFrame ("Answer");
      frame.setDefaultCloseOperation (JFrame.EXIT_ON_CLOSE);
      Button button = new Button("시작");
      button.addActionListener(new ButtonListener());
      frame.getContentPane().add(button);
      frame.pack();
      frame.setVisible(true);
   }
}

// 버튼을 위한 리스너를 정의하는 클래스
class ButtonListener implements ActionListener
{
   public void actionPerformed(ActionEvent e) {
      System.out.println("시작 버튼 누름 !");
   }
}
```

실행결과

익명 클래스를 사용하는 프로그램

프로그램 7.11은 리스너를 일반 클래스 형태로 작성하였는데, 이 프로그램은 버튼을 누르면 발생하는 액션 이벤트에 대한 리스너를 ActionListener 인터페이스를 구현한 ButtonListener 클래스로 작성하여 사용하였다. 그러나 이 ButtonListener 클래스가 여기에서 한 번만 사용되므로 굳이 클래스를 별도로 정의할 필요가 없으며 익명 클래스를 이용하여 재작성할 수 있다. 프로그램 7.12에서는 이 리스너를 15~19번 행과 같이 익명 클래스를 이용하여 재작성하였다. ActionListener() 다음에 오는 코드가 이 ActionLinstener를 구현하는 익명 클래스이며 new 연산자를 이용하여 이 익명 클래스의 객체를 바로 생성하여 등록한다. 익명 클래스는 이름이 없기 때문에 컴파일하면 **외부클래스명$숫자**.class 형식으로 클래스 파일명이 결정된다.

프로그램 7.12 • ButtonTest2.java

```
1  /*****************************************************************
2   *  버튼과 익명 클래스를 사용한 이벤트 리스너를 보여주는 프로그램
3   *****************************************************************/
4  import java.awt.*;
5  import java.awt.event.*;
6  import javax.swing.JFrame;
7
8  public class ButtonTest2
9  {
10    public static void main(String[] args) {
11       JFrame frame = new JFrame ("Answer");
12
13       frame.setDefaultCloseOperation (JFrame.EXIT_ON_CLOSE);
14       Button button = new Button("시작");
15       button.addActionListener(new ActionListener() {  // 리스너 정의 및 등록
16          public void actionPerformed(ActionEvent e) {
17             System.out.println("시작 버튼 누름 !!");
18          }
19       }
```

```
        );
        frame.getContentPane().add(button);
        frame.pack();
        frame.setVisible(true);
    }
}
```

누름 버튼을 이용한 선택 프로그램

다음 프로그램 7.13에서는 이벤트와 이벤트 리스너를 이용하여 사용자가 YES 혹은 NO를 선택하여 버튼을 누를 때마다 선택한 결과를 보여준다. 이 프로그램에서는 패널을 위한 클래스를 별도로 구성하여 두 개의 클래스로 작성한다. 첫 번째 `Answer` 클래스는 `main` 메소드를 포함하는 클래스로 13번 행에서 프레임(`JFrame`)을 생성하고 16번 행에서 새로운 패널 `AnswerPanel`을 생성하여 이 프레임에 추가한 후 보여준다.

두 번째 `AnswerPanel` 클래스는 `JPanel`를 상속한 패널로, 이 클래스의 생성자는 이 패널의 GUI 요소들을 설정하고 초기화한다. 30, 31번 행에서 YES와 NO를 나타내기 위한 두 개의 버튼를 생성한다. 그리고 이 버튼이 눌러졌을 때 이를 처리하기 위한 리스너인 `ButtonListener`를 32, 33번 행에서 생성하여 이들 버튼에 등록한다. 35번 행에서 버튼을 선택한 결과를 표시하는 레이블을 생성하고 이들을 36~38번 행에서 패널에 추가한다.

프로그램 7.13 • Answer.java

```
1  /**************************************************************
2   *  GUI와 이벤트 리스너 사용을 보여주는 프로그램
3   *************************************************************/
4
5  import java.awt.*;
```

```java
import java.awt.event.*;
import javax.swing.*;

// 프레임을 만들고 패널을 추가한다.
public class Answer
{
   public static void main (String[] args) {
      JFrame frame = new JFrame ("Answer");

      frame.setDefaultCloseOperation (JFrame.EXIT_ON_CLOSE);
      frame.getContentPane().add(new AnswerPanel());
      frame.pack();
      frame.setVisible(true);
   }
}

// YES, NO 버튼과 선택 결과를 포함하는 패널을 정의한다.
class AnswerPanel extends JPanel
{
   private JButton yes,no;
   private JLabel label;

   // 생성자: 선택 버튼과 레이블을 생성하여 추가한다.
   public AnswerPanel() {
      yes = new JButton("YES");
      no = new JButton("NO");
      yes.addActionListener(new ButtonListener());    // 리스너 등록
      no.addActionListener(new ButtonListener());     // 리스너 등록

      label = new JLabel("당신의 선택은 :    ");
      add(yes);
      add(no);
      add(label);
      setPreferredSize(new Dimension(300, 40));
      setBackground(Color.CYAN);
   }

   // 버튼을 누를 때 발생되는 ActionEvent를 위한 리스너를 정의한다.
   private class ButtonListener implements ActionListener
   {
      // 버튼이 눌려졌을 때 선택에 때라 레이블을 갱신한다.
```

```
47         public void actionPerformed(ActionEvent event) {
48            label.setText("당신의 선택은 : " + event.getActionCommand());
49         }
50      }
51   }
```

실행결과

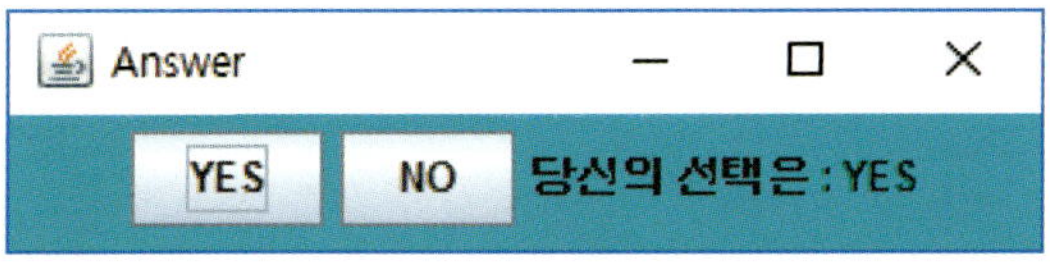

리스너를 정의하는 ButtonListener 클래스는 AnswerPanel 클래스 내의 **내부 클래스**(inner class) 형태로 44번 행에서 정의하였다. 이 클래스는 AnswerPanel 클래스 내에서만 사용되므로 private로 선언하였다. 이 클래스는 버튼에서 발생하는 액션 이벤트를 처리하기 위한 리스너를 정의한다. 이러한 구성은 리스너와 GUI 컴포넌트들 간의 통신에 용이하며 두 개의 클래스들 간에 밀접한 관련이 있고 다른 클래스들은 내부 클래스에 접근하지 않는 상황에 적합하다. 물론 필요하면 리스너를 외부 클래스로 작성하는 것도 가능하다.

이 프로그램의 실행 과정을 살펴보자. AnswerPanel 생성자에서는 ButtonListener 객체를 실체화하고 addActionListener를 호출하여 버튼에 리스너를 등록한다. 사용자가 버튼을 눌렀을 때 버튼 컴포넌트는 ActionEvent를 발생시키고 ButtonListener의 actionPerformed 메소드가 자동적으로 수행된다. actionPerformed 메소드는 선택 결과를 event.getActionCommand()를 통해 받아서 레이블 label의 텍스트를 설정하여 보여준다.

Key Points

▶ (   )은(는) 일반적이고 포괄적인 개념을 표현하기 위한 클래스로 아직 덜 구현된 클래스라고 할 수 있다.

▶ 더 이상 확장할 수 없는 클래스를 (   )(이)라고 하는데, Java에서는 키워드 `final`을 이용하여 (   )(을)를 정의한다.

▶ Java 언어에서는 작성할 클래스에 대한 명세를 (   ) 형태로 정의할 수 있다.

▶ 인터페이스는 (   )와(과) (   ) 선언으로 구성된다.

▶ 인터페이스를 구현하는 클래스는 그 인터페이스 내에 선언된 모든 (   )(을)를 반드시 구현해야 한다.

▶ 클래스는 (   )끼리 상속하고, 인터페이스는 (   )끼리 상속한다.

▶ 클래스 내부의 멤버 선언 위치에 선언한 클래스를 (   )(이)라고 하며 이 클래스는 외부 클래스의 다른 멤버들처럼 다루어진다.

▶ 클래스 내부의 멤버 선언 위치에 `static`으로 선언한 중첩 클래스를 (   )(이)라고 하며 이 클래스는 외부 클래스의 정적 멤버처럼 사용된다.

▶ (   )은(는) 이름이 없으며 클래스의 선언과 객체의 생성을 동시에 하기 때문에 한 번만 사용될 수 있고 오직 하나의 객체만을 생성할 수 있는 일회용 클래스이다.

▶ 이벤트 구동 GUI 프로그램은 (   ), (   ), (   )(으)로 구성된다.

프로그래밍 실습

1. 유리수

Java 언어에서 제공하는 Comparable 인터페이스에 대해 조사하여 설명하라. 유리수를 정의하는 RationalNumber 클래스를 Comparable 인터페이스를 구현하여 작성하라. 아울러 add, sub, mul, div, diff 등의 메소드도 구현하라. 이 클래스를 테스트할 수 있는 드라이버 클래스를 작성하라.

2. Circle 클래스 재작성

프로그램 7.7의 Circle 클래스를 실제로 원을 그릴 수 있도록 paint 메소드를 구현하라. 이를 위해 JFrame과 JPanel을 사용하여 새로운 창에 원을 그린다. 원을 그리기 위해 JPanel을 상속받아 별도의 클래스를 작성하여 사용한다. 이 클래스를 테스트할 수 있는 CircleTest 클래스도 재작성하여 시험하라. 여러 개의 원을 크기와 색깔을 바꾸어가면서 시험하라.

3. 순회 인터페이스

리스트나 트리와 같이 어떤 데이터를 포함하고 있는 데이터 구조를 컨테이너(container)라고 부른다. 컨테이너 구조 내의 데이터를 차례로 살펴보는 것을 순회(traversing)라고 한다. 임의의 컨테이너를 순회할 수 있도록 하는 인터페이스 Traversable을 정의하라. 순회 이전에 초기화하는 start 메소드와 데이터가 있는지 검사하는 hasElement 메소드, 다음 데이터를 가져오는 next 메소드를 다음과 같은 형태가 되도록 선언하라.

```
void start();
boolean hasElement();
Object next();
```

이렇게 정의한 Traversable을 구현하도록 List 클래스를 구현하라.

연습문제

1. 다음 괄호 안에 알맞은 말을 넣어라.

Java 언어에서는 작성할 클래스에 대한 명세를 (　　　) 형태로 정의할 수 있다. (　　　)은(는) 클래스가 아니며 일종의 명세이므로 구체적인 구현이 필요 없는 추상 메소드들과 상수들만으로 구성된다.

2. 다음 괄호 안에 알맞은 말을 넣어라.

(　　　)은(는) 구현된 메소드와 구현되지 않은 추상 메소드를 포함하는 클래스인 반면에 (　　　)은(는) 추상 메소드만을 포함한다. 이에 반해 (　　　)에서는 모든 메소드들을 클래스 내에서 구현해야 한다.

3. 다음 괄호 안에 알맞은 말을 넣어라.

클래스의 멤버 선언 위치에 선언한 클래스를 (　　　)(이)라고 하며 (　　　)은(는) 외부 클래스의 다른 멤버처럼 다루어진다. 주로 외부 클래스의 멤버들과 관련된 작업에 사용될 목적으로 선언된다.

4. 다음 괄호 안에 알맞은 말을 넣어라.

클래스의 선언과 객체의 생성을 동시에 하는 이름 없는 클래스를 (　　　)(이)라고 하며 이러한 클래스는 일회용으로 사용된다.

5. 다음 설명 중 옳지 않은 것은?

① 인터페이스 사이에는 단일 상속만 가능하다.
② 추상 메소드를 포함한 클래스는 반드시 추상 클래스로 선언해야 한다.
③ 하나의 클래스가 여러 개의 인터페이스를 구현하는 것이 가능하다.
④ 추상 클래스의 객체를 생성할 수 없다.

6. 다음 설명 중 옳지 않은 것은?

① 한 클래스가 추상 클래스를 상속하고 인터페이스를 구현할 수 있다.
② 인터페이스 사이에는 다중상속이 가능하다.

③ 한 클래스는 하나의 인터페이스만 구현할 수 있다.

④ 인터페이스의 객체를 생성할 수 없다.

7. 다음 프로그램의 실행결과는 무엇인가?

```
public class A
{
    static int x = 10;

    static class B
    {
        int x = 20;
        void m() {
            int x = 30;
            System.out.println(x);
            System.out.println(this.x);
            System.out.println(A.x);
        }
    }

    public static void main(String args[]) {
         B b = new A.B()
         b.m();
    }
}
```

8. 다음 프로그램은 컴파일하면 어떤 오류가 발생하는가? 그 오류의 원인은 무엇인가? 오류가 발생하지 않도록 프로그램을 수정하라.

```
public class A
{
    static int x;

    static class B
    {
        int x;
        void m() {
            int x;
            System.out.println(x);
            System.out.println(B.x);
            System.out.println(A.this.x);
```

```
        }
    }

    public static void main(String args[]) {
        B b = new A.B()
        b.m();
    }
}
```

9. java.lang 패키지에 정의되어 있는 포장 클래스인 Short, Integer, Long, Float, Double 등은 모두 Number 클래스의 하위 클래스로 정의되어 있다. Number 클래스는 추상 클래스로 정의되어 있는데, 그 이유는 무엇이라고 생각하는가?

10. 이차원 평면도형 중에서 직선과 점을 제외한 나머지 도형에 대해서는 둘레를 계산할 수 있다. 둘레를 계산하는 메소드를 포함하도록 CircumferenceMeasurable 인터페이스를 정의하라.

11. 직교좌표에서 대각선 상의 양 끝점을 이용하여 직사각형 클래스 Rectangle을 정의할 수 있다. 또 중심과 반지름을 이용하여 원 클래스 Circle을 정의할 수 있다. 위 문제에서 정의한 인터페이스를 구현하도록 Rectangle 클래스와 Circle 클래스를 정의하라.

12. 클래스를 정의할 때는 아무 내용이 없는 클래스를 정의할 수 있다. 즉, 다음과 같은 EmptyClass를 정의할 수 있다. 인터페이스의 경우에도 이와 유사한 EmptyInterface를 정의할 수 있는가? 이런 인터페이스는 어떤 용도로 사용될 수 있을까?

```
class EmptyClass {    }
```

배열 8장

이 장에서는 대표적인 자료구조인 배열에 대해 공부합니다. 배열은 같은 자료형의 데이터를 여러 개 묶은 자료구조로서 대용량의 데이터를 처리하는 데 매우 적합한 자료구조입니다. 따라서 기본적이면서도 매우 중요한 자료형이라고 할 수 있습니다. 이 장에서는 먼저 일차원 배열의 선언과 사용법을 살펴보고 이를 다차원 배열로 확장해 나가는 방식으로 배열을 소개합니다. 그리고 크기를 자유롭게 바꿀 수 있는 동적 배열에 대해서도 살펴봅니다. Java에서 동적 배열은 대개 ArrayList의 객체로 나타내는데 ArrayList와 배열의 차이점도 살펴봅니다.

이 장의 목표

★ 배열 선언과 사용법을 익힌다.
★ 객체들의 배열을 이해하고 사용한다.
★ 가변 길이 매개변수 리스트를 이해하고 사용한다.
★ 다차원 배열을 이해하고 사용한다.
★ 동적인 배열인 ArrayList를 이해하고 사용한다.

8.1 배열

대용량의 데이터를 처리하는 프로그램을 작성할 때에 같은 타입의 값을 여러 개 저장해야 하는 경우가 흔히 나타난다. 예를 들어 학과 학생들의 점수, 회사 근로자들의 급여액 등을 다루어야 하는 경우를 들 수 있다. 이 경우에 각 학생 혹은 근로자를 위한 변수를 한 사람에 하나씩 선언해야 한다면 너무 많은 수의 비슷한 이름의 변수가 필요할 것이다. 이러한 경우에 같은 타입의 데이터를 여러 개 저장하는데 배열을 사용하면 훨씬 쉽게 데이터를 저장하고 처리할 수 있다.

배열은 같은 타입의 값들의 리스트인데, 이 리스트에는 순서 개념이 있다. 배열에 저장된 값들을 **배열 원소**(array element)라고 한다. 각 원소는 **첨자**(index)에 의해 접근하여 읽거나 쓸 수 있다. Java 배열에서 첫 번째 원소의 첨자는 0부터 시작한다. 따라서 크기가 N인 배열의 첨자는 0부터 N-1까지이다. 배열을 이용하면 많은 원소를 매우 효율적으로 처리할 수 있다는 장점이 있는데, 배열의 필요성과 편리함을 간단한 예를 통해 살펴보자.

예를 들어 학생 10명의 점수들을 저장하는 어떤 배열을 생각해 보자. 이 배열의 이름을 scores라고 하자. 이 배열은 그림 8.1과 같이 10개의 값으로 구성되며, 각 원소 값에는 정수 첨자가 부여된다. 첨자는 0에서 9까지이다.

■ **[그림 8.1]** 크기가 10인 어떤 배열의 개념도

Key Point 크기가 N인 배열의 첨자는 0부터 N-1까지이다.

배열의 원소를 나타내기 위해서는 배열 이름 다음에 대괄호 안에 첨자를 사용한다. 예를 들어 다음 표현은 scores 배열의 세 번째 원소를 나타낸다는 점을 유의하자.

```
scores[2]
```

이 표현은 정수 한 개를 저장할 수 있는 기억장소를 나타내며 하나의 정수 변수처럼 정수 변수가 사용될 수 있는 곳이면 어디서나 사용될 수 있다. 예를 들어 배열 원소는 다음과 같이 값의 대입, 계산, 출력 등에 사용될 수 있다.

```
scores[2] = 89;
scores[1] = scores[1] + 2;
mean = (scores[0] + scores[1])/2;
System.out.println("최저점 = " + scores[5]);
```

배열을 선언할 때는 배열 원소의 타입을 명시하여야 한다. 이렇게 선언된 배열은 정해진 **원소 타입**(element type)의 값들만을 저장할 수 있다. 배열 원소 타입은 기초 타입일 수도 있고 객체를 나타내는 클래스 이름일 수도 있다. 예를 들어 원소 타입에 따라 int 배열, char 배열, String 배열, Student 배열 등을 선언할 수 있다.

8.2 배열 선언과 사용

배열 선언

배열은 다음과 같이 배열 원소 타입과 배열 이름을 지정하여 선언할 수 있다.

```
배열원소타입[] 배열이름;
```

이 선언에서 주의할 점은 이렇게 선언했을지라도 배열 자체가 생성된 것은 아니며 단지 배열 이름만 정해진다는 점이다. 정확히 말하면 Java에서 배열 이름은 배열을 가리키는 참조 변수이다. Java에서는 배열도 다른 객체처럼 반드시 실체화되어야 한다. 따라서 new 연산자를 이용하여 먼저 배열을 생성하여야 하며 다음과 같이 선언된 배열이름에 대입 연산자를 이용하여 대입해야 한다.

```
배열이름 = new 배열원소타입[크기];
```

또는 배열을 선언할 때 다음과 같이 배열을 생성하여 초기화할 수도 있다.

```
배열원소타입[] 배열이름 = new 배열원소타입[크기];
```

Key Point 배열도 다른 객체처럼 new 연산자를 이용해서 반드시 실체화되어야 한다.

예를 들어 scores 배열을 다음과 같이 선언할 수 있다.

```
int[] scores = new int[10]
```

변수 scores의 타입은 int[], 즉 정수 배열이다. 배열 타입 자체는 크기를 지정하지 않지만 배열 객체가 특정 크기로 정해져 있다는 점에 주의하자. scores는 참조 변수로서 10개의 정수를 저장할 수 있는 새로운 배열 객체를 참조한다. scores 배열을 그림으로 나타내면 그림 8.2와 같다.

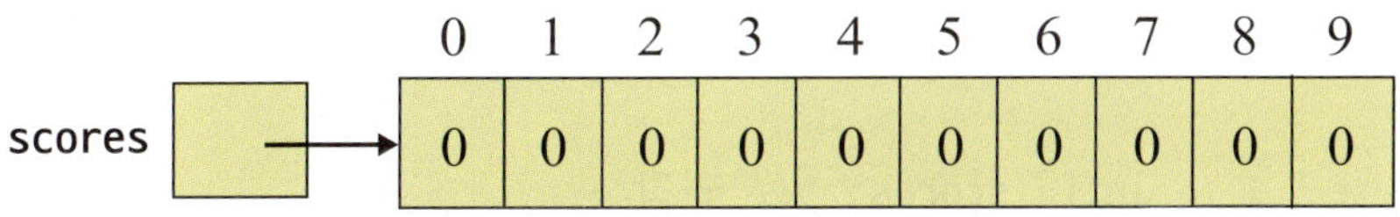

[그림 8.2] 배열 scores

> **잠깐만**
> int 배열 원소의 초깃값을 지정하지 않으면 0으로 초기화된다.

그림 8.2에서 확인할 수 있는 것처럼 `int` 배열 원소의 초깃값을 지정하지 않으면 0으로 초기화된다. 초깃값을 지정하지 않은 배열 원소의 초깃값은 원소 타입의 **기본값**(default value)을 따르는데, 일반적으로 어떤 타입의 기본값은 0에 해당하는 값이다. 각 타입의 기본값을 간단히 설명하면, 정수형은 `0`, 부동소수형은 `0.0`, 부울형은 `false`, 문자형은 널문자(null character, '\u0000'), 객체형은 `null`이다.

배열 선언의 몇 가지 예를 살펴보자. 앞에서 설명한 것처럼 배열을 선언하면서 배열을 생성하여 초기화할 수도 있고 배열 선언 후에 별도로 생성하여 대입할 수도 있다. 어떤 경우든 일단 배열이 생성되면 크기가 고정된다는 점에 유의하자. 아래 코드에서 배열 `prices`는 선언하면서 배열을 생성하여 초기화한 반면에 배열 `grades`는 선언 후에 별도로 배열을 생성하여 대입하였다. 배열 `members`는 선언하면서 배열을 생성하여 초기화한 반면에 배열 `students`는 선언 후에 별도로 배열을 생성하여 대입하였다.

```
int[] prices = new int[100];         // int 배열 선언 및 생성

char[] grades;                       // char 배열 선언
grades = new char[40];               // char 배열 생성

String[] members = new String[10];  // String 배열 선언 및 생성

Student[] students;                  // Student 배열 선언
students = new Student[100];         // Student 배열 생성
```

> **잠깐만**
> 원소 타입이 T인 배열 타입은 T[]로 쓴다.

배열 타입 표시에 사용되는 대괄호는 원소 타입 뒤에 나타낼 수도 있고 배열 이름 뒤에 나타낼 수도 있다. 따라서 아래 두 선언은 같은 효과를 낸다. 일반적으로 첫 번째 형식처럼 원소 타입 뒤에 나타내는 편이 읽기 쉽기 때문에

가급적 이 형식의 선언을 사용할 것을 권장한다.

```
int[] scores;  // 권장
int scores[];  // 권장하지 않음
```

보통 배열 내의 모든 원소를 처음부터 끝까지 처리하는 경우가 많다. 배열의 크기가 N일 때 배열의 원소를 참조할 때 사용하는 첨자는 0에서 N−1 범위 안에 있어야 한다. Java 인터프리터는 배열 원소를 참조할 때마다 그 첨자가 유효 범위(경계) 내에 있는지 검사한다. 이를 **경계 검사**(bound checking)라고 한다. 만일 배열 첨자가 유효 범위(경계)를 벗어나면, Java 인터프리터는 자동으로 ArrayIndexOutOfBoundsException을 발생시킨다.

> **Key Point** 배열 첨자가 유효 범위를 벗어나면, ArrayIndexOutOfBoundsException이 자동적으로 발생된다.

예를 들어 앞서 선언한 것처럼 배열 scores에 10개의 값을 저장할 수 있다면 첨자 범위는 0에서 9까지이다. 따라서 다음과 같이 배열 원소를 사용하면 예외가 발생할 것이다. 배열 원소를 참조할 때 **첨자 하나 차이 오류**(off-by-one error)를 범하기 쉬우므로 이 점에 주의해야 한다.

```
count = 10;
System.out.println(scores[count]);     // 첨자 하나 차이 오류
```

> **잠깐만** 배열 a의 원소 개수는 a.length이다.

Java 배열은 객체이며 각 배열은 크기를 나타내는 공용 상수 length를 제공한다. length는 최대 첨자가 아니라 원소 개수를 나타낸다는 점에 주의하자. 다음은 배열 scores의 원소 개수를 나타낸다.

```
scores.length
```

배열을 선언할 때 배열 초기화 리스트를 이용하면 선언된 배열을 초기화할 수 있다. 배열 초기화 리스트는 중괄호로 묶고 쉼표로 분리한다. 배열 크기는 초기화 리스트 안의 값의 개수에 의해 정해지므로 따로 지정할 필요가 없다.

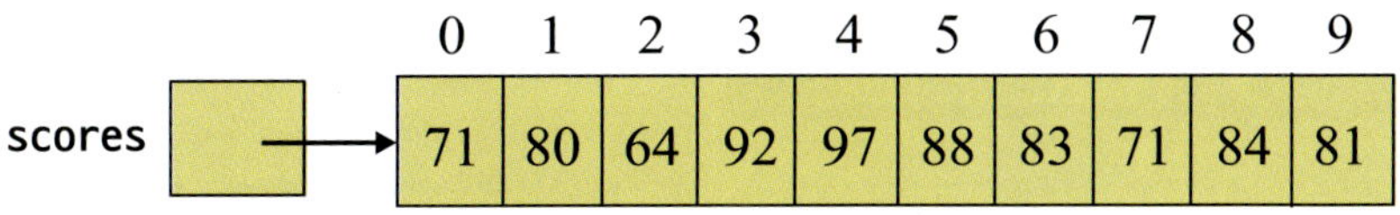

■ **[그림 8.3]** 초기화된 scores 배열. scores.length는 10이다

초기화 리스트는 배열 선언 시에만 사용될 수 있으며 new 연산자를 사용하지 않는다는 점에 유의하기 바란다. 예를 들어 다음과 같이 초기화하여 그림 8.3과 같은 배열을 만들 수 있다.

```
int[] scores = {71, 80, 64, 92, 97, 88, 83, 71, 84, 81}
```

Java 배열은 객체이며 배열 크기를 나타내는 공용 상수 length는 최대 첨자가 아니라 원소 개수를 나타낸다는 점에 주의하자. 다음은 위에서 선언한 배열 scores를 나타내며 이때 scores.length는 10이다.

프로그램 8.1은 10명의 학생들의 점수들을 입력받아 최고 점수를 받은 학생들을 출력한다. 각 학생의 점수를 저장하기 위해서 다음과 같이 정수 배열을 선언하였다.

```
int[] scores = new int[10];
```

15~20번 행의 첫 번째 for 루프는 각 학생의 점수를 입력받아 배열에 저장하고 최고 점수를 계산한다. 최고 점수를 받는 학생이 여러 명 있을 수 있으므로 23~25번 행의 for 루프를 이용하여 해당 학생들을 찾아 출력한다.

Q&A

Exception이 무엇인가요? ArrayIndexOutOfBoundsException은 또 뭔가요?

Exception은 번역하면 예외 혹은 예외상황이라고 할 수 있습니다. 프로그램이 실행 중에 예기치 않는 사건으로 인해 비정상적인 상황이 될 수 있는데 이를 예외라고 합니다. 배열을 사용할 때 첨자가 배열이 허용하는 범위를 벗어나 잘못 사용되어 비정상적인 상황이 되면 ArrayIndexOutOfBoundsException이 발생됩니다. 더 자세한 사항은 11장에서 공부하도록 하겠습니다.

프로그램 8.1 • MaxScore.java

```java
/*********************************************************
 * 최고 점수를 받은 학생을 결정하는 프로그램
 *********************************************************/
import java.util.Scanner;

// 학생들의 점수를 입력받아 최고 점수 받은 학생을 출력한다.
public class MaxScore
{
   public static void main(String[] args) {
      Scanner scan = new Scanner(System.in);
      int[] scores = new int[10];
      int max = 0;

      // 10 개의 점수를 입력받아 배열에 저장한다.
      for (int i = 0; i < scores.length; i++) {
         System.out.printf("%2d번째 성적 입력: ", i+1);
         scores[i] = scan.nextInt();
         if (scores[i] > max)
            max = scores[i];
      }

      System.out.println("*** 최고 점수 받은 학생(들) ***");
      for (int i = 0; i < scores.length; i++)
         if (scores[i] == max)
            System.out.printf("%2d번째 학생 점수: %n", i+1, scores[i]);

      scan.close();
   }
}
```

실행결과

```
 1번째 성적 입력: 60
 2번째 성적 입력: 89
 3번째 성적 입력: 87
 4번째 성적 입력: 92
 5번째 성적 입력: 95
 6번째 성적 입력: 70
 7번째 성적 입력: 68
 8번째 성적 입력: 95
 9번째 성적 입력: 69
10번째 성적 입력: 90
*** 최고 점수 받은 학생(들) ***
 5번째 학생 점수: 95
 8번째 학생 점수: 95
```

향상된 for 루프

Java 1.5 이상의 버전에서는 기존의 for 루프를 향상한 새로운 형태의 for 루프를 제공한다. 이 향상된 for 루프(enhanced for loop)를 이용하면 배열이나 기타 컬렉션 내의 각 원소에 대한 반복을 더 간단하게 쓸 수 있다. 향상된 for 루프를 이용하여 배열 내의 각 원소에 대해서 반복하는 구문구조는 다음과 같다.

```
for (타입 변수 : 배열) {
    루프의 본체
}
```

이러한 for 루프를 데이터 구조에 대한 for 루프라고 부르기도 한다.

이 구문은 기존의 for 루프를 이용하면 다음과 같이 작성할 수 있다. 이 두 코드를 비교하면 배열의 원소들을 반복할 때 향상된 for 루프가 훨씬 깔끔하고 이해하기 쉽다는 것을 알 수 있다.

```
for (int i = 0; i < 배열.length; i++) {
   타입 변수 = 배열[i];
   루프의 본체
}
```

> **잠깐만**
> 향상된 for 루프는 원소의 첨자를 알 필요가 없을 경우에만 사용한다.

예를 들어 프로그램 8.1에서 향상된 for 루프를 이용하면 배열 scores[] 내의 각 점수 score를 다음과 같이 간단하게 출력할 수 있다.

```
for (int score : scores)
   System.out.println(score);
```

다만 향상된 for 루프를 이용할 때에는 현재 반복 중인 원소의 첨자를 알 수 없다. 현재 반복 중인 원소의 첨자를 알고 싶다면 원래 형태를 이용하는 수밖에 없다. 따라서 향상된 for 루프는 원소의 첨자를 알 필요가 없을 경우에만 사용하는 것이 바람직하다.

8.3 배열과 매개변수

배열은 메소드의 매개변수와 밀접한 관련이 있다. 잘 알고 있다시피 main 메소드의 인수는 String 배열이다. 그리고 배열을 메소드의 인수로 전달할 수도 있다. 또한, 받을 수 있는 인수 개수가 정해져 있지 않은 메소드, 즉 가변 길이 인수를 받는 메소드도 내부적으로는 배열을 인수로 받는 것으로 구현된다. 이 절에서는 매개변수에서 배열을 활용하는 방법을 살펴보자.

매개변수로 배열 전달

메소드에 객체를 인수로 전달할 수 있는 것처럼 배열도 인수로 전달할 수 있다. 배열 인수를 전달할 때에도 객체 전달과 마찬가지로 배열 참조가 전달된다. 따라서 매개변수와 인수가 서로에 대한 별명(alias)[1]이 되어 호출된 메소드 안에서 배열 원소를 변경하면 실인수 배열도 변경된다. 예를 들어 프로그램 8.2는 배열 scores를 sort 메소드의 매개변수로 전달하고 있다. sort 메소드가 호출되면(20번 행) 형식 매개변수 list는(27번 행) 배열 scores를 가리키며 list가 정렬되면 결과적으로 배열 scores가 정렬된다.

프로그램 8.2 • SortScores.java

```
1  /**************************************************************
2   * 점수를 내림차순으로 정렬하는 프로그램
3   **************************************************************/
4  import java.util.*;
5
6  // 각 학생의 점수를 입력받아 점수에 따라 정렬하여 출력한다.
7  public class SortScores
```

1) 별명이란 같은 객체를 가리키는 다른 이름을 뜻한다. 별칭이라고 부르기도 한다.

```
{
    public static void main(String[] args) {
        Scanner scan = new Scanner(System.in);
        int[] scores = new int[10];

        // 10 개의 점수를 입력받아 배열에 저장한다.
        for (int i = 0; i < scores.length; i++) {
            System.out.printf("%2d번째 성적 입력: ", i+1);
            scores[i] = scan.nextInt();
        }

        System.out.println("정렬 전: " + Arrays.toString(scores));
        sort(scores);
        System.out.println("정렬 후: " + Arrays.toString(scores));

        scan.close();
    }

    // 배열을 정렬하는 메소드
    static void sort(int list[]) {
        // 정렬 알고리즘에 따라 반복하면서 정렬 수행
        for (int i = 0; i < list.length-1; i++)
            for (int j = i+1; j < list.length; j++)
                if (list[i] < list[j]) {
                    int temp = list[i];
                    list[i] = list[j];
                    list[j] = temp;
                }
    }
}
```

실행결과

```
 1번째 성적 입력: 50
 2번째 성적 입력: 78
 3번째 성적 입력: 95
 4번째 성적 입력: 88
 5번째 성적 입력: 77
 6번째 성적 입력: 93
 7번째 성적 입력: 87
 8번째 성적 입력: 85
 9번째 성적 입력: 79
10번째 성적 입력: 55
정렬 전: [50, 78, 95, 88, 77, 93, 87, 85, 79, 55]
정렬 후: [95, 93, 88, 87, 85, 79, 78, 77, 55, 50]
```

이처럼 배열 원소를 매개변수로 전달할 수도 있으며 이 경우 형식 매개변수의 타입은 배열 원소 타입과 같아야 한다.

명령행 인수

> **잠깐만**
> 명령행에서 프로그램을 실행시킬 때 프로그램의 이름 뒤에 쓰는 정보들을 명령행 인수라고 한다.

명령행에서 프로그램을 실행시킬 때 실행 프로그램 이름 뒤에 쓰는 정보들을 **명령행 인수**(command-line arguments)라고 한다. 프로그램에서 처리할 정보(예를 들어 처리할 파일 이름들)를 명령행 인수로 넘겨줄 수 있으며 이 이름들은 실행되는 main 메소드에 String 배열 형태로 전달된다.

다음 선언에서 볼 수 있는 것처럼 main 메소드는 매개변수로 String 객체들의 배열을 받는다. 프로그램을 실행시킬 때 제공하는 명령행 인수들은 프로그램이 시작되면 String[] 매개변수 args에 자동적으로 전달되며 프로그램 내에서 이들을 사용할 수 있다.

```
public static void main(String[] args)
```

예를 들어 국가들의 이름을 명령행 인수로 받아서 순서대로 출력하는 간단한 프로그램 8.3을 살펴보자. 프로그램 8.3의 실행결과에는 특별히 명령 프롬프트의 명령행을 나타내었는데, 이 프로그램이 여기에 주어진 것과 같이 실행될 때 args의 형태는 그림 8.4와 같다.

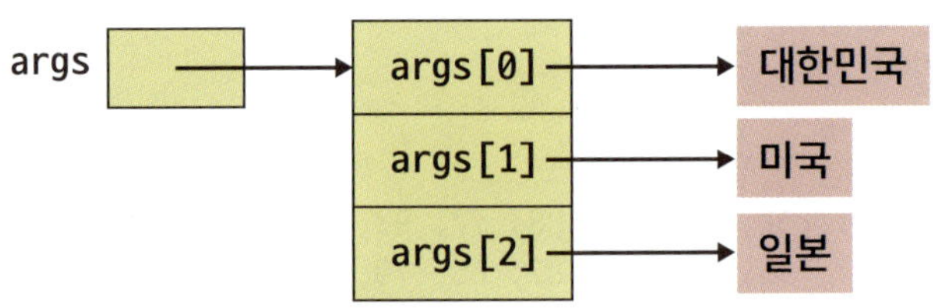

■ **[그림 8.4]** 명령행 인수 예

프로그램 8.3 • Nations.java

```java
/*********************************************************
 * 명령줄 인수를 받아 출력하는 프로그램
 *********************************************************/

public class Nations
{
   public static void main(String[] args) {
      System.out.println("국가 리스트");
      for (int n = 0; n < args.length; n++)
         System.out.println(n+1 + "번째 국가: " + args[n]);
   }
}
```

실행결과

```
> java Nations 대한민국 미국 일본
국가 리스트
1번째 국가: 대한민국
2번째 국가: 미국
3번째 국가: 일본
```

가변 길이 매개변수 리스트

호출할 때마다 처리할 데이터 개수가 달라지는 메소드를 만든다고 생각해 보자. 예를 들어, 정수들을 인수로 받아 평균을 계산하여 반환하는 average 메소드를 생각해 보자.

```java
// 3개의 값의 평균 계산을 위한 호출
mean1 = average(82, 79, 67);

// 7개의 값의 평균 계산을 위한 호출
mean2 = average(65, 49, 93, 88, 77, 56, 95);
```

이와 같은 average 메소드는 다음과 같이 여러 방법으로 정의할 수 있다.

(1) 중복정의(overloading)를 사용하여 여러 개의 메소드를 정의한다.

이 방법에는 각 매개변수 개수에 대해 별도의 메소드 정의가 필요하다는 단점이 있다.

(2) 정수 배열을 받아들이는 메소드를 정의한다.

이 방법을 사용하려면 메소드 호출 전에 매번 배열을 생성하고 정수 값들을 배열에 저장한 후에 매개변수로 전달해야 한다는 단점이 있다.

(3) **가변 길이 매개변수 리스트**(variable length parameter list)를 사용한다.

이 방법을 이용하면 같은 타입의 매개변수를 임의의 개수만큼 받는 메소드를 정의할 수 있다는 장점이 있다.

가변 길이 매개변수 리스트를 나타냄

```
public double average(int ... list)
{
  // 본체 내용
}
```

원소타입 배열 이름

■ **[그림 8.5]** 가변 길이 매개변수 리스트 예

예를 들어 그림 8.5와 같이 선언하면 `average` 메소드는 이름이 `list`인 `int` 가변 길이 매개변수 리스트를 매개변수로 받는다. 이 메소드를 호출하면 실 매개변수들이 몇 개이든 자동적으로 이 리스트 안에 들어간다.

가변 길이 매개변수 리스트를 이용하여 정수들의 평균을 계산하여 출력하는 프로그램 8.4를 살펴보자. 12번 행을 보면 함수 `average`가 가변 길이 매개변수 `list`를 받고 있음을 확인할 수 있다.

프로그램 8.4 • Average.java

```java
1   /*************************************************************
2    * 가변 길이 인수를 받아 평균을 구하는 프로그램
3    *************************************************************/
4
5   public class Average
6   {
7      public static void main(String[] args) {
8         System.out.printf("%.2f%n", average(82, 79, 67));
9         System.out.printf("%.2f%n", average(65, 49, 93, 88, 77, 56, 95));
10     }
11
12     public static double average(int... list) {
13        float len = list.length;
14        if (len == 0)
15           return 0.0;
16        double sum = 0.0;
17        for (int n: list)
18           sum += n;
19        return sum / len;
20     }
21  }
```

실행결과

```
76.00
74.71
```

프로그램 8.4에서 함수 average의 본체를 살펴보면 가변 길이 매개변수 list가 배열로 사용되고 있는 것을 볼 수 있다. 13번 행에서는 list의 길이를 list.length로 참조하고 있고 17번 행에서는 list의 모든 원소에 대하여 순회하고 있다. 즉, 가변 길이 매개변수는 완전히 배열로 취급되고 있음을 알 수 있다.

Key Point 가변 길이 매개변수 리스트를 이용하면 같은 타입의 매개변수를 임의의 개수만큼 받을 수 있다.

8.4 객체들의 배열

지금까지 살펴본 배열은 배열 원소가 정수 혹은 실수와 같은 기본 타입 값들이었다. Java에서는 이러한 기본 값들의 배열뿐만 아니라 객체들의 배열을 제공한다. 예를 들어 학생들의 배열, 은행계좌들의 배열, 이름들의 배열 등을 만들어 사용할 수 있다.

예를 들어 5개의 도시 이름들을 저장하기 위해 5개의 String 객체 참조를 저장하는 배열을 다음과 같이 선언해 보자.

```
String[] cities = new String[5];
```

이 배열 cities의 원소는 각각 객체 참조인데, 이 선언문으로 String 객체 자체가 생성되는 것은 아니라는 점에 주의해야 한다. 객체 배열의 초깃값은 null 참조들로 채워진다. 배열 안의 각 객체는 개별적으로 생성해야 한다. 처음 선언되었을 때 이 배열의 모습은 그림 8.6과 같다.

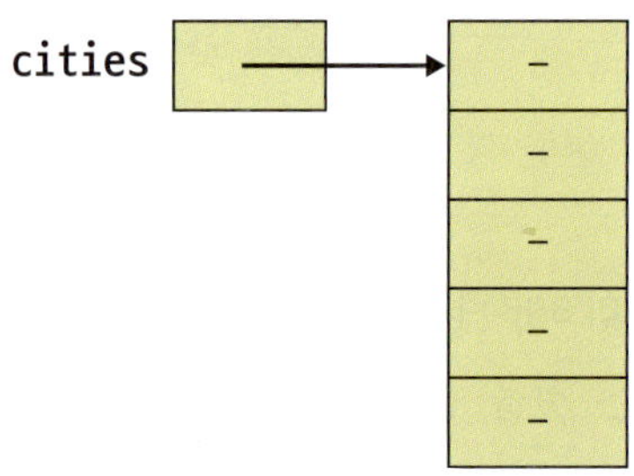

[그림 8.6] 배열 cities

따라서 이 시점에서 아래와 같이 구체적인 배열 원소를 참조하게 되면 가리키는 객체가 없으므로 NullPointerException이 발생될 것이다.

```
System.out.println(cities[0]);
```

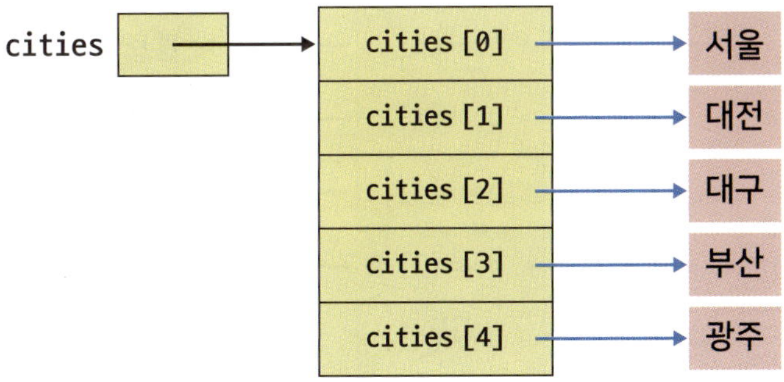

■ **[그림 8.7]** 초기화된 배열 cities

cities와 같이 배열 원소가 String 객체인 경우에는 리터럴을 사용하여 초기화하는 것이 가능하다. 예를 들어 다음과 같이 cities 배열을 초기화할 수 있으며 이 경우에 배열의 크기는 초기화 리스트에 의해 결정된다.

```
String[] cities = {"서울", "대전", "대구", "부산", "광주"};
```

초기화 이후의 이 배열의 상태는 그림 8.7과 같다.

예제 프로그램 8.5를 살펴보자. 이 프로그램은 주소록을 관리하기 위한 프로그램으로 세 개의 클래스, 즉 PhoneBookTest, PhoneBook, Person 클래스로 구성된다. PhoneBookTest는 main 메소드를 포함하는 전화번호부를 테스트하기 위한 클래스이고 PhoneBook은 전화번호부를 위한 클래스이며 Person은 각 사람의 전화번호를 위한 클래스이다. PhoneBook 클래스의 생성자는 매개변수로 최대크기를 받아 다음과 같이 해당 크기의 Person 배열을 생성한다.

```
book = new Person[max];
```

> **잠깐만**
> 객체 배열을 선언했다고 배열의 내용이 채워져 있는 것은 절대 아니다. 객체 배열 선언은 단지 객체 참조들을 저장할 수 있는 기억 장소만을 할당한다.

PhoneBook 클래스는 전화번호를 추가하기 위한 메소드 add와 조회하기 위한 메소드 lookup을 제공한다. Person 클래스는 사람이름과 전화번호를 저장하기 위한 클래스이며 이를 위한 필드 변수들과 사람이름과 전화번호를 알려주는 getName과 getPhone 메소드를 포함한다. PhonebookTest 클래스에서는 크기 100인 PhoneBook 객체를 생성하고 이름과 전화번호를 추가하고 조회함으로써 이를 테스트한다. book 배열에 네 사람의 전화번호가 추가된 후의 이 배열의 상태는 그림 8.8과 같다.

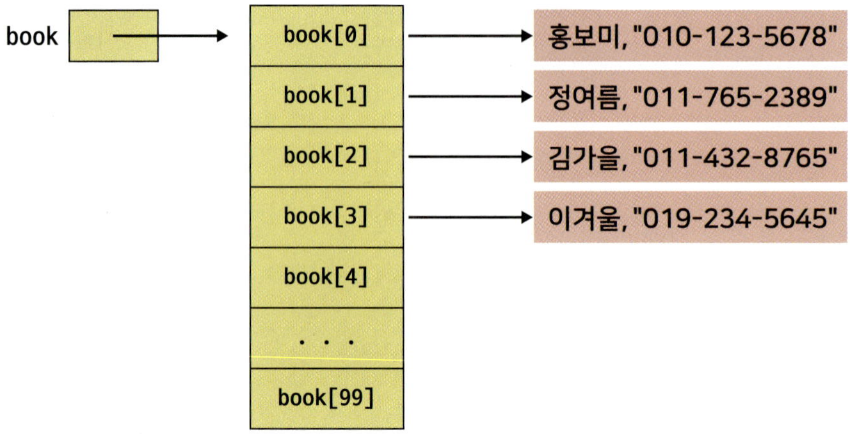

■ **[그림 8.8]** book 배열의 모습

배열을 생성했다고 해서, 즉 book = new Person[max];와 같이 수행했다고 해서 book 배열이 Person 객체들로 채워져 있는 것은 아니라는 사실에 주의해야 한다. 구체적인 배열 내용은 Person 객체를 하나씩 생성하여 각 첨자 위치에 하나씩 채워나가야 한다. 프로그램 8.5에서는 book의 원소에 대한 대입 연산을 통해서 이 과정이 수행된다(42번 행).

프로그램 8.5 ● PhoneBookTest.java

```
1   /************************************************************
2    * 전화번호부 프로그램
3    ************************************************************/
4
5   // 전화번호부를 생성하고 테스트한다.
6   public class PhoneBookTest
7   {
8       public static void main(String[] args) {
9           PhoneBook phoneBook;
10          String name, phoneNumber;
11
12          phoneBook = new PhoneBook(100);
13          phoneBook.add("홍보미", "010-123-5678");
14          phoneBook.add("정여름", "011-765-2389");
15          phoneBook.add("김가을", "011-432-8765");
```

```
      phoneBook.add("이겨울", "019-234-5645");

      name = "김가을";
      phoneNumber = phoneBook.lookup(name);
      if (phoneNumber == null)
         System.out.println("찾을 수 없음");
      else
         System.out.println(name + ": " + phoneNumber);
   }
}

// 전화번호부를 정의하는 클래스
class PhoneBook
{
   private Person[] book;
   private int count;

   public PhoneBook(int max) {
      book = new Person[max];
      count = 0;
   }

   public void add(String name, String phoneNumber) {
      if (count == book.length)
         System.out.println("주소록 넘침");
      else
         book[count++] = new Person(name, phoneNumber);
   }

   public String lookup(String name) {
      for (int i = 0; i < count; i++)
         if (book[i].getName().equals(name))
            return book[i].getPhone();
      return null;
   }
}

// 전화번호부에 들어갈 사람을 정의하는 클래스
class Person
{
   private String name;
```

```java
    private String tel;

    Person(String name, String phoneNumber) {
        this.name = name;
        this.tel = phoneNumber;
    }

    public String getName() {
        return name;
    }

    public String getPhone() {
        return tel;
    }
}
```

실행결과 | 김가을: 011-432-8765

8.5 다차원 배열

지금까지 살펴본 배열은 모두 **일차원 배열**(one-dimensional array)로서 원소들의 리스트를 저장하는 데 사용되었다. Java에서는 첨자를 여러 개 사용할 수 있는 **다차원 배열**(multi-dimensional array)을 제공한다. 여기서는 먼저 이차원 배열부터 소개한다.

이차원 배열

이차원 배열(two-dimensional array)은 행(rows)과 열(columns)로 이루어진 배열로 그림 8.9와 같이 표로 생각할 수 있다.

Key Point 이차원 배열은 행과 열로 이루어진 표로 생각할 수 있다.

이차원 배열은 행과 열의 크기로 선언된다. 예를 들어 다음과 같은 이차원 배열을 생각해 보자.

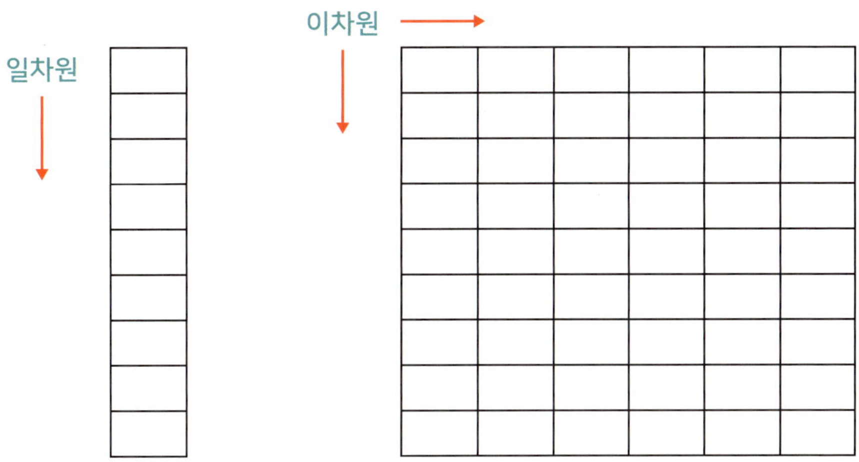

■ **[그림 8.9]** 일차원 배열과 이차원 배열

```
int[][] table = new int[10][5];
```

이 배열의 원소는 다음과 같이 두 개의 첨자를 사용하여 참조할 수 있다.

```
value = table[6][3];
```

정확히 말하면, Java에서 이차원 배열은 "일차원 배열들로 이루어진 배열"이라고 할 수 있다. 따라서 이차원 배열 이름에 한 개의 첨자만을 사용하면 일차원 배열을 가리킨다. 예를 들어 **table[6]**은 일차원 정수 배열을 나타내며 실제로는 일차원 배열을 가리키는 참조 변수이다. 따라서 **table[6].length**는 5이다. **table**은 이러한 참조 변수 10개로 이루어진 배열을 가리키고 결과적으로 이차원 정수 배열을 나타낸다. 따라서 **table.length**는 10이다. 이러한 관계는 표 8.1과 같이 정리할 수 있다.

[표 8.1] 이차원 배열

표현	타입	설명
table	int[][]	이차원 정수 배열 참조
table[6]	int[]	일차원 정수 배열 참조
table[6][3]	int	정수

이차원 배열을 선언할 때 일차원 배열과 비슷하게 초기화할 수 있는데 이차원 배열의 경우에는 괄호가 한 단계 더 필요하다. 배열의 크기는 값의 개수에 의해 자동으로 결정된다. 예를 들어 다음의 경우에는 2행 3열의 이차원 배열이 할당된다.

```
int[][] table = {{1,0,0},{0,1,0}};
```

이차원 배열을 사용하는 예제 프로그램 8.6을 살펴보자. 이 프로그램은 어떤 대학교에서 학생들의 졸업 작품을 평가하기 위한 것이다. 발표한 팀은 총 10개 팀이며 각 팀의 부문별 점수를 입력받아 최고 점수 팀을 선정하여 수상하려고 한다. 부문별 점수는 (1) 이해도, (2) 기술성, (3) 편의성, (4) 보안성, (5)

발표력으로 총 5가지이다. 배열을 사용하여 이 프로그램을 작성해 보자. 먼저 각 팀별 점수들을 저장하기 위해 다음과 같은 이차원 배열이 필요하다.

```
int[][] table = new int[10][5];
```

또한, 각 팀별 총점을 저장하기 위해 다음과 같이 일차원 배열도 필요하다.

```
int[] sum = new int[10];
```

첫 번째 중첩된 for 루프(17~26번 행)는 외부 루프에서 팀의 수를 나타내는 table.length를 이용하여 i가 나타내는 각 팀별로 반복하면서 내부 루프에서 table[i].length를 이용하여 5가지 부문별 점수들을 입력받아 배열 table[i][j]에 저장하고 이들을 더하여 팀별 총점 sum[i]를 계산한다. 또한, 최고 점수 팀을 선정하기 위해 최고 총점을 max 변수에 기록한다. 두 번째 for 루프(30~32번 행)는 최고 점수를 받은 팀이 여러 개 있을 수 있으므로 max 점수를 받은 해당 팀들을 찾아서 출력한다.

프로그램 8.6 • EvaluationTable.java

```
1   /***************************************************************
2    * 이차원 배열을 이용한 졸업작품 평가 프로그램
3    ***************************************************************/
4   import java.util.Scanner;
5
6   // 각 팀의 부분별 점수들을 입력받아 최고 점수 팀을 선정한다.
7   public class EvaluationTable
8   {
9      public static void main(String[] args) {
10        Scanner scan = new Scanner(System.in);
11        int[][] table = new int[10][5];
12        int[] sum = new int[10];
13        int max = 0;
14
15        // 각 팀별로 점수를 입력받아 배열에 저장한다.
16        System.out.println("이해도 기술성 편의성 보안성 발표력 입력");
17        for (int i = 0; i < table.length; i++) {
```

```java
            System.out.printf("%2d번째 팀 점수: ", i+1);
            for (int j = 0; j < table[i].length; j++) {
               table[i][j] = scan.nextInt();
               sum[i] = sum[i] + table[i][j];
            }

            if (sum[i] > max) // 최고값 계산
               max = sum[i];
         }
         scan.close();

         System.out.println("**** 최고 점수 팀 ****");
         for (int i = 0; i < sum.length; i++)
            if (sum[i] == max)
               System.out.printf("%2d번째 팀 총점: %d%n", i+1, sum[i]);
      }
   }
```

실행결과

```
이해도 기술성 편의성 보안성 발표력 입력
 1번째 팀 점수: 20 18 18 20 18
 2번째 팀 점수: 18 16 17 15 20
 3번째 팀 점수: 15 17 15 18 14
 4번째 팀 점수: 18 12 16 14 15
 5번째 팀 점수: 20 18 19 20 19
 6번째 팀 점수: 18 18 18 18 18
 7번째 팀 점수: 16 16 14 16 16
 8번째 팀 점수: 17 17 17 18 19
 9번째 팀 점수: 12 12 13 14 15
10번째 팀 점수: 17 16 16 16 16
**** 최고 점수 팀 ****
 5번째 팀 총점: 96
```

지그재그 배열

Java에서는 지그재그 형태의 배열을 생성할 수도 있다. 앞서 말한 것처럼 Java의 이차원 배열은 일차원 배열의 배열로 구현된다. 그러나 이차원 배열의 원소들인 일차원 배열들을 볼 때, 이들 배열의 길이가 반드시 같을 필요가 없다. 이차원 배열의 원소 배열들의 길이가 서로 다르면 지그재그 배열이 생성된다. 예컨대 프로그램 8.7은 지그재그 배열을 사용하는 프로그램이다.

프로그램 8.7 • ZigZagArray.java

```java
/*************************************************************
 * 지그재그 배열을 테스트하는 프로그램
 *************************************************************/
import java.util.Arrays;

// 문자열 지그재그 배열을 만들고 출력한다.
public class ZigZagArray {
   public static void main(String[] args) {
      String[] days = {"월", "화", "수", "목", "금", "토", "일"};
      String[] colors = {"빨강", "노랑", "파랑"};
      String[] directions = {"동", "서", "남", "북"};
      String[][] zz = {days, colors, directions};
      for (String[] z: zz)
         System.out.println(Arrays.toString(z));
   }
}
```

실행결과

```
[월, 화, 수, 목, 금, 토, 일]
[빨강, 노랑, 파랑]
[동, 서, 남, 북]
```

프로그램 8.7에서 생성한 지그재그 배열을 그림으로 나타내면 그림 8.10과 같다. 그림에서 볼 수 있는 것처럼 zz[0], zz[1], zz[2]의 길이가 각각 7, 3, 4로 모두 다르다.

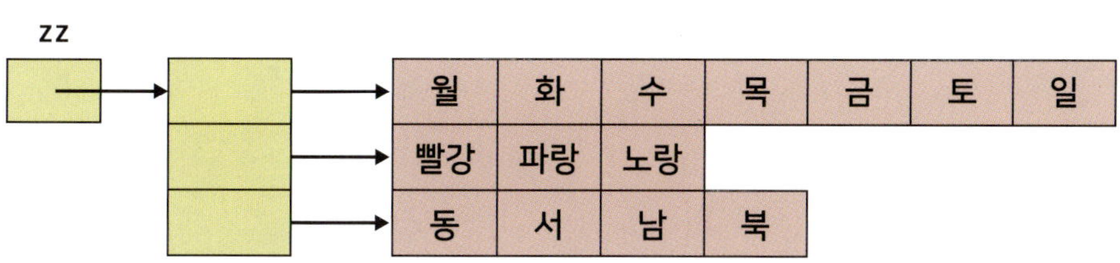

■ **[그림 8.10]** 문자열 지그재그 배열

프로그램 8.7의 11번 행에서는 초기화 목록을 통해 미리 생성한 배열 days, colors, directions를 이용하여 지그재그 배열 zz를 생성하였지만 별도의 new 연산자를 이용한다면 다음과 같은 문장으로 지그재그 배열을 생성할 수도 있다.

```
zz = new String[3][];
zz[0] = new String[7];
zz[1] = new String[3];
zz[2] = new String[4];
```

다차원 배열

Java에서는 이차원 이상의 다차원 배열도 사용할 수 있다. 다차원 배열에서 각 차원에 해당하는 객체는 하나 아래 차원의 배열들을 원소로 포함하고 있는 배열이다. 예를 들어 다음과 같이 3차원 배열 cubic을 선언하면 cubic은 3차원 배열이고 20개의 이차원 배열(int[10][5])들로 구성된다.

```
int[][][] cubic = new int[20][10][5];
```

각 차원의 객체에는 각각 length 상수 값이 정의되어 있다. 예를 들어 위와 같이 선언한 cubic 배열에 대하여 cubic.length 값은 20이고 cubic[5].length 값은 10이며 cubic[5][2].length 값은 5이다.

8.6 ArrayList 클래스

배열의 단점은 크기가 한 번 결정되면 고정되어 조정할 수 없다는 점이다. 이러한 단점을 보완하기 위한 자료구조가 ArrayList이다. ArrayList는 동적 자료구조로서 여러 객체(정확히 말하면 객체에 대한 참조)를 저장할 수 있으며 원소를 추가함에 따라 자동적으로 크기가 증가한다. ArrayList는 배열과 마찬가지로 정수 첨자를 사용하여 원소에 접근할 수 있다. 하지만 배열과 같은 대괄호 구문은 사용할 수 없다.

Key Point ArrayList는 동적으로 크기가 변하는 일종의 배열이다.

ArrayList는 동적으로 크기가 변하는 배열이라고 생각할 수 있다. 배열은 생성 시에 크기가 고정되므로 처리할 원소 수가 미리 정해져 있지 않은 경우에는 사용하기 곤란하다. 이러한 경우 고민하지 말고 ArrayList를 사용하면 된다. ArrayList는 프로그램 실행 중에 크기가 자동으로 변하기 때문에 매우 편리하다.

ArrayList 클래스는 java.util 패키지에 속해 있으므로 ArrayList를 사용하려면 사용 전에 미리 java.util 패키지를 import하는 것이 좋다. ArrayList의 생성자를 비롯하여 주요 메소드들을 정리하면 표 8.2와 같다.

표 8.2에서 확인할 수 있는 것처럼 ArrayList 클래스에는 두 개의 생성자가 있다. 하나는 빈 리스트를 생성하는 생성자이며 다른 하나는 명시된 초기 용량의 리스트를 생성하는 생성자이다.

배열을 선언할 때 원소 타입을 명시한 것처럼 ArrayList를 생성할 때에도 원소 타입을 명시해야 한다. 배열 선언 시에 int 형 배열은 int[]로, Person 형 배열은 Person[]으로 나타냄으로써 각 원소 타입이 int, Person

■ [표 8.2] ArrayList의 주요 메소드

메소드	설명
`public ArrayList()`	빈 리스트를 생성한다.
`public ArrayList(int initial)`	명시된 최초 용량을 갖는 리스트를 생성한다.
`void add(Object o)`	끝에 객체 o를 원소로 추가한다.
`void add(int index, Object o)`	index 위치에 객체 o를 원소로 삽입한다.
`void remove(int index)`	index 위치의 원소를 제거한다.
`void remove(Object o)`	객체 o와 일치하는 첫 번째 원소를 삭제한다.
`Object get(int index)`	index 위치의 원소를 리턴한다.
`int size()`	원소 개수를 리턴한다.
`int indexOf(Object o)`	객체 o와 일치하는 첫 번째 원소의 첨자를 리턴한다.
`void clear()`	모든 원소를 제거한다.

이라는 사실을 명시적으로 드러내었다. 이처럼 ArrayList 선언 시에도 Person 형 ArrayList를 선언하고 싶다면 타입 Person을 화살괄호 내에 명시하여 ArrayList<Person>이라고 선언한다. 예컨대 Person 객체의 리스트 phoneBook을 선언하고 초기화하는 코드는 다음과 같다.

```
ArrayList<Person> phoneBook = new ArrayList<Person>();
```

Java 7부터는 제한적으로나마 **타입 추론**(type inference) 기능을 지원하고 있는데 타입 추론이란 상황에 따라서 타입을 명시하지 않아도 컴파일러가 알아서 타입을 유추해 내는 기능이다. 타입 추론 기능으로 인해 프로그래머는 더 편해졌다. 타입 추론 기능을 활용하면 위 코드는 다음과 같이 작성할 수 있다.

```
ArrayList<Person> phoneBook = new ArrayList<>();
```

또한, ArrayList는 내부의 원소의 개수를 자체적으로 유지관리하기 때문에 따로 length와 같은 필드 변수를 둘 필요가 없다. 필요하면 ArrayList 클래스가 제공하는 size 메소드를 이용하면 된다.

ArrayList에 객체를 추가하려면 add 메소드를, 리스트에 저장된 객체를 참조하려면 get 메소드를 이용하면 된다. Person 타입의 변수 p, q에 대하여, 이들 메소드의 사용 예를 보면 다음과 같다.

```
phoneBook.add(p);
q = phoneBook.get(0);
```

ArrayList를 이용하여 프로그램 8.5를 다시 작성하면 프로그램 8.8과 같다.

프로그램 8.8 • PhoneBookTest2.java

```
/************************************************************
 * ArrayList를 이용한 전화번호부 프로그램
 ************************************************************/
import java.util.ArrayList;

// 전화번호부를 생성하고 테스트한다.
public class PhoneBookTest2
{
   public static void main(String[] args) {
      PhoneBook phoneBook;
      String name, phoneNumber;

      phoneBook = new PhoneBook();
      phoneBook.add("홍보미", "010-123-5678");
      phoneBook.add("정여름", "011-765-2389");
      phoneBook.add("김가을", "011-432-8765");
      phoneBook.add("이겨울", "019-234-5645");

      name = "김가을";
      phoneNumber = phoneBook.lookup(name);
      if (phoneNumber == null)
         System.out.println("찾을 수 없음");
      else
         System.out.println(name + ": " + phoneNumber);
   }
}
```

```
// 전화번호부를 정의하는 클래스
class PhoneBook
{
   private ArrayList<Person> phoneBook;

   public PhoneBook() {
      phoneBook = new ArrayList<>();
   }

   public void add(String name, String phoneNumber) {
      phoneBook.add(new Person(name, phoneNumber));
   }

   public String lookup(String name) {
      for (Person person: phoneBook)
         if (person.getName().equals(name))
            return person.getPhone();
      return null;
   }
}

// 전화번호부에 들어갈 사람을 정의하는 클래스
class Person
{
   private String name;
   private String tel;

   Person(String name, String phoneNumber) {
      this.name = name;
      this.tel = phoneNumber;
   }

   public String getName() {
      return name;
   }

   public String getPhone() {
      return tel;
   }
}
```

실행결과

```
김가을: 011-432-8765
```

프로그램 8.8에서는 배열 대신 ArrayList를 이용하여 클래스 PhoneBook을 구현하였다. PhoneBook 클래스의 lookup 메소드는 42번 행처럼 향상된 for 루프를 이용하고 있다. 이전에 했던 것처럼 첨자를 이용하려면 ArrayList의 get 메소드를 이용하면 된다. 즉, 다음과 같이 PhoneBook 내의 i번째 Person 객체를 가져온 후 찾고자 하는 이름과 비교하도록 구현할 수도 있다.

```
for (int i = 0; i < phoneBook.size(); i++)
    if (phoneBook.get(i).getName().equals(name))
        return phoneBook.get(i).getPhone();
```

프로그램 8.8에서 볼 수 있는 것처럼 ArrayList는 일반 배열과 달리 크기가 명시되어 있지 않다. 따라서 Java 시스템에서 지원하는 한 크기에 제한을 받지 않고 프로그램을 작성할 수 있다.

Iterator 인터페이스

ArrayList와 관련하여 리스트 내의 각 원소에 대해서 반복할 때 반복자를 사용하면 편리하다. 반복자 Iterator는 Java 컬렉션 프레임워크(Collection Framework)에 정의되어 있는 인터페이스인데, 인터페이스란 앞서 7장에서 배운 바와 같이 타입의 한 종류이다. Iterator의 사전적인 의미는 반복, 순환이라는 뜻으로 Iterator는 ArrayList와 같은 컬렉션에 저장된 원소들을 편리하게 하나씩 꺼내 쓰기 위한 인터페이스라고 할 수 있다.

Iterator 인터페이스의 정의는 다음과 같다.

```
public interface Iterator<E>
{
   boolean hasNext();
   E next();
   void remove();
}
```

hasNext() 메소드는 다음 원소가 존재하면 true를 리턴한다. next() 메소드는 다음 원소를 리턴한다. remove() 메소드는 마지막으로 리턴된 원소를 제거한다.

ArrayList에는 iterator() 메소드가 정의되어 있는데 이 메소드는 이 리스트 내에 있는 모든 원소들을 가리킬 수 있는 반복자를 만들어 리턴한다. 예를 들어 다음 예제 프로그램은 0부터 9까지의 Integer 객체들을 포함하는 ArrayList를 만들고 반복자를 이용하여 각 객체를 출력하는 방법을 보여주고 있다.

```
public static void main(String[] args) {
   ArrayList<Integer> ints = new ArrayList<>();
   for (int i = 0; i < 10; i++)
      ints.add(new Integer(i));

   Iterator<Integer> it = ints.iterator();
   while (it.hasNext())
      System.out.println(it.next());
}
```

프로그램 8.8의 lookup 메소드도 반복자를 사용하면 다음과 같이 프로그램을 바꾸어 작성할 수 있다.

```
public String lookup(String name) {
   Person p;

   Iterator<Person> it = phoneBook.iterator();
   while (it.hasNext()) {
      p = it.next();
      if (p.getName().equals(name))
```

```java
            return p.getPhone();
        }

        return null;
    }
```

Key Point 컬렉션의 개별 원소를 순차적으로 다룰 때에는 `Iterator` 객체를 사용하면 편리하다.

8.7 열거 타입

Java 언어에서는 언어 자체에서 제공하는 기본 자료형 외에 프로그래머가 열거 타입(enumerated type)을 정의할 수 있다. 프로그래머는 모든 가능한 값(식별자)들을 열거하여 하나의 타입으로 정의할 수 있는데 이를 열거 타입이라고 한다. 이렇게 선언된 열거 타입은 다른 타입과 마찬가지로 변수 선언에 사용될 수 있다.

예를 들어 신호등 색을 표현하기 위한 열거 타입 TrafficLight를 정의해 보자.

```
enum TrafficLight {GREEN, YELLOW, RED};
```

이렇게 열거 타입을 정의한 후에는 다른 타입과 마찬가지로 다음과 같이 변수 선언에 열거 타입을 사용할 수 있다.

```
TrafficLight c;
```

또한, 이 변수에는 다음과 같이 열거 타입의 값을 지정할 수 있는데, 열거 타입의 값은 타입 이름을 접두사로 사용하여 명시한다.

```
c = TrafficLight.RED;
```

열거 타입은 타입안전성(type-safety)을 지원한다. 즉, 열거 타입의 값 외에 다른 값을 대입하거나 사용할 수 없다. 따라서 다음과 같이 열거 타입에 정의되어 있지 않은 값을 지정하려고 하면 컴파일 오류가 발생된다.

```
c = TrafficLight.BLUE;
```

열거 타입은 toString 메소드를 제공한다. 이 메소드는 값에 대한 스트링 표현을 리턴하므로 열거 타입의 값들을 다음과 같이 쉽게 출력할 수 있다.

```
System.out.println(c);     // 색 출력
```

또한, 열거 타입의 values 메소드는 정적 메소드로 열거 타입의 값들로 이

루어진 배열을 리턴한다. 향상된 for 루프를 이용하여 다음과 같이 모든 값들을 처리할 수 있다.

```
// 모든 값들에 대해서 반복
for (TrafficLight c: TrafficLight.values()) {
   System.out.println(c);        // GREEN, YELLOW, RED 출력
}
```

switch 문도 열거 타입을 쉽게 사용할 수 있도록 개선되었는데 case 값을 명시할 때 열거 타입 이름을 생략하고 값만 명시할 수 있다. 그 이전에는 TrafficLight.GREEN과 같이 사용해야 했었다. 구체적인 예를 보면 다음 코드와 같다.

```
// 빨강, 노랑, 녹색의 원을 3개 그린다.
public void paint(Graphics g) {
    int x = 50, y = 50;
    for (TrafficLight c: TrafficLight.values()) {
        switch (c) {
            case GREEN:   g.setColor(Color.green);
                          g.fillOval(x,y,40,40);
                          break;
            case YELLOW:  g.setColor(Color.yellow);
                          g.fillOval(x+50,y,40,40);
                          break;
            case RED:     g.setColor(Color.red);
                          g.fillOval(x+100,y,40,40);
                          break;

        }
    }
}
```

내부적으로 열거 타입의 값은 순서 값[정수]으로 저장된다. 열거 타입의 첫 번째 값은 순서 값 0이고 두 번째 값은 순서 값 1이며 세 번째 값은 순서 값 2이다. 예를 들면 다음과 같이 순서 값을 출력할 수도 있다.

```
System.out.println(c.ordinal()); // GREEN에 대해서 0을 출력한다.
```

Key Point 가능한 모든 값을 열거하여 정의한 타입을 열거 타입이라고 한다.

Key Points

▶ 크기가 N인 배열의 첨자는 ( )부터 ( )까지이다.

▶ 배열도 다른 객체처럼 ( ) 연산자를 이용해서 반드시 실체화되어야 한다.

▶ 배열 첨자가 유효 범위를 벗어나면, ( )이(가) 자동적으로 발생된다.

▶ ( ) 매개변수 리스트를 이용하면 같은 타입의 매개변수를 임의의 개수만큼 받을 수 있다.

▶ 이차원 배열은 행과 열로 이루어진 ( )(으)로 생각할 수 있다.

▶ ArrayList는 ( )(으)로 크기가 변하는 일종의 배열이다.

▶ 컬렉션의 개별 원소를 순차적으로 다룰 때에는 ( ) 객체를 사용하면 편리하다.

▶ 가능한 모든 값을 열거하여 정의한 타입을 ( ) 타입이라고 한다.

프로그래밍 실습

1. 점수 분포

학생들의 점수를 입력 받아 점수대 별로 분포를 출력하는 프로그램을 작성하라. 점수는 0부터 100까지이며 점수대는 10점 단위로 구분한다. 분포는 별표로 나타내며 별표의 수는 입력된 점수 중에 각 점수대에 해당하는 점수의 개수를 나타낸다.

점수를 처리할 때 0점과 100점을 특별하게 처리해야 하는 경우가 있을 수 있으므로 주의하자. 프로그램 수행 예를 보면 다음과 같다.

프로그램 실행 예

```
학생 수를 입력하세요. 25
학생 점수를 차례로 입력하세요
75 52 49 69 77 81 82 91 85 100
95 84 78 65 83 89 92 55 87 31
89 94 85 78 88
[ 0 - 10]:
[11 - 20]:
[21 - 30]:
[31 - 40]:*
[41 - 50]:*
[51 - 60]:**
[61 - 70]:**
[71 - 80]:****
[81 - 90]:**********
[91 -100]:*****
```

프로그램 실행 예

```
학생 수를 입력하세요. 30
학생 점수를 차례로 입력하세요.
51 26 45 70 65 77 81 72 91 85 99
83 75 74 82 69 83 55 86 35 94 77
85 79 76 78 79 63 92 78 84 52 31
[ 0 - 10]:
[11 - 20]:
[21 - 30]:*
[31 - 40]:*
[41 - 50]:*
[51 - 60]:**
[61 - 70]:***
[71 - 80]:***********
[81 - 90]:*******
[91 -100]:****
```

2. 완전수

어떤 정수의 인수들 합이 자신과 같아지는 정수를 완전수라고 한다. 입력으로 주어진 양의 정수 N의 인수 목록을 구하고 이를 ArrayList에 저장하라. 그리고 N이 완전수인지 아닌지 여부를 출력하라.

ArrayList에는 int와 같은 기본 자료형을 저장할 수 없다는 사실에 주의하자. 또한, ArrayList를 출력할 때에는 toString 메소드를 이용하면 편리하다. 프로그램 수행 예를 보면 다음과 같다.

프로그램 실행 예

```
양의 정수 하나를 입력하세요. 6
6의 인수 목록: [1, 2, 3]
6은(는) 완전수입니다.
```

```
양의 정수 하나를 입력하세요. 100
100의 인수 목록: [1, 2, 4, 5, 10, 20, 25, 50]
100은(는) 완전수가 아닙니다.
```

연습문제

1. 다음 중 Java 배열에 관한 설명으로 옳은 것은?

① 배열 원소의 타입은 `int` 형 등 기본 타입이어야 한다.

② 배열의 첨자는 0부터 시작한다.

③ 배열의 최대 첨자가 N이라면 배열의 크기는 N이다.

④ 배열의 크기는 배열 변수를 선언할 때 정해진다.

2. 배열 원소의 초깃값을 지정하지 않으면 원소 타입의 기본값으로 지정된다. 다음 중 원소 타입의 기본값으로 잘못된 것은?

① 정수형 — `0`

② 부동소수형 — `0.0`

③ 부울형 — `true`

④ 객체형 — `null`

3. 정수 배열 ns가 주어졌을 때 다음 중 향상된 `for` 루프로 할 수 없는 일은?

① ns의 원소 합 구하기

② ns의 원소를 역순으로 출력하기

③ ns의 원소 중 123이 있는지 찾기

④ ns의 원소 중 중복되는 값이 있는지 찾기

4. 다음 중 Java 배열의 매개변수 전달에 관한 설명으로 잘못된 것은?

① 가변 길이 매개변수 리스트를 선언할 때는 `[]` 대신 `...`을 이용한다.

② 배열 매개변수는 항상 원시 타입이 아닌 객체 타입으로 전달된다.

③ 배열 매개변수를 전달하면 매개변수와 인수가 서로 별칭이 된다.

④ `main`의 매개변수는 `StringBuffer[]` 형이다.

5. 배열 첨자가 배열 범위를 넘어서면 JVM은 자동으로 예외를 발생시키는데, 이때 발생되는 예외 이름으로 바른 것은?

① ArrayIndexException

② ArrayBoundsException

③ ArrayOutOfBoundsException

④ ArrayIndexOutOfBoundsException

6. 크기가 N인 배열이 있다면 이 배열의 최대 첨자는 몇인가? 이 배열의 length는 무엇인가? 둘 사이의 차이점은 무엇인가?

7. 다음 각 문장에 대하여 참, 거짓을 판별하라.

(1) 배열과 일반 변수는 함께 선언할 수 없다. .... (　　)

(2) 배열 이름은 변수가 아니라 상수이다. .... (　　)

(3) 배열을 메소드의 인수로 전달할 때는 배열 이름과 크기를 별도의 인수로 전달해야 한다. .... (　　)

(4) 배열을 선언할 때 배열 크기는 항상 명시해야 한다. .... (　　)

(5) 2차원 배열도 1차원 배열 초기화 목록을 이용하여 초기화할 수 있다. .... (　　)

8. 날짜(년, 월, 일)를 입력받아서 그 해에서 그 날이 몇 번째 날인지 출력하는 GUI 프로그램을 작성하라. 입력된 날짜가 올바른 날짜인지 먼저 판별해야 한다. 이때, 해당 연도가 윤년인지 아닌지 판별하는 것이 중요하다. 왜냐하면 윤년이면 2월 29일을 허용해야 할 것이고 그렇지 않으면 허용해서는 안 되기 때문이다. 윤년 여부는 입력된 날짜가 3월 이후일 때에도 중요하다.

9. 여러 개의 정수를 입력 받아서 평균과 표준편차를 출력하는 프로그램을 작성하라. 이 프로그램에서 정수를 입력받는 부분, 평균을 계산하는 부분, 표준편차를 계산하는 부분을 모두 별도의 메소드로 작성한다. 이들 함수는 모두 배열 인수를 사용한다.

10. 프로그램 8.1과 8.2는 10개의 입력만을 받고 있다. 이 프로그램들을 원하는 개수만큼 입력받도록 확장하라.

11. n개의 개체에 대해서 순열(permutation)이란 이들 개체를 일렬로 늘어놓은 것을 말한다. n개의 서로 다른 개체를 일렬로 늘어놓는 방법의 수는 n!이다. 정수 n을 입력으로 받아서 1~n 사이의 정수들에 대한 순열을 모두 구하는 프로그램을 작성하라. n은 1이상 7이하의 정수라고 가정한다.

12. 소수(prime number)란 1과 자기 자신 외에 다른 약수가 없는 수를 말한다. 곱셈 항등원인 1은 소수 집합에서 제외한다. 에라토스테네스가 제안한 체로 거르는 방법(Eratosthenes's Sieve)으로 소수를 구할 수 있다. 1이상의 자연수를 다음과 같이 나열하였을 때, 1은 소수가 아니므로 기본적으로 제외한다. 그 다음 수 2는 소수이다. 대신 3이상의 수에서 2의 배수가 되는 것을 모두 지운다. 3은 지워지지 않고 남아 있으므로 소수이다. 대신 4이상의 수에서 3의 배수가 되는 수를 모두 지운다. 다시 5는 이렇게 하여 지워지지 않고 남아 있으므로 소수이다. 대신 6이상의 수에서 5의 배수가 되는 수를 모두 지운다. 이런 방식으로 계속 반복하면 소수를 순서대로 구할 수 있다.

1	2	3	4	5	6	7	8	9	10
11	12	13	14	15	16	17	18	19	20
21	22	23	24	25	26	27	28	29	...

에라토스테네스가 제안한 이 방법에 따라서 1에서 10,000 사이의 소수를 모두 구하라.

13. 배열을 매개변수로 받아 배열의 원소들을 역순으로 변경하는 메소드를 작성하고 테스트하라.

14. 날짜별 시간대별 교통사고 건수를 저장하기 위한 배열을 다음과 같이 선언하였다.

```
static final int DAYS  = 31;
static final int HOURS = 24;
int[][] accidents = new int[DAYS][HOURS];
```

이 배열을 매개변수로 받아 다음 일을 하는 메소드를 작성하여 테스트하라.

(1) 총사고 건수를 계산하여 출력한다.

(2) 어떤 시간대에 가장 많은 사고가 발생했는지 계산하여 출력한다.

15. 연습문제 14를 12개월에 대한 사고건수를 포함하도록 3차원 배열로 확장하라. 이 3차원 배열을 매개변수로 받아 다음 일을 하는 메소드를 작성하여 테스트하라.

(1) 총사고 건수를 계산하여 출력한다.

(2) 어떤 달에 가장 많은 사고가 발생했는지 계산하여 출력한다.

9장

예외 처리와 파일 입출력

현대 소프트웨어는 그 규모가 커짐에 따라 예기치 못한 상황이 발생하여 소프트웨어가 오동작하거나 비정상적으로 종료되는 경우가 많아지고 있습니다. 이러한 문제들은 소프트웨어의 종류에 따라 매우 심각한 결과를 초래할 수 있습니다. 따라서 현대 소프트웨어 개발에서는 어떤 상황에서도 정상적으로 동작할 수 있는 신뢰성이 소프트웨어 개발의 매우 중요한 문제가 되었습니다. 예외 처리는 이러한 신뢰성 향상을 위해 포함된 매우 핵심적인 기능이라고 할 수 있습니다.

이 장의 목표

- ★ 예외 처리의 필요성 및 기본 개념을 이해한다.
- ★ 예외 처리 방법을 이해하고 익힌다.
- ★ 자신의 예외 클래스를 정의한다.
- ★ 예외 전파에 대해서 이해하고 활용한다.
- ★ Scanner에 대해서 깊이 있게 이해하고 활용한다.
- ★ 다양한 입출력 스트림을 이해하고 활용한다.

9.1 예외

예외란 무엇인가?

프로그램 실행 중에 비정상적인 상황 혹은 심각하지 않은 오류를 만날 수 있다. 이러한 예외적인 상황을 **예외**(exception) 혹은 **예외상황**이라고 한다. 프로그램은 실행 중에 여러 가지 예외상황을 만날 수 있는데, 프로그램을 계속 실행하기 위해서는 이러한 예외상황을 만났을 때 이를 효과적으로 처리하여 실행을 계속할 수 있도록 해야 한다.

예를 들어, 정수를 입력으로 받는 프로그램에 특수 문자가 입력되는 상황을 생각해 보자. 프로그램 입장에서 이러한 상황은 비정상적인 상황, 즉 예외상황이라고 할 수 있으며 프로그램이 계속 실행하기 위해서는 이러한 상황에서 적절한 오류 메시지를 내고 다시 정수를 입력받아 실행을 계속하여야 할 것이다.

예외를 발생시키는 몇몇 다른 상황들을 예를 들어 보면 다음과 같다.

- 0으로 나누려는 시도
- 범위를 벗어난 배열의 첨자
- 지정되었는데 찾을 수 없는 파일
- 정상적으로 마칠 수 없는 I/O 연산의 요청
- 널(null) 참조를 따라가려는 시도
- 기대하지 않는 문자 입력

Key Point 예외는 프로그램 실행 중에 발생하는 비정상적인 상황 혹은 덜 심각한 오류를 의미한다.

만약 예외가 발생했을 때 이를 효과적으로 처리하지 못하면 프로그램은 계속 실행하지 못하고 종료하게 된다. 또한 프로그램이 예외상황을 만났을 때

효과적으로 대처하지 못하게 되면 결과적으로 이러한 프로그램은 신뢰할 수 없는 프로그램이 될 것이다. 이러한 이유로 적절한 예외처리는 프로그램의 안전한 실행 및 신뢰성을 위해 매우 중요하다.

프로그램 9.1은 표준입력으로부터 점수를 입력받는 프로그램이다. 이 프로그램은 정수 값이 입력되면 정상적으로 동작하지만, 정수가 아닌 값을 입력받으면 16번 행의 `nextInt` 메소드에서 `InputMismatchException` 예외가 발생된다. 실행결과에서 보는 것처럼 $12.99와 같이 정수가 아닌 값을 입력받으면 이 예외가 발생하며, 프로그램은 더 이상 진행하지 못하고 예외가 발생한 곳까지의 호출 과정을 출력하고 종료한다.

프로그램 9.1 • GradeInput.java

```
1  /**************************************************************
2   * 점수을 입력받는 프로그램
3   **************************************************************/
4  import java.util.*;
5  import java.io.*;
6
7  public class GradeInput
8  {
9     // 점수를 입력 받는다.
10    public static void main(String[] args) {
11       int newGrade;
12       Scanner scan = new Scanner (System.in);
13
14       System.out.print("점수 입력: ");
15       while (scan.hasNext()) {
16          newGrade = scan.nextInt( );
17          System.out.print("점수 입력: ");
18       }
19    }
20 }
```

실행결과

```
점수 입력: 88
점수 입력: $12.99
Exception in thread "main" java.util.InputMismatchException
        at java.util.Scanner.throwFor(Unknown Source)
        at java.util.Scanner.next(Unknown Source)
        at java.util.Scanner.nextInt(Unknown Source)
        at java.util.Scanner.nextInt(Unknown Source)
        at GradeInput.main(GradeInput.java:16)
```

예외 정의 클래스

Java 언어에서 예외란 비정상적인 상황을 나타내는 하나의 객체이다. 따라서 예외를 사용하기 위해서는 먼저 예외를 정의하는 클래스가 있어야 한다. Java에서 예외를 정의하는 클래스들은 사전에 정의된 예외 클래스와 사용자가 새로 정의하는 예외 클래스로 나눌 수 있다.

대표적인 사전 정의된 예외는 **런타임 예외**(RuntimeException)로 런타임 예외는 Java Virtual Machine에서 실행 중에 발생될 수 있는 예외들을 미리 정의해둔 것들이다. 대표적인 사전 정의된 예외의 예를 들면 표 9.1과 같다. 첫 번째부터 다섯 번째까지는 런타임 예외이다. ArithmeticException은 0으로 나누는 경우에 발생하는 예외이고 ArrayIndexOutofBoundsException은 배열의 경계를 벗어나 접근하려고 할 때 발생되는 예외이다. InputMismatchException은 입력값이 기대되는 데이터 타입에 부합하지 않을 때 발생되는 예외이다.

런타임 예외는 아니지만 특정 패키지의 API(Application Programming Interface)에 사전에 정의된 예외들도 있는데 예를 들어, IOException은 API에 사전 정의된 예외로 입출력이 실패할 때 발생되는 예외이다.

■ **[표 9.1]** 대표적인 런타임 예외

사전 정의된 예외	설명	패키지
ArithmeticException	0으로 나누는 경우에 발생하는 예외	java.lang
ArrayIndexOutofBoundsException	배열의 경계를 벗어나 접근할 때 발생되는 예외	java.lang
NegativeArraySizeException	배열의 크기가 음수로 된 경우에 발생하는 예외	java.lang
NullPointerException	생성되지 않은 객체를 이용해서 객체의 멤버를 접근하는 경우에 발생하는 예외	java.lang
InputMismatchException	입력값이 기대되는 데이터 타입에 부합하지 않을 때 발생되는 예외	java.lang
IOException	입출력이 실패할 때 발생되는 예외	java.io

그림 9.1에서 보는 것처럼 모든 예외 클래스는 Exception 클래스나 그 하위 클래스로부터 상속받아 정의해야 한다. 예외 클래스도 일종의 클래스이므로 생성자, 멤버 필드, 메소드 등을 포함할 수 있다. 정의된 예외 클래스는 new 연산자를 이용하여 예외 객체를 만들 수 있으며 해당 예외상황을 만나면 그 예외 객체를 던짐(throw)으로써 예외를 발생시킬 수 있다. 예외 객체도 일등

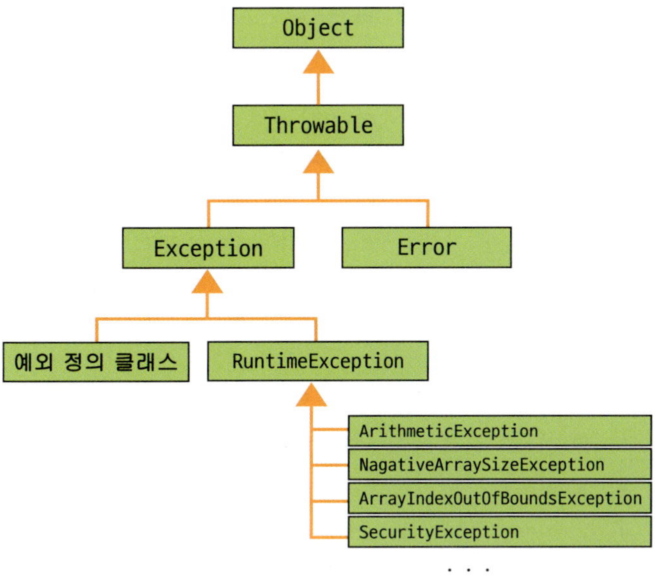

■ **[그림 9.1]** 예외 클래스 계층구조

급 객체(first-class object)로 일반 객체처럼 클래스를 이용하여 정의되고 일반 객체처럼 사용될 수 있다. 다만 일반 객체와의 차이점은 던져짐으로 예외가 발생될 수 있다는 점이다.

사용자 정의 예외

사용자 정의 예외(user-defined exception)는 프로그램에서 필요한 예외를 사용자가 필요에 따라 정의한 것이다. 사용자 정의 예외의 예를 하나 들어보자. 여기서 정의된 NegativeInputException은 점수를 입력받을 때 음수 값이 입력된 예외상황을 정의하는 예외 클래스이다. 이 예외 클래스는 Exception을 상속했으며 다른 클래스처럼 필드 변수와 생성자, 메소드를 포함한다. 필드 변수 reason은 예외의 원인을 저장하기 위한 변수이고 생성자는 이 예외의 원인을 "음수 입력"으로 설정한다.

```
class NegativeInputException extends Exception
{
   private String reason;

   public NegativeInputException( ) {
      reason = "음수 입력";
   }

   public String toString() {
      return "예외:" + reason;
   }
}
```

Q&A

C 언어에서는 예외 기능이 없이도 프로그래밍을 잘 해왔는데 꼭 예외 관련 기능이 필요한가요?

좋은 질문입니다. 물론 예외 처리 기능이 따로 없어도 조건문 등을 이용해서 예외적인 경우들을 검사해서 처리할 수 있을 것입니다. Java에서는 더 편리하고 체계적으로 예외적인 경우들을 검사하고 처리할 수 있는 기능을 언어 차원에서 제공합니다. 이는 프로그램의 안전한 실행이 그만큼 중요하기 때문이지요.

9.2 예외 처리

try-catch 문을 이용한 예외 처리

프로그램 실행은 정상적인 실행 부분과 예외적인 실행 부분으로 구분할 수 있는데 프로그램이 정상적으로 실행되다가 예외적인 상황을 만나면 예외가 발생(throw)되며, 가능하면 예외를 잡아서(catch) 적절히 처리하여야 한다. 예외가 발생했을 때 이를 처리하는 방법은 중요한 설계의 고려사항이며 프로그램의 신뢰성과도 밀접한 관계가 있다. 프로그램은 예외가 발생했을 때 다음 세 가지 방법 중의 하나로 예외를 처리할 수 있다.

(1) 예외를 무시한다.
(2) 예외를 발생한 곳에서 처리한다.
(3) 예외를 프로그램의 다른 지점에서 처리한다.

만약에 발생된 예외가 프로그램에 의하여 무시되면 그 프로그램은 적절한 오류 메시지를 출력하고 종료하는데, 이 오류 메시지는 예외가 발생한 위치를 알려주는 **호출 스택 트레이스**(call stack trace)를 포함한다. 호출 스택 트레이스는 main 메소드부터 예외가 발생된 메소드까지의 호출과정과 문장 번호를 함께 보여준다. 프로그램 9.1에서는 잘못된 정수 값이 입력되었을 때 호출 스택 트레이스를 출력하였다.

> **Key Point** 예외가 발생하면 try-catch 문에 의해 처리되어야 하고 처리되지 않으면 그 프로그램은 결국 종료한다.

예외가 발생하면 try-catch 문에 의해 처리되어야 하고 처리되지 않으면 그 프로그램은 결국 종료된다. try-catch 문의 구문 구조는 다음과 같다.

```
try {
   예외가 발생할 수 있는 실행 문장
}
catch (예외이름 변수이름) { 예외처리문장 }
   ...
catch (예외이름 변수이름) { 예외처리문장 }
```

발생된 예외를 처리하기 위해서는 예외가 발생할 수 있는 실행 문장들을 try 블록 안에 포함시켜야 한다. try 블록 다음에는 예외 처리 코드가 포함된 하나 이상의 catch 절(clause)이 따라오게 된다. 각 catch 절은 서로 다른 형의 예외를 처리하도록 작성한다.

만약 try 블록 실행 중에 예외가 발생하면 발생된 예외의 타입과 일치하는 첫 번째 catch 절이 발생된 예외를 말 그대로 잡게 되고 이때 해당 catch 절에 선언된 변수가 발생된 예외를 참조하게 된다. 그리고 catch 절의 예외 처리 코드가 발생된 예외를 처리하게 된다. 만약 try 블록 실행 중에 예외가 발생하지 않으면 catch 절은 실행되지 않고 다음 문장이 실행된다.

프로그램 9.1에서 16번 행의 scan.nextInt( ) 문장은 잘못된 입력값이 들어왔을 때 이를 처리하기 위해 try-catch 문을 이용하여 다음과 같이 재작성할 수 있다. nextInt 메소드에서 예외가 발생하면, 다음 그림의 실행 흐름과 같이 catch 절에서는 발생된 예외를 잡아서 오류 메시지를 내고 새로운 입력을 읽을 수 있도록 잘못된 입력을 읽어서 버리는 형태로 처리한다.

```
try {
   newGrade = scan.nextInt( );          예외 발생
} catch (InputMismatchException x) {
   System.out.println(x);
   scan.next( );                        예외 처리
}
```

throw 문을 이용한 예외 발생

예외적인 상황을 만났을 때 다음과 같이 throw 문을 이용해서 예외를 발생시킬 수 있다.

```
throw 예외객체;
```

보통 throw 문은 예외가 발생되었는지 확인하기 위하여 어떤 조건을 검사하는 if 문 안에 나타난다. 프로그램 9.1에서 음수 값이 입력되면 비정상적인 점수이므로 다음과 같이 throw 문을 이용하여 앞에서 정의한 NegativeInputException을 발생시킬 수 있다.

```
if (newGrade < 0)
   throw new NegativeInputException();
```

여기서 발생된 NegativeInputException 역시 잡아서 처리해야 한다. 다음과 같이 Scanner 객체의 nextInt 메소드에서 입력을 받을 때 발생될 수 있는 InputMismatchException과 음수 값이 입력될 때 발생되는 NegativeInputException을 두 개의 catch 절을 이용하여 처리할 수 있다.

```
try {
   newGrade = scan.nextInt();
   if (newGrade < 0)
      throw new NegativeInputException();
} catch (InputMismatchException x) {
   System.out.println(x);
   scan.next();
} catch (NegativeInputException x) {
   System.out.println(x);
}
```

점수 분포 예제 프로그램

이제 프로그램 9.2를 살펴보자. 이 프로그램은 0점부터 100점 사이의 점수를 입력받아 10점 간격으로 점수 분포를 출력한다. 점수 분포를 계산하기 위해서 23, 24번 행에서 입력된 점수를 10으로 나누어 그 몫을 분포를 나타내는 배열 freq의 인덱스로 사용하여 점수 분포를 계산한다. 만약 정수가 아닌 값이 입력되면 19번 행에서 InputMismatchException이 발생되고 이는 26~28번 행의 catch 절에서 처리된다. 또한, 만약 음수 값이 점수로 입력되면 21번 행에서 NegativeInputException 예외가 발생되고 이 예외는 29, 30번 행의 catch 절에서 잡아서 적절한 메시지를 출력한다.

프로그램 9.2 • GradeDist1.java

```
1  /************************************************************
2   * 점수 분포를 출력하는 첫 번째 프로그램
3   ************************************************************/
4  import java.util.*;
5  import java.io.*;
6
7  public class GradeDist1
8  {
9     static int[] freq = {0, 0, 0, 0, 0, 0, 0, 0, 0, 00};
10
11    // 점수를 입력받아 그 분포를 출력한다. 음수를 예외로 처리한다.
12    public static void main(String[] args) {
13       int newGrade, index;
14       Scanner scan = new Scanner(System.in);
15
16       System.out.print("점수 입력: ");
17       while (scan.hasNext()) {
18          try {
19             newGrade = scan.nextInt();
20             if (newGrade < 0)
21                throw new NegativeInputException();
22             else {
23                index = newGrade / 10;
24                freq[index]++;
25             }
26          } catch (InputMismatchException x) {
27             System.out.println(x);
28             scan.next( );
29          } catch (NegativeInputException x) {
```

```java
                System.out.println(x);
            }

            System.out.print("점수 입력: ");
        }

        System.out.println("-----------");
        System.out.println("점수 분포");
        System.out.println("-----------");

        for (int i = 0; i < freq.length; i++)
            if (i < 9)
                System.out.printf("%2d ~ %3d:%2d\n", i*10, (i*10 + 9), freq[i]);
            else
                System.out.printf("%2d ~ %3d:%2d\n", i*10, (i*10 + 10), freq[i]);
    }
}
```

실행결과

```
점수 입력: 88
점수 입력: 75
점수 입력: 62
점수 입력: -10
예외:음수 점수
점수 입력: 95
점수 입력: 74
점수 입력: 40
점수 입력: ^Z
-----------
점수 분포
-----------
 0 ~   9: 0
10 ~  19: 0
20 ~  29: 0
30 ~  39: 0
40 ~  49: 1
50 ~  59: 0
60 ~  69: 1
70 ~  79: 2
80 ~  89: 1
90 ~ 100: 1
```

그러나 이 프로그램은 또 하나의 문제점을 가지고 있다. 만약 입력 점수가 100점 이상이면 다음과 같은 예외가 발생하고 프로그램은 종료하게 된다.

```
점수 입력: 100
Exception in thread "main" java.lang.
ArrayIndexOutOfBoundsException: 10
        at GradeDist1.main(GradeDist1.java:24)
```

이는 다음 코드에서 `index` 값이 10 이상이 되고 `freq[index]`를 사용할 때에 인덱스가 0부터 9까지인 `freq` 배열의 인덱스 경계를 초과하게 되므로 `ArrayIndexOutOfBoundsException`이 발생하기 때문이다.

```
index = newGrade / 10;
freq[index]++;
```

입력이 100 이상인 경우를 대비하기 위해서 `try-catch` 문을 이용하여 다음과 같이 코드를 수정해야 한다. 이 코드에서는 `ArrayIndexOutOfBoundsException`이 발생하는 경우에 입력 점수를 확인하여 100점인 경우에는 `freq[9]`를 증가시키고 그 이상인 경우에는 오류 메시지를 출력한다.

```
try {
   freq[index]++;
} catch (ArrayIndexOutOfBoundsException x) {
   if (newGrade == 100)
      freq[9]++;
   else System.out.println("예외:" + newGrade + "는 범위 밖임");
}
```

프로그램 9.3은 이와 같이 수정된 프로그램을 보여준다.

프로그램 9.3 • GradeDist2.java

```
/***********************************************************
 * 점수 분포를 출력하는 두 번째 프로그램
 ***********************************************************/
import java.util.*;
```

```java
import java.io.*;

// 점수를 입력받아 그 분포를 출력한다. 100점 초과를 예외로 처리한다.
public class GradeDist2
{
   static int[] freq = {0, 0, 0, 0, 0, 0, 0, 0, 0, 0};

   public static void main(String[] args) {
      int newGrade, index;
      Scanner scan = new Scanner (System.in);

      System.out.print("점수 입력: ");
      while (scan.hasNext()) {
         try {
            newGrade = scan.nextInt();
            if (newGrade < 0)
               throw new NegativeInputException();
            else {
               index = newGrade / 10;
               try {
                  freq[index]++;
               } catch (ArrayIndexOutOfBoundsException x) {
                  if (newGrade == 100)
                     freq[9]++;
                  else System.out.println("예외:"+ newGrade +"은 범위 밖임");
               }
            }
         } catch (InputMismatchException x) {
            System.out.println(x);
            scan.next( );
         } catch (NegativeInputException x) {
            System.out.println(x);
         }
         System.out.print("점수 입력: ");
      }

      System.out.println("-----------");
      System.out.println("점수 분포");
      System.out.println("-----------");

      for (int i = 0; i < freq.length; i++)
```

```java
            if (i < 9)
                System.out.printf("%2d ~ %3d:%2d\n", i*10,  (i*10 + 9),  freq[i]);
            else
                System.out.printf("%2d ~ %3d:%2d\n", i*10,  (i*10 + 10),  freq[i]);
        }
    }
```

실행결과

```
점수 입력: 90
점수 입력: 84
점수 입력: 100
점수 입력: 59
점수 입력: 120
예외:120은 범위 밖임
점수 입력: 88
점수 입력: 76
점수 입력: 43
점수 입력: ^Z
-----------
점수 분포
-----------
 0 ~   9: 0
10 ~  19: 0
20 ~  29: 0
30 ~  39: 0
40 ~  49: 1
50 ~  59: 1
60 ~  69: 0
70 ~  79: 1
80 ~  89: 2
90 ~ 100: 2
```

finally 절

try 문은 선택 문장인 finally 절을 포함할 수 있으며, finally 절을 포함한 try-catch 문의 구문 구조는 다음과 같다.

```
try {
   예외가 발생할 수 있는 실행 문장
}
catch (예외이름 변수이름) { 예외 처리 문장 }
   ...
catch (예외이름 변수이름) { 예외 처리 문장 }
finally { 마무리코드 }
```

finally 절은 예외 발생 여부에 관계없이 실행된다. 즉, finally 절은 try 블록에서 예외가 발생되지 않은 경우에도 실행되고, try 블록에서 예외가 발생된 경우에도 해당 catch 절을 실행한 후에 실행된다. 또한 발생된 예외를 처리하기 위한 catch 절이 없는 경우에도 finally 절은 실행된다.

finally 절의 효과를 알아보기 위해 다음 코드를 살펴보도록 하자. 이 코드에서 finally 절은 다음과 같이 nextInt 메소드의 예외 발생 여부에 관계없이 실행된다.

(1) nextInt 메소드에서 예외가 발생하지 않은 경우 :
catch 절을 실행하지 않고 바로 finally 절이 실행된다.

(2) nextInt 메소드에서 예외가 발생한 경우 :
다음과 같이 catch 절을 실행하고 finally 절이 실행된다.

```
Scaner scan = new Scanner(System.in);
try {                                    예외 발생
   scan.nextInt();
} catch (InputMismatchException x) {
   System.out.println("다음 토큰이 정수가 아닙니다.");
} finally {
   System.out.println("하나의 정수 입력 혹은 예외 발생함.");
   scan.close();
}
```

잠깐만
finally 절은 예외 발생 여부와 관계없이 실행된다.

위 코드에서 확인할 수 있는 것처럼 finally 절은 예외 발생 여부와 관계없이 수행된다. scan을 닫는 작업은 예외 발생 여부와 관계없이 수행되어야 하므로 finally 절에 포함시켰다.

예외 프로그래밍 스타일

다음과 같이 catch 절에 Exception을 사용하여 try 블록에서 발생될 수 있는 모든 예외를 잡아 처리하는 것은 간편한 방법이지만 좋은 프로그래밍 습관은 아니다.

```
try {
   정상 코드
} catch (Exception x) {
   예외 처리 코드
}
```

이 코드는 try 블록에서 발생하는 어떠한 예외도 잡을 수 있으며 컴파일도 쉽게 통과할 수 있으므로 프로그래머들이 별 생각 없이 쉽게 사용하게 된다. 그러나 이러한 프로그래밍 스타일은 try 블록 내에서 발생하는 여러 종류의 예외들에 대한 적절한 처리를 어렵게 만들고 결과적으로 프로그램을 취약하게 만들 수 있다. 따라서 발생 가능한 각 예외들에 대한 catch 절을 따로 작성하는 것이 발생한 예외 각각을 적절하게 처리한다는 면에서 좋을 것이다.

예를 들어, 다음 코드는 nextInt 메소드 내에서 발생되는 모든 예외를 잡아서 처리할 수 있다. 그러나 발생된 예외가 어떤 예외인지 알기 힘들며 그에 따른 적절한 처리도 어렵다.

```
Scanner scan = new Scanner(System.in);
try {
   scan.nextInt();
} catch (Exception x) {
   System.out.println("입력 오류입니다.");
}
```

그러나 다음 코드는 nextInt 메소드 내에서 입력 상황에 따라 발생할 수 있는 세 가지 예외 각각에 대해서 적절한 메시지를 출력하고 있다.

```
Scanner scan = new Scanner(System.in);
try {
```

```
    scan.nextInt();
} catch (InputMismatchException x) {
    System.out.println("다음 토큰이 정수가 아닙니다.");
} catch (NoSuchElementException x) {
     System.out.println("입력이 없습니다.");
} catch (IllegalStateException x) {
    System.out.println("스캐너가 닫혀 있습니다.");
}
```

9.3 예외 전파

예외 전파란 무엇인가?

앞의 예제 프로그램에서 살펴본 것처럼 발생된 예외는 그 메소드 내에서 잡아서 처리할 수 있다. 만약 발생된 예외를 그 메소드 내에서 잡아서 처리하지 않으면 어떻게 될까? 예를 들어 caller 메소드에서 callee 메소드를 호출하였는데 callee 메소드 내에서 어떤 예외가 발생하고 이 예외를 callee 메소드 내에서 처리하지 않으면 어떻게 될까?

caller 메소드

```
caller()
{
   ...
   try {
      callee();
   } catch (Exception x) {
      ...
   }
   ...
}
```

callee 메소드

```
callee()
{
   ...
   throw new AnException();
   ...
}
```

예외 전파

예외가 발생된 메소드 내에서 처리되지 않으면 그 예외는 그 메소드를 호출한 호출자(caller) 메소드에 전파되며 거기서 처리될 수 있다. 그 호출자 메소드 내에서도 처리되지 않으면 다시 상위 호출자 메소드로 전파된다. 이런 식으로 예외가 발생된 메소드 내에서 처리되지 않으면 그 예외는 잡아서 처리될 때까지 호출의 역순을 따라 계속해서 전파된다. 이러한 과정을 **예외 전파**(exception propagation)라고 한다. 전파된 예외를 아무 메소드도 잡아서 처리하지 않으면 결국 main 메소드까지 전파될 것이다. 그러면 main 메소드에서 처리할 수 있으며 만약 main 메소드에서도 처리되지 않으면 결국 프로그램은 종료하게 된다.

Key Point 예외가 발생된 메소드 내에서 처리되지 않으면 호출자 메소드로 전파된다.

예외 전파 예제 프로그램

예를 들어, 프로그램 9.4를 살펴보자. main 메소드는 25번 행에서 via 메소드를 호출하고 via 메소드는 17번 행에서 divide 메소드를 호출하면서 0을 인수로 넘겨준다. 호출된 divide 메소드는 11번 행에서 1/z 연산을 수행하면서 0으로 나누었으므로 ArithmeticException이 발생할 것이다. 그러나 이 예외는 divide 메소드에서 처리될 수 없으므로 호출자인 via 메소드에 전파된다. 그러나 via 메소드에서도 처리될 수 없으므로 via 메소드의 호출자인 main 메소드에 전파되고 결국 main 메소드 내의 26번 행의 catch 절에서 처리될 것이다. 이러한 예외 발생과 전파 및 처리과정은 그림 9.2와 같이 나타낼 수 있다.

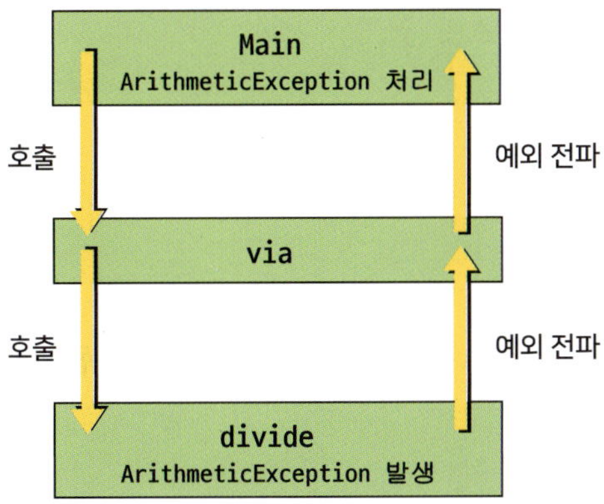

[그림 9.2] 예외 발생과 전파의 예

프로그램 9.4 • Propagate1.java

```java
/********************************************************
 * 예외의 전파과정을 보여주는 첫 번째 프로그램
 ********************************************************/

// 0으로 나눌 때 발생된 예외의 전파과정을 보인다.
public class Propagate1
{
   void divide(int z) {
      int m;
      System.out.println("divide 메소드 시작");
      m = 1 / z;
      System.out.println("divide 메소드 끝");
   }

   void via() {
      System.out.println("via 메소드 시작");
      divide(0);
      System.out.println("via 메소드 끝");
   }

   public static void main(String[] args) {
      Propagate1 p = new Propagate1();
      System.out.println("main 메소드 시작");
      try {
         p.via();
      } catch (ArithmeticException m) {
         System.out.println(m + " 처리됨");
      }
      System.out.println("main 메소드 끝");
   }
}
```

실행결과

```
main 메소드 시작
via 메소드 시작
divide 메소드 시작
java.lang.ArithmeticException: / by zero 처리됨
main 메소드 끝
```

그렇다면 프로그래머는 어디에서 예외를 잡아서 처리해야 할까? 프로그래머는 예외를 잡아서 처리할 가장 적당한 지점을 선택해야 하는데 어디가 가장 적당한 지점인지는 정답이 없다. 프로그램의 설계나 상황에 따라 적당한 지점을 선정하여 예외를 처리해야 한다.

9.4 검사 예외와 비검사 예외

예외 검사

프로그램 실행 중에 예외가 발생되어 처리되지 않으면 프로그램은 더 이상 진행하지 못하고 중간에 종료된다. 이렇게 프로그램이 실행 중에 갑자기 종료하는 것은 프로그램 신뢰성에 매우 치명적인 영향을 줄 수 있다. 따라서 Java 컴파일러는 컴파일하면서 발생 가능한 예외들에 대해서 이를 처리할 수 있는 처리기(try-catch 문)의 존재 여부를 미리 검사하는 기능을 포함하고 있다. 그러나 모든 예외들의 처리 여부를 검사하는 것은 매우 어렵고 프로그래머들을 필요 이상으로 불편하게 만들 수 있다. 따라서 Java 언어에서는 이 검사 여부에 따라 예외를 두 종류로 분류하였다.

RuntimeException로부터 상속받는 런타임 예외들에 대해서는 그 처리기 존재 여부를 컴파일러가 미리 검사하지는 않으며 이러한 예외는 컴파일러가 미리 검사하지 않으므로 **비검사 예외**(unchecked exception)라고 한다. 그러나 프로그램의 안전한 실행을 위해서는 비검사 예외도 프로그래머의 판단에 따라 필요하면 잡아서 처리해주는 코드를 작성하는 것이 좋다. 런타임 예외가 아닌 모든 예외들에 대해서는 컴파일러가 그 처리기의 존재 여부를 미리 검사한다. 이러한 예외는 컴파일러가 그 처리 여부를 미리 검사하므로 **검사 예외**(checked exception)라고 한다. 이러한 검사 예외들에 대해서는 컴파일러가 처리기의 존재 여부를 미리 검사하고 처리될 수 없으면 다음과 같은 오류 메시지를 낸다.

```
OOOException must be caught or declared to be thrown.
```

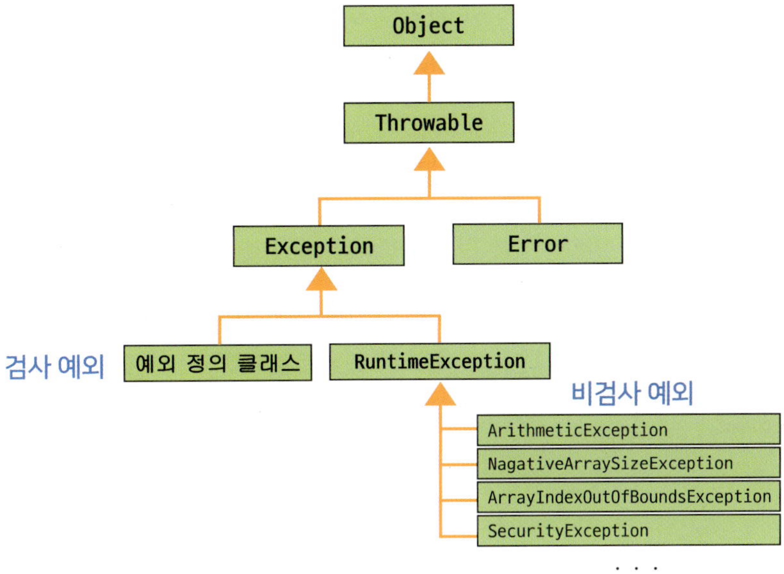

■ **[그림 9.3]** 검사 예외와 비검사 예외

Key Point 런타임 예외는 비검사 예외이고 나머지 모든 예외는 검사 예외이다.

이러한 컴파일러 오류가 나면 이를 해결하는 방법은 두 가지가 있다.

(1) 해당 메소드 내에 `try-catch` 구문을 이용하여 그 예외를 처리하는 코드를 추가한다.

(2) 해당 메소드 내에서 처리하지 않을 검사 예외들은 메소드 헤더에 `throws` 절을 이용하여 명시한다.

첫 번째는 프로그래머가 컴파일 오류 메시지를 보고 미처 생각하지 못했던 예외에 대한 처리 코드를 해당 메소드 내에 적당히 추가하는 것이다. 프로그래머는 이렇게 함으로써 작성한 프로그램의 안전성을 높일 수 있다. 두 번째는 해당 메소드 내에서 발생할 수 있지만 그 메소드 내에서 처리하지 않을 검사 예외들을 메소드 머리에 `throws` 절을 이용하여 명시하는 것으로, 이는 명시된 예외가 이 메소드 내에서 발생될 수 있다는 것을 프로그래머가 알고 있으며 이 예외들을 이 메소드 내에서는 처리하지 않겠다고 선언한 것이다. 프로그래머는 여기서 발생한 예외들을 호출자 메소드에서 처리하려고 할 것이다.

> **잠깐만**
> throw 문과 throws 절은 다르다.

```
리턴타입 메소드이름(매개변수 리스트) throws 예외이름 리스트
{
      ...
}
```

> **Key Point** 해당 메소드 내에서 처리하지 않을 검사 예외들은 메소드 머리에 throws 절을 이용하여 명시하여야 한다.

예외 검사 예제 프로그램

프로그램 9.5를 살펴보자. 이 프로그램에서는 main 메소드에서 via 메소드를 통해 input 메소드를 호출한다. input 메소드에서는 나이를 입력받는데 음수를 입력받으면 16번 행에서 NegativeInputException 예외가 발생된다. 하지만 이 메소드 내에는 이를 처리할 수 있는 try-catch 문이 없으며 따라서 이 예외가 발생된다면 이 메소드 내에서 처리될 수 없을 것이다. 이러한 경우에 프로그래머는 메소드 헤더에 예외가 발생될 수 있다는 것을 다음과 같이 명시하여야 한다.

```
void input() throws NegativeInputException
```

만약 이러한 명시를 하지 않으면 컴파일러는 검사를 통하여 이를 파악하여 다음과 같은 오류 메시지를 낼 것이다.

```
NegativeInputException must be caught or declared to be thrown.
```

그러나 이런 명시를 했다고 해서 실제 실행 시간에 자동적으로 이 예외가 처리되는 것은 아니라는 점에 주의하여야 한다. 이는 다만 프로그래머가 컴파일러에게 이 메소드 내에서 이러한 예외가 발생될 수 있다는 것을 알려서

잠깐만

throws 절에 예외를 명시를 했다고 해서 실제 실행 시간에 자동적으로 이 예외가 처리되는 것은 아니다.

컴파일 과정을 통과하기 위한 것이다. 이 프로그램에서처럼 throws를 이용하여 명시된 예외도 호출자 혹은 그 상위 호출자 어디에선가 이를 처리할 수 있는 try-catch 문이 있어야 한다.

이 프로그램에서는 input 메소드뿐만 아니라 이 메소드의 호출자 via 메소드에서도 이를 처리하지 않으므로 via 메소드 헤더에도 throws 문을 이용하여 이를 명시하였다. 이 예외를 처리할 수 있는 코드는 via의 호출자인 main 메소드 내에 두었다.

프로그램 9.5 • Propagate2.java

```java
/****************************************************************
 * 예외의 전파과정을 보여주는 두 번째 프로그램
 ****************************************************************/

import java.util.Scanner;

// 발생된 예외의 전파과정을 보인다.
public class Propagate2
{
   void input() throws NegativeInputException {
      int age;
      Scanner scan = new Scanner(System.in);
      System.out.println("input 메소드 시작");
      age = scan.nextInt();
      if (age < 0)
         throw new NegativeInputException();
      System.out.println("input 메소드 끝");
   }

   void via() throws NegativeInputException {
      System.out.println("via 메소드 시작");
      input();
      System.out.println("via 메소드 끝");
   }

   public static void main(String[] args) {
```

```
        Propagate2 p = new Propagate2();
        System.out.println("main 메소드 시작");
        try {
            p.via();
        } catch (NegativeInputException m) {
            System.out.println(m);
        }
        System.out.println("main 메소드 끝");
    }
}
```

실행결과

```
main 메소드 시작
via 메소드 시작
input 메소드 시작
-10
예외:음수 입력
main 메소드 끝
```

9.5 파일 입출력 스트림

스트림

모든 프로그램은 데이터를 입력받아서 그것을 처리하고, 처리한 결과를 출력한다. 이 절에서는 파일과 입출력에 대해서 알아보도록 하자.

Java에서는 입출력을 위해 **스트림**(stream)이라는 개념을 사용한다. 스트림이란 입력 원천(input source) 혹은 출력 목적지(output destination)가 정해져 있는 일련의 바이트 시퀀스를 추상화한 것이다. Java에서 스트림을 사용하는 이유는 입출력 장치에 독립적인 입출력 방식을 제공하기 위해서다. Java 프로그램은 그림 9.4와 같이 보통 입력 스트림에서 정보를 읽고 출력 스트림에 정보를 쓴다. 또한, 필요에 따라 여러 개의 스트림을 사용할 수도 있다.

`java.io` 패키지는 서로 다른 목적의 스트림을 정의하는 다양한 클래스를 포함하고 있다. `java.io` 패키지의 클래스는 입력을 받기 위한 입력 스트림과 출력을 하기 위한 출력 스트림으로 나눌 수 있다. 이들 스트림은 또한 다루는 데이터의 단위에 따라 바이트 스트림, 문자 스트림, 데이터 스트림으로 구분할 수 있다.

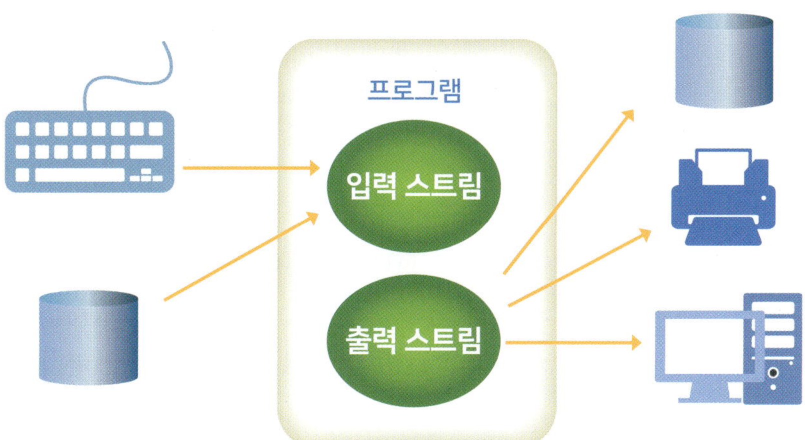

[그림 9.4] 입출력 스트림

- 바이트 스트림(byte stream): 바이트 단위로 입출력하는 스트림
- 문자 스트림(character stream): 문자 단위로 입출력하는 스트림
- 데이터 스트림(data stream): 자료형 단위로 입출력하는 스트림

앞으로 다룰 바이트 스트림 이름은 주로 Stream으로 끝나고, 문자 스트림 이름은 Reader 혹은 Writer로 끝난다. 데이터 스트림 이름은 Data로 시작한다.

> **Key Point** 바이트 스트림은 바이트 단위로 입출력하는 스트림이고, 문자 스트림은 문자 단위로 입출력하는 스트림이며, 데이터 스트림은 데이터 타입 단위로 입출력하는 스트림이다.

바이트 스트림

바이트 스트림(byte stream)은 바이트 단위로 읽고 쓰기 위한 저수준 스트림으로 이를 이용하여 바이트 입출력이 가능하다. 그림 9.4와 같이 InputStream과 OutputStream 추상 클래스를 상속받아 다양한 바이트 스트림을 만들 수 있다. 가장 대표적인 바이트 스트림은 파일로부터 입출력하기 위한 FileInputStream과 FileOutputStream이며 이들은 파일로부터 바이트 데이

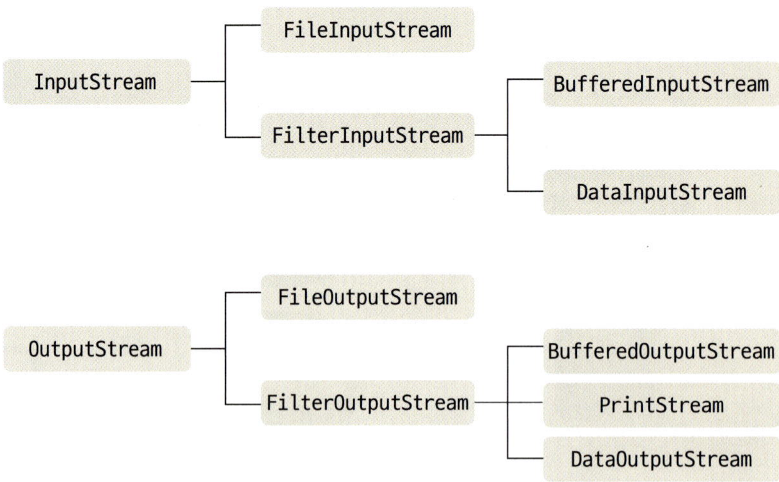

[그림 9.5] 바이트 스트림 및 데이터 스트림

터(byte[])만 입출력을 할 수 있다. 각각이 제공하는 대표적인 생성자와 메소드는 각각 표 9.2와 표 9.3과 같다.

■ **[표 9.2]** FileInputStream의 생성자 및 메소드

생성자 및 메소드	역할
FileInputStream(String name)	이름이 name인 파일을 열어 FileInputStream을 만든다.
FileInputStream(File file)	파일 file을 열어 FileInputStream을 만든다.
int read()	이 입력 스트림으로부터 한 바이트를 읽어 리턴한다.
int read(bytes[] b)	이 입력 스트림으로부터 b.length개의 바이트를 읽어 배열 b에 저장한다. 읽은 바이트 수를 리턴한다.

■ **[표 9.3]** FileOutputStream의 생성자 및 메소드

생성자 및 메소드	역할
FileOutputStream(String name)	이름이 name인 파일을 열어 FileOutputStream을 만든다.
FileOutputStream(File file)	파일 file을 열어 FileOutputStream을 만든다.
void write(int b)	한 바이트 b를 이 출력 스트림에 쓴다.
void write(bytes[] b)	배열 b의 b.length 개의 바이트들을 이 출력 스트림에 쓴다.

이 스트림을 이용하여 파일 복사 프로그램을 작성해 보자. 이 프로그램 9.6은 텍스트 파일뿐만 아니라 이진 파일도 복사할 수 있어야 하기 때문에 바이트 스트림을 사용한다. 먼저 18, 19번 행에서 입력 바이트 스트림인 FileInputStream과 출력 바이트 스트림인 FileOutputStream을 생성하고, 20, 24번 행에서 입력 바이트 스트림을 이용하여 한 파일 내용을 한 바이트씩 읽은 후, 22번 행에서 다시 출력 바이트 스트림을 이용하여 다른 파일에 한 바이트씩 복사한다. 실행결과를 보면 718바이트 크기의 Welcome.txt 파일을 Bienvenue.txt로 복사하였다는 것을 알 수 있다.

프로그램 9.6 • Copy.java

```java
/***********************************************************
 * 파일 복사 프로그램
 ***********************************************************/
import java.io.*;

// 두 파일로부터 입력 스트림과 출력 스트림을 만들어 복사한다.
public class Copy
{
   public static void main(String[] args) {
      int total = 0, c;

      if (args.length != 2) {
         System.out.println("사용법 : java Copy filename1 filename2");
         System.exit(0);
      }

      try {
         InputStream is = new FileInputStream(args[0]);
         OutputStream os = new FileOutputStream(args[1]);
         c = is.read();
         while (c != -1) {
            os.write(c);
            total++;
            c = is.read();
         }
         System.out.println(total+ "바이트 복사");
      } catch (FileNotFoundException e) {
         System.out.println("파일 없음");
      } catch (IOException e) {
         System.out.println("IOException 발생");
      }
   }
}
```

실행결과

```
> java Copy Welcome.txt Bienvenue.txt
718바이트 복사
```

표준 입출력

FilterInputStream 혹은 FilterOutputStream은 기존의 바이트 스트림에 부가적인 입출력 기능을 추가하여 제공하는 스트림으로, 주로 데이터를 모아서 어떤 자료형으로 변환하기 위한 기능을 제공한다. 이들은 InputStream과 OutputStream을 상속한 클래스로 기본적인 메소드를 그대로 사용할 수 있고, 필요한 형태로 변환하기 위한 필터를 추가할 수 있다.

예를 들어, FilterOutputStream 중의 하나인 프린트 스트림(PrintStream)은 여러 타입의 값을 스트링 형태로 출력할 수 있는 기능을 제공한다. Java 언어에서는 표준 입출력을 위해 다음과 같은 세 종류의 표준 입출력 스트림을 제공하는데, 표준 출력 스트림 System.out과 표준 오류 스트림 System.err는 모두 프린트 스트림이다.

- 표준 입력 스트림 System.in
  키보드부터 표준 입력을 받기 위한 입력 스트림(InputStream)
- 표준 출력 스트림 System.out
  모니터로 표준 출력을 하기 위한 프린트 스트림(PrintStream)
- 표준 오류 스트림 System.err
  모니터로 오류 출력을 하기 위한 프린트 스트림(PrintStream)

우리는 이미 표준 출력에 println 문장을 실행시킬 때 다음과 같이 프린트 스트림인 System.out을 사용하였다.

```
System.out.println(...)
```

데이터 스트림

바이트 스트림은 바이트 단위로 입출력이 이루어지므로 응용 프로그램에서 다양한 타입의 값들을 입출력하는 데 적절하지 않다. Java 언어에서는 Java 기본 자료형 값들을 입출력하기 위해 데이터 스트림을 제공한다. 대표적인 데이터 스트림은 그림 9.5에 있는 DataInputStream과 DataOutputStream으로 이들은 각각 FilterInputStream과 FilterOutputStream을 상속받은 일종의 필터 스트림이다.

DataInputStream과 DataOutputStream은 표 9.4, 표 9.5와 같이 Java 기본 자료형 데이터를 입출력하기 위한 메소드를 제공한다. 이들 스트림은 객체 생성 시에 InputStream과 OutputStream을 매개변수로 받는다.

데이터 입출력 스트림을 이용하여 기본 자료형 데이터를 입출력하는 예제 프로그램을 생각해 보자. 프로그램 9.7은 기본 자료형 데이터의 최댓값을 주로 파일에 저장한다. 자료형에 따라 편리하게 파일에 저장하기 위해서 파일

[표 9.4] DataInputStream의 생성자와 메소드

생성자 및 메소드	역할
DataInputStream(InputStream in)	InputStream in을 기초로 하여 DataInputStream을 만든다.
char readChar()	문자를 하나 읽어서 리턴한다.
int readInt()	정수(4바이트)를 읽어서 리턴한다.
long readLong()	long 정수(8바이트)를 읽어서 리턴한다.
float readFloat()	부동소수점수(4바이트)를 읽어서 리턴한다.
double readDouble()	double 부동소수점수(8바이트)를 읽어서 리턴한다.
boolean readBoolean()	한 바이트를 읽어 0이면 false를, 0이 아니면 true를 리턴한다.

[표 9.5] DataOutputStream의 생성자와 메소드

생성자 및 메소드	역할
DataOutputStream(OutputStream out)	OutputStream out을 기초로 하여 DataOutputStream을 만든다.
void writeChar(int v)	문자를 하나 쓴다.
void writeInt(int v)	정수(4바이트) 값을 쓴다.
void writeLong(long v)	long 정수(8바이트) 값을 쓴다.
void writeFloat(float v)	부동소수점수(4바이트) 값을 쓴다.
void writeDouble(double v)	double 부동소수점수(8바이트) 값을 쓴다.
void writeBoolean(boolean v)	boolean 값 하나를 쓴다.

출력 스트림을 만들고 이를 이용하여 다음과 같이 데이터 출력 스트림을 만들어 사용한다.

```
FileOutputStream fos = new FileOutputStream("max.data");
DataOutputStream dos = new DataOutputStream(fos);
```

프로그램 9.7은 생성된 데이터 출력 스트림을 이용하여 기본 자료형의 최댓값을 파일에 저장한다. 예를 들어, 다음은 Integer 타입의 최댓값을 파일에 저장한다.

```
dos.writeInt(Integer.MAX_VALUE);
```

또한, 파일에 저장된 데이터 값들을 읽기 위해서 파일 입력 스트림을 만들고 이를 이용하여 다음과 같이 데이터 입력 스트림을 만들어 사용한다.

```
FileInputStream fis = new FileInputStream("max.data");
DataInputStream dis = new DataInputStream(fis);
```

이 데이터 입력 스트림을 이용하여 파일에 저장된 각 기본 자료형의 최댓값을 읽어서 표준출력에 출력한다.

프로그램 9.7 • MaxDataIO.java

```
/************************************************************
 * 기본 자료형 데이터 입출력 예제 프로그램
 ************************************************************/
import java.io.*;

// 기본 자료형의 최댓값을 파일에 저장하고 이를 읽어서 출력한다.
public class MaxDataIO
{
   public static void main(String[] args) {
      try {

         // "max.data" 파일에 출력하기 위한 데이터 출력 스트림을 생성한다.
         FileOutputStream fos = new FileOutputStream("max.data");
         DataOutputStream dos = new DataOutputStream(fos);
```

```java

            // "max.data" 파일에 기본 자료형의 최댓값을 출력한다.
            dos.writeBoolean(false);
            dos.writeByte(Byte.MAX_VALUE);
            dos.writeShort(Short.MAX_VALUE);
            dos.writeInt(Integer.MAX_VALUE);
            dos.writeLong(Long.MAX_VALUE);
            dos.writeFloat(Float.MAX_VALUE);
            dos.writeDouble(Double.MAX_VALUE);
            dos.writeChar('z');
            dos.writeUTF("대한민국!");

            // "max.data" 파일에서 입력받기 위한 데이터 입력 스트림을 생성한다.
            FileInputStream fis = new FileInputStream("max.data");
            DataInputStream dis = new DataInputStream(fis);

            // "max.data" 파일에서 기본 자료형 데이터를 읽어서 출력한다.
            System.out.println(dis.readBoolean());
            System.out.println(dis.readByte());
            System.out.println(dis.readShort());
            System.out.println(dis.readInt());
            System.out.println(dis.readLong());
            System.out.println(dis.readFloat());
            System.out.println(dis.readDouble());
            System.out.println(dis.readChar());
            System.out.println(dis.readUTF());
        } catch (Exception e) {
            e.printStackTrace();
        }
    }
}
```

실행결과

```
false
127
32767
2147483647
9223372036854775807
3.4028235E38
1.7976931348623157E308
z
대한민국!
```

문자 스트림

문자 스트림은 2바이트로 표현되는 유니코드(unicode) 문자 단위의 입출력을 위한 스트림이다. 그림 9.6에서 Reader, Writer 클래스는 추상 클래스이며 그 하위 클래스들이 문자 스트림들이다. FileReader와 FileWriter 역시 일종의 문자 스트림으로 텍스트 파일로부터 문자 단위 입출력을 할 수 있다. FileReader와 FileWriter는 표 9.6과 표 9.7과 같이 파일을 이용하여 생성할 수 있으며 read와 write와 같은 메소드를 이용하여 파일로부터 문자 단위 입출력을 할 수 있다.

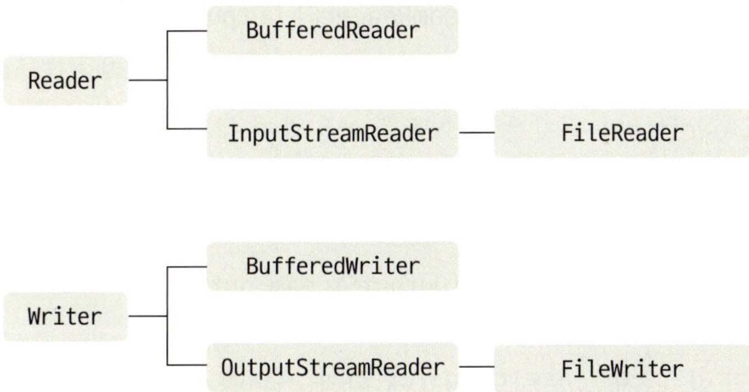

■ [그림 9.6] 문자 스트림

■ [표 9.6] FileReader의 생성자 및 메소드

생성자 및 메소드	역할
FileReader(String name) FileReader(File file)	명시된 파일을 기초로 하여 입력 문자 스트림을 만든다.
int read()	이 문자 스트림에서 한 문자를 읽어 리턴한다.
int read(char[] cbuf, int off, int len)	이 문자 스트림에서 len 개의 문자를 읽어 cbuf 배열의 인덱스 off부터 저장한다. 읽은 문자 수를 리턴한다.

■ [표 9.7] FileWriter의 생성자 및 메소드

생성자 및 메소드	역할
FileWriter(String name) FileWriter(File file)	명시된 파일을 기초로 하여 출력 문자 스트림을 만든다.
void write(int c)	한 문자 c를 이 문자 스트림에 쓴다.
void write(char[] cbuf, int off, int len)	배열 cbuf의 인덱스 off부터 시작하여 len개의 문자를 이 문자 스트림에 쓴다.

InputStreamReader와 OutputStreamWriter를 이용하면 파일뿐만 아니라 임의의 바이트 스트림으로부터 문자 스트림을 만들어 문자 단위 입출력을 할 수 있다. InputStreamReader와 OutputStreamWriter는 다음과 같은 생성자를 이용하여 생성할 수 있으며 이 문자 스트림으로부터 FileReader 및 FileWriter와 똑같은 메소드를 이용하여 문자 단위 입출력을 할 수 있다.

- InputStreamReader(InputStream in)
- OutputStreamWriter(OutputStream out)

또한, 문자 스트림도 필요에 따라 버퍼를 이용하여 스트림 내부 정보를 변경하거나 관리하는 BufferedReader나 BufferedWriter와 같은 고수준 문자 스트림을 만들어 더 편리하게 이용할 수 있다.

- BufferedReader(Reader in)
- BufferedWriter(Writer out)

BufferedReader 클래스는 문자 스트림으로부터 텍스트를 읽어서 문자 배열이나 줄 단위로 효과적으로 읽을 수 있도록 버퍼링을 제공해 준다. BufferedReader를 이용하면 문자 스트림이 제공하는 입출력 메소드뿐만 아니라 readLine 메소드를 이용하여 한 줄씩 읽는 것도 가능하다.

예를 들어, 프로그램 9.8은 텍스트 파일을 줄 단위로 읽어서 줄 번호를 붙여서 줄 단위로 출력한다. 이 프로그램에서는 11, 12번 행에서 명령줄 인수로 받은 파일로부터 입출력을 위한 문자 스트림으로 FileReader를 생성하고 이로

부터 줄 단위 입출력을 위해 버퍼링을 제공하는 BufferedReader를 생성한다. 15번 행에서 BufferedReader 클래스의 readLine 메소드를 사용하여 파일로부터 줄 단위로 입력을 읽고 18번 행에서 이를 출력한다. 실행결과는 anthem.txt 파일에 있는 애국가 가사를 줄 번호를 붙여서 출력하고 있다.

프로그램 9.8 ● LineNumber.java

```java
1  /***********************************************************
2   * 줄번호를 붙여주는 프로그램
3   ***********************************************************/
4  import java.io.*;
5
6  public class LineNumber
7  {
8     // 텍스트 파일의 내용을 줄번호와 함께 출력한다.
9     public static void main(String args[]) throws IOException {
10       int line = 0;
11       FileReader fr = new FileReader(args[0]);
12       BufferedReader br = new BufferedReader(fr);
13
14       while(true) {
15          String s = br.readLine();
16          if (s == null) break;
17          line++;
18          System.out.println(line + "    " + s);
19       }
20       br.close();
21    }
22 }
```

실행결과

```
> java LineNumber anthem.txt
1  동해물과 백두산이 마르고 닳도록
2  하느님이 보우하사 우리나라 만세
3  무궁화 삼천리 화려강산 대한사람 대한으로 길이 보전하세
4
5  남산위에 저 소나무 철갑을 두른듯
6  바람서리 불변함은 우리기상 일세
7  무궁화 삼천리 화려강산 대한사람 대한으로 길이 보전하세
```

9.6 텍스트 입출력 GUI

텍스트 필드

GUI 프로그램에서 텍스트를 입출력하려면 어떻게 하여야 할까? 이러한 경우에 텍스트 필드를 사용하면 된다. **텍스트 필드**(TextField)는 한 줄의 텍스트를 입력 혹은 출력할 수 있는 GUI 컴포넌트로 다음 표와 같이 한 줄의 텍스트가 입력되었을 때 ActionEvent를 발생시킨다.

컴포넌트	사용자의 동작	발생 이벤트
JTextField	텍스트 필드에 입력 후 리턴키 누름	ActionEvent

버튼 이외의 다른 컴포넌트를 사용하는 예제로 텍스트 필드를 사용하여 마일을 킬로미터로 변환하는 프로그램 9.9를 살펴보자. 이 프로그램은 10번 행에서 프레임을 생성하고 12번 행에서 마일을 킬로미터로 변환하기 위한 패널(MilePanel)을 생성하여, 14번 행에서 이 프레임에 생성된 패널을 추가하고 16번 행에서 이를 보여준다. .

프로그램 9.9 • Mile.java

```
1   /***************************************************************
2    * 마일을 킬로미터로 변환하여 보여주는 프로그램
3    ***************************************************************/
4   import javax.swing.JFrame;
5
6   public class Mile
7   {
8      // 마일 변환기를 생성하고 보여준다.
9      public static void main(String[] args) {
10        JFrame frame = new JFrame("Mile");
11        frame.setDefaultCloseOperation(JFrame.EXIT_ON_CLOSE);
12        MilePanel panel = new MilePanel();
```

```java

        frame.getContentPane().add(panel);
        frame.pack();
        frame.setVisible(true);
    }
}
```

이 프로그램에서는 마일 입력과 킬로미터 출력을 위한 GUI 컴포넌트들을 포함하는 `MilePanel` 클래스를 별도의 파일로 작성하였다. `MilePanel` 클래스의 정의는 프로그램 9.10과 같다.

프로그램 9.10의 `MilePanel` 클래스의 생성자는 17, 18번 행에서 입출력을 위한 레이블을 생성한 후 19, 20번 행에서 마일 입력을 위한 텍스트 필드와 킬로미터 출력을 위한 텍스트 필드를 생성하여 23~26번 행에서 이들을 패널에 추가한다. 또한, 22번 행에서 마일 입력 텍스트 필드에 `ActionEvent`를 위한 리스너로 `DistListener` 객체를 등록한다.

이 클래스는 텍스트 필드에서 발생되는 `ActionEvent`를 처리하기 위한 리스너로 `DistListener`를 31번 행에서 **내부 클래스** 형태로 정의하였다. 이 내부 클래스에서 34번 행의 `actionPerformed` 메소드는 37번 행에서 마일 입력 텍스트 필드인 `mileField`로부터 텍스트를 입력받아 39번 행에서 이를 마일을 나타내는 `Double` 값으 로 변환한 후 40번 행에서 이를 다시 킬로미터 값으로 변환한다. 이 변환된 값을 41번 행에서 `DecimalFormat`을 이용하여 소수점 2자리까지의 서식(format)으로 만들어 `kmField`에 `setText`함으로써 출력한다.

이 프로그램이 실행되어 사용자가 마일 입력 텍스트 필드인 `mileField`에 거리를 입력하면 텍스트 필드는 `ActionEvent`를 발생시키고 리스너의 `actionPerformed` 메소드가 자동으로 실행된다. `actionPerformed` 메소드는 마일을 킬로미터로 변환하여 결과를 킬로미터 출력 텍스트 필드인 `kmField`에 출력한다.

프로그램 9.10 • MilePanel.java

```java
/*********************************************************
 * 마일을 킬로미터로 변환하기 위한 패널 정의 프로그램
 *********************************************************/
import java.awt.*;
import java.awt.event.*;
import javax.swing.*;
import java.text.DecimalFormat;

// 마일 입력과 킬로미터 출력을 위한 패널을 정의한다.
public class MilePanel extends JPanel
{
   private JLabel inputLabel, outputLabel;
   private JTextField mileField, kmField;

   // 생성자: 레이블과 텍스트 필드를 생성하여 패널에 추가한다.
   public MilePanel() {
      inputLabel = new JLabel("마일(mile) 단위로 거리 입력:");
      outputLabel = new JLabel("킬로미터(km) ");
      kmField = new JTextField(10);
      mileField = new JTextField(5);

      mileField.addActionListener(new DistListener());  // 리스너 등록
      add(inputLabel);
      add(mileField);
      add(kmField);
      add(outputLabel);
      setPreferredSize(new Dimension(300, 75));
   }

   // mileField로부터 발생되는 ActionEvent를 위한 리스너를 정의한다.
   private class DistListener implements ActionListener
   {
      // mileField에서 입력키가 눌려졌을 때 킬로미터로 변환하여 보여준다.
      public void actionPerformed(ActionEvent event) {
         double miles, kms;
         DecimalFormat fmt = new DecimalFormat("0.##");
         String text = mileField.getText();

         miles = Double.parseDouble(text);
```

```
                kms = miles * 1.609344;
                kmField.setText(fmt.format(kms));
            }
        }
    }
```

실행결과

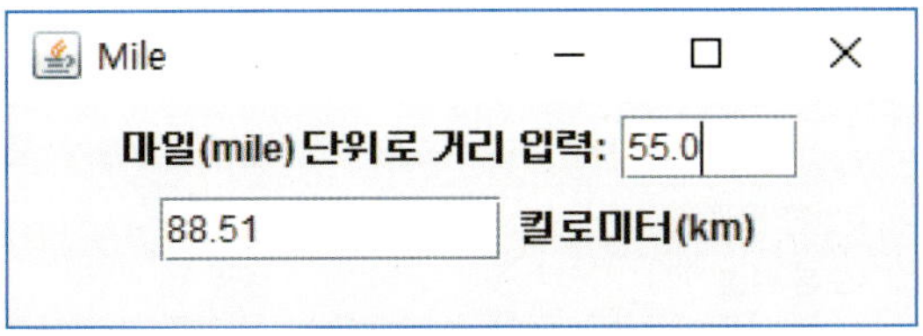

파일 뷰어 프로그램

사용자가 파일을 선택하면 선택된 파일 내용을 보여주는 GUI 프로그램을 작성해 보자. 프로그램 9.11은 파일 뷰어 GUI 프로그램을 보여준다. 이 프로그램을 위해서는 두 개의 중요한 GUI 컴포넌트가 필요하다. 첫 번째로 보여줄 파일을 선택하기 위한 파일 선택자(FileChooser)가 필요하다. JFileChooser는 파일을 선택하는 데 사용되는 GUI 컴포넌트로 28번 행에서 다음과 같이 생성하였다.

```
JFileChooser fileChooser = new JFileChooser();
```

그림 9.7은 JFileChooser를 이용하여 파일을 선택하는 모습을 보여주고 있으며 여기에서 원하는 파일을 선택하여 열 수 있다. 이 그림에서는 이 예제 프로그램의 소스 파일인 ViewFile.java를 선택할 때의 모습이다.

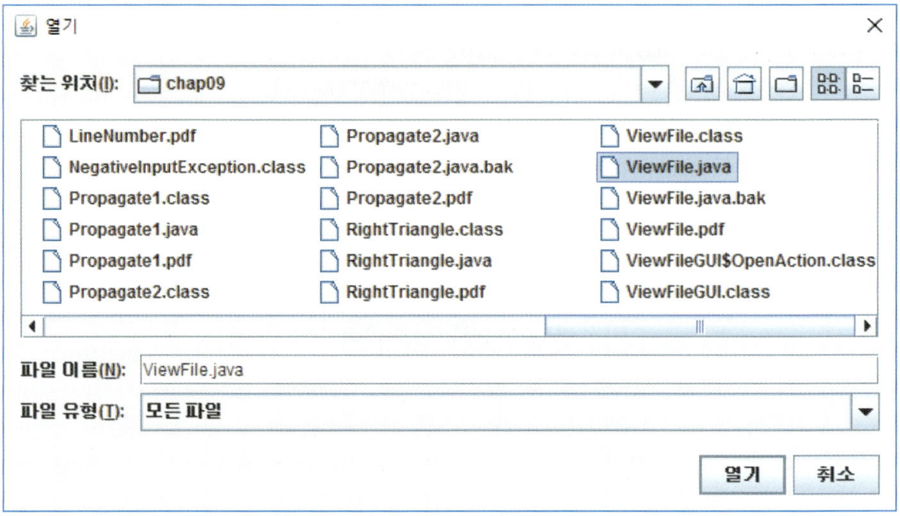

■ **[그림 9.7]** JFileChooser를 이용한 파일 열기

두 번째는 선택된 파일 내용을 보여주는 텍스트 영역(TextArea)이 필요하다. JTextArea는 파일 내용을 보여주는 데 사용되는 GUI 컴포넌트로 27번 행에서 다음과 같이 25행 80열 크기로 생성한다. 이 텍스트 영역은 프로그램 실행결과에서 확인할 수 있다.

```
JTextArea textArea = new JTextArea(25, 80);
```

이 프로그램에서는 32번 행에서 생성된 '열기' 버튼이 사용자에 의해 눌러졌을 때 이 버튼의 리스너인 OpenAction 리스너의 actionPerformed 메소드가 자동으로 실행된다. 이 메소드에서는 먼저 46번 행에서 파일 선택자인 JFileChooser를 보여주고 이를 통해 보기 원하는 파일을 선택하도록 한다. 사용자가 파일을 선택하면 선택된 파일 내용을 Scanner를 이용하여 한 줄씩 읽어 이를 텍스트 영역에 보여준다. 이를 위해 51번 행에서 JFileChooser에 의해 선택된 파일로부터 입력을 받도록 Scanner 객체를 만든다. 56~58번 행에서 이 Scanner 객체를 이용하여 선택된 파일로부터 한 줄씩 읽어서 이를 텍스트 영역 JTextArea에 append하여 출력한다. 실행결과 화면은 파일 선택자를 통해 이 프로그램 파일을 선택했을 때 이 프로그램의 소스코드를 보여준다.

프로그램 9.11 • ViewFile.java

```java
/*************************************************************
 * 파일 뷰어 프로그램
 *************************************************************/
import java.awt.*;
import java.awt.event.*;
import javax.swing.*;
import java.io.*;
import java.util.*;

// 텍스트 영역을 이용하여 파일 내용 보여주기
public class ViewFile
{
   public static void main(String[] args) {
      JFrame window = new JFrame("파일 뷰어");

      window.setDefaultCloseOperation(JFrame.EXIT_ON_CLOSE);
      window.setContentPane(new ViewFileGUI());
      window.pack();
      window.setVisible(true);
   }
}

// 파일 뷰어를 위한 GUI 패널을 정의하는 클래스
class ViewFileGUI extends JPanel
{
   // 텍스트 영역 및 파일 선택자
   JTextArea    textArea    = new JTextArea(25, 80);
   JFileChooser fileChooser = new JFileChooser();

   // 생성자 : 열기 버튼과 텍스트 영역을 생성하고 배치한다.
   ViewFileGUI() {
      JButton openButton = new JButton("열기");

      // 버튼에 리스너 등록
      openButton.addActionListener(new OpenAction());
      // 컴포넌트 배치
      this.setLayout(new BoxLayout(this, BoxLayout.Y_AXIS));
      this.add(openButton);
      this.add(new JScrollPane(textArea));
```

```java
    }

    // 파일이 선택되면 파일 내용을 읽어서 파일 영역에 보여주는 리스너
    class OpenAction implements ActionListener
    {
        public void actionPerformed(ActionEvent ae) {
            int retval = fileChooser.showOpenDialog(ViewFileGUI.this);

            if (retval == JFileChooser.APPROVE_OPTION) {
                File file = fileChooser.getSelectedFile();
                try {
                    Scanner scan = new Scanner(file);
                    String line;
                    textArea.setText("");

                    // 한 줄씩 읽어서 텍스트 영역에 보여준다.
                    while (scan.hasNextLine()) {
                        line = scan.nextLine();
                        textArea.append(line);
                    }
                } catch (FileNotFoundException e) {
                    System.out.println("파일 없음");
                }
            }
        }
    }
}
```

실행결과

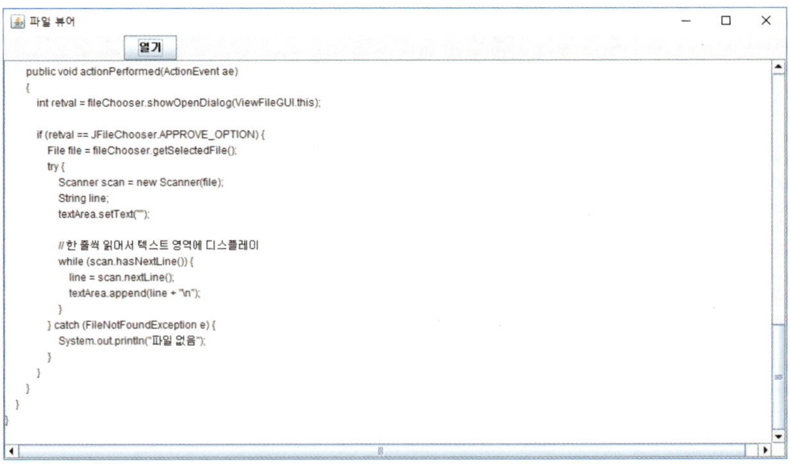

Key Points

- ▶ (　　)은(는) 프로그램 실행 중에 발생하는 비정상적인 상황 혹은 덜 심각한 오류를 의미한다.
- ▶ 발생된 예외는 (　　) 문에 의해 처리되어야 하고 처리되지 않으면 그 프로그램은 종료한다.
- ▶ 예외가 발생된 메소드 내에서 처리되지 않으면 (　　) 메소드로 전파된다.
- ▶ (　　) 예외는 비검사 예외이고 나머지 모든 예외는 검사 예외이다.
- ▶ 메소드 내에서 처리될 수 없는 검사 예외들은 메소드 머리에 (　　) 절을 이용하여 명시하여야 한다.
- ▶ 바이트 스트림은 바이트 단위로 입출력하는 스트림이고 문자 스트림은 문자 단위로 입출력하는 스트림이며 데이터 스트림은 (　　) 단위로 입출력하는 스트림이다.

프로그래밍 실습

1. 마일-킬로미터 변환 예외 처리

프로그램 9.10의 마일을 킬로미터로 변환하는 GUI 프로그램은 잘못된 입력이 들어왔을 때 이를 처리할 수 없다. 특히, `actionPerformed` 메소드 내에서 사용하는 `parseDouble` 메소드에서 발생 가능한 예외는 무엇인가? 예외를 이용하여 잘못된 입력이 들어왔을 때 이를 처리할 수 있도록 이 프로그램을 확장하여 구현하라.

2. 간단한 에디터

프로그램 9.12의 `ViewFile` 프로그램을 파일 닫기 버튼과 파일 저장 버튼을 포함하는 간단한 에디터 프로그램으로 확장하라. 파일 닫기 버튼을 누르면 보여준 파일 내용은 사라져야 한다. 파일 저장 버튼을 누르면 현재 보여주고 있는 파일 내용이 저장되어야 한다.

연습문제

1. 바이트 스트림, 문자 스트림, 데이터 스트림의 차이점은 무엇인가?

2. 예외에 대한 설명으로 옳지 <u>않은</u> 것은?

① `throws` 문은 예외를 발생시킨다.

② `try-catch` 문은 발생된 예외를 처리하기 위한 문장이다.

③ 어떤 메소드 내에서 발생된 예외를 처리하지 않으면 호출자 메소드로 전파된다.

④ 발생된 예외를 처리하지 않으면 프로그램은 종료된다.

3. 다음 설명 중 옳지 <u>않은</u> 것은?

① 처리되지 않은 예외는 반드시 메소드 헤더에 `throws`로 선언해야 한다.

② 메소드 내에서 발생한 예외가 처리되지 않으면 호출자 메소드로 전파된다.

③ `finally` 절은 예외 발생과 관계없이 실행된다.

④ Exception 클래스는 Throwable 클래스의 서브클래스이다.

4. 다음 괄호 안에 알맞은 말을 넣어라.

(　　　　　)(로)부터 상속 받는 예외들에 대해서는 그 처리기 존재 여부를 컴파일러가 미리 검사하지는 않으며 이러한 예외는 컴파일러가 미리 검사하지 않으므로 (　　　　　)(이)라고 한다. 그러나 프로그램의 안전한 실행을 위해서는 (　　　　　)도 프로그래머의 판단에 따라 필요하면 잡아서 처리해주는 코드를 작성하는 것이 좋다.

5. 다음 괄호 안에 알맞은 말을 넣어라.

(　　　　)(이)가 아닌 모든 예외들에 대해서는 컴파일러가 그 처리기의 존재 여부를 미리 검사한다. 이러한 예외는 컴파일러가 그 처리 여부를 미리 검사하므로 (　　　　)(이)라고 한다.

6. 검사 예외와 비검사 예외의 차이점은 무엇인가?

7. 다음 중 런타임 예외가 아닌 것은 무엇인가?

① ArithmeticException ② ArrayIndexOutofBoundsException
③ NullPointerException ④ InputMismatchException
⑤ IOException

8. 다음 중 Scanner의 nextInt 메소드 내에서 발생할 수 있는 예외는 무엇인가?

① ArithmeticException ② ArrayIndexOutofBoundsException
③ NullPointerException ④ InputMismatchException
⑤ IOException

9. Scanner의 nextInt 메소드 내에서 발생할 수 있는 예외들은 무엇인가? 각각에 대해서 설명하라.

10. 다음 프로그램을 실행할 때 출력되는 결과는 무엇인가?

```
import java.io.IOException;
public class A
{
   static void m2() throws IOException {
      System.out.println("1");
      if (true)
         throw new IOException();
      System.out.println("2");
   }

   static void m1() throws IOException {
      System.out.println("3");
      m2();
      System.out.println("4");
   }

   public static void main(String args[]) {
      System.out.println("0");
      try {
```

```
            System.out.println("5");
            m1();
            System.out.println("6");
        } catch (Exception e) {
           System.out.println("7");
        } finally {
           System.out.println("8");
        }
        System.out.println("9");
    }
}
```

11. 명령줄 인수로 받은 텍스트 파일을 읽어 파일 내의 각 단어의 빈도수를 출력하는 프로그램을 작성하라.

12. 다음과 같이 catch 절에서 Exception을 이용하여 예외를 잡아 처리하는 코드의 문제점은 무엇인지 논하라. 이에 대한 대안은 무엇인가?

```
try {
    ...
} catch (Exception e) {
    ...
}
```

그래픽 사용자 인터페이스

10장

우리는 그동안 각 장의 마지막 절에서 부분적으로 GUI 프로그램에 대해서 배워 왔습니다. Java GUI는 매우 다양하고 광범위한 기능을 제공하고 있습니다. 이 장에서는 지금까지 공부한 GUI 프로그램 작성법을 종합적으로 정리하도록 하겠습니다. 또한, 다양한 배치 관리자에 대해서 이해하고 사용해보도록 하겠습니다. 또한, 고급 주제인 애니메이션 프로그램 작성에 대해서 배움으로써 Java 언어의 파워를 느껴보도록 하겠습니다.

이 장의 목표

- ★ 여러 가지 GUI 구성 요소를 이해한다.
- ★ 다양한 배치 관리자를 이해하고 익힌다.
- ★ 컴포넌트, 이벤트 및 리스너에 대해서 정리한다.
- ★ 애니메이션 프로그램 작성법을 익힌다.

10.1 컴포넌트와 컨테이너

그래픽 사용자 인터페이스(GUI: Graphical User Interface)는 프로그램을 더 시각적으로 쉽게 사용할 수 있도록 함으로써 소프트웨어의 편리성을 획기적으로 증가시켰다. GUI 프로그램에서 주로 사용하는 GUI **컴포넌트**(component)들은 레이블(label), 버튼(button), 텍스트 필드(text field), 텍스트 영역(text area), 스크롤바(scroll bar), 메뉴(menu) 등과 같은 화면 요소(screen element)를 나타내는 객체들이다. Java 프로그램에서 사용하는 GUI 관련 클래스들은 주로 `java.awt` 혹은 `javax.swing`에 정의되어 있다.

- `java.awt`: 추상 윈도우 툴킷(AWT: Abstract Windowing Toolkit)으로 원조 Java GUI 패키지
- `javax.swing`: 다양한 컴포넌트가 추가된 경량 GUI 패키지

AWT가 운영체제에 의존적인 데 반해 Swing은 JVM만 사용하므로 이식성이 높고 경량이라고 볼 수 있다. 그러나 AWT에 비해 Swing은 좀 느릴 수밖에 없다.

컨테이너

GUI **컨테이너**(container)는 다른 컴포넌트들을 포함하고 조직하는 데 사용되며 이 자체가 하나의 특수한 컴포넌트이다. 컨테이너와 컴포넌트 사이의 이 관계는 윈도의 폴더를 생각하면 쉽게 이해할 수 있다. 폴더가 여러 다른 파일과 폴더를 포함할 수 있는 것처럼 컨테이너는 그림 10.1과 같이 다른 컴포넌트와 컨테이너를 포함할 수 있다. 또한, 이 컨테이너 역시 하나의 컴포넌트로서 다른 컨테이너에 포함될 수 있다.

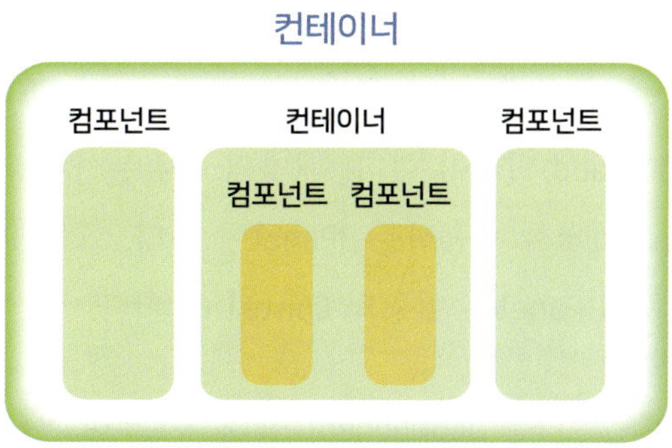

■ **[그림 10.1]** 컨테이너와 컴포넌트

예를 들어, 프레임(frame), 패널(panel), 애플릿(applet), 대화상자(dialog box) 등이 대표적인 컨테이너들이다. 앞에서 사용해 본 JFrame의 상속 관계는 그림 10.2와 같다. JFrame은 일종의 Frame이며 Frame은 일종의 Window이다. Window는 일종의 Container이며 Container는 일종의 Component이다.

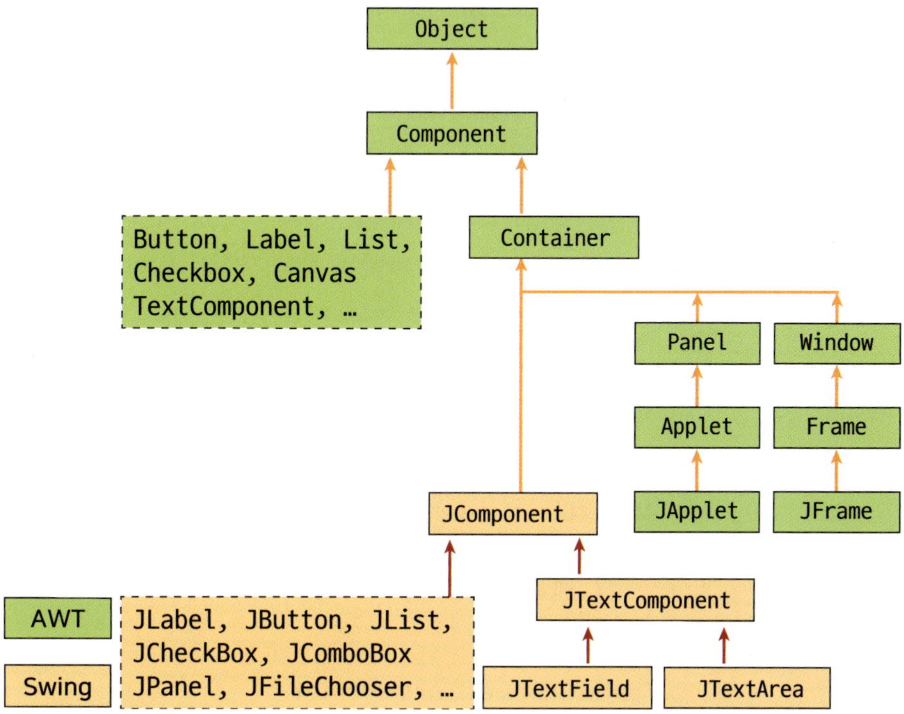

■ **[그림 10.2]** GUI 컴포넌트 계층구조

패널(panel)은 다른 컴포넌트들을 포함하고 조직할 수 있는 컨테이너로 스스로 디스플레이될 수 없다. 따라서 디스플레이하려면 콘텐트 페인 같은 다른 컨테이너에 추가(add)되어야 한다. 패널의 종류는 java.awt에서 제공하는 Panel과 javax.swing에서 제공하는 JPanel이 있다. 그림 10.2의 상속 관계에서 볼 수 있는 것처럼 Panel은 일종의 Container이다.

Swing GUI 컴포넌트들은 JComponent 클래스로부터 유도된다. JComponent는 일종의 Container로 많은 Swing GUI 컴포넌트는 컨테이너 기능을 할 수 있다. Container와 JComponent 클래스의 계층구조는 그림 10.2와 같다. 예를 들어 JPanel은 일종의 JComponent이고 JComponent는 일종의 Container이다. 이들 사이의 상속관계는 그림 10.2와 같다.

또 다른 예로 우리가 이미 배운 애플릿을 생각해 보자. 애플릿을 정의하는 클래스는 Applet 혹은 JApplet으로 Panel로부터 유도된 일종의 패널이다. Applet과 JApplet의 상속 계층구조는 그림 10.2와 같다.

Applet이나 JApplet 클래스 내에 애플릿 생성, 실행 등에 관한 모든 세부사항들이 정의되어 있다. 뿐만 아니라 웹 브라우저(Web browser)와 상호작용 및 HTML을 통한 매개변수 전달 등도 모두 정의되어 있다. 애플릿 프로그램 내에서 paint 메소드를 정의하는 것도 사실은 Component에서 정의된 메소드가 Applet 클래스를 통해 상속된 것을 재정의하는 것이다. 따라서 애플릿 프로그램을 작성할 때는 다음과 같이 Applet 혹은 JApplet 클래스를 상속받고 내가 작성한 애플릿이 해야 할 일만 작성하면 된다.

```
AppletClass extends Applet
{
   // 애플릿이 해야 할 일을 작성
}

AppletClass extends JApplet
{
   // 애플릿이 해야 할 일을 작성
}
```

10.2 배치 관리자

GUI 설계의 고려사항

소프트웨어 설계의 목적은 사용자의 문제 해결을 돕는 것이라고 할 수 있다. 그 목적을 위하여, GUI 설계자는 다음과 같은 점에 유의해서 사용자 인터페이스(user interface)를 설계해야 한다.

- 사용자를 잘 파악해야 한다.
- 사용자의 실수를 예방하도록 설계해야 한다.
- 사용자의 능력을 최대한 발휘할 수 있도록 설계해야 한다.
- 일관성 있게 설계해야 한다.

각각에 대해 좀 더 자세히 살펴보도록 하자. 먼저 사용자를 잘 파악하기 위해 사용자의 다음과 같은 특성을 이해해야 한다.

- 사용자가 진정 요구하는 것
- 사용자의 일반적 행동
- 컴퓨터 처리 및 문제에 관련된 전문지식 정도

사용자에게는 사용자 인터페이스도 단지 하나의 프로그램이다. 사용자 인터페이스를 설계할 때 사용자의 실수가 최소화되도록 설계해야 한다. 모든 사용자가 다 같지는 않으며 어떤 사용자가 다른 사용자에 비해 더 시스템에 익숙할 수 있다. 정통한 사용자를 종종 **전문 사용자**(power user)라고 한다. 적절하다면 하나의 일을 하는 데 여러 방법을 제공함으로써 초보 사용자나 전문 사용자나 사용자의 능력을 최대로 발휘할 수 있도록 설계해야 한다. 예를 들어 전문 사용자를 위해서는 **단축키**(short cut)를 제공할 수 있다.

또한, 설계 전반에 걸쳐 일관성은 매우 중요하다. 사용자가 어떤 것의 모양이나 일하는 방식 등에 쉽게 익숙해지도록 하기 위해 일관성 있는 설계를 해야 한다. 색상도 유사한 정보나 처리를 나타내기 위해 일관성을 가져야 한다. 화면 배치도 시스템의 각 부분에 있어서 일관성을 유지해야 한다. 예를 들면, 에러 메시지도 항상 같은 위치에 나타나도록 해야 한다.

배치 관리자

배치 관리자(layout manager)는 일관성 있는 사용자 인터페이스를 설계하는 데 있어서 매우 중요하다. 배치 관리자는 컨테이너 내에서 컴포넌트들의 배치를 제어 혹은 관리하는 객체이다. 배치 관리자가 왜 필요한지 생각해 보도록 하자. 앞에서 배운 것처럼 컨테이너는 여러 개의 컴포넌트들을 포함할 수 있다. 컨테이너 내의 이러한 컴포넌트들을 배치하는 방법은 여러 가지가 가능하며 이 배치를 관리하는 객체가 배치 관리자이다. 각 컨테이너는 초기 설정된 배치 관리자를 갖고 있고 필요하면 명시적으로 다른 것으로 대치할 수 있다. Java 표준 라이브러리가 제공하는 배치 관리자들은 그림 10.3과 같다.

FlowLayout
BorderLayout
CardLayout
GridLayout
GridBag ayout
} AWT에 정의

BoxLayout
OverlayLayout
} Swing에 정의

■ **[그림 10.3]** Java에서 제공하는 배치 관리자

배치 관리자 변경은 컨테이너의 setLayout 메소드를 사용해야 한다. 예를 들어 다음 코드는 패널의 배치 관리자를 영역 배치(BorderLayout)로 설정한다.

```
JPanel panel = new JPanel();
panel.setLayout(new BorderLayout());
```

각 배치 관리자에 대해서 자세히 알아보도록 하자.

흐름 배치

흐름 배치(flow layout)는 프로그램 10.1의 실행 결과처럼 컴포넌트들을 한 행(row)에 배치하고 그 행이 다하면 다음 행에 배치한다. 구체적으로 컨테이너에 더해진 모든 컴포넌트들을 놓기에 필요한 만큼 행이 추가된다. 컴포넌트들은 컨테이너에 더해진 순서대로 보여준다. 컴포넌트는 윈도우 내에서 중앙 정렬로 초기화되어 있다. 그러나 필요하면 좌측 정렬이나 우측 정렬도 가능하다. 필요하면 컴포넌트들 사이의 수평 간격(horizontal gap)과 수직 간격(vertical gap)도 명시적으로 설정할 수 있다.

Key Point 흐름 배치(flow layout)는 컴포넌트들을 한 행에 배치하고 그 행이 다하면 다음 행에 배치한다.

프로그램 10.1은 흐름 배치를 보여주기 위한 예제로, 생성자 FlowLayoutDemo()의 23번 행에서 이 프레임의 콘텐트 페인의 배치 관리자를 흐름 배치(FlowLayout)로 설정하고 이어서 5개의 버튼을 생성하여 콘텐트 페인에 추가한다. 실행 결과를 보면 추가한 순서대로 중앙 정렬된 형태로 흐름 배치되었으며 한 줄에 넘치는 버튼은 흘러서 다음 줄에 배치된 것을 확인할 수 있다.

프로그램 10.1 • FlowLayoutDemo.java

```
1   /************************************************************
2    * 흐름 배치를 보여주는 데모 프로그램
3    ************************************************************/
4   import java.awt.*;
5   import javax.swing.*;
6
7   // 흐름 배치를 보여주기 위해 JFrame을 상속한 클래스 정의
8   class FlowLayoutDemo extends JFrame
9   {
10     public static void main(String[] args) {
11        FlowLayoutDemo frame = new FlowLayoutDemo();
```

```java

        frame.setTitle("Flow Layout Demo");
        frame.setSize(300,200);
        frame.setDefaultCloseOperation(EXIT_ON_CLOSE);
        frame.setVisible(true);
    }

    // 흐름 배치를 보여주기 위해 5개의 버튼을 생성하여 추가한다.
    public FlowLayoutDemo() {
        Container cp = getContentPane();

        cp.setLayout(new FlowLayout());          // 흐름 배치로 설정
        cp.add(new JButton("버튼 1"));
        cp.add(new JButton("버튼 2"));
        cp.add(new JButton("버튼 3"));
        cp.add(new JButton("버튼 4"));
        cp.add(new JButton("버튼 5"));
     }
}
```

실행결과

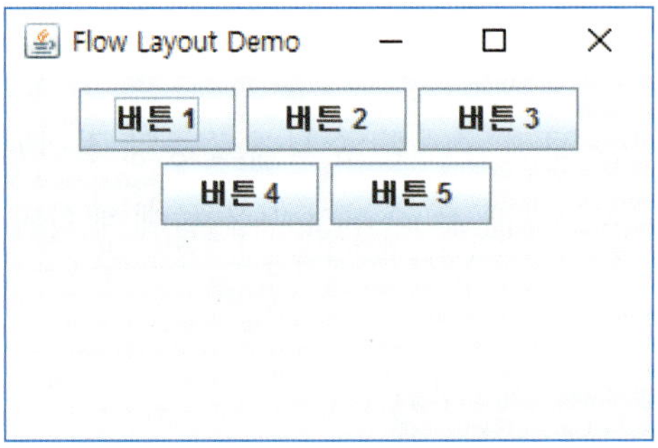

영역 배치

영역 배치(border layout)는 컴포넌트들을 필요에 따라 컨테이너 내의 5개의 영역(동, 서, 남, 북, 중앙)에 지정하여 배치할 수 있다. 그림 10.4처럼 각 영역에 하나의 컴포넌트를 보여줄 수 있다.

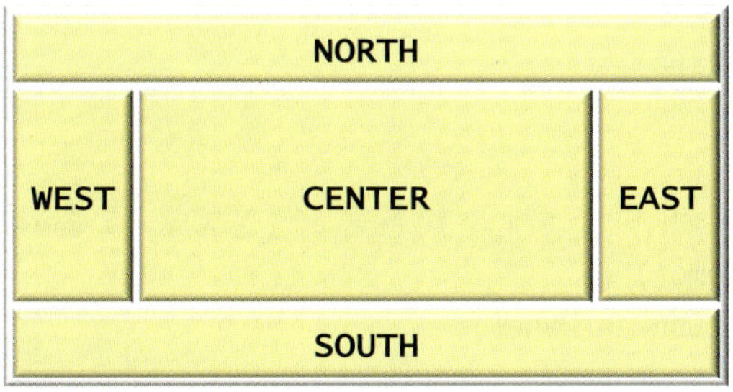

■ **[그림 10.4]** Java에서 제공하는 배치 관리자

> **Key Point** 영역 배치(border layout)는 컴포넌트들을 필요에 따라 컨테이너 내의 5개의 영역(동, 서, 남, 북, 중앙)에 지정하여 배치할 수 있다.

프로그램 10.2는 영역 배치를 보여주기 위한 예제로, 생성자 BorderLayoutDemo( )의 23번 행에서 이 프레임의 콘텐트 페인의 배치 관리자를 영역 배치(BorderLayout)로 설정하고 5개의 버튼을 생성하여 중앙, 동서남북의 지정된 영역에 추가한다. 실행 결과를 보면 각 버튼이 지정된 위치에 배치되어 있는 것을 확인할 수 있다.

프로그램 10.2 • BorderLayoutDemo.java

```
1   /*************************************************************
2    * 영역 배치를 보여주는 데모 프로그램
3    *************************************************************/
4   import java.awt.*;
5   import javax.swing.*;
6
7   // 영역 배치를 보여주기 위해 JFrame을 상속한 클래스 정의
8   class BorderLayoutDemo extends JFrame
9   {
10     public static void main(String[] args) {
11        BorderLayoutDemo frame = new BorderLayoutDemo();
12
13        frame.setTitle("Border Layout Demo");
14        frame.setSize(300,200);
15        frame.setDefaultCloseOperation(EXIT_ON_CLOSE);
```

```java
        frame.setVisible(true);
    }

    // 영역 배치를 보여주기 위해 5개의 버튼을  생성하여 추가한다.
    public BorderLayoutDemo() {
        Container cp = getContentPane();

        cp.setLayout(new BorderLayout());          // 영역 배치로 설정
        cp.add(new JButton("중앙"), BorderLayout.CENTER);
        cp.add(new JButton("북쪽"), BorderLayout.NORTH);
        cp.add(new JButton("남쪽"), BorderLayout.SOUTH);
        cp.add(new JButton("동쪽"), BorderLayout.EAST);
        cp.add(new JButton("서쪽"), BorderLayout.WEST);
    }
}
```

실행결과

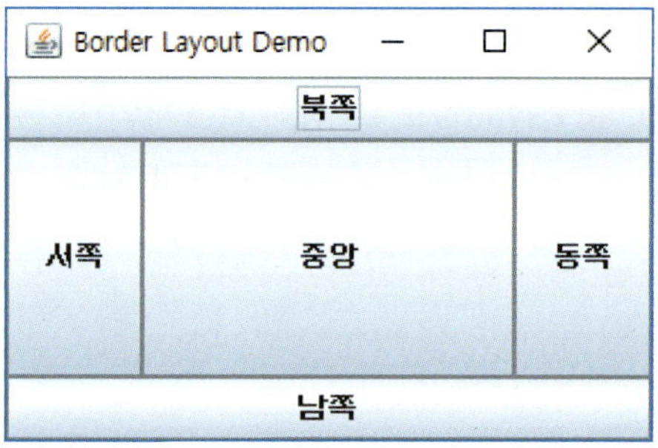

격자 배치

격자 배치(grid layout)는 프로그램 10.3 실행 결과처럼 컨테이너의 컴포넌트들을 행과 열의 직사각형 격자에 배치한다. 하나의 컴포넌트는 격자의 하나의 칸(cell)에 놓여지며, 모든 칸들은 동일한 크기를 갖는다. 배치 순서는 컴포넌트가 추가될 때마다 왼쪽에서 오른쪽으로 또 위에서 아래로 격자를 채워나가도록 초기화되어 있다.

Key Point 격자 배치(grid layout)는 컨테이너의 컴포넌트들을 행과 열의 직사각형 격자에 배치한다.

프로그램 10.3은 격자 배치를 보여주기 위한 예제로 생성자 GridLayoutDemo()의 23번 행에서 이 프레임의 콘텐트 페인의 배치 관리자를 2×3 격자 배치(GridLayout)로 설정하고 5개의 버튼을 생성하여 순서대로 추가한다. 실행결과를 보면 각 버튼이 격자에 순서대로 배치되어 있는 것을 확인할 수 있다.

프로그램 10.3 • GridLayoutDemo.java

```
1   /***********************************************************
2    * 격자 배치를 보여주는 데모 프로그램
3    ***********************************************************/
4   import java.awt.*;
5   import javax.swing.*;
6
7   // 격자 배치를 보여주기 위해 JFrame을 상속한 클래스 정의
8   class GridLayoutDemo extends JFrame
9   {
10     public static void main(String[] args) {
11        GridLayoutDemo frame = new GridLayoutDemo();
12
13        frame.setTitle("Grid Layout Demo");
14        frame.setSize(300,200);
15        frame.setDefaultCloseOperation(EXIT_ON_CLOSE);
16        frame.setVisible(true);
17     }
18
19     // 격자 배치를 보여주기 위해 5개의 버튼을 생성하여 추가한다.
20     public GridLayoutDemo() {
21         Container cp = getContentPane();
22
23         cp.setLayout(new GridLayout(2,3));       // 격자 배치로 설정
24         cp.add(new JButton("버튼 1"));
25         cp.add(new JButton("버튼 2"));
26         cp.add(new JButton("버튼 3"));
27         cp.add(new JButton("버튼 4"));
28         cp.add(new JButton("버튼 5"));
29     }
30  }
```

실행결과

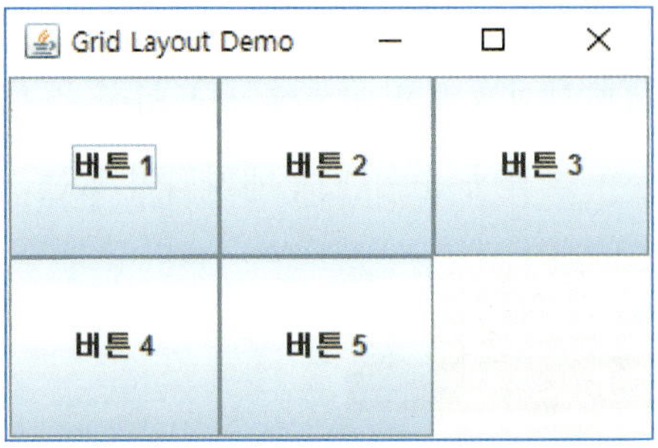

상자 배치

상자 배치(box layout)는 프로그램 10.4 실행 결과처럼 컴포넌트들을 하나의 행 또는 하나의 열에 수평 또는 수직으로 배치한다. 컴포넌트들은 컨테이너에 추가될 때마다 위에서 아래로 혹은 왼쪽에서 오른쪽으로 순서대로 배치된다.

Key Point 상자 배치(box layout)는 컨테이너의 컴포넌트들을 하나의 행 또는 하나의 열에 수평 또는 수직으로 배치한다.

프로그램 10.4는 상자 배치를 보여주기 위한 데모 프로그램이다. 23번 행에서 다음 코드처럼 콘텐트 페인의 배치 관리자를 상자 배치(BoxLayout)로 설정한다. 다른 배치와 다르게 컨테이너(이 예에서는 콘텐트 페인 cp)를 상자 배치 생성자 BoxLayout()에 인자로 전달한다는 점을 주의하자. 그 후로 24번 행부터 상자 배치를 이용하여 5개의 버튼을 수직으로 배치한다.

```
cp.setLayout(new BoxLayout(cp, BoxLayout.Y_AXIS));
```

상자 배치에서는 컴포넌트들 사이에 공간을 만들기 위해 **투명 컴포넌트**(invisible component)를 사용할 수 있다. 두 종류의 투명 컴포넌트가 있는데, **고정 영역**(rigid area)은 고정된 크기의 공간을 만들고, **접착 영역**(glue area)은 윈도우 크기가 조정될 때 확장 가능한 공간을 만든다. 이 프로그램에서는 Box 클

프로그램 10.4 • BoxLayoutDemo.java

```java
/*************************************************************
 * 상자 배치를 보여주는 데모 프로그램
 *************************************************************/
import java.awt.*;
import javax.swing.*;

// 상자 배치를 보여주기 위해 JFrame을 상속한 클래스 정의
class BoxLayoutDemo extends JFrame
{
    public static void main(String[] args) {
        BoxLayoutDemo frame = new BoxLayoutDemo();

        frame.setTitle("Grid Layout Demo");
        frame.setSize(300,200);
        frame.setDefaultCloseOperation(EXIT_ON_CLOSE);
        frame.setVisible(true);
    }

    // 상자 배치를 보여주기 위해 5개의 버튼을 생성하여 추가한다.
    public BoxLayoutDemo() {
          Container cp = getContentPane();

          cp.setLayout(new BoxLayout(cp, BoxLayout.Y_AXIS));
          cp.add(new JButton("버튼 1"));
          cp.add(new JButton("버튼 2"));
          cp.add(Box.createRigidArea(new Dimension(0, 10)));
          cp.add(new JButton("버튼 3"));
          cp.add(new JButton("버튼 4"));
          cp.add(Box.createVerticalGlue());
          cp.add(new JButton("버튼 5"));
    }
}
```

실행결과

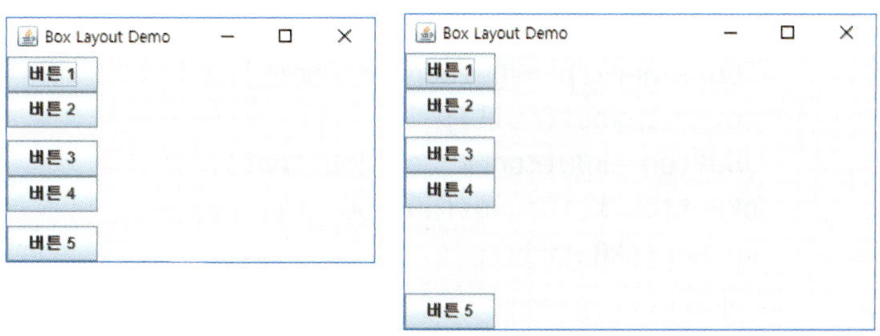

래스의 createRigidArea 메소드를 사용하여 26번 행에서 다음과 같이 버튼 2와 버튼 3 사이에 수직으로 10화소 크기의 고정 영역을 만들었다.

```
cp.add(Box.createRigidArea(new Dimension(0, 10)));
```

접착 영역은 윈도우 크기가 조정될 때 확장 가능한 공간을 만드는데, 수평 배치에서는 createHorizontalGlue 메소드를, 수직 배치에서는 createVerticalGlue 메소드를 사용하여 생성할 수 있다. 이 프로그램에서는 29번 행에서 다음 코드를 이용하여 버튼 4와 버튼 5 사이에 확장 가능한 수직 영역을 만들었으며 실행결과 화면에서 윈도우 크기가 커졌을 때 함께 커지는 것을 확인할 수 있다.

```
cp.add(Box.createVerticalGlue());
```

절대 배치

절대 위치(absolute positioning)를 이용한 배치는 컴포넌트를 배치할 때 배치 관리자를 사용하지 않고 절대 위치를 이용하여 배치하는 것이다. 다음 setBounds 메소드를 이용하여 컴포넌트의 위치(x, y 좌표)와 크기(가로, 세로)를 정할 수 있다.

```
setBounds(int x, int y, int width, int height)
```

다음 코드 예는 배치 관리자를 지정하지 않고 버튼의 위치와 크기를 setBounds 메소드를 이용하여 정하고 있다.

```
Container cp = getContentPane();
cp.setLayout(null);
JButton okButton = new JButton();
okButton.setBounds(50, 50, 60, 30);
cp.add(okButton);
```

10.3 컴포넌트, 이벤트, 리스너

컴포넌트와 이벤트

각 GUI 컴포넌트로부터 사용자의 동작에 따라 발생하는 이벤트는 표 10.1과 같이 정리할 수 있다. 예를 들어, JButton을 누르면 ActionEvent가 발생된다. 또한, 마우스 클릭, 컴포넌트 안(밖)으로 이동, 마우스 누름(놓음), 마우스 이동, 마우스 끌기 등을 하면 MouseEvent가 발생된다.

[표 10.1] GUI 컴포넌트에서 발생 가능한 이벤트

컴포넌트	사용자의 동작	발생 이벤트
JButton	버튼 누름	ActionEvent
JTextField	텍스트 필드에 엔터키 누름	ActionEvent
JCheckBox	체크박스 선택	ItemEvent, ActionEvent
JRadioButton	라디오버튼 선택	ItemEvent, ActionEvent
JComboBox	새로운 항목 선택	ItemEvent, ActionEvent
JList	항목 선택	ListSelectionEvent
JMenuItem	메뉴 항목 선택	ActionEvent
JScrollbar	스크롤바 이동	AdjustmentEvent
Window	윈도우 열거나 닫음, 윈도우 아이콘화, 아이콘화된 윈도우 활성화	WindowEvent
Container	컨테이너에 컴포넌트 추가 혹은 삭제	ContainerEvent
Component	컴포넌트 움직임, 크기 조정, 다른 윈도우 앞으로 혹은 뒤로	ComponetEvent
	마우스의 포커스	FocusEvent
	키의 누름 혹은 놓음	KeyEvent
	마우스 클릭 컴포넌트 안(밖)으로 이동 마우스 누름(놓음), 마우스 이동, 마우스 드래그	MouseEvent

이벤트와 리스너

또한 각 이벤트의 리스너 작성을 위한 리스너 인터페이스와 이벤트 발생 시 자동으로 수행되는 리스너 내의 메소드는 표 10.2와 같이 정리할 수 있다.

■ [표 10.2] 이벤트의 리스너 인터페이스와 메소드

이벤트 클래스	리스너 인터페이스	메소드
ActionEvent	ActionListener	actionPerformed(ActionEvent e)
AdjustmentEvent	AdjustmentListener	adjustmentValueChanged(AdjustemntEvent e)
ComponentEvent	ComponentListener	componentHidden(ComponentEvent e) componentMoved(ComponentEvent e) componentResized(ComponentEvent e) componentShown(ComponentEvent e)
ContainerEvent	ContainerListener	componentAdded(ContainerEvent e) componentRemoved(ContainerEvent e)
FocusEvent	FocusListener	focusGained(FocusEvent e) focusLost(FocusEvent e)
ItemEvent	ItemListener	itemStateChanged(ItemEvent e)
keyEvent	keyListener	keyPressed(KeyEvent e) keyReleased(KeyEvent e) keyTyped(KeyEvent e)
ListSelectionEvent	ListSelectionListener	valueChanged(ListSelectionEvent e)
MouseEvent	MouseListener	mouseClicked(MouseEvent e) mouseEntered(MouseEvent e) mouseExited(MouseEvent e) mousePressed(MouseEvent e) mouseReleased(MouseEvent e)
MouseEvent	MouseMotionListener	mouseDragged(MouseEvent e) mouseMoved(MouseEvent e)
WindowEvent	WindowListener	windowActivated(WindowEvent e) windowClosed(WindowEvent e) windowClosing(WindowEvent e) windowDeactivated(WindowEvent e) windowDeiconified(WindowEvent e) windowIconified(WindowEvent e) windowOpened(WindowEvent e)

예를 들어, 버튼(JButton)을 누르거나 텍스트 필드(JTextField)에 입력하고 엔터키를 누르면 ActionEvent가 발생한다. 이러한 ActionEvent를 처리하기 위한 리스너는 ActionListener 인터페이스에 선언된 actionPerformed 메소드를 구현하여 작성한다. 버튼를 이용한 이벤트 처리 프로그램은 7.4절에서 소개하였고 텍스트 필드를 이용한 이벤트 처리 프로그램에 대해서는 9.6절에서 설명하였다.

선택을 위해 사용되는 컴포넌트로 체크 박스(JCheckBox), 라디오 버튼(JRadioButton), 콤보 박스(JComboBox) 등이 있다. 표 10.1에서 보는 것처럼 이들 컴포넌트는 아이템을 선택하거나 해제할 때 ActionEvent와 ItemEvent가 발생한다. 필요에 따라 이 두 이벤트 중에서 하나를 사용하면 되는데, 선택을 일종의 명령처럼 사용하려면 ActionEvent를 처리하면 되고, 단순히 선택 혹은 해제하는 의미로 사용하려면 ItemEvent를 처리하면 된다.

예를 들어, 그림 10.5와 같이 체크 박스(JCheckBox)를 체크했을 때 발생하는 ActionEvent를 처리할 수 있으며, 라디오 버튼(JRadioButton)을 클릭했을 때 발생하는 ItemEvent를 처리할 수 있다.

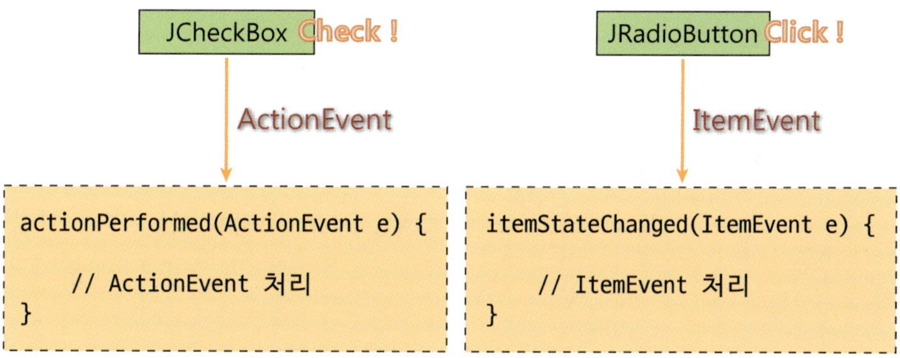

[그림 10.5] 체크 박스와 라디오 버튼으로부터 발생한 이벤트 처리

다음 표와 같이 ActionEvent를 처리하기 위한 리스너는 ActionListener 인터페이스에 선언된 actionPerformed 메소드를 구현하여 작성하면 되고, ItemEvent를 처리하기 위한 리스너는 ItemListener 인터페이스에 선언된 itemStateChanged 메소드를 구현하여 리스너를 작성하면 된다.

이벤트 클래스	리스너 인터페이스	메소드
ActionEvent	ActionListener	actionPerformed(ActionEvent e)
ItemEvent	ItemListener	itemStateChanged(ItemEvent e)

선택을 위한 이들 컴포넌트는 비슷하지만 약간씩 다른 특성을 가지고 있다. 각각에 대해서 구체적인 예를 통해 살펴보도록 하자.

체크 박스

체크 박스는 선택을 체크할 수 있는 작은 박스로 선택과 해제의 두 가지 상태만 갖는다. 여러 개의 체크 박스를 선택하는 것도 가능하다. 체크 박스는 JCheckBox 클래스에 의해 정의되는데 체크 박스의 문자열과 이미지를 가질 수 있다.

체크박스는 다음 생성자를 이용하여 생성할 수 있으며, 기본으로 비선택 상태로 초기화된다. 이들을 선택 상태로 초기화하려면 생성자의 추가 인자로 true 값을 주면 된다.

- JCheckBox() 빈 체크박스 생성
- JCheckBox(String text) 문자열 레이블의 체크박스 생성
- JCheckBox(Icon image) 이미지 레이블의 체크박스 생성
- JCheckBox(String text, Icon image) 문자열과 이미지 레이블의 체크박스 생성

Key Point 체크 박스는 선택을 체크할 수 있는 작은 박스로 여러 개를 체크하는 것도 가능하다.

자신의 전공을 체크하는 예제 프로그램 10.5를 중심으로 체크 박스 사용에 대해서 알아보도록 하자. MajorPanel에서 4개의 전공을 표시하기 위하여 4개의 체크 박스를 생성한다(실행결과 참조). 전공 이름은 28번 행에서 스트링 배

열 majorText에 저장하였으며, 이 배열을 이용하여 36, 37번 행에서 다음과 같이 4개의 체크 박스(JCheckBox) 객체를 생성하고 이를 MajorPanel에 추가한다.

```
checkBox[i] = new JCheckBox(majorText[i]);
add(checkBox[i]);
```

또한, 38번 행에서 다음과 같이 각 체크 박스마다 액션 리스너인 MajorListener 객체를 등록한다. MajorListener는 ActionListener의 actionPerformed 메소드를 구현하여 내부 클래스 형태로 작성하였다.

```
checkBox[i].addActionListener(listener);
```

이제 전공을 나타내는 체크 박스가 선택 혹은 해제될 때마다 ActionEvent가 발생되며 이 액션 리스너의 actionPerformed 메소드가 자동으로 수행되어 54~56번 행에서 for 루프를 이용하여 모든 텍스트 필드를 선택되었는지 검사한다. 58번 행에서 선택된 전공들을 텍스트 필드에 표시한다. 2개 이상의 전공을 선택할 수 있다는 점에 유의하자.

프로그램 10.5 • Major.java

```
1   /**************************************************************
2    * 체크 박스를 사용한 전공 선택을 보여주는 프로그램
3    **************************************************************/
4   import java.awt.*;
5   import java.awt.event.*;
6   import javax.swing.*;
7
8   // 프레임을 생성하고 패널을 생성하여 보여준다.
9   public class Major
10  {
11     public static void main(String[] args) {
12        JFrame frame = new JFrame("Major");
13        MajorPanel panel = new MajorPanel();
14
```

```
      frame.setDefaultCloseOperation(JFrame.EXIT_ON_CLOSE);
      frame.getContentPane().add(panel);
      frame.pack();
      frame.setVisible(true);
   }
}

// 전공 선택을 보여주기 위한 패널 정의
class MajorPanel extends JPanel
{
   private JCheckBox[] checkBox;
   private JLabel label = new JLabel("나의 전공");
   private JTextField textField = new JTextField(10);
   private String[] majorText = {"수학", "화학", "생명과학", "컴퓨터과학"};

   // 생성자: 체크 박스 등을 생성하여 패널에 추가한다.
   public MajorPanel() {
      checkBox = new JCheckBox[majorText.length];
      MajorListener listener = new MajorListener();

      for (int i = 0; i < checkBox.length; i++) {
         checkBox[i] = new JCheckBox(majorText[i]);
         add(checkBox[i]);
         checkBox[i].addActionListener(listener);      // 리스너 등록
      }

      add(label);
      add(textField);
      setPreferredSize(new Dimension(300, 75));
      setBackground(Color.yellow);
   }

   // 체크 박스를 위한 액션 리스너를 나타낸다.
   private class MajorListener implements ActionListener
   {
      // 체크 박스가 선택 또한 해제될 때 수행된다.
      public void actionPerformed(ActionEvent event) {
         StringBuffer major = new StringBuffer();

         for (int i = 0; i < checkBox.length; i++)
            if (checkBox[i].isSelected())
```

```
                major.append(checkBox[i].getText() + " ");

            textField.setText(major.toString());
        }
    }
}
```

실행결과

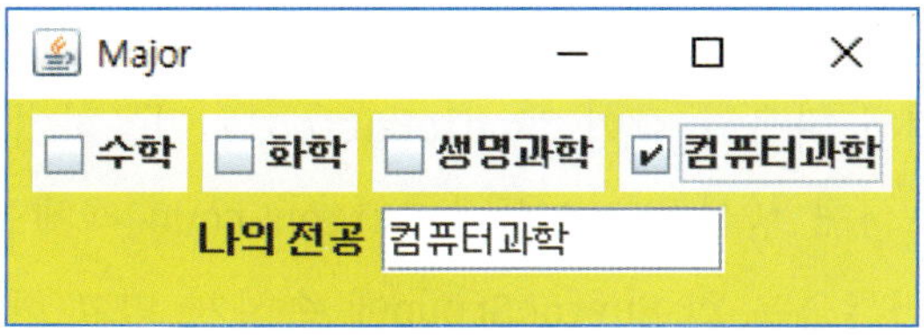

라디오 버튼

라디오 버튼은 선택을 표시하는 데 사용되는 버튼으로 같은 그룹에 속해있는 라디오 버튼들 중에서 하나만 선택할 수 있다. 라디오 버튼은 JRadioButton 클래스에 의해 정의된다. 라디오 버튼을 만들기 위해서는 JRadioButton으로 여러 개의 버튼을 생성하고 이들을 같은 ButtonGroup에 추가하여 하나의 그룹으로 만들어야 한다.

라디오 버튼은 다음 생성자를 이용하여 생성할 수 있으며, 기본으로 선택 해제 상태로 초기화된다. 이들을 선택 상태로 초기화하려면 생성자의 추가 인자로 true 값을 주면 된다.

- JRadioButton() 빈 라디오 버튼 생성
- JRadioButton(String text) 문자열을 갖는 라디오 버튼 생성
- JRadioButton(Icon image) 이미지를 갖는 라디오 버튼 생성
- JRadioButton(String text, Icon image) 문자열과 이미지를 갖는 라디오 버튼 생성

Key Point 라디오 버튼은 선택을 표시하는 데 사용되는 버튼으로 같은 그룹에 속해 있는 라디오 버튼들 중에서 하나만 선택할 수 있다.

이 예제에서는 한 학년만을 선택하는 프로그램 10.6을 이용하여 라디오 버튼의 사용에 대해서 알아보도록 하자(실행결과 참조). YearPanel 클래스의 28번 행에서 4개의 학년 이름을 일단 스트링 배열 yearText에 저장하였으며 37, 38번 행에서 다음과 같이 JRadioButton을 이용하여 학년을 나타내는 라디오 버튼을 4개 생성하고 이들을 ButtonGroup 객체인 buttons에 추가한다. 이제 이 버튼들은 한 ButtonGroup에 속하게 되고 한 순간에 하나만 선택될 수 있다.

```
radioButton[i] = new JRadioButton(yearText[i]);
buttons.add(radioButton[i]);
```

그리고 39번 행에서 다음과 같이 생성된 라디오 버튼을 YearPanel에 추가한다.

```
add(radioButton[i]);
```

이 예제에서는 라디오 버튼을 선택할 때 발생하는 ItemEvent를 처리하도록 40번 행에서 다음과 같이 각 라디오 버튼마다 ItemEvent를 처리하기 위한 리스너인 YearListener 객체를 등록한다. YearListener는 50번 행에서 ItemListener의 itemStateChanged 메소드를 구현하여 내부 클래스 형태로 작성하였다.

```
radioButton[i].addItemListener(listener);
```

각 라디오 버튼이 선택, 즉 눌려질 때마다 ItemEvent가 발생되며 등록된 YearListener의 itemStateChanged 메소드가 자동으로 수행된다. 이 메소드는 55~57번 행에서 다음과 같이 이벤트가 발생한 소스가 어떤 라디오 버튼인지 구하고 그 상태가 선택(SELECTED)인지 확인하여 그 라디오 버튼의 텍스트를 받아서 텍스트 필드에 표시한다.

```
            JRadioButton source = (JRadioButton) event.getSource();
            if (event.getStateChange() == ItemEvent.SELECTED)
               textField.setText(source.getText());
```

프로그램 10.6 • Year.java

```
/**********************************************************
 * 체크 박스를 사용한 전공 선택을 보여주는 프로그램
 **********************************************************/
import java.awt.*;
import java.awt.event.*;
import javax.swing.*;

// 학년을 표시하기 위한 패널을 생성하여 보여준다.
public class Year
{
   public static void main(String[] args) {
      JFrame frame = new JFrame("Year");
      YearPanel panel = new YearPanel();

      frame.setDefaultCloseOperation(JFrame.EXIT_ON_CLOSE);
      frame.getContentPane().add(panel);
      frame.pack();
      frame.setVisible(true);
   }
}

// 학년을 보여주기 위한 패널.
class YearPanel extends JPanel
{
   private JRadioButton[] radioButton;
   private JLabel label = new JLabel("나의 학년");
   private JTextField textField = new JTextField(10);
   private String[] yearText = {"1학년", "2학년", "3학년", "4학년"};

   // 생성자: 학년을 표시하기 위한 라디오 버튼을 생성하여 추가한다.
   public YearPanel() {
      ButtonGroup buttons = new ButtonGroup();
      radioButton = new JRadioButton[yearText.length];
      YearListener listener = new YearListener();

```

```java
        for (int i = 0; i < radioButton.length; i++) {
            radioButton[i] = new JRadioButton(yearText[i]);
            buttons.add(radioButton[i]);
            add(radioButton[i]);
            radioButton[i].addItemListener(listener);    // 리스너 등록
        }

        add(label);
        add(textField);
        setPreferredSize(new Dimension(300, 75));
        setBackground(Color.yellow);
    }

    // 라디오 버튼을 위한 아이템 리스너를 나타낸다
    private class YearListener implements ItemListener
    {
        // 라디오 버튼이 눌러졌을 때 자동으로 수행된다.
        public void itemStateChanged(ItemEvent event)
        {
            JRadioButton source = (JRadioButton) event.getSource();
            if (event.getStateChange() == ItemEvent.SELECTED)
                textField.setText(source.getText());
        }
    }
}
```

실행결과

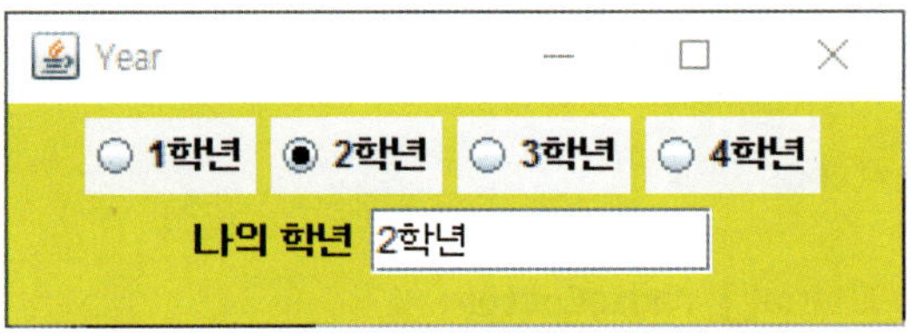

Q&A

체크 박스나 라디오 버튼이나 비슷한 것 같은데 뭐가 다른가요?

좋은 관찰입니다. 둘은 거의 비슷합니다. 체크 박스는 하나 이상 선택이 가능하지만 라디오 버튼은 오직 하나만 선택할 수 있다는 면에서 다릅니다.

10.4 콤보 박스

콤보 박스

콤보 박스(combo box)는 사용자가 '드롭다운(drop down)' 리스트로부터 여러 항목들 중 하나를 고르게 해준다. 사용자가 마우스를 이용해서 콤보 박스를 누르면, 사용자가 고를 수 있는 항목들의 리스트가 나타난다. 현재 선택한 것이 항상 콤보 박스 내에 표시된다. 콤보 박스는 JComboBox 클래스에 의해 정의된다.

Key Point 콤보 박스는 사용자를 위해 드롭다운 리스트를 제공한다.

콤보 박스의 목록에 있는 항목들은 두 가지 방법 중 하나로 정할 수 있다. 첫 번째는 스트링들의 배열을 생성하여 그것을 JComboBox 클래스의 생성자로 전달할 수 있다. JComboBox 클래스의 생성자는 다음과 같다.

- JComboBox() 빈 콤보 박스 생성
- JComboBox(Vector items) 벡터 items의 항목들로 콤보 박스 생성
- JComboBox(Object[] items) 배열 items의 항목들로 콤보 박스 생성

두 번째 방법은 콤보 박스를 생성한 뒤, addItem 메소드를 사용하여 항목을 추가할 수 있다. 예를 들어, 다음과 같이 빈 콤보 박스를 생성한 후에 동적으로 학년을 나타내는 항목들을 추가할 수 있다. 이렇게 항목들이 추가된 콤보 박스는 그림 10.6처럼 보일 것이다.

```
String[] items = {"1학년", "2학년", "3학년", "4학년"};
JComboBox combobox = JComboBox();
for (int i=0; i<items.length; i++)
   combobox.addItem(items[i]);
```

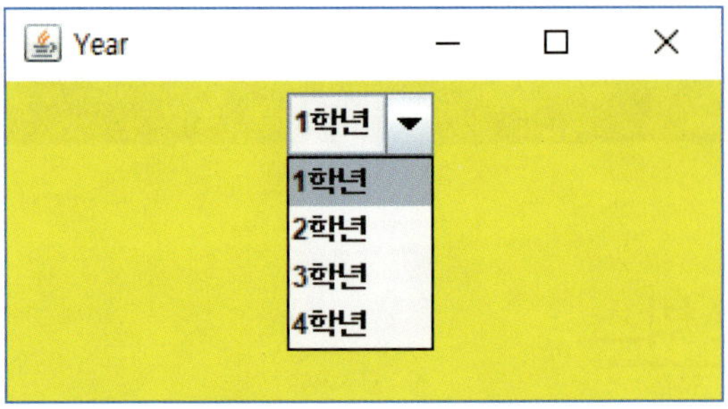

■ **[그림 10.6]** 콤보 박스 예

또한, 필요하면 removeItem(Object obj), removeItemAt(int index), removeAllItems() 등을 호출하여 콤보박스의 아이템을 삭제할 수도 있다. index는 0부터 시작한다.

콤보 박스 예제 프로그램

학년을 선택하는 예제 프로그램 10.7을 이용하여 콤보 박스에 대해 알아보도록 하자. ComboPanel 클래스의 29번 행에서 4개의 학년 이름을 일단 스트링 배열 comboBoxItem에 저장하였으며, 33, 34번 행에서 다음과 같이 JComboBox를 이용하여 학년을 선택하는 콤보 박스를 생성하고 생성된 콤보 박스를 ComboPanel에 추가한다.

```
comboBox = new JComboBox(comboBoxItem);
add(comboBox);
```

이제 35, 36번 행에서 아이템 리스너인 ComboListener 객체를 생성한 후 이를 콤보 박스에 등록한다.

```
ComboListener listener = new ComboListener();
comboBox.addItemListener(listener);
```

콤보 박스에서 아이템이 선택될 때마다 ItemEvent가 발생되며 등록된 ComboListener의 itemStateChanged 메소드가 자동으로 수행되어, 49, 50번 행에서 선택된 학년을 텍스트 필드에 표시한다. 이 예제에서도 단 1개의 학년만을 선택할 수 있다는 점에 유의하자.

프로그램 10.7 • Combo.java

```java
/***********************************************************
 * 콤보 박스를 사용한 학년 선택을 보여주는 프로그램
 ***********************************************************/
import java.awt.*;
import java.awt.event.*;
import javax.swing.*;
import javax.swing.JFrame;

// 학년을 표시하기 위한 패널을 생성하여 보여준다.
public class Combo
{
   public static void main(String[] args) {
      JFrame frame = new JFrame("Year");
      ComboPanel panel = new ComboPanel();

      frame.setDefaultCloseOperation(JFrame.EXIT_ON_CLOSE);
      frame.getContentPane().add(panel);
      frame.pack();
      frame.setVisible(true);
   }
}

// 학년 선택을 보여주기 위한 패널
class ComboPanel extends JPanel
{
   private JComboBox comboBox;
   private JLabel label = new JLabel("나의 학년");
   private JTextField textField = new JTextField(10);
   private String[] comboBoxItem = {"1학년", "2학년", "3학년", "4학년"};

   // 생성자: 학년 선택을 위한 콤보 박스 등을 생성하여 추가한다.
   public ComboPanel() {
      comboBox = new JComboBox(comboBoxItem);
      add(comboBox);
      ComboListener listener = new ComboListener();
```

```java
        comboBox.addItemListener(listener);        // 리스너 등록

        add(label);
        add(textField);
        setPreferredSize(new Dimension(300, 75));
        setBackground(Color.yellow);
    }

    // 콤보 박스를 위한 아이템 리스너를 나타낸다.
    private class ComboListener implements ItemListener
    {
        //  콤보 박스가 선택되었을 때 자동으로 수행된다.
        public void itemStateChanged(ItemEvent event) {
            if (event.getStateChange() == ItemEvent.SELECTED)
                textField.setText(event.getItem().toString());
        }
    }
}
```

실행결과

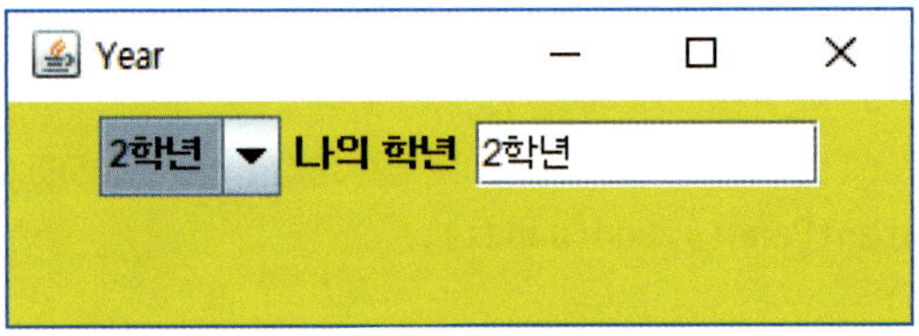

10.5 마우스 이벤트

마우스 이벤트

마우스 이벤트(MouseEvent)는 사용자의 마우스 조작에 따라 총 7가지 경우에 발생한다. 이 중에서 5가지는 마우스 클릭, 컴포넌트 안(밖)으로 이동, 마우스 누름(놓음) 등의 마우스 동작으로 인해 발생하고 2가지는 마우스 끌기와 마우스 이동으로 인해 발생한다.

마우스 클릭, 컴포넌트 안(밖)으로 이동, 마우스 누름(놓음) 등의 마우스 동작으로 인해 발생된 MouseEvent를 처리하기 위한 리스너는 표 10.3과 같이 MouseListener 인터페이스에 선언된 해당 메소드들을 구현하여 작성한다. 마우스 끌기와 마우스 이동으로 인해 발생하는 MouseEvent를 처리하기 위한 리스너는 표 10.3과 같이 MouseMotionListener 인터페이스에 선언된 해당 메소드들을 구현하여 작성한다. 따라서 처음 5가지 경우에 마우스 이벤트가 발생하면 MouseListener의 해당 메소드가 호출되고, 나머지 2가지 경우에 마우스 이벤트가 발생하면 MouseMotionListener의 해당 메소드가 호출된다.

[표 10.3] MouseEvent와 리스너의 메소드 호출

리스너 인터페이스	메소드	메소드가 호출되는 경우
MouseListener	mouseClicked(MouseEvent e)	마우스 클릭
	mouseEntered(MouseEvent e)	마우스 포인터가 어떤 컴포넌트에 진입
	mouseExited(MouseEvent e)	마우스 포인터가 어떤 컴포넌트에서 벗어남
	mousePressed(MouseEvent e)	마우스 버튼 누름
	mouseReleased(MouseEvent e)	마우스 버튼 놓음
MouseMotionListener	mouseDragged(MouseEvent e)	마우스 끌기
	mouseMoved(MouseEvent e)	마우스 이동

마우스를 클릭했을 때 세 개의 MouseEvent가 발생하며 다음 순서로 메소드가 호출된다.

```
mousePressed(), mouseReleased(), mouseClicked()
```

컴포넌트는 마우스 포인터가 자신의 그래픽 공간을 통해 지나갈 때, 두 개의 MouseEvent가 발생하며 다음 순서로 메소드가 호출된다.

```
mouseEntered(), mouseExited()
```

Key Point 마우스를 움직이거나 마우스 버튼을 클릭하는 것은 프로그램이 반응할 수 있는 MouseEvent를 생성한다.

마우스가 이동할 때 MouseEvent들이 여러 번 발생하고 mouseMoved() 메소드가 반복적으로 호출된다. **마우스 끌기**(mouse dragged)는 마우스 버튼이 눌려진 채로 이동하는 것으로 이때도 MouseEvent들이 여러 번 발생하며 다음 순서로 메소드가 호출된다.

```
mousePressed(), mouseDragged(), ..., mouseDragged(), mouseReleased()
```

마우스 버튼을 이용한 선 그리기

프로그램 10.8은 실행 결과처럼 마우스 버튼이 클릭되면 원점으로부터 클릭된 지점까지 선을 그리고 클릭된 위치의 좌표를 보여준다. 이 프로그램을 작성하려면 마우스 이벤트를 이용하여야 한다. 이 프로그램은 main 메소드를 포함하는 Position 클래스(프로그램 10.8)와 패널을 정의하는 PositionPanel 클래스(프로그램 10.9)로 구성되며 각각 별도의 파일로 작성하였다.

Position 클래스의 main 메소드 내에서는 프레임을 생성하고 13번 행에서 PositionPanel를 생성하여 이를 프레임에 추가한 후에 21번 행에서 프레임을 보이도록 디스플레이한다.

프로그램 10.9의 PositionPanel 생성자는 18번 행에서 PositionListener를 이 패널의 리스너로 등록하고, 19, 20번 행에서 이 패널의 크기와 색상을 설정한다. PositionListener는 PositionPanel 내의 내부 클래스로 정의되었으며 마우스 버튼이 클릭되면 39번 행에서 다음과 같이 마우스 이벤트로부터 클릭된 점(Point)을 가져와 current 변수에 저장한 후에 40번 행에서 repaint 메소드를 호출한다.

```
current = event.getPoint();
```

repaint 메소드는 24번 행에서 정의된 paintComponent 메소드를 호출하며 29번 행에서 drawLine 메소드를 호출하여 원점에서 클릭된 지점까지 선을 그리고 30번 행에서 drawString 메소드를 호출하여 좌표 값을 보여준다. 아래의 실행 결과를 통해서 이를 확인할 수 있다.

프로그램 10.8 • Position.java

```java
/*************************************************************
 * 마우스 클릭된 위치를 보여주는 프로그램
 *************************************************************/
import javax.swing.*;

public class Position
{
   //  이 프로그램의 주 프레임을 생성한다.
   public static void main(String[] args) {
      JFrame frame = new JFrame("Position");

      frame.setDefaultCloseOperation(JFrame.EXIT_ON_CLOSE);
      frame.getContentPane().add(new PositionPanel());
      frame.pack();
      frame.setVisible(true);
   }
}
```

프로그램 10.9 • PositionPanel.java

```java
/**********************************************************
 * 마우스 클릭 위치를 그리는 패널 프로그램
 **********************************************************/
import java.awt.*;
import java.awt.Color;
import java.awt.Point;
import java.awt.event.*;
import javax.swing.*;

// 마우스 클릭 위치를 그리는 패널을 정의한다.
public class PositionPanel extends JPanel
{
   private final int WIDTH=300, HEIGHT=300;
   private Point current;

   // 생성자: 리스너, 크기, 색상 등을 설정한다.
   public PositionPanel() {
      addMouseListener(new PositionListener());        // 리스너 등록
      setPreferredSize(new Dimension(WIDTH, HEIGHT));
      setBackground(Color.yellow);
   }

   // 원점으로부터 선을 그리고 위치를 표시한다.
   public void paintComponent(Graphics page) {
      super.paintComponent(page);
      page.setColor(Color.black);

      if (current != null) {
         page.drawLine (current.x, current.y, 0, 0);
         page.drawString("("+current.x+","+current.y+")", current.x, current.y);
      }
   }

   // 마우스 이벤트를 위한 리스너를 작성한다.
   private class PositionListener implements MouseListener
   {
      // 마우스 클릭으로 선택된 점을 저장하고 다시 그리도록 한다.
      public void mouseClicked(MouseEvent event) {
         current = event.getPoint();
```

```
            repaint();
        }

        public void mousePressed(MouseEvent event) {
        }

        public void mouseReleased(MouseEvent event) {
        }

        public void mouseEntered(MouseEvent event) {
        }

        public void mouseExited(MouseEvent event) {
        }
    }
}
```

실행결과

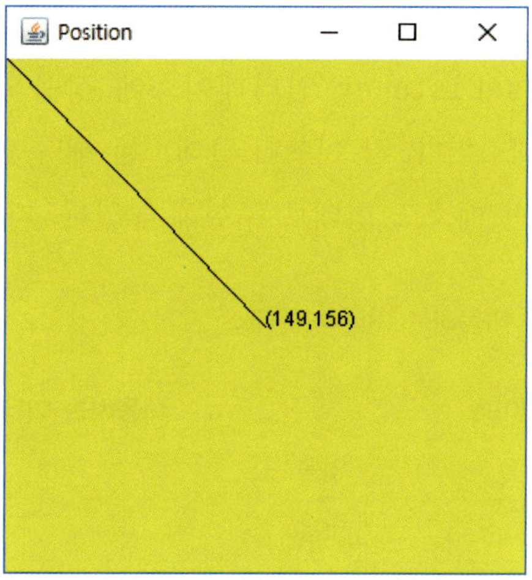

10.6 어댑터 클래스

상속을 이용한 리스너 작성

지금까지 리스너 클래스를 작성할 때는 MouseListener와 같은 인터페이스를 구현해서 작성하였다. 리스너를 작성하는 또 하나의 방법은 **이벤트 어댑터 클래스**(Event Adapter Class)를 상속해서 구현하는 것이다. 각 리스너 인터페이스에 상응하는 이벤트 어댑터 클래스가 존재하며 어댑터 클래스는 표 10.4에서 확인할 수 있다. 표 10.4에서 볼 수 있는 것처럼 어댑터 클래스 이름은 리스너 인터페이스 이름에서 Listener를 Adapter로 변경하면 해당 어댑터 클래스 이름이 된다.

예를 들어, MouseListener 인터페이스에 상응하는 어댑터 클래스는 MouseAdapter 클래스이다. 각 어댑터 클래스는 해당 인터페이스에서 정의된 메소드들을 모두 빈 메소드 형태로 구현해 놓았다. 따라서 어댑터 클래스로

■ **[표 10.4]** 리스너와 대응하는 어댑터 클래스

리스너 인터페이스	대응하는 어댑터 클래스
ActionListener	없음
AdjustmentListener	없음
ComponentListener	ComponentAdapter
ContainerListener	ContainerAdapter
FocusListener	FocusAdapter
ItemListener	없음
keyListener	KeyAdapter
ListSelectionListener	valueChanged(ListSelectionEvent e)
MouseListener	MouseAdapter
MouseMotionListener	MouseAdapter 또는 MouseMotionAdapter
WindowListener	WindowAdapter

부터 상속받아 리스너를 작성할 경우에는 프로그램과 관련된 메소드만 재정의하면 된다. 사용하지 않는 이벤트 관련 메소드는 이미 상속받았으므로 재정의할 필요가 없다.

예를 들어, 프로그램 10.9에서 MouseListener를 구현하여 작성한 리스너는 mouseClicked() 외에 사용되지 않는 4개의 메소드도 빈 메소드로 구현하고 있다. 이는 MouseListener에 선언된 모든 메소드를 구현해야 하기 때문이다. 이렇게 사용하지 않는 메소드들까지 빈 메소드로 구현하는 것은 상당히 번거로운 일이다. 다음과 같이 MouseAdapter 클래스를 확장하여 구현하면 이러한 번거로움 없이 필요한 메소드만 구현함으로써 보다 쉽게 리스너를 구현할 수 있다. 이것은 MouseAdapter 클래스 내에 모든 메소드가 이미 빈 메소드 형태로 구현되어 있기 때문이다.

```
private class PositionListener extends MouseAdapter
{
   // 마우스 클릭으로 선택된 점을 저장하고 다시 그리도록 한다.
   public void mouseClicked(MouseEvent event) {
      current = event.getPoint();
      repaint();
   }
}
```

Q&A

인터페이스를 구현하여 리스너를 작성하며 된다고 배웠는데, 왜 복잡하게 어댑터 클래스를 상속하여 구현할 수 있도록 허용하나요?

좋은 질문입니다. 인터페이스를 구현하여 리스너를 작성할 수 있는데 MouseEvent 같은 경우에 5개의 메소드를 모두 구현해야 합니다. 많은 응용의 경우 이 5개의 메소드들을 모두 사용하지 않기 때문에 대부분의 메소드는 빈 메소드 형태로 구현하게 됩니다. 상당히 번거롭지요. Java API에서는 이러한 번거로움을 덜어주기 위해 리스너 인터페이스의 모든 메소드들을 빈 메소드 형태로 이미 구현해 놓은 어댑터 클래스를 제공합니다. 이 어댑터 클래스를 상속받아 리스너를 작성하게 되면 필요한 메소드만 재정의하면 되겠지요. 다른 메소드들은 이미 구현된 빈 메소드를 그대로 상속받게 됩니다. 물론 ActionEvent 같은 경우에는 구현할 메소드가 actionPerformed 하나밖에 없으니까 둘 사이에 별 차이가 없겠지요.

10.7 애니메이션

움직이는 그림, 즉 애니메이션 효과를 생각해 보자. 애니메이션을 위해서는 일정 시간 간격으로 그림을 바꿔주어야 하는데, 이를 위해서는 일정 시간 간격으로 이벤트를 발생시키는 타이머가 필요하다. 타이머는 javax.swing.Timer 클래스에 정의되어 있으며 이 타이머는 매개변수로 받은 시간 간격에 따라 액션 이벤트(ActionEvent)를 발생시킨다. 타이머의 생성자와 주요 메소드는 표 10.5와 같다.

[표 10.5] Timer의 생성자 및 주요 메소드

생성자 및 메소드	설명
Timer(int delay, ActionListener listener)	delay에 의해 지정된 일정한 간격으로 액션 이벤트를 발생시키는 타이머를 생성하고, 액션 리스너를 등록한다.
void addActionListener(ActionListener listener)	이 타이머에 액션 리스너를 등록한다.
boolean isRunning()	만약 타이머가 실행 중이면 true를 반환한다.
void setDelay(int delay)	타이머의 간격을 설정한다.
void start()	타이머를 시작시켜 정해진 간격에 따라 액션 이벤트를 발생시키도록 한다.
void stop()	타이머를 정지시킨다.

디지털 시계 프로그램

프로그램 10.10은 타이머를 이용하여 디지털 시계를 구현한다. 디지털 시계는 1초마다 새로운 시간을 표시해야 한다. 37, 38번 행의 다음 코드는 1000밀리초(milisecond), 즉 1초 간격으로 액션 이벤트를 발생시키는 타이머를 생성하였다. 이 타이머는 액션 이벤트가 발생될 때마다 이벤트 리스너인 ClockListener가 자동으로 수행되도록 매개변수로 이 이벤트 리스너를 전달하였다. 그 후에 이 타이머를 시작시켰다.

```
Timer t = new Timer(1000, new ClockListener());
t.start();
```

ClockListener는 타이머로부터 액션 이벤트가 발생되어 수행될 때마다 45번 행에서 다음과 같이 Calendar로부터 새로운 시간을 가져와서

```
Calendar time = Calendar.getInstance();
```

46~49번 행에서 이로부터 시간, 분, 초를 추출한 후에 이를 텍스트 필드에 setText 메소드를 이용하여 보여준다. 또한, 51번 행에서 다음과 같이 텍스트 필드에 시분초를 표시할 때 10 미만일 때는 앞에 0을 붙여 실생활에서 사용되는 디지털시계처럼 표시되도록 하였다.

```
timeField.setText("" + (hour < 10 ? "0"+hour : hour) + ":" +
   (min < 10 ? "0"+min : min) + ":" + (sec < 10 ? "0"+sec : sec));
```

프로그램 10.10 • DigitalClock.java

```
1  /**********************************************************
2   * 디지털 시계를 보여주기 위한 프로그램
3   **********************************************************/
4  import java.awt.*;
5  import java.awt.event.*;
6  import javax.swing.*;
7  import java.util.Calendar;
8  
9  // 주 프레임과 패널을 생성한다.
10 public class DigitalClock
11 {
12    public static void main(String[] args) {
13       JFrame frame = new JFrame();
14       JPanel clock = new ClockPanel();
15 
16       frame.getContentPane().add(clock);
17       frame.setTitle("디지털 시계");
18       frame.setDefaultCloseOperation(JFrame.EXIT_ON_CLOSE);
19       frame.pack();
```

```
        frame.setVisible(true);
    }
}

// 시간을 표시하기 위한 패널을 정의하는 클래스
class ClockPanel extends JPanel
{
    private JTextField timeField;
    private Timer t;

    // 생성자: 텍스트 필드를 생성하고 타이머를 시작한다.
    public ClockPanel() {
        timeField = new JTextField(5);
        timeField.setEditable(false);
        timeField.setFont(new Font("sansserif", Font.PLAIN, 48));
        add(timeField);

        t = new Timer(1000, new ClockListener()); // 타이머 생성
        t.start();
    }

    // 현재 시간을 가져와서 보여준다.
    private class ClockListener implements ActionListener
    {
        public void actionPerformed(ActionEvent e) {
            Calendar time = Calendar.getInstance();
            int hour = time.get(Calendar.HOUR_OF_DAY);
            int min = time.get(Calendar.MINUTE);
            int sec = time.get(Calendar.SECOND);

            timeField.setText("" + (hour < 10 ? "0"+hour : hour) + ":" +
                (min < 10 ? "0"+min : min) + ":" + (sec < 10 ? "0"+sec : sec));
        }
    }
}
```

실행결과

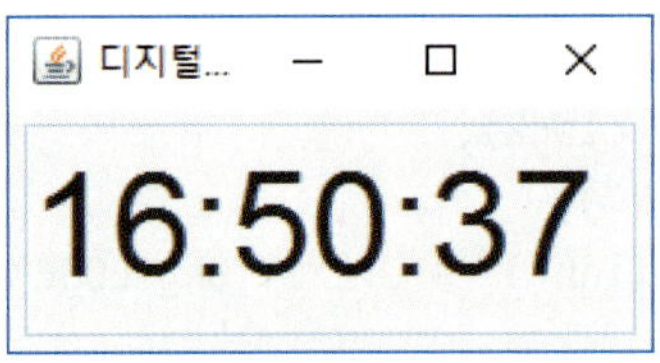

교통 신호등 프로그램

이번에는 움직이는 그림을 생각해 보자. 그림을 그리기 위해서는 5.9절에서 설명한 것처럼 JPanel 클래스를 확장하고 그림을 그리는 메소드인 paintComponent 메소드를 재정의해야 한다. 그림이 움직이는 애니메이션 효과를 내기 위해서는 타이머를 이용하여 일정 시간 간격으로 액션 이벤트를 발생시키고 그때마다 paintComponent 메소드를 재호출하여야 한다. paintComponent 메소드를 일정 시간 간격으로 재호출하기 위해서는 타이머의 이벤트 리스너 내에서 repaint()를 호출하면 된다.

프로그램 10.11은 교통신호등을 보여주는 프로그램인 프로그램 5.10을 확장하여 시간에 따라 신호등 색이 변하도록 하였다. LightChangePanel을 살펴보자. 이 패널에서는 24번 행에서 빨간색, 녹색, 노란색 신호등 점멸 여부를 저장하기 위한 세 개의 부울 변수 green, yellow, red를 사용하고 있다. 또한, 32번 행에서 타이머를 생성하고 이 타이머를 위한 이벤트 리스너는 ClockListener로 설정한다. 이 리스너 내의 actionPerformed 메소드는 호출될 때마다 신호등 색을 변경하는데, 예를 들어, 58~60번 행에서 신호등 색이 녹색이면 다음으로는 노란색이 되게 한다. 마지막으로 70번 행에서 repaint()를 통해 paintComponent 메소드를 재호출하여 변경된 새로운 그림을 그린다.

37번 행에서 정의된 paintComponent 메소드는 색을 나타내는 green, yellow, red 변수의 값에 따라 해당 색의 신호등을 그려서 보여준다.

이 프로그램의 실행 과정은 패널이 생성되면 타이머가 시작되고 정해진 시간 간격으로 액션 이벤트가 발생되어 이벤트 리스너인 ClockListener 내의 actionPerformed 메소드가 호출될 것이며 이 메소드는 repaint()를 통해 결과적으로 다른 색의 신호등을 보여주게 된다.

프로그램 10.11 • TrafficLightChange.java

```java
/*******************************************************
 * 바뀌는 신호등을 보여주는 프로그램
 *******************************************************/
import java.awt.*;
import javax.swing.*;
import java.awt.event.*;

// 프레임을 생성하고 신호등 패널을 추가한다.
public class TrafficLightChange
{
   public static void main(String[] args) {
      JFrame frame = new JFrame("Traffic Light");

      frame.setDefaultCloseOperation(JFrame.EXIT_ON_CLOSE);
      frame.getContentPane().add(new LightChangePanel());
      frame.pack();
      frame.setVisible(true);
   }
}

// 바뀌는 신호등을 정의하는 패널
class LightChangePanel extends JPanel
{
   private boolean green, yellow, red;
   private Timer t;

   // 생성자: 패널의 크기와 색을 정하고 타이머를 시작시킨다.
   public LightChangePanel() {
      setPreferredSize(new Dimension(300, 200));
      setBackground(Color.black);
      green = true;
      t = new Timer(5000, new ClockListener()); // 타이머 생성
      t.start();
   }

   // 빨강, 노랑, 녹색의 신호등을 그린다.
   public void paintComponent(Graphics page) {
      super.paintComponent(page);

```

```
        if (red) {
            page.setColor(Color.red);
            page.fillOval(50,50,40,40);
        }
        if (yellow) {
            page.setColor(Color.yellow);
            page.fillOval(100,50,40,40);
        }
        if (green) {
            page.setColor(Color.green);
            page.fillOval(150,50,40,40);
        }
    }

    // 신호등 색을 결정하고 보여준다.
    private class ClockListener implements ActionListener
    {
        public void actionPerformed(ActionEvent e) {
            if (green) {
                yellow = true;
                green = false;
            }
            else if (yellow) {
                red = true;
                yellow = false;
            }
            else if (red) {
                green = true;
                red = false;
            }
            repaint();
        }
    }
}
```

실행결과

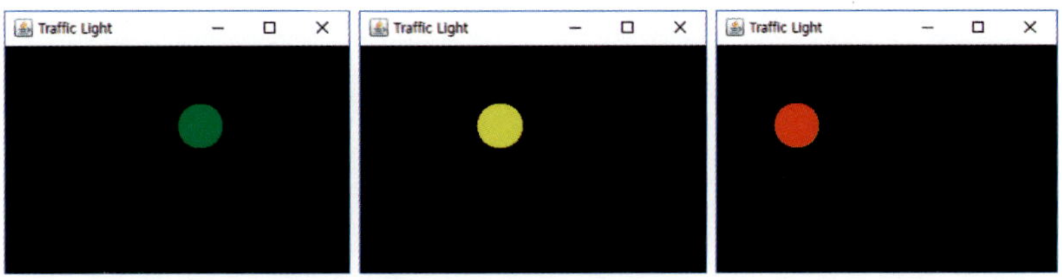

Key Points

▶ (　　　)은(는) 컴포넌트들을 한 행에 배치하고 그 행이 다하면 다음 행에 배치한다.

▶ (　　　)은(는) 컴포넌트들을 필요에 따라 컨테이너 내의 5개의 영역(동, 서, 남, 북, 중앙)에 지정하여 배치할 수 있다.

▶ (　　　)은(는) 컨테이너의 컴포넌트들을 행과 열의 직사각형 격자에 배치한다.

▶ (　　　)은(는) 컨테이너의 컴포넌트들을 하나의 행 또는 하나의 열에 수평 또는 수직으로 배치한다.

▶ (　　　)은(는) 선택을 체크할 수 있는 작은 박스로 여러 개를 체크하는 것도 가능하다.

▶ (　　　)은(는) 선택을 표시하는 데 사용되는 버튼으로 같은 그룹에 속해 있는 (　　)들 중에서 하나만 선택할 수 있다.

▶ (　　　)은(는) 사용자를 위해 드롭다운 리스트를 제공한다.

▶ 마우스를 움직이거나 마우스 버튼을 클릭하는 것은 프로그램이 반응할 수 있는 (　　)을(를) 생성한다.

프로그래밍 실습

1. 체질량지수 GUI

체질량지수(BMI: body mass index)를 계산하여 이에 따라 비만 여부를 판별하는 GUI 프로그램을 작성하라. 체질량지수는 다음 공식에 의해 계산한다.

$$\text{BMI}(\text{몸무게}, \text{키}) = \frac{\text{몸무게}}{\text{키}^2}$$

위 공식에 의해 계산된 BMI에 따라 비만 여부는 다음과 같이 판정한다.

BMI	판정
15.0미만	병적인 저체중
15.0이상 18.5미만	저체중
18.5이상 23.0미만	정상
23.0이상 27.5이하	과체중
27.5초과 40.0이하	비만
40.0초과	병적인 비만

이 프로그램은 텍스트 필드를 통하여 몸무게와 키를 입력으로 받아 BMI를 계산하고, 텍스트 필드를 통해 BMI 값과 비만도 판정 결과를 출력한다.

2. 디지털 시계

디지털 시계 프로그램을 오전, 오후를 구분하도록 수정하라. 오전이면 AM, 오후이면 PM으로 표시하고 대신에 시간은 00:00:00부터 12:59:59까지 표시하도록 한다. 예를 들어 13:12:05는 PM 1:12:05로 표시한다.

3. 계산기

다음 그림과 같은 간단한 계산기 GUI 프로그램을 작성하라. 이 계산기는 다음과 같이 사칙연산을 할 수 있다.

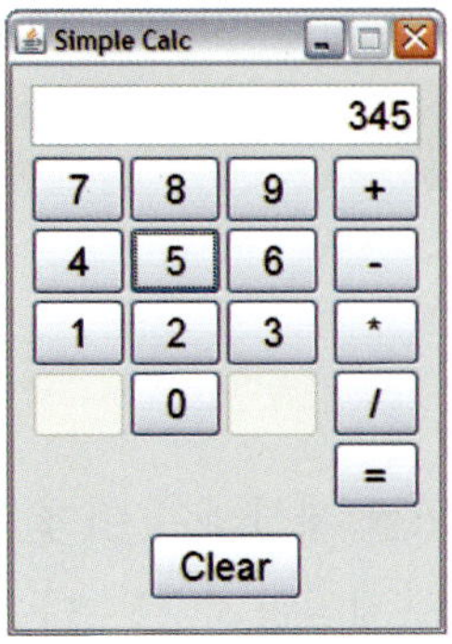

4. 틱택토

틱택토(Tick-Tac-Toe) 게임을 수행하는 GUI 프로그램을 작성하라. 틱택토 프로그램이란 3×3 바둑판 모양의 말판에 두 사람이 번갈아 가며 돌을 놓은 다음, 가로나 세로, 대각선으로 세 개를 같은 돌로 채우면 이기는 경기이다.

(1) 틱택토 말판은 다음과 같이 보여준다.

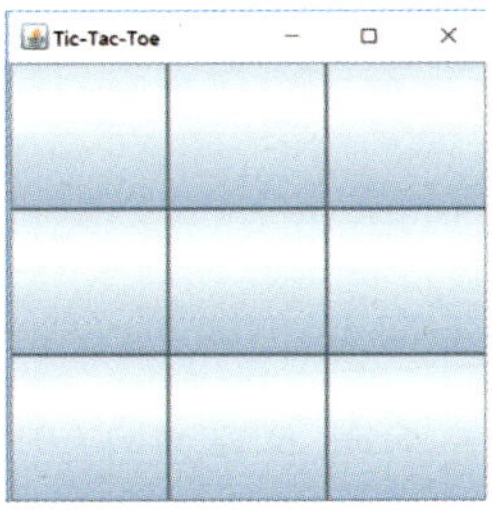

(2) 틱택토 프로그램은 각 위치를 클릭하면 해당 위치에 돌을 놓을 수 있는지 판단하고, 놓을 수 있는 경우에는 해당 돌을 놓고 변화된 말판을 보여준다. 각 돌은 O, X로 보여준다.

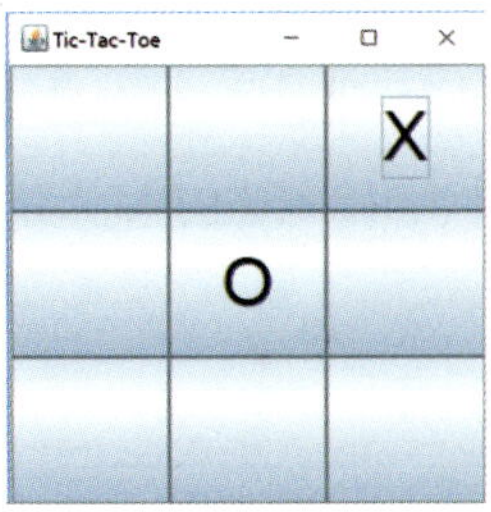

(3) 매번 돌을 놓을 때마다 어느 돌이 이겼는지 판단하고 특정한 사람이 이겼을 경우에는 축하한다는 메시지를 출력한다.

연습문제

1. 다음 GUI 컨테이너에 대한 설명 중 옳지 않은 것은?

① 컨테이너는 다른 컴포넌트들을 포함하고 조직하는 데 사용된다.
② 컨테이너는 하나의 특수한 컴포넌트이다.
③ 컨테이너는 다른 컴포넌트와 컨테이너를 포함할 수 있다.
④ 컨테이너는 다른 컨테이너에 포함될 수 없다.

2. 다음 설명 중 옳지 않은 것은?

① `Container`는 일종의 컴포넌트로 `Component`의 서브클래스이다.
② `Window`는 일종의 컨테이너로 `Container`의 서브클래스이다.
③ `Frame`은 일종의 윈도우로 `Window`의 서브클래스이다.
④ `JFrame`은 일종의 패널로 `Panel`의 서브클래스이다.

3. 다음 중 AWT에 정의된 배치관리자가 아닌 것은?

① 흐름 배치(`FlowLayout`)
② 영역 배치(`BorderLayout`)
③ 격자 배치(`GridLayout`)
④ 상자 배치(`BoxLayout`)

4. 마우스를 클릭했을 때 세 개의 `MouseEvent`가 발생하며 다음 순서로 리스너의 메소드가 호출된다. 괄호 안에 알맞은 메소드 이름을 넣으시오.

(　　　　) ⇒ (　　　　) ⇒ (　　　　)

5. 다음 중 MouseListener 인터페이스에 선언된 메소드가 아닌 것은?

① `mouseClicked(MouseEvent e)`
② `mouseEntered(MouseEvent e)`
③ `mouseExited(MouseEvent e)`
④ `mousePressed(MouseEvent e)`
⑤ `mouseDragged(MouseEvent e)`

6. 다음 컴포넌트에서 사용자가 동작할 때 발생하는 이벤트는 무엇인가?

컴포넌트	사용자의 동작	발생 이벤트
JButton	버튼 누름	( )
JTextField	텍스트 필드에 엔터키 누름	( )
JCheckBox	체크박스 선택	( ), ( )
JList	항목 선택	( )
JMenuItem	메뉴 항목 선택	( )
JScrollbar	스크롤바 이동	( )

7. 다음 이벤트에 대한 리스너 인터페이스에 선언된 메소드는 무엇인가? 그 메소드들은 어떤 경우에 실행되는가? 빈칸을 채우시오.

이벤트 클래스	리스너 인터페이스	메소드	메소드가 호출되는 경우
ActionEvent	ActionListener		
ItemEvent	ItemListener		
MouseEvent	MouseListener		

8. 텍스트 필드에 입력된 스트링을 대문자로 변환하는 GUI 프로그램을 작성하라. 입력용 텍스트 필드와 출력용 텍스트 필드를 사용하며 변환 버튼을 누르면 변환이 수행되어 출력용 텍스트 필드에 표시되도록 한다.

9. 타이머 클래스를 이용하여 공이 튕기는 과정을 애니메이션하는 GUI 프로그램을 작성하라. 이 프로그램은 일정 높이에서 떨어진 공이 땅에 닿으면 튕겨 튀어 오르는 과정을 반복적으로 보여준다. 튀어 오를 때마다 떨어진 높이의 0.8배만큼 튀어 오른다고 가정한다.

10. 타이머 클래스를 이용하여 당구대에서 당구공이 움직이는 과정을 애니메이션하는 GUI 프로그램을 작성하라. 공은 (0,0)의 위치에서 45도 각도로 움직이기 시작하며 벽을 만날 때마다 튕긴다. 공의 속도는 일정하다고 가정한다.

11. 스톱워치 GUI 응용 프로그램을 설계하고 구현하라. 타이머 클래스를 이용하여 초 단위로 시간을 보여주는 디스플레이를 포함하라. 사용자가 스톱워치를 시작하고 정지하는 버튼을 추가하라. 또한, 시간을 0으로 재설정할 수 있는 재설정 버튼을 포함하라. 컴포넌트들을 보기 좋게 배치하라.

12. 자신만의 휴대폰을 설계하고 설계된 휴대폰의 키패드와 디스플레이 화면을 보여주는 GUI 응용 프로그램을 작성하라. 키패드(keypad) 버튼을 누름에 따라 휴대폰 화면에 누른 숫자 등이 표시되도록 한다, 키패드 버튼 등을 다루는데 적절한 배치 관리자를 사용하라.

패키지와 저네릭 11장

'선물'하면 무엇이 떠오르나요? 네, 선물 포장이 떠오르지요? 선물은 예쁜 포장지로 정성스레 포장하여 주는 것이 제격입니다. 여러분들이 배운 클래스도 예쁜 포장지로 감쌀 수 있습니다. 지금까지 배운 클래스나 인터페이스를 담아 하나로 포장한 것을 패키지라고 합니다. 필요한 클래스나 인터페이스들을 정의하다보면 너무 개수가 많아지기 때문에, 묶어서 정리할 필요가 있습니다. 이 장에서는 묶어서 정리하기 위한 패키지를 살펴봅니다. 또한, 이미 Java에서 패키지로 정리하여 제공하는 클래스 중에서 저네릭 클래스에 대해 조금 더 살펴봅니다.

이 장의 목표

- ★ 패키지의 필요성을 이해한다.
- ★ import 선언의 의미를 알고 사용할 수 있다.
- ★ 클래스 패스가 무엇인지 알고 활용할 수 있다.
- ★ 패키지 영역을 이해한다.
- ★ 저네릭 클래스와 저네릭 메소드를 이해하고 활용한다.

11.1 패키지 소개

객체지향 언어인 Java로 프로그래밍을 하다보면 클래스를 작성하게 되며 또 이미 있는 다수의 라이브러리 클래스를 사용하게 된다. 그런데 클래스 개수가 많아지면 여러 클래스를 체계적으로 관리해야 할 필요성이 생기는데, Java에서 클래스를 관리하기 위해 제공하는 기능이 바로 패키지(package)이다. 이 절에서는 패키지가 필요한 이유와 패키지 선언 방법, 사용 방법을 살펴본다.

패키지의 필요성

> **잠깐만**
> 어떤 코드를 직접 작성하기 전에 먼저 패키지와 라이브러리에 원하는 것이 있는지 살펴보자.

클래스를 사용하는 가장 큰 이유는 코드 재사용이다. 클래스를 재사용하면 프로그램 작성 효율이 매우 높아진다. 이전에 작성한 GUI 프로그램도 `JFrame` 클래스나 `JLabel` 클래스가 없었다면 쉽게 작성할 수 없었을 것이다. 그래서 프로그램을 작성하기 전에는 자신이 필요한 클래스가 이미 정의되어 있는지 먼저 살펴보는 것이 중요하다. 이렇게 하지 않으면 바보처럼 바퀴를 다시 만드는 일[1]이 생길 수 있기 때문이다.

그러나 클래스가 많아지면 이를 관리하는 것이 매우 어려워지는데, 이를 관리할 수 있도록 해 주는 것이 바로 패키지이다. 일반적으로 프로그래밍에서 패키지란 연관된 어떤 것을 하나로 묶은 것을 뜻한다. Java에서 **패키지**란 연관된 타입(클래스, 인터페이스, 열거형 등)을 묶은 것이다. Java 프로그램은 타입 단위로 작성하는데, 패키지를 이용하면 연관된 타입을 묶을 수 있다.

패키지는 이름 충돌 문제도 해결해 준다. 여러 타입을 작성하다 보면 같은 이름의 타입을 만드는 경우가 있다. 예컨대 `Parser`라는 타입은 `org.xml.sax`

1) "바퀴를 새로 만들지 말라.(Do not reinvent the wheel.)"는 말은 소프트웨어 분야의 매우 유명한 격언이다. 여기서 바퀴를 새로 만든다는 것은 이미 해답(바퀴)이 존재하여 새로 수행할 필요가 없는 작업을 위해 들이는 헛된 수고(새로 만듦)를 뜻한다.

패키지의 인터페이스로도 존재하고 `javax.swing.text.html.parser` 패키지의 클래스로도 존재한다. 타입 이름은 같지만 패키지가 다르므로 이름 충돌 문제가 해결된다.

패키지는 파일 시스템 상에서 디렉터리에 해당하며 실제로 디렉터리 형태로 저장된다. 클래스나 인터페이스는 실제로 파일에 저장되므로 이들을 묶은 패키지가 디렉터리에 해당하는 것은 당연한 결과라고 볼 수 있다. 다만 어떤 타입이 패키지 안에 존재하려면 해당 소스파일에도 패키지 선언이 존재해야 한다.

Key Point 연관된 타입(클래스, 인터페이스, 열거형 등)을 하나로 묶은 것을 패키지라고 한다.

패키지 선언

앞서 7장에서 그림 11.1과 같은 계층구조의 `Worker` 클래스를 정의하여 사용하였다. `Worker` 클래스를 추상 클래스로 두고 `Employee`와 `Arbeit`를 하위 구상 클래스(concrete class)로 정의했다. 사실 이 세 클래스는 연관성이 높기 때문에 하나의 패키지 내의 클래스로 정의하는 편이 바람직하다. 패키지 이름은 `company`가 좋겠다. 왜냐하면 모두 회사와 관련 있는 클래스이기 때문이다.

나중에 자세히 다루겠지만 패키지 이름은 대문자로 시작하지 않는 것이 관례이다. Java에서는 클래스나 인터페이스, 클래스 내의 상수 이름만 대문자로 시작하는 것이 관례이다. 패키지 이름을 만드는 방법에도 따로 규칙이 있는

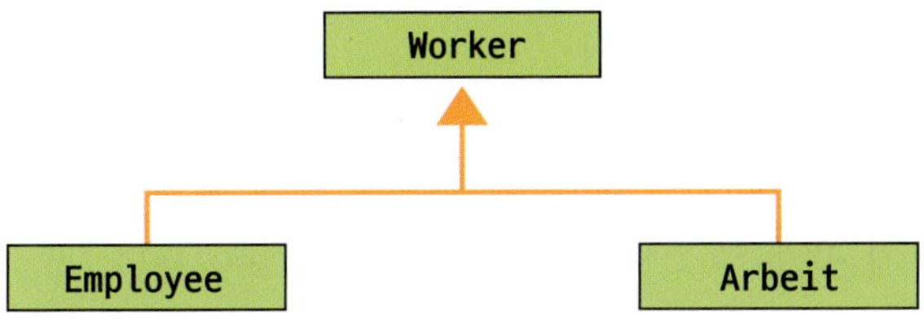

[그림 11.1] Worker 클래스 계층구조

데, 이는 나중에 자세히 설명하도록 하자.

잠깐만

어떤 타입을 패키지 내에 넣고 싶다면 그 타입의 소스코드 맨 앞에 패키지 선언을 추가한다.

Worker, Employee, Arbeit 세 클래스를 company라는 패키지에 넣고 싶다면 이 세 클래스의 소스코드 맨 앞에 다음과 같은 패키지 선언을 추가해야 한다.

```
package company;
```

패키지 선언의 구체적인 예로 Worker 클래스를 수정해 보자. Worker 클래스를 패키지 company에 추가하려면 프로그램 11.1과 같이 작성할 수 있다.

프로그램 11.1 • Worker.java

```
1  /*****************************************************************
2   * 패키지 선언을 예시하기 위한 프로그램
3   *****************************************************************/
4
5  package company;
6
7  // 직장에서 일하는 근로자(Worker)를 정의한 추상 클래스
8  abstract class Worker
9  {
10    protected String name;
11    private String id;
12
13    public abstract long pay();
14
15    Worker(String name, String id) {
16       this.name = name;
17       this.id = id;
18    }
19 }
```

프로그램 11.1의 5번 행을 보면 package 선언이 삽입되어 있다. 이 선언으로 인해서 클래스 Worker는 패키지 company에 속해 있게 된다. 그리고 실제로도 패키지 선언에 맞게 해당 클래스 파일도 company 폴더 내에 존재해야 한다.

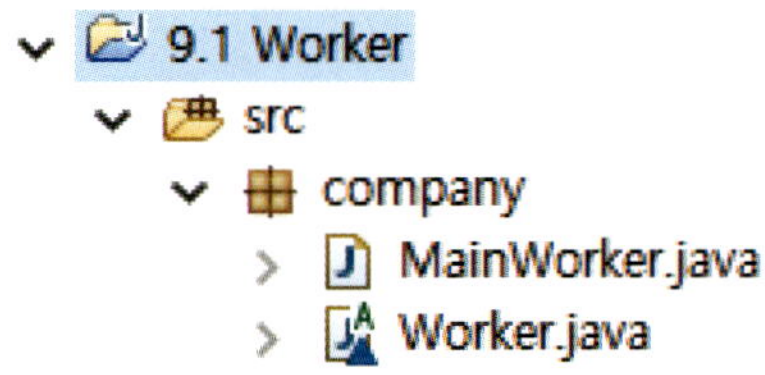

■ **[그림 11.2]** 이클립스에서 클래스 Worker가 패키지 company에 정의된 형태

이클립스의 경우를 보면 그림 11.2와 같이 별도의 패키지 company 내에 Worker.java 파일이 존재하게 된다.

MainWorker.java 파일의 경우에도 패키지 선언 외에는 거의 같다. 패키지 선언이 추가된 MainWorker.java 파일은 프로그램 11.2와 같다.

프로그램 11.2 • MainWorker.java

```
/************************************************************
 * 여러 종류의 직원을 정의하여 사용하는 프로그램
 ************************************************************/

package company;

// 정규 직원을 정의하는 클래스
class Employee extends Worker
{
   private long salary;

   Employee(String name, String id, long salary) {
      super(name, id);
      this.salary = salary;
   }

   public long pay() {
      return salary;
   }
}

```

```
// 아르바이트 직원을 정의하는 클래스
class Arbeit extends Worker
{
    private int hours;
    private int rate;

    Arbeit(String name, String id, int rate) {
        super(name, id);
        this.rate = rate;
        this.hours = 0;
    }

    public int addHours(int hours) {
        this.hours += hours;
        return this.hours;
    }

    public long pay() {
        return hours * rate;
    }
}

// 여러 직원을 생성하여 급여를 출력한다.
public class MainWorker
{
    public static void main(String args[]) {
        Employee employee = new Employee("김직원","900101-*******",2000000);
        System.out.println(employee.name);
        System.out.println("급여: " + employee.pay());
        Arbeit arbeit = new Arbeit("이알바","901212-*******", 10000);
        System.out.println(arbeit.name);
        System.out.println("일한 시간: " + arbeit.addHours(30));
        System.out.println( "급여: " + arbeit.pay());
    }
}
```

실행결과

```
김직원
급여: 2000000
이알바
일한 시간: 30
급여: 300000
```

11.2 패키지 사용법

앞서 패키지 선언에 관해 설명하였는데 그렇다면 구체적으로 어떻게 패키지를 사용해야 할까? 사실 라이브러리에 있는 패키지를 사용하는 방법은 매우 간단하다. 이 절에서는 이미 있는 라이브러리를 사용하기 위해 필요한 패키지 사용법을 먼저 간단히 살펴보자.

import 선언

일반적으로 패키지 내부에 정의된 타입을 사용하기 위해서는 `import` 선언을 활용한다. 지금까지 계속 사용해 왔던 방법이기 때문에 특별할 것은 없겠지만, 구체적 예를 한 번 더 살펴보기 위해 프로그램 11.3을 보자.

프로그램 11.3 • MakeRandomInts.java

```java
/*****************************************************************
 * 몇 개의 난수를 생성하여 출력하는 프로그램
 *****************************************************************/
import java.util.Random;
import java.util.Scanner;

public class RandomInts
{
   // 입력 값 num 만큼 난수를 생성하여 출력하는 메소드
   public static void main(String[] args) {
      int num = 0;
      Scanner scan = new Scanner(System.in);
      Random rand = new Random();
      System.out.print("난수 개수: ");
      num = scan.nextInt();
      for (int i = 0; i < num; i++) {
         int rnum = rand.nextInt();
```

```
18            System.out.println(rnum);
19        }
20        scan.close();
21    }
22 }
```

실행결과

```
난수 개수: 5
845416251
-483915792
1686257503
-1413096716
1274706351
```

같은 패키지에 있는 임의의 타입을 나타내기 위해 import 선언에서는 타입 이름 대신 와일드카드 *를 사용할 수 있다. 프로그램 11.3에서 Random과 Scanner는 모두 java.util 패키지 내에 존재하므로 와일드카드 *를 사용할 수 있다. 이렇게 변경하면 4번 행과 5번 행을 합쳐 다음과 같이 나타낼 수 있다.

```
import java.util.*;
```

하지만 명확한 것을 좋아하는 사람들은 와일드카드를 좋아하지 않는다. 와일드카드를 사용하면 해당 패키지 내의 어떤 타입을 사용하는 것인지 명확히 드러나지 않기 때문이다. 그래서 어떤 프로그래머들은 import 선언에 와일드카드를 사용하지 말 것을 권고하고 있다.

Key Point import 선언의 와일드카드 *는 패키지 안에 포함된 임의의 타입을 나타낸다.

잠깐만

import 선언의 와일드카드 *는 하위 패키지에 재귀적으로 적용되지 않는다.

import 선언에서 와일드카드는 타입 이름에만 대응되며 패키지 이름에 대응되지 않는다는 사실에 주의해야 한다. 앞서 예로 든 다음 import 선언은

```
import java.util.*;
```

java.util 패키지 내의 모든 타입을 import하라는 의미이며 java.util로 시작하는 모든 패키지의 모든 타입을 import하라는 의미는 아니다. 예컨대 java.util 안에는 java.util.concurrent라는 패키지가 있는데, 위와 같이 import 선언을 해도 이 패키지의 타입을 import하지는 않는다. 간단히 말해서 import 선언의 와일드카드는 하위 패키지에 재귀적으로 적용되지 않음에 주의해야 한다. 어떤 패키지의 하위 타입을 포함시키려면 다음과 같이 별도로 선언해 주어야 한다.

```
import java.util.concurrent.*;
```

import 선언의 의미

Java의 import 선언의 의미는 매우 독특하다. C/C++에 익숙한 프로그래머는 import 선언의 의미를 C/C++의 #include처럼 생각하는 경우가 많다. 또 Python 프로그래머는 Java의 import를 Python의 import와 같은 것으로 생각하기 쉽다. 하지만 사실 Java의 import는 C/C++의 #include나 Python의 import와 의미가 전혀 다르다.

> **잠깐만**
> import 선언을 이용하면 패키지 이름을 생략하고 짧은 이름을 사용할 수 있다.

Java의 import는 타입 이름을 간단히 사용하기 위한 것에 불과하다. 그런 측면에서 보면 오히려 C++의 using이나 Python의 from 구문과 의미가 유사하다. Java에서 패키지 내에 저장된 타입 이름을 전체 이름(full name) 그대로 사용하려면 사실 import 선언은 필요 없다. 프로그램 11.2에서 import 선언을 생략하고 싶다면 13번 행과 14번 행을 다음과 같이 작성하면 된다.

```
java.util.Scanner scan = new java.util.Scanner(System.in);
java.util.Random rand = new java.util.Random();
```

위와 같이 작성하면 Scanner, Random 클래스의 패키지 명을 명시하여 전체 이름을 사용했기 때문에 import 선언이 필요 없다.

정적 import

어떤 클래스에 정의된 정적 상수를 자주 사용해야 하는 경우에는 정적 import 선언을 사용할 수 있다. 예컨대 java.lang.Math 클래스에는 정적 상수 E와 PI가 정의되어 있다. 즉, 다음과 같은 형태로 정의되어 있는데 각 상수는 오일러 상수, 원주율을 나타낸다.

```
public static final double E = ...;
public static final double PI = ...;
```

java.lang 패키지는 별도의 import 선언이 없어도 자동으로 import 되므로 import 선언 없이 PI와 E를 사용할 수 있다. 예컨대 PI를 수식에서 사용하려면 다음과 같이 사용할 수 있다.

```
double circumference = 2 * Math.PI * radius;
double area = Math.PI * radius * radius;
```

위 프로그램에서 Math.PI를 반복해서 사용하는 것이 번거롭다면 다음과 같이 정적 import로 선언하면 된다.

```
import static java.lang.Math.PI;
```

이렇게 선언하면 Math.PI대신 PI라고 쓸 수 있다. Math.PI와 Math.E를 동시에 정적으로 import하려면 별표를 활용하여 다음과 같이 선언하면 된다.

```
import static java.lang.Math.*;
```

Key Point 어떤 클래스에 정의된 public 상수를 클래스 이름 없이 사용하려면 정적 import 구문을 이용한다.

패키지 구조와 패키지 명명 규칙

앞서 사용했던 패키지 이름을 보면 패키지 이름 자체도 매우 긴 것을 알 수 있다. 우리가 11.1절에서 사용한 패키지 이름은 단순히 company였지만 라이브러리의 패키지 이름은 java.lang이나 java.util 등 복잡한 구조를 이루고 있음을 알 수 있다. 그렇다면 패키지는 어떻게 구성해야 할까?

패키지 구조는 패키지의 용도에 따라 계층적으로 구성한다. Java 라이브러리의 패키지의 경우에도 용도에 따라 자연스럽게 구조를 이루고 있다. 예컨대 java.lang에는 언어에서 기본적으로 제공하는 클래스인 Object나 String 등을 포함하고 있고 java.util에는 유틸리티 클래스인 ArrayList나 Date 등을 포함하고 있다. 그렇다면 자신이 구성한 독자적인 패키지는 어떻게 이름 지어야 할까?

Java에서는 URL(uniform resource locator)의 역순으로 패키지 이름을 정하는 것이 관례이다. URL이란 간단히 말해서 웹 페이지 주소를 뜻하는데, 예컨대 code.org에서 만든 패키지 및 클래스는 URL의 역순인 org.code 내에 존재하도록 해야 한다. 따라서 code.org[2]에서 만든 Worker라는 클래스가 있다면 이 클래스의 전체 이름은 org.code.Worker로 명명하는 것이 관례이다.

잠깐만

패키지 자체의 이름 충돌을 피하기 위해 URL을 거꾸로 사용하여 패키지 이름을 정한다.

이렇게 URL을 이용하여 패키지 이름을 정하도록 하는 이유는 패키지 자체의 이름 충돌을 방지하기 위해서이다. 앞서 언급한 대로 타입의 이름 충돌을 방지하는 것이 패키지의 중요한 기능이므로 이렇게 관례를 정한 것이다. URL에 하이픈(-)이 있을 경우에는 밑줄(_)로 바꾸고, 숫자가 맨 앞에 나오는 경우에는 숫자 앞에 밑줄을 넣는다.[3]

2) 코딩 교육을 활성화하기 위한 단체로서 URL은 http://code.org이다.

3) 패키지 이름도 Java 프로그램에서는 이름(identifier, 식별자)인데 이름에 특수기호를 사용할 수 없고, 또 이름을 숫자로 시작할 수도 없으므로 이렇게 바꾼다.

11.3 패키지 영역과 클래스패스

지금까지는 영역(scope)이라는 말을 명시적으로 하지 않았지만 패키지 영역을 설명하려면 영역 개념을 조금은 알고 있어야 한다. **영역**이란 어떤 이름을 볼 수 있는 범위로서, 좀 더 명확하게 **'가시영역'**이라고 부르기도 한다. 예를 들어서 main에 선언한 지역변수 num은 main 내에서만 볼 수 있고 main 밖에서는 볼 수 없으므로 num의 영역은 main 메소드 내부가 된다. 이 절에서는 패키지로 인해 정해지는 패키지 영역과 이와 연관된 개념인 클래스패스를 간단히 살펴본다.

패키지 영역

Java에서 패키지를 만들면 **패키지 영역**이라는 새로운 영역이 정의된다. 그리고 어떤 이름을 패키지 내에서만 볼 수 있도록 할 것인지, 아니면 패키지 외부에 공개할 것인지를 프로그래머가 정할 수 있다. 패키지 외부가 가장 넓은 영역이라면, 패키지 영역은 바로 다음으로 넓은 영역이라고 할 수 있다.

눈치 챈 사람들도 있겠지만 프로그램 11.2에서 정의한 클래스 Employee와 Arbeit는 모두 public이 아닌 클래스로 선언되었다. 이렇게 선언한 이유는 이 두 클래스와 MainWorker 클래스를 한 파일에 넣기 위해서이다. 일반적으로 한 소스파일 내에 있는 public 타입은 하나여야 한다. 그리고 소스파일 이름[4]도 이 public 타입의 이름과 같아야 한다. 따라서 세 클래스를 모두 public 클래스로 만들려면 세 개의 소스파일을 작성해야 한다.

public 클래스는 패키지 외부에서 볼 수 있다. 이는 어떤 클래스의 public 메소드를 클래스 외부에서 볼 수 있는 것과 마찬가지이다. 그래서 앞서 말한

4) 여기서 말하는 파일 이름은 확장자를 제외한 기본 이름(base name)을 뜻한다. 즉, Point.java 중에서 Point만을 뜻한다.

것처럼 main 메소드는 public 클래스에 public 메소드로 존재해야 하는 것이다. 프로그램을 실행하는 사용자는 패키지 외부에 있다고 볼 수 있는데, 패키지 외부에서 볼 수 있는 클래스에 클래스 외부에서 볼 수 있는 메소드로 존재해야 main 메소드를 실행할 수 있기 때문이다.

그렇다면 public으로 선언되지 않은 클래스의 영역은 어떻게 정해지는 것일까? 이러한 클래스가 바로 패키지 영역에 존재한다. 프로그램 11.1의 Worker와 프로그램 11.2의 Employee, Arbeit는 모두 패키지 company 영역에 존재하는 클래스이다. 클래스 내부에서도 별도의 접근 제한자(public, protected, private 등) 없이 선언된 필드나 메소드는 패키지 영역에 존재한다. 이상에서 논의한 영역의 포함 관계를 크기순으로 정리해 보면 그림 11.3과 같다.

그림 11.3에서 프로그램 사용자는 패키지 영역 외부에 있다고 볼 수 있다. 구체적인 예로 프로그램 11.1과 11.2에 선언된 이름에 대하여 영역 포함 관계를 생각해 보자. 먼저 패키지 company의 영역 내에 클래스 Worker와 Employee, Arbeit, MainWorker가 존재하며 이 중에서 MainWorker만 패키지 외부에서 볼 수 있다.

잠깐만

한 소스파일에서 public인 타입은 하나만 존재해야 하며 패키지 외부에는 public 타입만 공개된다. 그래서 main 메소드는 public 클래스의 public 메소드여야 한다.

일반적으로 하나의 Java 소스파일에서 public인 타입은 최대 하나만 존재해야 하며 패키지 외부에는 public 타입만 공개된다. 따라서 Worker,

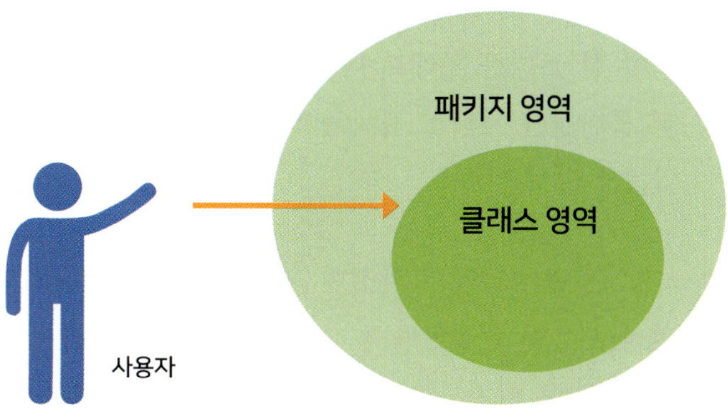

[그림 11.1] 영역의 포함관계로 정리한 Java의 영역. 사용자는 패키지 영역의 밖에 있으므로 main이 있는 클래스는 public으로 선언해야 한다.

Employee, Arbeit 등의 클래스를 모두 패키지 외부에서 볼 수 있도록 하려면 모두 별도의 소스파일에 public 클래스로 작성해야 한다. 또한, main 메소드는 public 클래스에 존재해야 한다.

클래스 MainWorker 영역 내에는 정적 메소드 main이 존재하며 main은 클래스 외부에서도 볼 수 있다. main은 또한 독자적인 정적 메소드 영역을 만든다. 프로그램 11.2의 main에서는 Employee, Arbeit 등의 클래스를 사용할 수 있었는데, 이는 main의 영역이 포함된 company 영역에 이들 클래스가 존재하기 때문이다. 반면 클래스 Worker 내에 private으로 선언한 id는 Worker 객체의 외부에서는 볼 수 없는데, 이는 id의 영역이 Worker 객체의 내부로 한정되기 때문이다. 즉, id는 Worker 객체의 내부(예컨대 Worker 객체의 메소드)에서만 볼 수 있다.

Key Point 클래스나 필드, 메소드를 선언할 때 접근 제한자를 생략하면 패키지 영역이 적용되며 패키지 내부에서 자유롭게 볼 수 있다.

클래스패스

import 선언이 단순히 Java 클래스 이름을 간단하게 지칭하기 위한 것이라면 Java 가상 기계는 어떻게 클래스를 찾아서 프로그램을 실행할 수 있는 것일까? 그 비밀은 바로 **클래스패스**(classpath)에 있다. **클래스패스**란 Java 가상기계가 찾아야 할 폴더를 차례로 나열한 것이다. Java 가상 기계는 클래스패스에 명시된 폴더들을 차례로 검색하며 그 폴더의 하부 폴더에 원하는 클래스 파일이 있는지 살펴본다.

클래스패스는 운영체제의 환경변수(environment variable)로 설정할 수도 있고 JVM 실행 옵션으로 설정할 수도 있다. JVM 실행 옵션 이름은 -classpath이며 줄여서 -cp라고 쓰기도 한다. 환경변수로 설정할 경우에 환경변수 이름은 CLASSPATH이다. 클래스패스에 나열된 각 폴더는 패키지의 최상위 폴더로 간주된다. 클래스 패스를 이해하기 위해 먼저 패키지의 폴더 구조를 살펴보자.

앞서 언급한 대로 패키지를 선언하면 그 구조대로 폴더 구조를 만들어야 한다. 예컨대 프로그램 11.1과 11.2의 코드는 아래와 같은 폴더 구조[5]로 존재해야 한다.

```
C:\USERS\WOOGYUN\JAVA\WORKSPACE\WORKER\SRC
\---company
        MainWorker.java
        Worker.java
```

혹시 패키지 이름이 단순히 company가 아니라 org.code.company처럼 복잡한 형태라면 다음과 같은 구조로 저장되어 있어야 한다.

```
C:\USERS\WOOGYUN\JAVA\WORKSPACE\WORKER\SRC
\---org
    \---code
        \---company
                MainWorker.java
                Worker.java
```

잠깐만
패키지 중첩 구조대로 폴더 구조를 생성해야 한다.

위 소스파일을 컴파일하면 총 네 개의 클래스 파일이 생성된다. 소스파일은 두 개 뿐이지만 실제로 정의한 클래스는 네 개이므로 아래와 같이 네 개의 클래스 파일이 생성되는 것이다.

```
C:\USERS\WOOGYUN\JAVA\WORKSPACE\WORKER\BIN
\---org
    \---code
        \---company
                Arbeit.class
                Employee.class
                MainWorker.class
                Worker.class
```

5) 이 수행 결과는 윈도의 tree 명령어를 실행시킨 결과이다. 명령프롬프트에서 다음 명령어를 입력하면 이와 유사한 결과를 얻을 수 있다.

```
> tree /f /a .\src
```

앞 폴더 구조에서 BIN 폴더가 패키지 최상위 폴더이다. 따라서 BIN 폴더에서 `MainWorker` 클래스의 `main` 메소드를 수행하고 싶다면 아래와 같이 써야 한다.

```
workspace\Worker\bin> java org.code.company.MainWorker
```

`import` 선언을 사용하지 않았을 때 사용했던 클래스 전체 이름을 JVM의 인수로 전달했다는 사실에 주의하자. 또한, `MainWorker`가 `public` 클래스이므로 이렇게 외부에서 호출할 수 있다는 점에 주의하자.

JVM 호출 시 클래스패스 옵션이 없으면 기본적으로 현재 폴더를 찾는다. 하지만 바로 위 폴더인 `Worker` 폴더에서 프로그램을 수행하려면 다음과 같이 클래스패스 옵션을 주어야 한다.

```
workspace\Worker> java -cp bin org.code.company.MainWorker
```

JVM 실행 위치가 패키지 최상위 폴더가 아닐 때, 클래스패스 옵션을 주지 않으면 그림 11.4와 같이 오류가 발생한다.

클래스패스는 환경변수 `CLASSPATH`에 설정할 수도 있다. 명령프롬프트에서 다음 명령어를 입력해 보자.

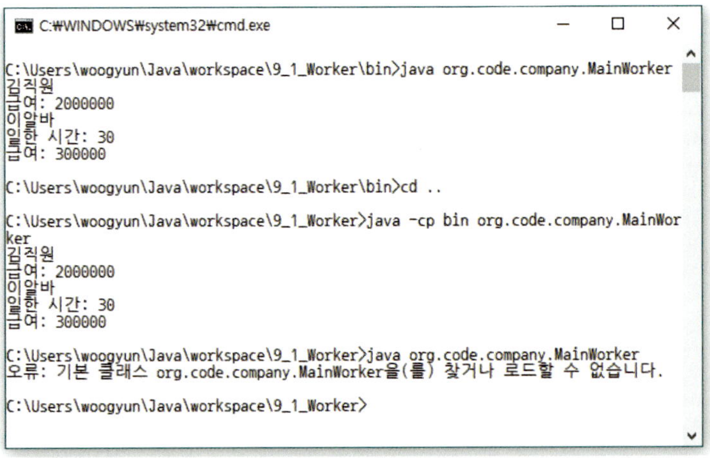

[그림 11.4] 클래스를 찾지 못하여 발생한 오류. 패키지 최상위 폴더가 아닌 곳에서 클래스를 수행하려면 클래스패스를 설정해 주어야 한다

```
> SET CLASSPATH
```

클래스 패스가 별도로 설정되어 있지 않다면 다음과 같은 메시지가 나타날 것이다.

```
CLASSPATH 환경 변수가 정의되지 않았습니다.
```

혹시 클래스패스가 설정되어 있다면 다음과 같은 형태로 설정된 내용이 나타날 것이다.

```
CLASSPATH=.;C:\Program Files\Java\jre1.6.0_02\lib\ext\QTJava.zip
```

구체적인 폴더 값은 다를 수 있는데 폴더의 경로명이 세미콜론(;)으로 구별되어 있다. Windows에서는 클래스 패스의 폴더를 구별하기 위해 세미콜론(;)을 사용하지만 Unix에서는 클래스 패스의 폴더를 구별하기 위해 콜론(:)을 사용한다. 위 경우에는 두 개의 폴더가 클래스 패스에 존재한다. 이 두 폴더 중 하나는 현재 폴더(현재 폴더는 .으로 나타냄)이고 다른 하나는 zip 압축파일이다.

자바 클래스패스 내에는 폴더 대신 zip이나 jar와 같은 압축 파일을 명시할 수 있는데, 이 경우에 압축 파일을 하나의 폴더로 간주한다. 압축 파일 자체는 그 파일에 포함된 파일들을 포함하고 있는 폴더로 볼 수 있기 때문이다.

환경 변수 CLASSPATH는 Java를 설치한다고 해서 자동으로 설정되는 것은 아니다. Java를 이용하는 프로그램이 설정할 수도 있고 사용자가 별도로 설정할 수도 있다. 특정 폴더를 클래스패스에 추가하고 싶다면 환경변수 CLASSPATH에 원하는 폴더가 추가되도록 설정하면 된다.

Key Point

Java 가상기계는 클래스패스에 명시된 순서대로 클래스를 찾는다. 클래스패스는 JVM 실행 시 -cp 옵션으로 설정하거나 환경변수 CLASSPATH로 설정할 수 있다.

11.4 Java의 패키지

Java는 사용자에게 유용한 클래스를 다양한 패키지로 묶어서 라이브러리 형태로 제공하고 있다. 이렇게 이미 작성된 클래스를 이용할 수 있다는 특징은 객체지향 프로그래밍의 강점이기도 하다. 이 절에서는 Java가 제공하는 주요 패키지를 개략적으로 살펴보고 그 중에서 몇 가지 클래스의 사용법을 살펴본다.

Java 패키지 요약

Java가 제공하는 주요 패키지를 요약하면 표 11.1과 같다. 이들 패키지 중에서 **java.util** 패키지는 이미 여러 번 접한 바 있다. 정수나 문자열을 읽을 때

■ **[표 11.1]** Java의 패키지 요약

패키지	내용
java.applet	Java 애플릿 라이브러리
java.awt	그래픽 및 추상윈도우 툴킷(AWT: abstract window toolkit) 라이브러리
java.beans	Java 빈 컴포넌트 라이브러리
java.io	Java 입출력 라이브러리
java.lang	Java 핵심 라이브러리
java.math	수학 함수 및 상수 라이브러리
java.net	Java 네트워크 라이브러리
java.nio	비중단 입출력 라이브러리(non-blocking IO) 등 새로운 입출력 라이브러리
java.rmi	원격 메소드 호출(RMI: remote method invocation) 라이브러리
java.security	Java 보안 라이브러리
java.sql	데이터베이스 접근을 위한 SQL 인터페이스
java.util	날짜, 난수 생성 등과 같은 유틸리티 라이브러리
javax.*	스윙(Swing)을 포함한 확장 Java 라이브러리
org.*	기타 표준 라이브러리

사용했던 Scanner 클래스가 바로 이 패키지의 클래스이다. 또한, 가변크기 배열이 필요할 때 사용했던 ArrayList도 바로 이 패키지에 정의되어 있다. 그 외 Calendar, Date, Timer 등 여러 유용한 클래스가 java.util에 포함되어 있다.

또한, java.applet과 java.awt는 애플릿을 이용하여 그래픽 처리를 해야 할 때 사용했다. java.awt는 Java 1.0부터 지원되었던 전통적인 GUI 라이브러리를 클래스를 포함하고 있다. 최신 GUI 라이브러리는 javax.swing 패키지를 통해 제공되고 있다. GUI 프로그래밍에 대해서는 10장에서 자세히 다룬다.

표 11.1의 패키지 중에서 java.lang 패키지는 기초가 되면서도 특히 중요하다. 왜냐하면 java.lang 패키지에 정의된 모든 타입은 별도의 import 선언이 없어도 자동으로 프로그램에 import되기 때문에 키워드처럼 사용할 수 있기 때문이다. java.lang 패키지의 주요 클래스를 몇 개 살펴보면 다음과 같다.

- Object: 모든 클래스의 암묵적인 슈퍼클래스
- Math: 삼각함수, 로그함수 등 수학 함수와 상수가 정의되어 있는 클래스
- String: 내용을 변경할 수 없는 문자열 클래스
- StringBuffer: 내용을 변경할 수 있는 문자열 클래스
- System: 표준입출력 등 시스템 정보를 제공하기 위한 클래스
- Thread: 다중 스레드 기능을 위한 클래스
- Class: 클래스 자체에 관한 정보를 제공하는 클래스
- 기타 포장 클래스: Boolean, Integer 등 기본 타입에 관한 포장 클래스

Math 클래스

Math 클래스에는 수학 상수와 함수가 정의되어 있다. 여기서 정의된 상수와 함수는 double 자료를 다루도록 되어 있기 때문에 수치해석 분야 등 근삿값을 다루어야 하는 분야에서 유용하게 사용된다. Math 클래스의 상수 및 함수를 요약하면 표 11.2와 같다.

■ **[표 11.2]** Math 클래스의 상수 및 주요 메소드 요약

상수	내용
E	자연로그의 밑으로 사용되는 오일러 상수
PI	원주율(지름에 대한 원주의 비율)
메소드	**내용**
abs(x)	x의 절댓값
max(x, y), min(x, y)	x와 y 중 최댓값, 최솟값
pow(x, y)	x의 y 거듭제곱
random()	난수 생성 함수 [0.0, 1.0), 즉 0이상 1미만 난수
sqrt(x)	제곱근
cos(x), sin(x), tan(x)	코사인, 사인, 탄젠트
acos(x), asin(x), atan(x)	코사인 역함수, 사인 역함수, 탄젠트 역함수
cosh(x), sinh(x), tanh(x)	쌍곡코사인, 쌍곡사인, 쌍곡탄젠트
atan2(y, x)	(x, y)를 극좌표계로 나타냈을 때의 각도
hypot(y, x)	(x, y)를 극좌표계로 나타냈을 때의 거리
exp(x)	지수함수
log(x), log10(x)	자연로그, 상용로그
toDegrees(r)	라디안 값 r을 각도로 바꾼 값
toRadians(d)	각도 d를 라디안으로 바꾼 값

Math 클래스의 상수와 메소드들은 모두 정적 메소드(static method)로서 다음 코드 예처럼 객체 없이 클래스 이름을 통해서 호출할 수 있다.

```
area = Math.pow(radius, 2) * Math.PI;
```

Math 메소드나 상수를 이용할 때 클래스 이름 Math를 매번 사용하는 것이 번거롭다면 다음과 같이 정적 import를 사용하면 된다.

```
import static java.lang.Math.*;
```

String과 StringBuffer

잘 알고 있다시피 Java에서 문자열을 나타낼 때 String 객체를 이용한다. Java는 편의상 String 객체를 조금 특별하게 다루고 있는데, 통상 다른 객체들은 생성자를 이용하여 생성해야 하지만 String 객체는 그냥 문자열을 대입해도 된다. 문자열을 대입하면 Java가 알아서 생성자를 호출해 준다. 또한, 앞서 살펴본 것처럼 String 객체에 대해서는 + 연산자를 접합 연산자처럼 사용할 수 있다. String 사용 예를 보면 다음과 같다.

```
String s1 = new String("Hello");
String s2 = "Java";
System.out.println(s1 + " " + s2);
```

Java는 유니코드를 사용하므로 한글 문자열을 사용할 수 있는데, 이는 우리처럼 영어가 모국어가 아닌 사람들에게는 큰 장점이다. 예컨대 아래와 같이 문자열 s3을 정의하여 출력하는 것도 가능하다.

```
String s3 = "대한민국";
System.out.println(s3);
```

문자열의 길이는 length() 메소드를, 문자열 내의 특정 문자는 charAt() 메소드를 이용하여 얻을 수 있다. 문자열 s에 대하여 s.charAt(i)를 호출하면 s에서 첨자 i 위치의 문자를 얻을 수 있다. 이때, 첨자는 배열과 마찬가지로 0부터 시작한다.

```
for (int i = 0; i < s3.length(); i++)
   System.out.println(s3.charAt(i));
```

String 클래스가 지원하는 대표적인 메소드를 정리하면 표 11.3과 같다.

> **잠깐만**
> String 객체는 변경할 수 없다. 반면 StringBuffer 객체는 변경할 수 있다.

String 객체가 편리하긴 하지만 저장된 문자열을 변경해야 할 때에는 StringBuffer 클래스를 이용해야 한다. StringBuffer 클래스는 String 클래스에서 지원하는 charAt(i), length() 등의 참조 메소드와 더불어

■ [표 11.3] String 클래스의 주요 메소드

메소드	내 용
toLowerCase()	문자열 내의 모든 대문자를 소문자로 변경한 문자열
toUpperCase()	문자열 내의 모든 소문자를 대문자로 변경한 문자열
equals(o)	이 문자열과 객체 o를 비교한다.
equalsIgnoreCase(s)	이 문자열과 문자열 s를 대소문자 구별 없이 비교
replace(old, new)	스트링 내의 문자 old를 new로 대치한 문자열
substring(bi, ei)	bi에서 시작하여 ei에서 끝나는 부문자열
concat(s)	이 문자열 끝에 str을 접합한 문자열
length()	문자열의 길이
charAt(i)	i 위치의 문자

setCharAt(i, c)이나 append(s) 등과 같은 문자열 내용 변경 메소드도 지원한다. StringBuffer 객체를 이용하여 문자열 내용을 변경하는 예를 살펴보면 다음과 같다.

```
StringBuffer buf = new StringBuffer("Java");
System.out.println(buf);
buf.append(", hello?");
System.out.println(buf);
```

포장 클래스

Java에서 기본 자료형인 int, char 등의 자료는 효율성을 위해 객체로 구현하지 않고 있다. 따라서 데이터가 객체라고 가정하고 있는 ArrayList 등의 자료구조에 저장할 수 없다. 기본 자료형 데이터를 ArrayList에 저장하려면 기본 자료형에 해당하는 클래스가 필요한데, 이러한 클래스를 **포장 클래스** (wrapper class)라고 한다. Java의 포장 클래스를 대응되는 기본 자료형과 함께 정리하면 표 11.4와 같다.

포장 클래스의 사용 예로 int형 정수 1024에 대한 객체를 만들고 이를 출력하는 코드를 살펴보자.

■ **[표 11.4]** 기본 자료형에 대한 포장 클래스와 기본 자료형 리턴 메소드. 포장 클래스 객체가 o일 때 해당 메소드 호출은 대응되는 기본 자료형 값을 돌려준다.

기본 자료형	포장 클래스	기본 자료형 리턴 메소드
boolean	Boolean	o.booleanValue()
byte	Byte	o.byteValue()
char	Character	o.charValue()
short	Short	o.shortValue()
int	Integer	o.intValue()
long	Long	o.longValue()
float	Float	o.floatValue()
double	Double	o.doubleValue()

```
Integer iobj = new Integer(1024);
System.out.printf("iobj = %d%n", iobj.intValue());
```

위 코드에서는 정수 i에 대하여 포장 클래스 객체 iobj를 만들고 iobj에 저장된 값을 표준출력에 출력하였다.

잠깐만
포장 클래스 객체와 대응되는 기본 자료형 데이터 사이에는 자동포장, 자동풀기가 지원된다.

상자에 넣고 포장했다는 뜻에서 포장 클래스 객체를 '상자에 넣은 객체(boxed object)'라고 부르기도 한다. 그래서 포장 클래스 객체를 만드는 과정을 '**박싱**(boxing)', 거꾸로 기본 자료형 값을 구하는 과정을 '**언박싱**(unboxing)'이라고 부르는데, Java 1.5부터는 박싱과 언박싱을 자동으로 지원한다. 다시 말해서 **자동포장**(auto-boxing)과 **자동풀기**(auto-unboxing)를 지원하는 셈이다. 자동포장과 자동풀기를 이용하여 위에서 작성했던 코드를 다시 쓰면 다음과 같다.

```
Integer iobj = 1024;
System.out.printf("iobj = %d%n", iobj);
```

위 코드에서는 명시적으로 Integer 생성자를 사용하지 않았다. 또한, intValue() 메소드도 사용하지 않았다. 자동포장과 자동풀기가 지원되기 때문에 이러한 코드를 쓸 수 있는 것이다. 자동포장과 자동풀기는 Integer 클래스뿐 아니라 모든 포장 클래스에 대해 사용할 수 있다.

11.5 저네릭 프로그래밍

앞서 살펴본 ArrayList의 경우처럼 클래스에서 사용할 타입을 외부로부터 인수로 받을 수 있는데, 이처럼 타입 인수(type parameter)를 받는 클래스를 **저네릭 클래스**(generic class)라고 부른다. 메소드도 타입 인수를 받을 있는데, 이렇게 타입 인수를 받는 메소드를 **저네릭 메소드**(generic method)라고 부른다.

저네릭 클래스나 저네릭 메소드를 작성할 수 있는 기능을 **저네릭**(generic)이라고 한다. 저네릭 기능을 이용하여 프로그램을 작성하는 것을 **저네릭 프로그래밍**(generic programming) 혹은 **범용 프로그래밍**이라고 한다. 이 절에서는 저네릭 프로그래밍에 대해 살펴본다.

저네릭 클래스의 필요성

저네릭 클래스에 대해 설명하기 전에 먼저 왜 저네릭 클래스가 필요한지 살펴보자. 구체적으로 ArrayList를 저네릭이 아닌 형태로 사용하였을 때 어떤 문제가 발생하는지 살펴보자. 프로그램 11.4는 ArrayList에 정수 세 개를 저장하고 변경하는 프로그램이다.

프로그램 11.4 • NongenericArrayListTest.java

```
/*****************************************************************
 * 저네릭 클래스의 필요성을 예시하기 위한 프로그램
 *****************************************************************/
import java.util.ArrayList;
import java.util.Arrays;
import java.util.List;

public class NongenericArrayListTest
```

```
9 {
10     public static void main(String[] args) {
11         Integer[] ns = {10, 20, 30};
12         List nList = new ArrayList();
13         nList.addAll(Arrays.asList(ns));
14         System.out.println(nList);
15         nList.add(new Integer(1));
16         nList.add((Integer)nList.get(nList.size()-1)+20); // 캐스팅 필요
17         System.out.println(nList);
18         nList.add(2, "Java");      // 정수 리스트에 "Java"를 넣을 수 있음
19         int i = nList.indexOf(1);
20         if (i == -1)
21             nList.add("Scala");    // "Scala"도 넣을 수 있음
22         else
23             nList.set(i, (Integer)nList.get(i)+1);          // 캐스팅 필요
24         System.out.println(nList);
25     }
26 }
```

실행결과

```
[10, 20, 30]
[10, 20, 30, 1, 21]
[10, 20, Java, 30, 2, 21]
```

ArrayList에 저장할 정수 세 개는 11번 행의 배열 ns에 저장되어 있다. 세 정수를 ArrayList에 저장하기 위해 int 대신 포장 클래스 Integer를 이용하였다. 12번 행에서는 ArrayList 객체 nList를 생성하고, 13번 행에서는 nList에 ns의 모든 원소를 추가하였다. addAll 메소드는 배열을 인수로 받지 않고 Collection 객체를 인수로 받으므로 배열 ns를 Collection의 하위 클래스인 List 객체로 변환하기 위해 Arrays.asList 메소드를 활용하였다. 이 상황에서 nList의 내용을 출력하면(14번 행) 세 정수 10, 20, 30이 출력된다(실행결과의 첫 번째 행).

16번 행에서 nList의 맨 끝 원소를 참조하는 코드를 보면 Integer로 캐스팅이 필요하다는 것을 알 수 있다. nList의 원소에 대해 캐스팅이 필요한 이유는 ArrayList를 생성할 때 원소 타입을 정하지 않았기 때문이다. 배열 ns

의 원소 타입은 Integer로 정해져 있지만 nList의 원소 타입은 따로 정해져 있지 않다. 그래서 18번 행처럼 nList.add(2, "Java")를 수행할 수도 있고 21번 행처럼 nList.add("Scala")를 수행할 수도 있다. 결국 nList에는 Integer 객체뿐만 아니라 문자열을 추가할 수도 있고 심지어 다른 타입 객체들도 추가할 수도 있다.

원소 타입이 정해지지 않으면 타입 안전성(type safety)이 훼손된다. 타입 안전성이 훼손되면 프로그램 안전성도 저하되고 극단적인 경우에는 프로그램 오류로 인해 프로그램 수행이 중단될 수 있다. 그러므로 타입 안전성을 위해서는 ArrayList와 같은 일반 클래스에 대해서도 배열과 마찬가지로 원소의 타입을 정할 수 있는 방법이 필요하며 컴파일 시간에 이를 검사할 수 있도록 해야 한다.

저네릭 타입

저네릭 타입이란 타입을 인수로 받을 수 있는 타입으로서 타입 인수를 화살괄호(<, >)로 감싸서 나타낸다. 저네릭 타입은 인터페이스가 될 수도 있고 클래스가 될 수도 있다. 저네릭 클래스의 예는 이미 8장에서 ArrayList를 통해 살펴보았는데, 저네릭 클래스 ArrayList의 사용 예를 다시 한 번 살펴보면 프로그램 11.5와 같다.

프로그램 11.5 • GenericArrayListTest.java

```
/*******************************************************************
 * 저네릭 클래스 ArrayList<E> 테스트 프로그램
 *******************************************************************/
import java.util.ArrayList;
import java.util.Arrays;
import java.util.List;

public class GenericArrayListTest
```

```
9 {
10    public static void main(String[] args) {
11       Integer[] ns = {10, 20, 30};
12       List<Integer> nList = new ArrayList<Integer>();
13       nList.addAll(Arrays.asList(ns));
14       System.out.println(nList);
15       nList.add(new Integer(1));
16       nList.add(nList.get(nList.size()-1)+20);
17       System.out.println(nList);
18       nList.add(2, 100);   // "Java"는 넣을 수 없음
19       int i = nList.indexOf(1);
20       if (i == -1)
21          nList.add(200);  // "Scala"도 넣을 수 없음
22       else
23          nList.set(i, nList.get(i)+1);
24       System.out.println(nList);
25    }
26 }
```

실행결과

```
[10, 20, 30]
[10, 20, 30, 1, 21]
[10, 20, 100, 30, 2, 21]
```

프로그램 11.5에서는 배열과 마찬가지로 ArrayList의 원소 타입을 Integer로 정하여 ArrayList<Integer>라고 사용하였다. 그래서 18번 행과 21번 행의 add 메소드에서 문자열을 추가하는 것이 불가능하다.

이렇게 불가능하도록 막는 것 때문에 저네릭 클래스가 더 제한적이라고 생각하는 사람도 있겠지만 이는 프로그램 안전성을 위해 필요한 것임을 알아야 한다. 실제로 처음 저네릭 클래스를 사용하다 보면 이러한 타입 제한이 꽤 불편하게 느껴진다. 하지만 저네릭 클래스를 사용하면 컴파일 시간에 타입을 최대한 검사함으로써 프로그램 수행 안전성을 높일 수 있다.

Key Point 저네릭을 사용하는 이유는 컴파일 시간에 타입을 최대한 검사하여 프로그램 수행 안정성을 높이기 위해서이다.

정수와 문자열을 모두 한 ArrayList에 저장하려면 두 가지 데이터를 모두 아우를 수 있는 타입(클래스나 인터페이스)을 먼저 정의해야 한다. 그리고 이 타입이 공통적으로 제공해야 하는 연산을 정의해야 한다. 그리고 각 데이터 타입은 새로 정의한 공통 타입의 하위 타입(서브클래스나 구현 클래스)으로 만들어야 한다.

예컨대 프로그램 11.5에서 정수와 문자열을 모두 저장하려면 이 두 타입을 아우를 수 있는 DataItem이라는 클래스를 만들 수 있을 것이다. 그리고 정수를 저장할 수 있는 IntegerItem, 문자열을 저장할 수 있는 StringItem을 DataItem 클래스의 하위 클래스로 정의할 수 있을 것이다. 이렇게 하면 두 가지 데이터를 모두 저장할 수 있다.

Java의 타입 유추 기능

Java 7 이후 버전을 사용하고 있다면 12번 행의 ArrayList 생성 문장은 다음과 같이 바꿀 수 있다.

```
List<Integer> nList = new ArrayList<>();
```

위 문장을 보면 nList의 타입을 선언하는 좌변 쪽에서는 원소 타입을 Integer로 명시하고 있지만 ArrayList를 생성하는 우변 쪽에서는 원소 타입을 명시하지 않고 있다. 이처럼 원소 타입을 명시하지 않아도 Java는 좌변의 변수 타입을 통해 우변의 원소 타입을 유추할 수 있다. 이러한 기능을 **타입 유추**(type inference) 기능이라고 한다. 타입 유추 기능은 Java 7부터 추가되었다.

Java의 저네릭 컨테이너

Java 클래스 라이브러리에는 ArrayList 외에도 다양한 저네릭 컨테이너가 존재하는데, Java의 주요 저네릭 컨테이너 클래스를 요약하면 표 11.5와 같다. 표 11.5에 나타낸 컨테이너 클래스와 인터페이스는 대표 인터페이스만 표현

■ **[표 11.5]** Java의 주요 저네릭 컨테이너. 사용 가능한 메소드를 정의하는 인터페이스와 구체적인 컨테이너 클래스가 구별되어 있다

컨테이너 부류	인터페이스	컨테이너 클래스
순차 컨테이너	List<E>	ArrayList, Vector, LinkedList
집합 컨테이너	Set<E>	HashSet, TreeSet
연관 컨테이너	Map<K,V>	HashMap, TreeMap, Hashtable

하였는데, 사실 클래스 라이브러리에는 추상클래스까지 포함하여 복잡한 구조로 구성되어 있다. 저네릭 컨테이너 클래스에 관한 상속 관계를 그래프로 나타내면 그림 11.5와 같다.

표 11.5에 보인 것처럼 Java 컨테이너는 크게 세 부류로 분류할 수 있다. 하나는 순차 컨테이너로서 컨테이너 내에 있는 원소에 순차적으로 접근할 수 있는 컨테이너다. 집합 컨테이너는 원소가 존재하는지 여부를 검사하는 것이 핵심이며 원소의 중복을 허용하지 않는다. 끝으로 연관 컨테이너는 '키(key)'에 대한 '값(value)'을 연관시킨 컨테이너로서 키를 배열의 첨자처럼 사용할 수 있다.

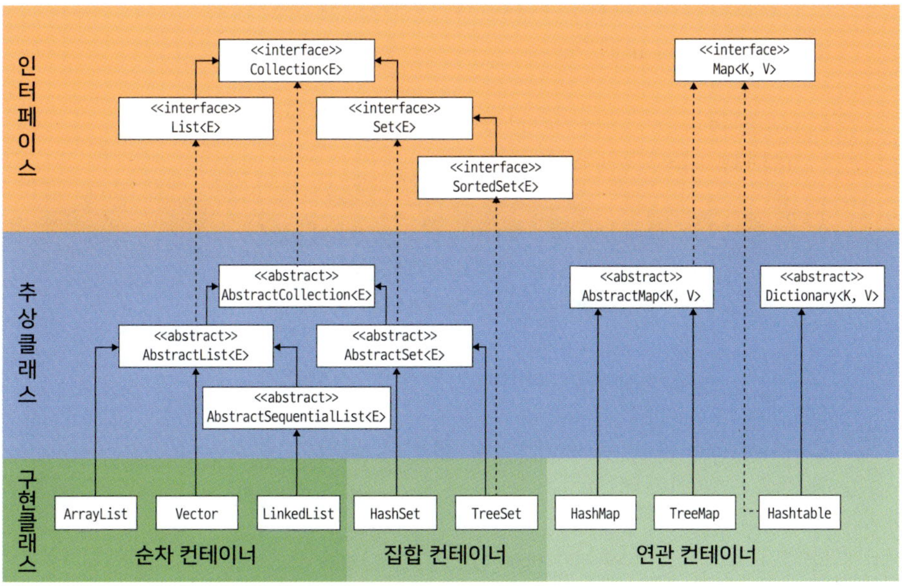

■ **[그림 11.5]** 주요 컨테이너 클래스의 상속 그래프. 프로그램에서 실제로 사용할 구현 클래스는 다양한 추상 클래스의 서브클래스로서 대표적인 인터페이스를 구현하고 있다

잠깐만

Java의 저네릭 컨테이너는 크게 List, Set, Map으로 나누어 생각해 볼 수 있다.

각 컨테이너가 지원하는 기본적인 연산은 인터페이스(interface)를 이용하여 정의된다. Set<E>에는 원소 e에 대하여 add(e), size(), contains(e) 등의 연산이 제공되고 있으며 List<E>에는 첨자 i에 대하여 get(i), set(i, e) 등의 연산이, Map<K,V>에는 키 k와 값 v에 대하여 get(k), put(k, v) 등의 연산이 제공되고 있다. 각 클래스는 이러한 인터페이스를 서로 다른 방법으로 구현하고 있다.

Set 클래스 사용 예

이제 앞서 설명한 저네릭 클래스를 사용하는 예를 몇 가지 살펴보자. 먼저 Set를 이용하여 입력된 단어를 저장하는 프로그램을 살펴보면 프로그램 11.6과 같다. 프로그램 11.6은 단어 저장 중에 중복 여부도 검출한다.

프로그램 11.6 • WordSet.java

```java
/************************************************************
 * 단어를 입력받아 집합에 저장하기 위한 프로그램
 ************************************************************/
import java.util.*;

// 단어들을 입력받아 집합에 저장한다.
public class WordSet
{
   public static void main(String args[]) {
      Set<String> s = new HashSet<>();
      Scanner scan = new Scanner(System.in);

      System.out.println("단어들을 입력하세요.");

      // 한 번에 한 단어씩 읽어서 집합에 추가한다.
      while (scan.hasNext()) {
         String next = scan.next();
         if (!s.add(next))
            System.out.println("중복 검출: " + next);
```

```
20          }
21
22          System.out.println(s.size() + " 개의 다른 단어들: " + s);
23
24          scan.close();
25      }
26  }
```

실행결과 1

```
단어들을 입력하세요.
서울 대전 대구 광주 부산
^Z
5개의 다른 단어들: [대전, 서울, 부산, 대구, 광주]
```

실행결과 2

```
단어들을 입력하세요.
서울 대전 서울 부산
중복 검출: 서울
^Z
3개의 다른 단어들: [대전, 서울, 부산]
```

먼저 프로그램 11.6의 실행결과에서 ^Z는 윈도에서 입력 끝을 나타내는 문자로서 실제로는 Ctrl+Z를 의미한다. 리눅스에서는 ^Z대신에 ^D로 입력 끝을 나타낸다. 입력 끝을 입력하는 것이 번거롭다면 13번 행 바로 아래에 다음과 같이 코드를 추가할 수 있다.

```
String line = scan.nextLine();
scan.close();
scan = new Scanner(line);
```

위와 같이 추가하면 한 행 내에 주어진 단어만 입력받으며 따라서 ^Z는 입력하지 않아도 된다.

프로그램 11.6의 10번 행을 보면 HashSet<String>을 만들어 Set<String> 타입의 변수 s에 저장하였다. 그리고 Scanner 객체 scan을 통해 표준입력으로부터 문자열을 하나씩 읽은 후 이를 집합 s에 저장한다. s.add(elem) 메소드는 elem이 집합 s에 존재하지 않으면 true를 리턴하는데, 18~19번 행에서는 이를 이용하여 중복된 문자열인지 아닌지 검사하고 있다. 실행결과 2에서는 중복된 문자열을 검출한 예를 보여주고 있다.

프로그램 11.6의 실행결과에서 눈여겨 볼 것은 집합 s에 저장된 원소의 최종 순서가 입력된 순서와 다르다는 점이다. 실행결과 1을 보면 서울을 가장 먼저 입력하였고 집합 s에도 가장 처음 저장되었지만 최종적으로 저장된 순서에는 두 번째 원소로 저장되었다. 앞서 언급한 것처럼 Set는 원소의 존재 유무가 주요 관심사이므로 저장 순서를 중요하게 생각하지 않는다. 집합 내에 원소의 오름차순으로 저장하고 싶다면 다음과 같이 TreeSet을 사용하도록 10번 행을 바꾸면 된다.

```
Set<String> s = new TreeSet<>();
```

하지만 어느 경우든 Set 객체는 나름대로 정한 순서대로 원소를 저장한다는 사실에는 변함이 없다.

Key Point 타입 Set<E>은 원소의 중복을 허용하지 않는다.

List 클래스 사용 예

원소 저장 순서가 중요하다면 List 객체를 이용해야 한다. 앞서 언급한 것처럼 List 인터페이스는 순차적으로 원소가 저장된 자료구조를 대표하므로, List 객체는 배열처럼 원소를 순서대로 저장하며 관리한다. List 컨테이너의 사용 예를 보면 프로그램 11.7과 같다.

프로그램 11.7 • WordSort.java

```java
/**********************************************************
 * 입력된 단어들을 정렬하는 프로그램
 **********************************************************/
import java.util.*;

// 단어들을 입력 받아 ArrayList에 저장한 후 정렬한다.
public class WordSort
{
   public static void main(String[] args)
   {
      Scanner scan = new Scanner(System.in);
      List<String> wordList = new ArrayList<>();

      System.out.println("단어들을 입력하세요.");

      // 한 행을 읽고 이를 바탕으로 스캐너를 다시 구성함
      String line = scan.nextLine();
      scan.close();
      scan = new Scanner(line);

      // 한 번에 한 단어씩 읽어서 배열 리스트에 추가한다.
      while (scan.hasNext()) {
         wordList.add(scan.next());
      }

      System.out.println("입력된 순서: "+wordList);     // 입력된 단어 출력
      Collections.sort(wordList);                      // 단어 정렬
      System.out.println("정렬된 순서: "+wordList);     // 정렬된 단어 출력

      scan.close();
   }
}
```

실행결과

```
단어들을 입력하세요.
서울 대전 대구 광주 부산
입력된 순서: [서울, 대전, 대구, 광주, 부산]
정렬된 순서: [광주, 대구, 대전, 부산, 서울]
```

프로그램 11.7에서는 한 행을 읽고 한 행에 포함된 단어를 정렬하는 프로그램이다. 한 행에서 단어를 읽기 위해 앞서 설명한 것처럼 한 행을 바탕으로 스캐너를 새로 만들었다(17번 행~19번 행). 따라서 단어들을 입력할 때 별도로 입력 끝을 나타내기 위해 ^Z를 사용하지 않아도 된다.

프로그램 11.7의 실행결과를 보면 사용자가 입력한 그대로 List 컨테이너에 들어가 있는 것을 확인할 수 있다. 이는 ArrayList든 Vector든 LinkedList든 상관없이 마찬가지이다. 이 세 자료구조는 구현 방법의 차이로 인해서 메소드 수행 시간이 약간씩 다르다. ArrayList와 Vector는 배열처럼 큰 메모리 블록을 사용하는 방식으로 구현되어 있고 LinkedList는 한 객체를 저장하는 블록을 연결한 형태로 구현되어 있다.

Key Point 타입 List<E>는 원소의 중복을 허용할 뿐 아니라 순차적으로 원소를 저장한다.

Map 클래스 사용 예

List와 Set가 모두 한 가지 종류의 원소를 저장하고 있는 것에 비해 Map은 두 원소 사이의 대응관계를 저장하기 위한 자료구조이다. 이는 배열의 첨자와 값의 관계라고 볼 수 있는데 배열은 정수를 값에 대응시키기 때문이다. 배열에 비해 Map은 임의의 객체를 값에 대응시킬 수 있다는 강점이 있다. 다음은 Map을 이용하여 단어별 입력 횟수를 출력하는 프로그램이다.

프로그램 11.8 • WordMap.java

```
/***********************************************************
 * 단어를 입력 횟수를 출력하는 프로그램
 ***********************************************************/
import java.util.*;

```

```java
6 // 단어를 입력 받아 맵에 저장하고 각 단어별 입력 횟수를 출력한다.
7 public class WordMap
8 {
9    public static void main(String args[]) {
10       Map<String, Integer> wmap = new HashMap<>();
11       Scanner scan = new Scanner(System.in);
12
13       System.out.println("단어들을 입력하세요.");
14
15       // 한 번에 한 단어씩 읽어서 맵에 추가한다.
16       while (scan.hasNext()) {
17          String word = scan.next();
18          Integer num = wmap.get(word);
19          wmap.put(word, (num == null ? 1: num + 1));
20       }
21
22       System.out.println("입력된 단어 횟수");
23       System.out.println(wmap);
24
25       scan.close();
26    }
27 }
```

실행결과

```
단어들을 입력하세요.
한 꼬마 두 꼬마 세 꼬마 인디안
^Z
입력된 단어 횟수
{두=1, 세=1, 꼬마=3, 한=1, 인디안=1}
```

프로그램 11.8에서는 단어의 출현 횟수를 세기 위해서 10번 행에서 Map <String, Integer> 객체 wmap을 생성하였다. wmap은 각 단어에 대해 출현 횟수를 대응시키는 컨테이너이다. 이 때 단어를 '키(key)'라고 하고 횟수를 '값(value)'이라고 한다. 즉, Map 객체는 키를 값에 대응시키는 자료구조이다.

구체적으로 단어의 개수를 세는 부분은 18~19번 행에 나와 있다. Map 객체 wmap에 대하여 wmap.get(word)는 wmap에 키 word가 있는지 찾고, 있으면해당 값 객체를, 없으면 null을 리턴한다. wmap.put(word, n)은 wmap의 키 word

의 값을 n으로 바꾼다. 따라서 19번 행에서는 word의 출현 횟수 num이 null이면 출현 횟수를 1로 설정하고, 그렇지 않으면 출현 횟수 num을 하나 증가시켜 저장한다.

19번 행의 코드는 꽤 간단하지만 이는 자동포장, 자동풀기 기능 덕분임에 주의하자. 이 기능이 없었다면 19번 행의 코드는 다음과 같이 복잡하게 작성해야 했을 것이다.

```
wmap.put(word,
      num == null ? new Integer(1): new Integer(num.intValue() + 1))
```

Key Point 타입 Map<K,V>는 K와 V의 대응 관계를 저장하기 위해 사용하며 원소 K를 첨자처럼 사용할 수 있다.

와일드카드 타입과 타입 한정자

지금까지 저네릭 타입에 사용했던 타입 인수는 모두 단순한 변수였다. 그러나 어떤 경우에는 특정 타입의 하위 타입이나 상위 타입으로 타입 인수를 제한해야 하는 경우가 있다. 이때 사용할 수 있는 타입이 와일드카드 타입으로서 프로그램에서는 물음표(?)로 나타낸다.

와일드카드 타입(wildcard type)은 타입을 제한하고자 할 때 사용한다. 앞서 import에서 별표(*)를 클래스의 와일드카드로 사용할 수 있다고 했는데, 여기서 물음표(?)의 의미도 이와 유사하다. 구체적인 예를 보기 위해 클래스 상속 관계를 먼저 생각해 보자. Integer 클래스는 Number 클래스의 서브클래스이고, Number는 Object의 서브클래스이다. 이런 상황에서 리스트 컨테이너의 원소를 Integer의 상위 타입으로만 제한하고 싶다면 다음과 같이 사용할 수 있다.

```
void addAll(List<? super Integer> list)
```

이런 타입을 **하한 와일드카드 타입**(lower bounded wildcard type)이라고 한다.

반대로 Number 클래스의 하위 타입으로 제한하고 싶다면 다음과 같이 사용할 수 있다.

```
void addAll(List<? extends Number> list)
```

이런 타입을 **상한 와일드카드 타입**(upper bounded wildcard type)이라고 부른다.

상한 와일드카드 타입과 하한 와일드카드 타입을 합쳐서 **제한된 타입** 혹은 **한정 타입**(bounded type)이라고 부르며 이때 사용하는 super Integer나 extends Number와 같은 표기를 타입 한정자(type bound)라고 부른다.

> **Key Point** 특정 타입 T의 하위 타입이나 상위 타입으로 타입 인수를 제한하고 싶다면, 와일드카드 타입을 이용하는데, 하위 타입이라면 <? extends T>를, 상위 타입이라면 <? super T>를 이용한다.

저네릭 메소드

클래스나 인터페이스가 타입 인수를 받을 수 있는 것과 마찬가지로 메소드도 타입 인수를 사용하도록 정의할 수 있다. 타입 인수를 이용하여 여러 타입에 사용할 수 있도록 정의한 메소드를 저네릭 메소드(generic method)라고 한다. 저네릭 메소드의 타입 인수 T도 마찬가지로 화살괄호 내에 <T> 형태로 표현한다. 타입 인수를 표기하는 위치는 통상 리턴 타입 바로 앞이다. 저네릭 메소드의 사용 예를 보면 프로그램 11.9와 같다.

프로그램 11.9 • AddAllElements.java

```
/*****************************************************************
 * 배열의 원소를 컬렉션에 모두 추가하는 프로그램
 *****************************************************************/
```

```
4 import java.util.*;
5
6 public class AddAllElements
7 {
8    public static void main(String[] args) {
9       Integer[] ns1 = {1, 9, 3, 5, 7};
10      List<Integer> ns2 = new Vector<>();
11
12      addAll(ns1, ns2);
13
14      System.out.println(Arrays.toString(ns1));        // 배열 출력
15      System.out.println(ns2);                         // 벡터 출력
16   }
17
18   private static <T> void addAll(T[] ns1, Collection<T> ns2) {
19      for (T i: ns1)
20         ns2.add(i);
21   }
22 }
```

실행결과

```
[1, 9, 3, 5, 7]
[1, 9, 3, 5, 7]
```

프로그램 11.9의 18번 행에서 저네릭 메소드 addAll을 선언하고 있다. 여기서 타입 인수 <T>는 앞서 설명한 것처럼 리턴 타입 void 바로 앞에 선언되었다. 이렇게 리턴 타입 바로 앞에 선언하는 이유는 타입 인수를 매개변수에 사용할 수도 있지만 리턴 타입으로 사용할 수도 있기 때문이다.

Key Point 저네릭 메소드의 타입 인수 <T>는 메소드의 리턴 타입 바로 앞에 선언한다.

Key Points

- 연관된 (　)을(를) 하나로 묶은 것을 패키지라고 한다.
- import 선언의 와일드카드 *는 패키지 안에 포함된 임의의 (　)을(를) 나타낸다.
- 어떤 클래스에 정의된 public 상수를 클래스 이름 없이 사용하려면 (　) import 구문을 이용한다.
- 클래스나 필드, 메소드를 선언할 때 접근 제한자를 생략하면 (　) 영역이 적용되며 (　) 내부에서 자유롭게 볼 수 있다.
- Java 가상기계는 클래스패스에 명시된 순서대로 클래스를 찾는다. 클래스패스는 JVM 실행 시 (　) 옵션으로 설정하거나 환경변수 CLASSPATH로 설정할 수 있다.
- 저네릭을 사용하는 이유는 컴파일 시간에 타입을 최대한 검사하여 프로그램 수행 (　)을(를) 높이기 위해서이다.
- 타입 Set<E>은 원소의 (　)을(를) 허용하지 않는다.
- 타입 List<E>는 원소의 중복을 허용할 뿐 아니라 (　)적으로 원소를 저장한다.
- 타입 Map<K,V>는 K와 V의 (　) 관계를 저장하기 위해 사용하며 원소 K를 첨자처럼 사용할 수 있다.
- 특정 타입 T의 하위 타입이나 상위 타입으로 타입 인수를 제한하고 싶다면 (　)카드 타입을 이용하는데, 하위 타입이라면 <? extends T>를, 상위 타입이라면 <? super T>를 이용한다.
- 저네릭 메소드의 타입 인수 <T>는 메소드의 (　) 바로 앞에 선언한다.

프로그래밍 실습

1. 정수 집합 연산

정수 집합 연산을 정의하고 테스트하는 프로그램을 작성하라. 구체적으로 집합 연산 이름은 합집합 cup, 교집합 cap, 차집합 subtract로 한다. 이 집합 연산은 저네릭 메소드로 작성한다. 예컨대 합집합 연산 cup은 다음과 같은 형태로 작성한다.

```
public static <T> Set<T> cup(Set<T> s1, Set<T> s2);
```

프로그램 실행 예는 다음과 같다. 각 집합의 출력 순서는 아래 실행 예와 달라도 상관없다.

프로그램 실행 예

```
정수 집합 s1 입력 : 1 2 3 4 5
정수 집합 s2 입력 : 4 5 6 7 8 9 10
합집합 : {1, 2, 3, 4, 5, 6, 7, 8, 9, 10}
교집합 : {4, 5}
s1 - s2: {1, 2, 3}
s2 - s1: {6, 7, 8, 9, 10}
```

```
정수 집합 s1 입력 : 0 1 0 5 5 5 5
정수 집합 s2 입력 : 0 1 7 49 50
합집합 : {0, 1, 49, 50, 5, 7}
교집합 : {0, 1}
s1 - s2: {5}
s2 - s1: {49, 50, 7}
```

2. 문자 빈도 계산

저네릭 클래스 Map을 이용하여 영문장의 글자 빈도를 세는 프로그램을 작성하라. 영문장에서 알파벳만 고려하며 대소문자는 구별하지 않는다. 프로그램 실행 예는 다음과 같다.

프로그램 실행 예

```
영문장을 입력하세요.
This is a short sentence.
And this is a long sentence.
^Z
총 문자 수 : 42
{A=3, C=2, D=1, E=6, G=1, H=3, I=4, L=1, N=6, O=2, R=1, S=7, T=5}
```

```
영문장을 입력하세요.
Who has seen the wind?
Neither you nor I:
^Z
총 문자 수 : 31
{A=1, D=1, E=5, H=4, I=3, N=4, O=3, R=2, S=2, T=2, U=1, W=2, Y=1}
```

연습문제

1. 다음 중 패키지에 직접 포함될 수 없는 것은?

① 메소드
② 열거타입
③ 인터페이스
④ 클래스

2. 다음 중 윈도 파일 시스템 상에서 패키지에 대응하여 생성되는 것은?

① 드라이브
② 디렉터리
③ 바로가기
④ 파일

3. 다음 중 패키지와 가장 관련이 적은 키워드는?

① final
② import
③ static
④ package

4. 다음은 Integer 클래스의 MAX_VALUE와 MIN_VALUE를 출력하기 위한 프로그램이다. 이들 값을 참조할 때 "Integer."이라는 접두사를 생략하려고 한다. 그럴 수 있도록 정적 import 구문을 사용하고 이에 맞추어 프로그램을 변경하라.

```
public class IntegerLimits
{
   public static void main(String args[]) {
      int max = Integer.MAX_VALUE;
      int min = Integer.MIN_VALUE;
      System.out.printf("max = %d, min = %d%n", max, min);
   }
}
```

5. 여러분이 1st One이라는 회사(홈페이지 URL: http://1st-one.co.kr)의 사원이라고 하자. 이 회사에서 진행하는 프로젝트의 일부로서 WatchDog이라는 클래스를 패키지에 정의하려고 한다. 관례에 따라 패키지를 명명하려고 할 때, 패키지 이름으로 적합한 것은?

① 1st_one.co.kr

② _1st_one.co.kr

③ kr.co.1st-one

④ kr.co._1st_one

6. 다음 중 클래스패스에 관한 설명으로 옳지 못한 것은?

① Java 가상기계가 클래스를 찾는 경로 목록이다.

② 일반 폴더만 가능하며 압축 폴더는 포함할 수 없다.

③ JVM을 실행할 때 -cp 옵션으로 설정할 수 있다.

④ 환경변수 CLASSPATH로 설정할 수 있다.

7. 다음 중 기본 타입과 해당하는 포장 클래스를 옳게 연결한 것은?

① boolean — Bool

② char — Char

③ int — Int

④ long — Long

8. Java 7부터는 타입 유추 기능을 지원한다. 타입 유추 기능을 이용하면 저네릭 클래스 타입의 변수를 간단하게 선언할 수 있다. 타입 유추 기능을 이용하여 다음 선언을 바르게 바꾼 것은?

```
List<Integer> ns = new ArrayList<Integer>();
```

① `List<> ns = new ArrayList<Integer>();`

② `List<Integer> ns = new ArrayList<>();`

③ `ArrayList<> ns = new List<Integer>();`

④ `ArrayList<Integer> ns = new List<>();`

9. 다음 중 저네릭을 사용하는 목적으로 가장 적합한 것은?

① 일반 컨테이너보다 더 많은 수의 객체를 저장하기 위해서

② 컨테이너 원소 타입 이름을 생략하고 변수를 선언하기 위해서

③ 컨테이너에 `Object` 타입 외에 다른 타입의 객체를 저장하기 위해서

④ 컴파일 시간에 타입을 검사하여 프로그램 안전성을 높이기 위해서

10. 어떤 경우에는 저네릭 타입의 타입 인수를 특정 타입 이하로 제한해야 할 수도 있다. 저네릭 리스트 ns를 원소로 받는 메소드가 있다고 할 때, ns의 원소 타입을 Number의 하위 타입으로 제한하려고 한다. 다음 중 ns를 바르게 선언한 것은?

① `List<? super Number> ns`

② `List<? sub Number> ns`

③ `List<? extends Number> ns`

④ `List<? implements Number> ns`

11. 집합 Set를 사용하여 어떤 문장의 어절을 모두 모으는 프로그램을 작성하라. 어절이란 띄어쓰기로 구별되는 단어로서 특수문자는 어절에 포함되지 않는다.

12. 단어의 출현 빈도를 세는 프로그램인 프로그램 11.8의 실행결과를 보면 출력되는 단어 목록이 가나다순(사전 순)이 아니다. 이를 가나다순으로 출력할 수 있도록 프로그램을 변경하여라(힌트: HashMap대신 다른 Map을 사용하면 어떨지 생각해 보자).

애플릿 12장

윈도의 가젯(gadgets)이나 구글 가젯을 사용해 본 적이 있나요? 지금은 거의 사용하지 않지만 과거엔 야후 위젯(Yahoo Widgets)이라는 것도 있었습니다. 가젯, 위젯 등은 모두 미니 응용 프로그램으로서 컴퓨터 화면이나 웹 브라우저의 특정 위치에 장착할 수 있습니다. Java 애플릿은 웹 페이지에 장착할 수 있는 미니 프로그램을 뜻하는데, 작다는 면에서 또 다른 어떤 곳에 장착된다는 면에서 가젯이나 위젯과 매우 비슷합니다. Java 애플릿은 웹 시대 초기에 신선한 충격을 주었습니다. 읽기만 가능했던 웹 페이지에서 프로그램이 실행되었으니까요. Java 애플릿도 일반 Java 프로그램과 마찬가지로 클래스를 이용하여 작성합니다. 이 장에서 Java 애플릿에 대해 살펴봅시다.

이 장의 목표

- ★ 인터넷과 웹에 대한 기초 지식을 습득한다.
- ★ 애플릿이 무엇인지 이해하고 Java로 애플릿을 작성할 수 있다.
- ★ GUI 애플릿을 작성할 수 있다.
- ★ 그래픽스 애플릿을 작성할 수 있다.
- ★ 멀티미디어 애플릿을 작성할 수 있다.

12.1 인터넷과 웹

Java 애플릿을 설명하기 전에 인터넷과 웹에 대해서 간단히 살펴보자. 인터넷은 네트워크들의 네트워크라고 볼 수 있다. 예를 들어서 어떤 회사 A에서 네트워크를 사용하고 있고 다른 회사 B에서 네트워크를 사용하고 있다면, 그리고 A와 B가 정보를 공유하기 위해 양 사의 네트워크를 서로 연결했다면 이것이 바로 인터넷이라고 할 수 있다. 현재 인터넷[1]은 전 세계를 하나로 묶은 거대한 네트워크이다.

웹 이전의 인터넷은 특정 사용자층만 사용하는 것이었지만 웹은 일반 사용자를 중심에 끌어들였다. 1991년 유럽입자연구소 CERN(European Organization for Nuclear Research)은 **월드 와이드 웹**(WWW: World Wide Web)을 공개한다. 월드 와이드 웹은 간단히 웹이라고 부르는데, 하이퍼텍스트를 이용하여 데이터를 효과적으로 표현한 전자 문서 서비스 시스템이다. 하이퍼텍스트란 하이퍼링크(hyperlink)를 이용하여 서로 연결한 문서를 의미한다.

웹은 전문가의 영역이었던 여러 인터넷 서비스를 웹 브라우저 안에 끌어들였다. **하이퍼텍스트 전송 프로토콜**(HTTP: Hypertext Transfer Protocol)—물론 웹 사용자는 이 용어를 몰라도 됨—을 따르는 웹 브라우저만 있으면 공개된 웹 페이지에 바로 연결하여 자료를 열람할 수 있다. 포털 사이트의 무료 호스팅을 통해 자신만의 홈페이지도 쉽게 작성할 수 있다.

Java는 웹 브라우저에서 프로그램을 실행시키는 기능을 처음으로 소개하였다. 초창기 웹은 주로 문서를 열람하는 데 사용되었는데, 1990년대 중반 나타난 Java 애플릿은 이러한 웹을 움직이는 웹으로, 실행 가능한 웹으로 만들었다. 처음에는 HotJava라는 특별한 웹 브라우저에서만 애플릿이 수행되었지만 점차 다른 웹 브라우저에도 Java 애플릿 기능이 탑재되었다.

Key Point 웹이란 하이퍼텍스트 전송 프로토콜(HTTP)을 이용한 인터넷 상의 전자 문서 서비스 시스템이다.

1) 이런 의미의 인터넷은 고유명사로서 영어로는 첫 글자를 대문자로 Internet이라고 쓴다.

12.2 애플릿

컴퓨터를 처음 배울 때, 소프트웨어와 하드웨어에 대해 배운다. 그리고 컴퓨터에 대해 차차 배워 나가면서 컴퓨터를 구동시키는 것도 바로 소프트웨어라는 것을 알게 되고 우리가 사용하는 대부분의 프로그램이 응용 소프트웨어라는 것을 알게 된다. 이제 '소프트웨어', '응용 프로그램'과 더불어 '애플릿'을 살펴보자.

애플리케이션과 애플릿

애플리케이션(application)이란 우리가 보통 얘기하는 응용 프로그램(application program)을 줄여서 말한 것뿐이다. 그럼 애플릿(applet)이란 무엇일까? 애플릿의 원래 의미는 '작은 프로그램(small program)'이다. 애플릿이란 단어의 접미사 -let는 원래 작다[2]는 뜻이기 때문이다. **애플릿**은 웹 브라우저에 삽입될 목적으로 작성된 '작은' 프로그램이다.

애플릿의 원래 목적이 인터넷을 통해 프로그램을 보여 주는 것이기 때문에, 애플릿은 일반 응용 프로그램과 외형상 약간 차이가 있다. 응용 프로그램의 시작 부분이 `main` 메소드인 반면, 애플릿의 시작 부분은 애플릿을 구동시키기 위한 클래스(`Applet`이나 `JApplet`)의 특정한 메소드(`init`이나 `start`)가 된다.[3] 따라서 애플릿을 작성하려면 먼저 애플릿 클래스의 하위 클래스를 정의해야 한다.

---

2) 예를 들어서 그냥 책을 book이라고 한다면 소책자는 booklet이라고 한다. '그렇다면 작은 프로그램은 applicationlet이 되어야 하지 않나요?'라고 묻는다면 딱히 할 말은 없다. 아무튼 applet은 원래 작은 프로그램이라는 뜻으로 사용되었다.

3) 가장 처음 수행되는 메소드는 `init` 메소드다. `init` 메소드는 애플릿을 초기화하기 위한 메소드인데 `init` 다음에는 `start` 메소드가 수행된다. 따라서 `init`을 별도로 재정의하지 않았다면 `start` 메소드가 수행된다.

Java 초기에는 GUI 라이브러리도 AWT(abstract window toolkit)만 존재했으며 마찬가지로 애플릿 라이브러리에 `Applet`만 있었다. 그러나 Swing 라이브러리가 추가되면서 `Applet` 외에 `JApplet`이 추가되었다. `JApplet`은 `Applet`의 서브클래스로 정의되어 있다. 따라서 Swing에서 사용하는 GUI 컴포넌트들을 사용하려면 `JApplet`을 사용해야 한다.

Key Point 애플릿이란 웹 브라우저에 삽입될 목적으로 작성된 '작은' 프로그램으로서 Java에서는 `JApplet` 클래스를 확장하여 작성한다.

애플릿 수행 환경

Java 애플릿을 사용하기 위해서는 웹 브라우저가 Java 바이트코드를 실행시킬 수 있어야 한다. 요즘에 사용되는 웹 브라우저는 통상 이런 기능을 탑재하고 있는데, 간혹 브라우저에 따라 Java 가상기계가 탑재되지 않은 경우도 있다. 이런 경우에는 `http://java.com`을 방문하여 Java 가상기계 플러그인을 웹 브라우저에 추가로 설치하면 된다. Java 애플릿의 수행 환경을 개략적으로 나타내면 그림 12.1과 같다.

클라이언트 컴퓨터에서 서버 컴퓨터에 HTTP 프로토콜로 문서를 요청하면 서버 컴퓨터의 웹 서버에서는 HTML 문서를 클라이언트 컴퓨터에 전송한다. 만일 HTML 문서에서 특정한 애플릿을 사용하고 있다면 해당 애플릿도 클라이언트 컴퓨터에 전송한다. HTML 문서는 웹 브라우저가 처리하며 따라서

■ **[그림 12.1]** Java 애플릿 수행 환경

바로 웹 브라우저에서 볼 수 있다. 그런데 애플릿은 웹 브라우저가 보여 주는 것이 아니라 자바 가상기계(JVM)가 실행한다. 즉, HTML 문서 내에서 애플릿이 차지하는 영역은 웹 브라우저에 탑재된 JVM에서 해석하여 수행한다.

잠깐만
브라우저의 보안 문제 때문에 애플릿 수행이 제한되는 경우가 많다.

이런 제한 때문에 애플릿의 수행 능력은 데스크톱 애플리케이션과 다를 수 있다. 일반 데스크톱 애플리케이션은 시스템의 모든 자원(파일, 메모리 등)을 사용할 수 있지만 애플릿은 JVM에서 허용하는 한도 내에서만, 또 웹 브라우저가 허용하는 한도 내에서만 자원을 사용할 수 있다. 최근에는 악성코드 유포 등을 방지하기 위해 JVM이 다룰 수 있는 자원의 허용 한계가 별도로 제한되기도 한다.

Key Point Java 애플릿은 웹 브라우저에 탑재된 자바 가상기계(JVM)가 해석하여 수행한다.

12.3 문자열 처리 애플릿

앞서 언급한 대로 Java 애플릿을 작성하기 위해서는 JApplet 클래스를 확장해야 한다. Java 애플리케이션 프로그램에서는 main 메소드가 가장 먼저 수행되는 반면에 Java 애플릿에서는 init 메소드가 가장 먼저 수행된다. 따라서 확장한 클래스에서는 init 메소드를 자신이 원하는 대로 재지정하면 된다.

문자열 레이블 출력

우리가 작성할 첫 번째 애플릿으로서 문자열 레이블을 출력하는 프로그램을 작성해 보자. 8장에서 언급한 바와 같이 Java 애플릿은 그 자체로 GUI 컨테이너다. 따라서 GUI 컨테이너에 대해 사용할 수 있는 기능들은 모두 애플릿에서도 사용할 수 있는데, 예를 들어서 GUI 컨테이너에 레이블을 추가하듯이 애플릿에 대해서도 레이블을 추가할 수 있다. JApplet을 확장하여 작성한 프로그램을 나타내면 프로그램 12.1과 같다.

프로그램 12.1 • HelloApplet.java

```
/**************************************************************
 * 텍스트 레이블을 출력하는 애플릿
 **************************************************************/
import java.awt.Dimension;
import javax.swing.JApplet;
import javax.swing.JLabel;

// 텍스트 레이블을 출력하기 위한 HelloApplet 클래스.
public class HelloApplet extends JApplet
{
   private static final long serialVersionUID = 1L;

```

```
13     public void init() {
14         resize(new Dimension(300,200));
15         add(new JLabel("처음 만나는 Java 애플릿"));
16     }
17 }
```

실행결과

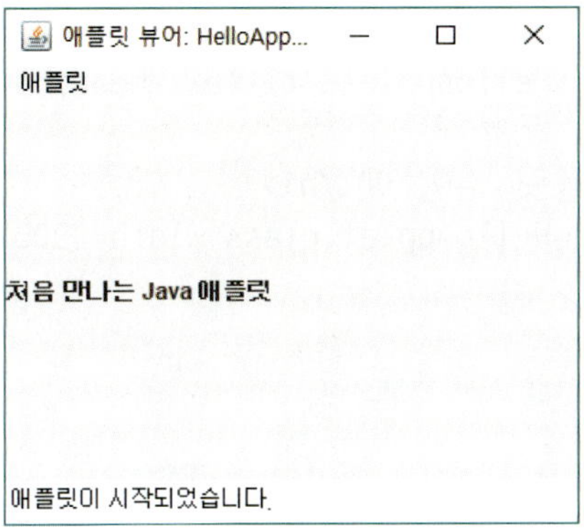

프로그램 12.1에서는 JApplet 클래스의 서브클래스로 HelloApplet 클래스를 정의하고 있다. HelloApplet 클래스에는 main 메소드가 없으며 대신 init 메소드가 있는데(13~16번 행), init 메소드에서 하는 일은 두 가지다. 하나는 애플릿 크기를 정하는 것이고, 다른 하나는 레이블을 붙이는 것이다. 14번 행에서는 resize 메소드를 이용하여 애플릿 크기를 가로 300 픽셀, 세로 200 픽셀로 정했다. 15번 행에서는 JLabel 객체 text를 새로 만들어 add 메소드를 이용하여 애플릿에 붙였다.

잠깐만

serialVersionUID는 객체의 파일 저장을 위해 사용되는 특수한 필드이다.

11번 행을 보면 serialVersionUID라는 필드가 long 타입의 클래스 상수로 정의되어 있는데, 이 상수는 JApplet 클래스가 Serializable 인터페이스를 구현하고 있기 때문에 필요한 것이다. Serializable 인터페이스를 구현한 클래스의 객체는 파일로 저장하거나 저장된 파일에서 읽어 들일 수 있다. 클래스 버전을 확인하기 위해 serialVersionUID 필드를 사용한다.

이클립스에서 애플릿을 실행시키면 위 실행결과처럼 자동으로 애플릿 뷰어가 실행되는데, 애플릿 뷰어는 말 그대로 애플릿을 보여주는 프로그램이다.

애플릿 뷰어가 없다면 아래와 같은 HTML 파일을 작성하면 된다. 편의상 파일 이름을 AppletTest.html이라고 하자.

```
 1 <?xml version="1.0" encoding="euc-kr"?>
 2 <!DOCTYPE HTML PUBLIC "-//W3C//DTD HTML 4.01 Transitional//EN"
 3    "http://www.w3.org/TR/html4/loose.dtd">
 4 <html>
 5 <head><title>HelloApplet</title></head>
 6 <body>
 7 <h1>Java 애플릿 수행 예</h1>
 8 <applet code=HelloApplet.class width="300" height="200">
 9 </applet>
10 </body>
11 </html>
```

AppletTest.html 파일의 1번 행은 XML 선언 부분이다. XML 선언에는 XML 버전이 기술되어 있고 파일 인코딩(file encoding)이 기술되어 있다. 2~3번 행에는 XML 문서 종류(XML document type)가 기술되어 있다. 4번 행부터 11번 행까지가 HTML 문서 내용이다.

HTML 문서의 8번 행에 applet 태그가 포함되어 있는데, applet 태그에는 code 속성과 width, height 속성이 정의되어 있다. code 속성 값으로는 클래스 파일명이 주어진다. 우리가 만든 자바 프로그램은 HelloApplet.java이므로 클래스 파일명은 HelloApplet.class가 된다. width와 height는 애플릿 클

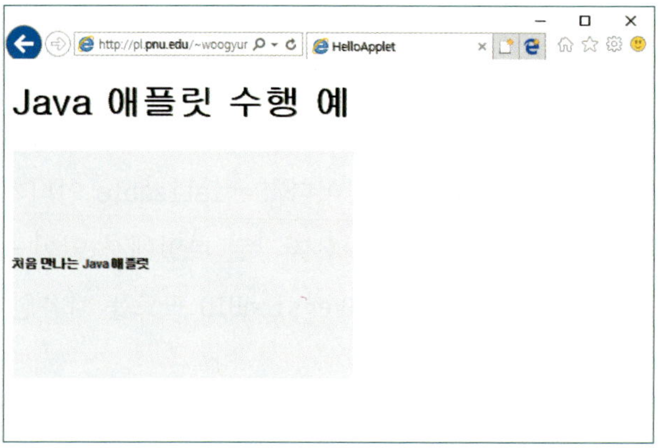

■ **[그림 12.2]** 웹 브라우저를 이용한 애플릿 수행 예

래스에서 정한 크기로 정하면 된다. 이렇게 만든 HTML 파일을 웹 브라우저에서 열면 그림 12.2와 같이 수행되어야 한다.

> **Key Point** Java 애플릿은 `applet` 태그를 이용하여 HTML에 문서에 삽입한다.

그러나 요즘에는 웹 브라우저 보안이 강화됨에 따라 그림 12.3처럼 경고 메시지가 뜨고 실행되지 않는다. 경고 메시지의 '차단된 콘텐츠 허용'을 클릭해도 애플릿이 제대로 실행되지 않는다.

이 경우에는 애플릿을 원격 사이트에 저장해야 하며 이후 다음과 같은 세 가지 과정을 거쳐야 한다.

(1) 웹 브라우저에서 Java 플러그인을 실행하도록 설정한다.
(2) 웹 브라우저에서 애플릿 스크립트가 실행되도록 보안 설정을 바꾼다.
(3) 제어판의 Java 설정에서 원격 사이트의 스크립트가 실행되도록 허용한다.

먼저 웹 브라우저의 Java 플러그인 설정을 바꿔보자. '도구' 메뉴의 '추가 기능 관리'를 선택하고 '도구 및 확장 프로그램'에서 Java 플러그인을 찾는다. '추가 기능 관리' 버튼을 누르면 그림 12.4와 같은 대화창이 나타나는데, 여기서 Java 플러그인을 찾아서 사용하도록 설정하면 된다. Java 플러그인은 2017년 현재 Oracle 사에서 관리하고 있으므로 목록의 아래쪽에서 찾을 수 있다.

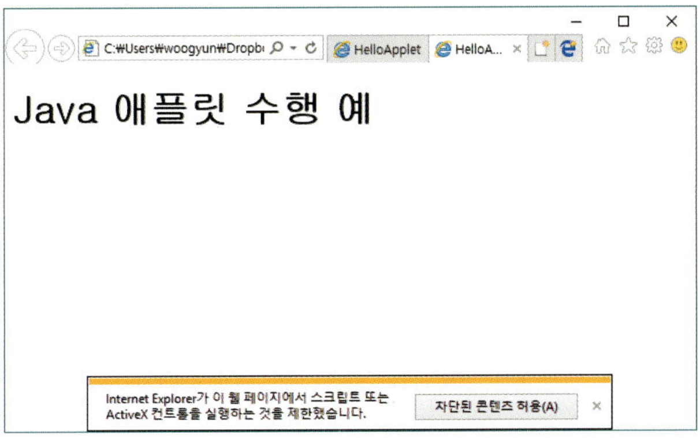

■ **[그림 12.3]** 애플릿 수행 경고가 나타나는 경우(인터넷 익스플로러 11)

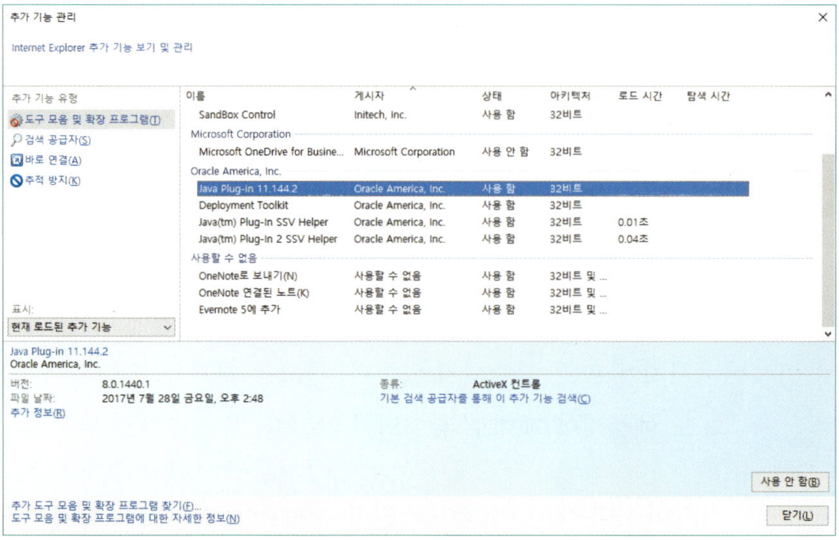

■ **[그림 12.4]** 인터넷 익스플로러의 추가 기능 관리 대화 창. Java 플러그인을 사용 가능하도록 설정해야 함

두 번째 단계로 웹 브라우저의 보안 설정도 바꾸어야 하는데, '도구' 메뉴의 '인터넷 옵션'을 선택하고 나온 대화창에서 '보안' 탭을 선택한다. 여기서 '사용자 지정 수준(C)...'을 선택하면 그림 12.5와 같은 대화창이 나타나는데 대화창 아래쪽에서 '스크립팅'의 하위 항목인 'Java 애플릿 스크립팅'을 '사용'으로 선택한 후 적용한다.

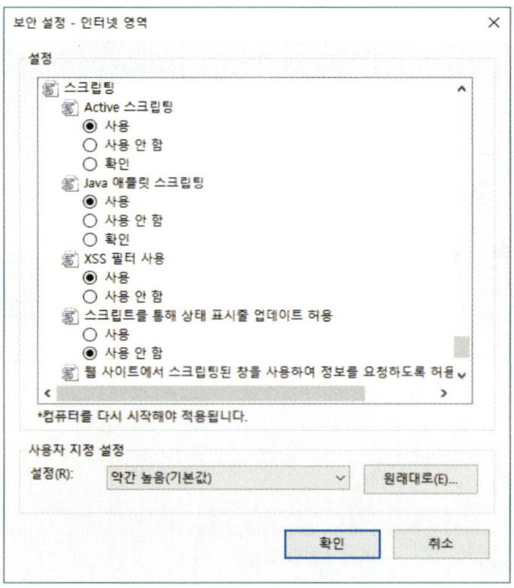

■ **[그림 12.5]** 인터넷 익스플로러의 보안 설정

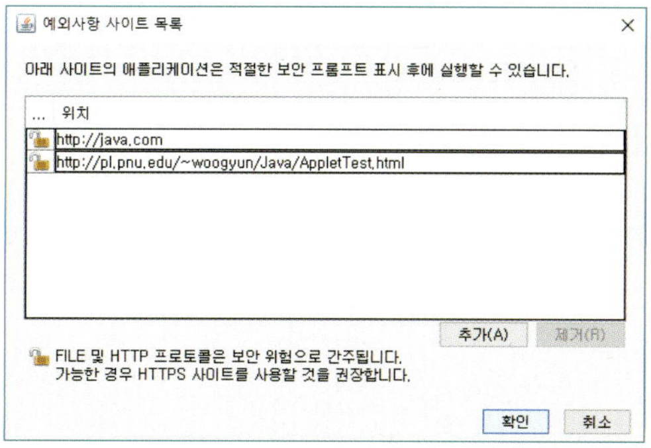

[그림 12.6] Java의 예외사항 사이트 목록 편집

끝으로 그림 '제어판'의 'Java' 항목에서 원격 애플릿이 수행되도록 설정해야 한다. 'Java' 항목을 더블클릭하여 나타난 대화창에서 '보안' 탭을 선택한 후, '예외사항 사이트 목록'에 원격 HTML 문서의 주소를 추가한다. 추가하려면 '사이트 목록 편집' 버튼을 눌러 나타난 그림 12.6과 같은 대화창에서 '추가' 버튼을 누른 후 원격 사이트의 주소를 입력하면 된다.

그림 12.2의 수행 결과에는 그냥 문자열만 출력되었기 때문에 애플릿 수행 결과가 일반 웹 페이지와 별 다를 것이 없다. 그러나 출력된 문자열 "처음 만나는 Java 애플릿"은 HTML 파일 내에서는 찾아볼 수 없다. 따라서 이 경우에 애플릿은 웹 문서의 내용을 보호하는 기능을 한다고 볼 수 있다.

배치 변경

프로그램 12.1의 결과를 보면 레이블이 좌측에 정렬되어 나타난 것을 볼 수 있다. 이는 배치 관리자(layout manager) 때문인데, `JApplet` 객체의 기본 배치 관리자는 `BorderLayout`이다. `BorderLayout`은 개체를 애플릿의 가장자리에 배치한다. 레이블 위치를 가운데로 변경하려면 배치 관리자 `FlowLayout`으로 설정하면 된다.

배치 관리자를 `FlowLayout`으로 변경하려면 프로그램 12.1의 14번 행 다음에 다음과 같은 문장을 추가하면 된다. 그러면 그림 12.7과 같이 실행된다.

■ **[그림 12.7]** 배치 관리자를 변경한 결과

```
setLayout(new FlowLayout());
```

FlowLayout을 사용하면 추가되는 각 요소가 글짓기의 문단처럼 줄줄이 배치된다. 인수를 지정하지 않고 FlowLayout 객체를 생성하면 기본적으로 가운데 정렬(FlowLayout.CENTER)을 사용하는 FlowLayout 객체가 생성된다. 따라서 애플릿의 가운데 상단에 레이블이 배치되었다.

텍스트 필드를 이용한 애플릿

7장에서 살펴본 거리 변환기를 애플릿으로 구현해 보자. 7장에서는 킬로미터(km) 단위 거리를 마일(mile) 단위 거리로 변환하는 프로그램을 소개하였는데, 이 프로그램에서는 GUI 라이브러리로 Swing을 사용하고 있다. 여기서는 마일을 킬로미터 단위로 변환하는 프로그램을 JApplet으로 구현해 보자. 최종 구현 코드는 프로그램 12.2와 같다.

프로그램 12.2 • Mile2Km.java

```
/***********************************************************
 * 마일을 킬로미터로 변환하는 애플릿
 ***********************************************************/
import java.awt.*;
import java.awt.event.*;
import javax.swing.*;

// 마일을 킬로미터로 변환하는 애플릿 클래스 Mile2KmApplet.
// 실제로 변환하는 부분은 private 클래스 DistListener가 담당한다.
public class Mile2Km extends JApplet
{
   private static final long serialVersionUID = 2L;
   private static final int width = 300;
   private static final int height = 75;

   private JLabel inputLabel, outputLabel;
   private JTextField mileField, kmField;

   public void init() {
      inputLabel = new JLabel("마일(mile) 단위로 거리 입력:");
      outputLabel = new JLabel("킬로미터(km) ");
      kmField = new JTextField(10);
      mileField = new JTextField(5);
      mileField.addActionListener(new DistListener());

      resize(new Dimension(width, height));
      setLayout(new FlowLayout());

      add(inputLabel);
      add(mileField);
      add(kmField);
      add(outputLabel);
   }

   // 마일을 킬로미터로 변환하기 위한 DistListener 클래스.
   private class DistListener implements ActionListener
   {
      public void actionPerformed(ActionEvent event) {
         String text = mileField.getText();
```

```
40
41            double miles = Double.parseDouble(text);
42            double kms = miles * 1.609344;
43
44            kmField.setText(Double.toString(kms));
45        }
46    }
47 }
```

실행결과

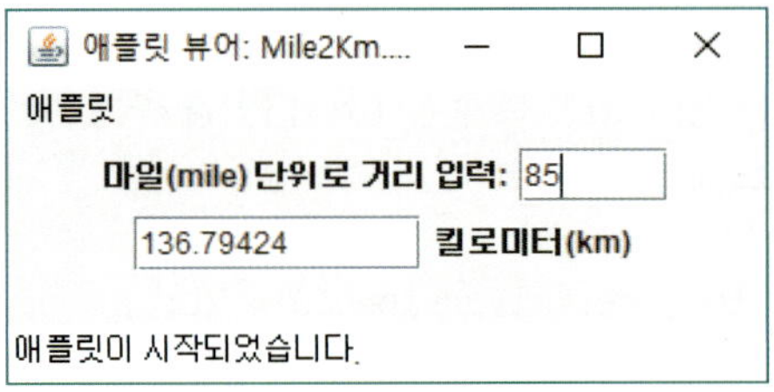

프로그램 12.2의 클래스 구조는 비교적 간단하다. `JApplet` 클래스가 `Panel` 클래스를 상속하고 있기 때문에 별도의 `Panel` 클래스를 만들 필요가 없다. 다만 이벤트 처리를 위해 `ActionListener`를 구현한 `DistListener` 클래스를 만들었다(36~46번 행).

Java GUI 응용 프로그램은 대부분 Java 애플릿으로 다시 작성할 수 있다. 다만 애플릿에서는 지역 시스템(local system)[4] 내의 파일이나 기타 자원을 사용하는 것에 한계가 있을 수 있다. 앞서 언급한 대로 Java 애플릿은 웹 브라우저에 장착된 자바 가상기계에서 실행되기 때문에 지역 파일 시스템의 파일을 자유롭게 읽거나 쓸 수 없다. 이러한 제한을 제외하면 Java GUI 프로그램을 Java 애플릿으로 다시 쓸 수 있는 것이다.

Key Point Java GUI 응용 프로그램은 대부분 Java 애플릿으로 다시 작성할 수 있다. 다만 파일 시스템과 같은 지역 자원을 사용하는 것에 한계가 있을 수 있다.

4) 지역 시스템이란 앞서 그림 12.1에서 클라이언트 쪽 컴퓨터를 뜻한다.

12.4 그래픽 애플릿

앞서 소개한 애플릿은 모두 GUI를 기반으로 한 프로그램들이다. 이러한 프로그램들은 HTML 폼을 이용하여 작성할 수도 있기 때문에 별로 특별하게 느껴지지 않는다. 하지만 그림을 웹 브라우저에 그리는 것은 HTML 폼으로 나타낼 수 없다. 이 장에서는 애플릿을 이용한 그래픽 프로그래밍에 대해 간단히 살펴보자.

그래픽 프로그래밍 기초 개념

> **잠깐만**
> 사각형 픽셀로 구성된 화면을 래스터 화면이라고 부른다.

컴퓨터는 모든 정보를 디지털(digital)로 처리한다. 컴퓨터 화면도 마찬가지로 이산적인 작은 사각형이 여러 개 모여 구성된 것이다. 이 작은 사각형들의 변화로 그림을 그릴 수 있는 것이다. 화면을 구성하는 작은 사각형을 **화소**(畵素) 혹은 **픽셀**(pixel)[5]이라고 부른다. 이처럼 픽셀로 구성된 그림을 **래스터 이미지**(raster image)라고 한다. 다시 말해서 컴퓨터 화면은 래스터 이미지의 일종이다.

화면의 선명도를 이야기할 때 **해상도**(resolution)라는 용어를 사용하는데, 해상도란 일정한 영역에 들어 있는 화소 수를 의미한다. 통상 해상도를 나타내는 단위로는 dpi(dots per inch)를 사용하는데, dpi란 1인치(2.54cm)에 들어 있는 화소 수를 의미한다. 프린터의 해상도의 예로는 600dpi가 있는데, 1인치 내에 600개의 화소가 들어 있는 것을 뜻한다.

> **Key Point** 컴퓨터 화면을 구성하는 작은 사각형을 화소(pixel)라고 하는데, 일정 단위에 들어 있는 화소 수를 해상도(resolution)라고 부른다.

컴퓨터 화면은 특별한 좌표계를 사용한다. 우리가 보통 수학에서 쓰는 좌표

5) "pixel"이란 "picture element"를 줄인 말이다.

계는 그림 12.5에서 볼 수 있는 것처럼 우측으로 갈수록 x 값이 증가하고 위쪽으로 갈수록 y값이 증가하는 형태지만, 컴퓨터 화면에서 사용하는 좌표계는 그림 12.8에 나타낸 것처럼 아래쪽으로 갈수록 y값이 증가하는 형태의 좌표계를 사용한다. 컴퓨터에서 글자를 입력할 때 좌측상단부터 우측으로, 또 위에서 아래로 각 행이 입력되는 것을 생각하면 컴퓨터 좌표계를 조금 더 쉽게 이해할 수 있을 것이다.

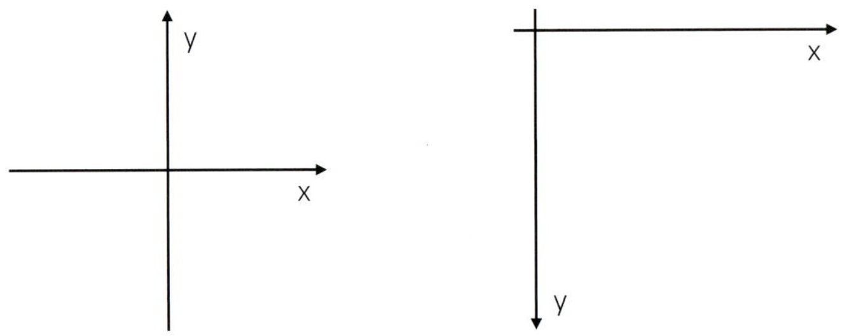

(a) 전통적인 좌표계 (b) 컴퓨터 화면 좌표계

[그림 12.8] 전통적인 좌표계와 컴퓨터 화면 좌표계 비교

컴퓨터 그래픽 프로그래밍에서 사용하는 색깔은 빨강, 초록, 파랑 세 가지 색으로 조절한다. 일반적으로 그리기에 사용하는 색의 삼원색은 빨강, 노랑, 파랑이지만 컴퓨터 화면에서는 빛의 삼원색을 사용하고 있다. 그래서 색을 간단히 RGB(red, green, blue)의 강도로 조절한다. RGB가 모두 강하다면 흰색이 되고 RGB가 모두 약하다면 검은색이 된다.

Key Point 컴퓨터 그래픽 프로그래밍에서 사용하는 색깔은 빨강, 초록, 파랑(RGB: red, green, blue) 세 가지 색으로 조절한다.

네모를 그리는 애플릿

Java AWT 라이브러리에는 도형을 그릴 수 있는 다양한 기능들이 포함되어 있다. 여기서는 도형을 그리는 방법을 간단하게 살펴보자. 프로그램 12.3은 애플릿의 그래픽 화면에 사각형을 여러 개 그리는 프로그램이다.

프로그램 12.3 • DrawRectangles.java

```
/*********************************************************
 * 그래픽 창에 네모를 여러 개 그리는 애플릿
 *********************************************************/
import javax.swing.JApplet;
import java.awt.Graphics;

// 그래픽스 컨텍스트에 네모를 여러 개 그리는 클래스
public class DrawRectangles extends JApplet
{
   private static final long serialVersionUID = 3L;
   private static final int WIDTH = 256, HEIGHT = 256;
   private static final int NUM_OF_RECTS = 20;

   public void init() {
      resize(WIDTH, HEIGHT);
   }
   public void paint(Graphics g) {
      drawRects(g);
   }
   protected void drawRects(Graphics g) {
      int dx = WIDTH / 2 / NUM_OF_RECTS;
      int dy = HEIGHT / 2 / NUM_OF_RECTS;
      int x = dx, y = dy;
      int w = WIDTH - 2 * dx;
      int h = HEIGHT - 2 * dy;
      for (int i = 0; i < NUM_OF_RECTS; ++i) {
         g.drawRect(x, y, w, h);
         x += dx; y += dy;
         w -= 2 * dx; h -= 2 * dy;
      }
   }
}
```

실행결과

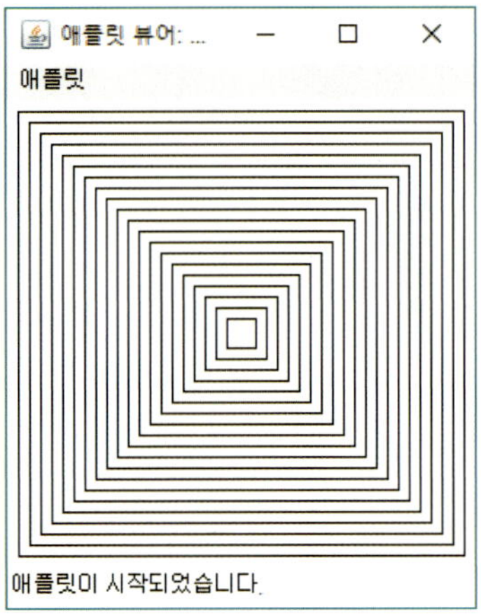

애플릿에 그림을 그릴 때는 paint 메소드를 이용한다. 앞서 애플릿이 수행될 때는 main 메소드 대신 init 메소드가 호출된다고 하였는데, init 메소드가 애플릿을 초기화한 다음에는 paint 메소드가 호출된다. paint 메소드는 애플릿이 화면에 나타날 때, 자동으로 호출되는 메소드이다.

17번 행에서 볼 수 있는 것처럼 paint 메소드는 Graphics 객체를 인수로 받는데, Graphics 객체는 **그래픽 컨텍스트**(graphics context)라고 부르기도 한다. 그래픽 컨텍스트란 간단히 말해서 그림을 그릴 도화지에 해당한다.

27번 행에서는 drawRect를 이용하여 사각형을 중첩하여 그리고 있다. 사각형 여러 개를 그리는 메소드는 drawRects로 정의하고 paint 메소드에서 이 메소드를 호출하도록 하였는데, 단순히 네모만 그리면 재미가 없으므로 사각형의 좌표와 크기를 바꾸어가며 중첩하여 그리도록 하였다. 사각형 하나는 그래픽 컨텍스트 객체 g에 대하여 g.drawRect 메소드를 이용하여 그렸다.

Key Point

init 메소드를 통해 애플릿 초기화가 끝나면 paint 메소드가 자동으로 호출되는데 paint 메소드는 Graphics 객체를 인수로 받는다. Graphics 객체는 그림을 그릴 도화지에 해당한다.

도형 그리기 메소드

그래픽스 컨텍스트에 어떤 형태를 그리는 메소드는 Graphics 클래스에 정의되어 있다. Graphics에 정의되어 있는 메소드 중에서 그리기와 관련된 메소드를 몇 가지 정리하면 표 12.1과 같다.

표 12.1에는 접두사 draw로 시작하는 메소드만 나열하였는데, 이 중에서 몇몇 메소드에 대해서는 접두사 draw 대신 fill을 사용하는 메소드도 있다. 구체적으로 drawArc, drawOval, drawRect, drawPolygon 등의 메소드에 대해서는 fillArc, fillOval, fillRect, fillPolygon 등의 메소드가 존재하는데 이들 메소드는 도형의 내부를 현재 색깔로 채워 그린다.

Key Point Graphics 클래스의 그리기 메소드 중에는 이름이 draw로 시작하는 메소드가 있고 fill로 시작하는 메소드가 있다. draw 메소드는 도형의 외곽선을 그리고 fill 메소드는 도형의 내부를 현재 색깔로 채워 그린다.

[표 12.1] Graphics 클래스에 정의되어 있는 그리기 메소드(발췌)

그리기 메소드	메소드 기능
drawArc(x, y, w, h, s, d)	원호를 그린다. (x, y)는 원의 좌측상단 점의 좌표이며 원의 너비와 높이는 각각 w와 h다. s는 시작 각도, d는 각의 크기다.
drawLine(x1, y1, x2, y2)	점 (x1, y1)에서 점 (x2, y2)를 연결하는 선분을 그린다.
drawOval(x, y, w, h)	원(타원)을 그린다. (x, y)는 원의 좌측상단 점의 좌표이며 원의 너비와 높이는 각각 w와 h다.
drawRect(x, y, w, h)	사각형을 그린다. (x, y)는 사각형의 좌측상단 점의 좌표이며 사각형의 너비와 높이는 각각 w와 h다.
drawRoundRect (x, y, w, h, aw, ah)	끝이 둥근 사각형을 그린다. (x, y)는 사각형의 좌측상단 점의 좌표이며 사각형의 가로와 세로는 각각 w와 h다. aw와 ah는 둥근 원호의 너비와 높이를 나타낸다.
drawPolyline(xs, ys, n)	크기가 n인 정수 배열 xs와 ys로 정의되는 선을 그린다.
drawPolygon(xs, ys, n)	크기가 n인 정수 배열 xs와 ys로 정의되는 다각형을 그린다.
drawString(s, x, y)	좌표 (x, y)의 위치에 문자열 s를 그린다.
drawImage(p, x, y, o)	Image 객체 p를 좌표 (x, y)의 위치에 그린다. o는 관찰자로서 이미지 객체 속성 변화를 관찰하는 객체다.

색상 다루기

그래픽스 컨텍스트의 색상은 setColor 메소드를 이용하여 변경할 수 있다. 자세한 내용은 API 문서를 참고하기 바란다. setColor 메소드의 인수로는 Color 객체를 전달해야 하는데, Color 객체를 생성하는 생성자로는 다음 두 가지 생성자가 많이 사용된다.

```
Color(float r, float g, float b);
Color(int r, int g, int b);
```

첫 번째 생성자의 인수 r, g, b는 각각 0.0에서 1.0 범위의 값으로서 각각 빨강, 초록, 파랑의 강도를 나타낸다. 두 번째 생성자의 인수도 마찬가지로 이 세 가지 색의 강도를 나타내는데, 이 경우에는 r, g, b 값이 0이상 255이하의 값으로 주어진다.

Key Point 그리기 객체의 색상을 선택하려면 Color 객체를 이용하는데 원하는 Color 객체를 생성한 다음 그래픽스 컨텍스트의 setColor 메소드를 이용하면 된다.

Color 생성자를 이용하여 그래픽스 컨텍스트의 색상을 변경한 다음에는 그 이후에 도형을 그리는 명령어는 모두 그 색으로 변경하여 그리게 된다. fillRect를 수행하는 프로그램을 작성하면 프로그램 12.4와 같다.

프로그램 12.4 • FillRectangles.java

```
/**************************************************************
 * 그래픽 창에 색깔이 있는 네모를 여러 개 그리는 애플릿
 **************************************************************/
import javax.swing.JApplet;
import java.awt.*;

// Color 객체를 이용하여 색을 입힌 네모를 여러 개 그리는 클래스
public class FillRectangles extends JApplet
```

```java
{
    private static final long serialVersionUID = 4L;
    private static final int WIDTH = 256, HEIGHT = 256;
    private static final int NUM_OF_RECTS = 20;

    public void init() {
        resize(WIDTH, HEIGHT);
    }
    public void paint(Graphics g) {
        fillRects(g);
    }
    protected void fillRects(Graphics g) {
        int dx = WIDTH / 2 / NUM_OF_RECTS;
        int dy = HEIGHT / 2 / NUM_OF_RECTS;
        int x = dx, y = dy;
        int w = WIDTH - 2 * dx;
        int h = HEIGHT - 2 * dy;
        for (int i = 0; i < NUM_OF_RECTS; ++i) {
            float intensity = (float)1.0 * i / NUM_OF_RECTS;
            Color color = new Color(intensity, intensity, intensity);
            g.setColor(color);
            g.fillRect(x, y, w, h);
            x += dx; y += dy;
            w -= 2 * dx; h -= 2 * dy;
        }
    }
}
```

실행결과

프로그램 12.4의 29번 행을 보면 setColor를 이용하여 그래픽스 객체 g의 색을 설정하고 있다. Color 객체 color는 28번 행에서 생성하고 있는데 RGB 값을 같은 값으로 설정했기 때문에 검은색에서 회색을 거쳐 흰색으로 색상이 변경되었다. 빨간색 계통으로 색상을 바꾸고 싶다면 다음과 같이 Color 객체를 생성할 때, 두 번째 인수와 세 번째 인수를 (float)0.0으로 설정하면 된다.

```
Color color = new Color(intensity, (float)0.0, (float)0.0);
```

또 바깥쪽을 밝게 하고 싶다면 (float)1.0에서 intensity 값을 뺀 값을 intensity 인수로 설정하면 된다. 즉, Color 객체를 생성하기 전에 다음과 같이 intensity 값을 변경하면 된다.

```
intensity = (float)1.0 - intensity;
Color color = new Color(intensity, intensity, intensity);
```

선 그리기

앞서 언급한 대로 컴퓨터 화면에 그리는 그림은 픽셀 단위로 이루어진다. 픽셀에 가로선이나 세로 선을 그릴 때는 꺾임이 없지만 대각선 등 기울어진 선을 그릴 때는 꺾임이 발생한다. 따라서 특별히 선을 그리는 알고리즘이 필요하게 되는데, 선 그리는 알고리즘으로 인해서 재미있는 결과를 볼 수 있다. 프로그램 12.5는 선을 여러 개 그려 예쁜 무늬를 만들어 내는 프로그램이다.

프로그램 12.5 • DrawLines.java

```
/*************************************************************
 * 그래픽 창에 선을 여러 개 그리는 애플릿
 *************************************************************/
import java.awt.Graphics;
import javax.swing.JApplet;

// 선 그리기를 통해 아름다운 무늬를 그리는 클래스
```

```java
public class DrawLines extends JApplet
{
    private static final long serialVersionUID = 5L;
    private static final int HEIGHT = 255, WIDTH = HEIGHT + 126;

    public void init() {
        resize(WIDTH, HEIGHT);
    }
    public void paint(Graphics g) {
        drawLines(WIDTH/2, HEIGHT/2);
    }
    protected void drawLines(int x, int y) {
        int dx = 3, dy = dx;
        drawLines(x, y, 0, 0, dx, 0);
        drawLines(x, y, WIDTH, 0, 0, dy);
        drawLines(x, y, WIDTH, HEIGHT, -dx, 0);
        drawLines(x, y, 0, HEIGHT, 0, -dy);
    }
    protected void drawLines(int x1, int y1, int x2, int y2, int dx, int dy) {
        Graphics g = getGraphics();
        while (0 <= x2 && x2 <= WIDTH && 0 <= y2 && y2 <= HEIGHT) {
            g.drawLine(x1, y1, x2, y2);
            x2 += dx;
            y2 += dy;
        }
    }
}
```

실행결과

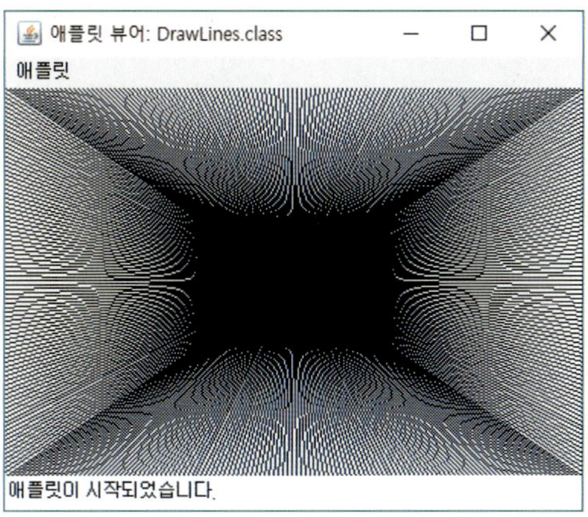

프로그램 12.5의 실행결과를 보면 사방에 소용돌이 같은 무늬가 생긴 것을 볼 수 있다. 이는 래스터 화면에 컴퓨터가 선을 그리는 특징으로 인해 발생한 것으로서 21~24번 행을 보면 단순히 사각형의 중앙에서 네 변으로, 일정한 간격으로 선을 그린 것에 불과함을 알 수 있다. 중앙에서 각 변으로 선을 그리는 메소드는 마지막에 있는 drawLines 메소드인데 28~32번 행을 보면 x축과 y축 각각 dx, dy 픽셀만큼 간격으로 떼어 선을 그리도록 한 것을 볼 수 있다.

27번 행을 보면 애플릿의 그래픽 객체를 getGraphics()를 호출하여 얻은 것을 볼 수 있는데, getGraphics 메소드는 JApplet 클래스에 정의되어 있는 메소드이다. 여기서는 두 개의 메소드 drawLines에 차례로 그래픽 컨텍스트를 인수로 전달하는 것이 번거롭기 때문에 인수로 전달하는 대신 getGraphics 메소드를 이용하였다.

사실 프로그램 12.5는 초창기 8비트 애플 컴퓨터에서 실행되었던 컴퓨터 프로그램을 모방한 것이다. 원래 프로그램은 중앙이 아니라 사각형 스크린 내의 임의의 좌표에서 각 변에 선을 그리는 프로그램이었다.

12.5 멀티미디어 애플릿

멀티미디어 응용 프로그램이란 프로그램이 다루는 데이터가 숫자나 문자 외에 여러 형태의 미디어로 확장된 응용 프로그램을 뜻한다. 멀티미디어의 예로는 이미지 데이터, 소리 데이터, 동영상 데이터 등을 들 수 있다. 이 절에서는 멀티미디어 데이터를 처리하는 애플릿 예를 몇 가지 살펴보자.

이미지를 보여주는 애플릿

컴퓨터 분야에서는 사진이나 그림과 같이 정지된 영상을 이미지(image)라고 부른다. Java에서 이미지 객체를 보여주는 것은 매우 간단하다. Image 객체를 만들어 보여주기만 하면 된다. 이미지를 보여주는 애플릿은 프로그램 12.6과 같다.

프로그램 12.6 • ShowImage.java

```
/***********************************************************
 * 그래픽 창에 이미지를 그리는 애플릿
 ***********************************************************/
import java.awt.Graphics;
import java.awt.Image;
import java.awt.image.ImageObserver;
import javax.swing.JApplet;

// 이미지 자체의 크기대로  애플릿 크기를 변경하며 이미지를 그리는 클래스
public class ShowImage extends JApplet implements ImageObserver
{
   private static final long serialVersionUID = 1L;
   private Image image;
   private int width = 0, height = 0;

```

```
    public void init() {
        image = getImage(getDocumentBase(), "javabook.jpg");
        width = image.getWidth(this);
        height = image.getHeight(this);
        if (width > 0 && height > 0)
            resize(width, height);
    }
    public void paint(Graphics g) {
        g.drawImage(image, 0, 0, this);
    }
    public boolean imageUpdate(Image i, int fs, int x, int y, int w, int h) {
        if (fs != ImageObserver.ALLBITS) {
            return true;
        }
        else {
            width = (w > width)? w: width;
            height = (h > height)? h: height;
            this.resize(width, height);
            this.repaint();
            return false;
        }
    }
}
```

실행결과

프로그램 12.6의 13번 행에서는 Image 타입의 필드 image를 정의하였는데, image의 값은 17번 행에서 getImage 메소드를 이용하여 설정한다. getImage의 첫 번째 인수 getDocumentBase()는 현재 애플릿이 내장되어 있는 HTML 파일의 URL에서 파일 이름을 제외한 앞부분을 뜻한다. 구체적인 예로 HTML 파일의 URL이 "http://pl.pnu.edu/~woogyun/index.html"이라면 getDocumentBase()의 결과는 "http://pl.pnu.edu/~woogyun/"이 된다. 결국 init() 메소드에서는 HTML 파일과 같은 폴더에 있는 "javabook.jpg" 파일을 image 값으로 읽어온다. 24번 행에서 볼 수 있는 것처럼 이미지 객체는 drawImage 메소드로 그릴 수 있다.

이클립스에서 애플릿 뷰어를 이용할 때에는 javabook.jpg 파일을 프로젝트의 bin 폴더 내에 두어야 한다. 애플릿 뷰어에서는 애플릿을 삽입할 HTML 파일을 해당 프로젝트 폴더의 bin 폴더 내에 만들기 때문이다.

Key Point 사진이나 그림을 이미지라고 부르는데 애플릿에서 이미지를 보여 주려면 Image 객체를 만들어 drawImage 메소드를 호출하면 된다.

프로그램 12.6에서 흥미로운 부분은 이미지의 크기를 검사하는 부분이다. 이미지의 폭과 높이는 각각 메소드 getWidth와 getHeight로 구할 수 있는데 이 두 메소드는 이미지 관찰자 객체를 인수로 받는다. 이미지 관찰자 객체란 인터페이스 ImageObserver를 구현하고 있는 객체를 뜻한다. 10번 행에서 볼 수 있는 것처럼 ShowImage 클래스는 ImageObserver를 구현하고 있는데, 그래서 26~37번 행에 나타낸 것처럼 imageUpdate를 구현하고 있다.

메소드 getWidth와 getHeight의 사용법을 보기 위해 API 문서에서 Image 클래스를 찾은 다음 getWidth 메소드 부분을 살펴보자. API 문서 내용을 요약하면 다음과 같다.

```
getWidth

public abstract int getWidth(ImageObserver observer)

Determines the width of the image. If the width is not yet
known, this method returns -1 and the specified ImageObserver
object is notified later.

Parameters:
    observer - an object waiting for the image to be loaded.

Returns:
    the width of this image, or -1 if the width is not yet known.

See Also:
    getHeight(java.awt.image.ImageObserver), ImageObserver
```

위 API 문서에 따르면, 메소드 getWidth는 이미지의 너비를 구하되 호출된 시점에 너비를 알 수 없는 경우에는 −1을 리턴하는 것으로 나와 있다. 그리고 이 경우에는 나중에 ImageObserver 객체를 통해 너비를 알려 주는 것으로 기술되어 있다. 그래서 20~21번 행을 보면 width와 height가 0보다 큰 경우에만 애플릿의 크기를 재설정하고 있다. 31~34번 행에서도 이미지 너비와 높이가 재설정된 경우에만 애플릿 크기를 재설정하고 애플릿을 다시 그리도록 하고 있다.

> **Key Point** 이미지에 대한 정보는 ImageObserver 객체를 이용하여 알 수 있는데, 이미지 정보가 나중에 정해지는 경우에는 ImageObserver 객체의 imageUpdate 메소드가 호출되는 방식으로 정보가 전달된다.

음악 재생 애플릿

멀티미디어 애플릿 중 하나로서 음악 재생 프로그램을 살펴보자. 일반적으로 음악 파일은 압축되어 있는데 이렇게 압축되어 있는 파일을 재생하기 위해서는 그 압축 형식에 맞는 코덱(codec)이 필요하다. 여기서는 코덱이 필요 없는 웨이브 파일(wave file)을 재생하는 프로그램을 살펴보자. 웨이브 파일 재생 프로그램을 나타내면 프로그램 12.7과 같다.

프로그램 12.7 • PlayAudio.java

```java
/**************************************************************
 * 웨이브(.wav) 음악 파일을 재생하는 애플릿
 **************************************************************/
import java.applet.AudioClip;
import java.awt.Graphics;
import javax.swing.JApplet;

// AudioClip 객체를 만들어 음악 파일을 재생하기 위한 클래스
public class PlayAudio extends JApplet
{
   private static final long serialVersionUID = 7L;
   private static final int WIDTH = 200, HEIGHT = 100;
   AudioClip audio;

   public void init() {
      audio = getAudioClip(getDocumentBase(),"song.wav");
      audio.play();
      this.resize(WIDTH, HEIGHT);
   }
   public void paint(Graphics g) {
      int x = WIDTH / 10;
      int y = HEIGHT / 2;
      g.drawString("Playing a wave file...", x, y);
   }
}
```

실행결과

(아래 화면이 나오면서 음악이 재생됨)

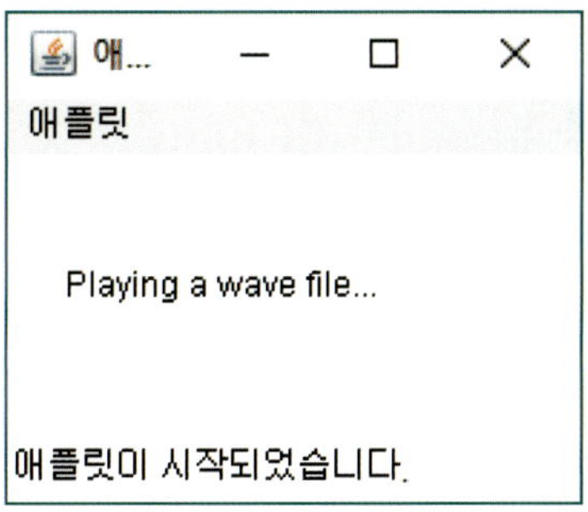

프로그램 12.7에서 음악 파일을 재생하는 부분은 16~17번 행이다. 16번 행의 getAudioClip 메소드는 도큐먼트 베이스 폴더에 있는 "song.wav" 파일을 연다. 17번 행의 play 메소드는 음악 파일을 읽어 재생한다. 이미지를 보여주는 프로그램의 경우와 마찬가지로 "song.wav"라는 웨이브 파일은 해당 프로젝트 폴더의 bin 폴더 내에 존재해야 한다.

Key Point 애플릿에서 음악 파일(소리 파일)을 재생하기 위해서는 AudioClip 객체를 생성하여 play 메소드를 호출한다.

애니메이션 애플릿

애니메이션(animation)이란 움직이는 그림을 뜻한다. 영화처럼 실제 사진이 움직이는 것은 동영상이라고 하여 애니메이션과 구별한다. 애니메이션에는 앞서 그린 도형과 같은, 실제 사물이 아닌 그림을 움직이는 것만 포함된다. 애니메이션 프로그램을 작성하려면 그리기 메소드를 이용하면 된다. 간단한 애니메이션 예로서 원을 이동시키며 그리는 프로그램을 살펴보자. 프로그램 12.8은 공을 이동시키는 애니메이션 프로그램이다.

프로그램 12.8 • MovingBall.java

```
/************************************************************
 * 공을 움직이는 애니메이션 애플릿
 ************************************************************/
import java.awt.Color;
import java.awt.Graphics;
import javax.swing.JApplet;

// 파란색 공을 좌측 상단에서 우측 하단으로 움직이는 애니메이션 클래스
public class MovingBall extends JApplet
{
   private static final long serialVersionUID = 8L;
```

```java
    private static final int WIDTH = 200, HEIGHT = 200;
    private static final int STEPS = 180;
    private static final int DELAY = 10;
    private static final int SIZE = 20;

    public void init() {
        resize(WIDTH, HEIGHT);
    }
    public void paint(Graphics g) {
        int x = 0, y = 0;
        for (int i = 0; i < STEPS; ++i) {
            x++; y++;
            drawBall(g, x, y);
            sleep(DELAY);
        }
        for (int i = 0; i < STEPS; ++i) {
            x--; y--;
            drawBall(g, x, y);
            sleep(DELAY);
        }
    }
    private void sleep(int delay) {
        try {
            Thread.sleep(delay);
        } catch (Exception e) {
            e.printStackTrace();
        }
    }
    private void drawBall(Graphics g, int x, int y) {
        g.setColor(Color.white);
        g.fillRect(0, 0, WIDTH, HEIGHT);
        g.setColor(Color.blue);
        g.fillOval(x, y, SIZE, SIZE);
    }
}
```

실행결과

애니메이션이 작동되는 원리는 착시현상으로서 매우 간단하게 구현할 수 있다. 이전에 그린 것을 지우고 조금 이동한 위치에 새로 그리는 것을 반복하면 된다. drawBall 메소드를 보면 먼저 흰색으로 전체 화면을 채워 이전에 있던 내용을 모두 지우고(41~42번 행) 파란색 원을 그린다(43~44번 행). 새로운 좌표에 대해서 drawBall을 호출하면 마치 공이 움직이는 효과를 느낄 수 있다.

프로그램 12.8은 공을 한 번만 왕복한다. 공을 계속 왕복하도록 하고 싶다면 22~31번 행을 무한 반복문으로 감싸면 된다.

Key Point 애니메이션이 작동되는 원리는 착시현상이다. 이전에 그린 것을 지우고 조금 이동한 위치에 새로 그리는 것을 반복하면 움직이는 것 같은 효과를 낼 수 있다.

Key Points

▶ 웹이란 (   )을(를) 이용하여 데이터를 효과적으로 표현하는 인터넷 상의 전자 문서 시스템이다.

▶ 애플릿이란 (   )에 삽입될 목적으로 작성된 '작은' 프로그램으로서 Java에서는 `JApplet` 클래스를 확장하여 작성한다.

▶ Java 애플릿은 웹 브라우저에 탑재된 (   )이(가) 해석하여 수행한다.

▶ Java 애플릿은 (   ) 태그를 이용하여 HTML에 문서에 삽입한다.

▶ Java GUI 응용 프로그램은 대부분 Java 애플릿으로 다시 작성할 수 있다. 다만 파일 시스템과 같은 (   )을(를) 사용하는 것에 한계가 있을 수 있다.

▶ 컴퓨터 화면을 구성하는 작은 사각형을 화소(pixel)라고 하는데, 일정 단위에 들어 있는 화소 수를 (   )(이)라고 부른다.

▶ 컴퓨터 그래픽 프로그래밍에서 사용하는 색깔은 빨강, (   ), 파랑, 세 가지 색으로 조절한다.

▶ (   ) 메소드를 통해 애플릿 초기화가 끝나면 `paint` 메소드가 자동으로 호출된다. `paint` 메소드는 화면에 애플릿이 나타날 때, 자동으로 호출되는 메소드다.

▶ 애플릿에 그림을 그리기 위해서는 `paint` 메소드를 이용한다. `paint` 메소드의 인수인 `Graphics` 객체는 그래픽스 (   )(이)라고 부르기도 하는데, `Graphics` 객체는 그림을 그릴 도화지 역할을 한다.

▶ 사진이나 그림을 (   )(이)라고 부르는데 애플릿에서 (   )을(를) 보여 주려면 `Image` 객체를 만들어 `drawImage` 메소드를 호출하면 된다.

▶ 이미지에 대한 정보는 (   ) 객체를 이용하여 알 수 있는데, 이미지 정보가 나중에 정해지는 경우에는 `imageUpdate` 메소드가 호출되는 방식으로 정보가 전달된다.

▶ 애플릿에서 음악 파일(소리 파일)을 재생하기 위해서는 `AudioClip` 객체를 생성하여 (   ) 메소드를 호출한다.

▶ 애니메이션이 작동되는 원리는 (   )현상이다. 이전에 그린 것을 지우고 조금 이동한 위치에 새로 그리는 것을 반복하면 움직이는 것 같은 효과를 낼 수 있다.

프로그래밍 실습

1. 삼각함수 그래프

그래픽스를 이용하면 수학 함수의 그래프를 그릴 수 있다. 삼각함수 sin(x)와 cos(x)의 그래프를 그리는 애플릿을 작성하라. 애플릿 크기를 가로 400, 세로 200픽셀로 하고 중앙에 x축과 y축을 그린다. 다시 말해서 원점의 픽셀 좌표는 (200, 100)이다. 각 축에서 단위길이 1은 50픽셀에 해당한다고 가정하여 그래프의 배율을 정한다. 즉, x축으로 1픽셀 증가시키는 것은 실제로 좌표값은 1/50만큼 증가시키는 것과 같다. 작성할 프로그램은 애플릿 영역에서 x좌표를 1픽셀씩 증가시키며 해당 sin(x) 그래프와 cos(x) 그래프를 그리는 프로그램이다. 축은 검정 색으로 그리고 sin(x)와 cos(x)는 각각 파란색, 빨간색으로 그려야 한다. 삼각함수 sin()과 cos()은 Math 클래스에 정의되어 있다.

문제의 핵심은 픽셀 좌표 (X,Y)를 실수 좌표 (x,y)로 변환하거나 그 반대의 변환을 수행하는 것인데, 원점 $(X_0,Y_0)=(200,100)$, $L_1=50$을 가정할 때 다음과 같은 관계가 성립한다.

$$X = X_0 + x \times L_1$$
$$Y = Y_0 - y \times L_1$$

프로그램 수행 예를 보면 다음과 같다.

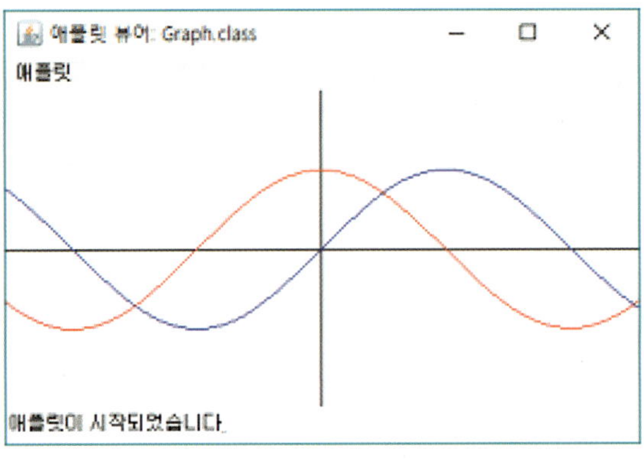

2. 마우스 그림판 애플릿

마우스로 그림을 그릴 수 있도록 하는 애플릿을 작성해 보자. 작성할 프로그램은 애플릿 영역에 마우스를 드래그하면 마우스 자취를 따라 그림을 그리는 애플릿이다.

마우스 버튼을 누르는 이벤트를 처리하기 위해서는 MouseListener 인터페이스를 구현해야 하며 마우스 드래그 이벤트를 위해서는 MouseMotionListener 인터페이스를 구현해야 한다. 즉 MouseListener를 위해 다음 메소드를 구현해야 하며

```
public void mouseClicked(MouseEvent e);
public void mouseEntered(MouseEvent e);
public void mouseExited(MouseEvent e);
public void mousePressed(MouseEvent e);
public void mouseReleased(MouseEvent e);
```

또 MouseMotionListener를 위해 다음 메소드를 구현해야 한다.

```
public void mouseDragged(MouseEvent e);
public void mouseMoved(MouseEvent e);
```

그리고 애플릿에 리스너 객체를 등록하는 것이 필요하다. 예를 들어서 앞서 언급한 두 인터페이스를 구현하도록 애플릿을 작성하였다면 애플릿의 init() 메소드 내에 다음과 같은 코드가 포함되어야 한다.

```
addMouseListener(this);
addMouseMotionListener(this);
```

마우스의 위치는 MouseEvent 객체 e에 대하여 e.getX(), e.getY()로 얻을 수 있다. 그러므로 마우스 버튼을 눌렀을 때와 드래그할 때 마우스 위치를 List에 계속 저장하고 이를 paint 메소드에서 그리도록 하면 된다. 마우스 위치는 java.awt 패키지의 Point 타입으로 나타낼 수 있다.

애플릿의 크기는 가로 420, 세로 297로 정하고 마우스 위치는 지름 10인 파란색 원으로 그린다.

프로그램 수행 예를 보면 다음과 같다.

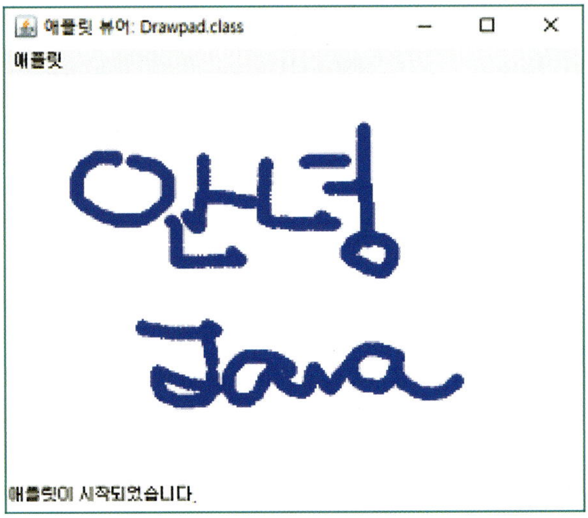

연습문제

1. 다음 중 인터넷 상에서 하이퍼텍스트 웹문서를 전송하기 위해 만든 프로토콜은?

① FTP
② HTTP
③ TCP/IP
④ UUCP

2. 다음 중 하이퍼텍스트와 가장 관련이 적은 것은?

① HTML
② 월드 와이드 웹
③ 하이퍼링크
④ 하이퍼바이저

3. 다음 중 애플릿의 뜻으로 가장 적합한 것은?

① 그래픽을 수행할 수 있는 프로그램
② 컴파일 후 생성된 바이트 코드 크기가 큰 프로그램
③ HTTP를 이용하여 네트워크로 전송되는 프로그램
④ 웹 브라우저에 장착될 목적으로 작성된 작은 프로그램

4. 다음 중 Java의 애플릿에 관한 설명으로 잘못된 것은?

① `Applet`의 하위클래스로 작성해야 한다.
② `main` 대신 다른 메소드로 시작한다.
③ 파일 등 지역 자원을 자유롭게 사용할 수 있다.
④ 멀티미디어뿐만 아니라 문자열 텍스트도 처리할 수 있다.

5. 다음 중 serialVersionUID의 용도로 적합한 것은?

① 객체의 연속된 필드 수 저장

② 소스코드의 버전 관리

③ 객체의 파일 저장

④ 순차 자료구조 원소의 버전 관리

6. 컴퓨터 화면의 좌표계는 이차원 좌표평면 중에 특정 사분면을 상하로 반전(x축으로 대칭)시킨 형태이다. 다음 중 어느 사분면인가?

① 1사분면

② 2사분면

③ 3사분면

④ 4사분면

7. 그래픽스와 관련된 다음 용어에 대하여 간단히 설명하라.

(1) 화소(pixel)

(2) 해상도(resolution)

8. 그래픽스 컨텍스트를 나타내는 Graphics 클래스에서 도형을 그리는 메소드 예를 세 가지 들고 기능을 설명하라.

9. Graphics 클래스 내에는 점을 그리는 메소드가 없다. 점을 그리기 위해서는 어떤 메소드를 사용할 수 있을까? 이 방법을 이용하여 점을 그리는 메소드를 지원하도록 Graphics 클래스를 확장하여 클래스 MyGraphics를 정의하라.

10. MyGraphics를 이용하여 실습문제 1 삼각함수 그래프를 그리는 프로그램을 다시 작성하라.

11. 프로그램 12.8에서 작성한 애플릿은 파란색 원을 대각선으로 1회만 이동시키는 프로그램이다. 애플릿 경계를 벽으로 삼아서 벽에서 원이 튕기는 형태로 움직이도록 하는 프로그램을 작성하라.

스레드 13장

PIP 텔레비전을 본 적이 있나요? PIP는 Picture-In-Picture라는 뜻으로서 TV 화면 내에 또 TV 화면이 들어가 있는 형태를 뜻합니다. PIP를 지원하지 않는 TV라고 하더라도 가끔 방송국에서 PIP 형태로 방송을 해주기도 합니다. PIP로 두 개의 화면을 함께 본다고 하더라도 두 화면의 방송은 독립적으로 진행됩니다. 이처럼 하나의 프로그램에서 두 개 이상의 수행흐름이 서로 협력하며 동시에 진행되는 것을 다중 스레드라고 합니다. 본래 스레드란 프로그램 수행 흐름을 뜻하는데, 자바에서는 특별히 스레드 클래스를 이용하여 다중 스레드를 지원합니다. 이 장에서 스레드 사용법과 스레드 응용 분야를 살펴봅시다.

이 장의 목표

- ★ 프로그램과, 프로세스, 스레드를 구별할 수 있다.
- ★ 스레드를 사용하는 이유를 이해한다.
- ★ 스레드 사용법을 익히고 동기화 기법을 사용할 수 있다.
- ★ 스레드 응용 프로그램을 작성할 수 있다.
- ★ 스레드 사이의 통신 방법을 이해하고 활용할 수 있다.

13.1 프로세스와 스레드

스레드 개념을 이해하기 위해서는 프로세스(process) 개념을 이해해야 한다. 이 장에서는 먼저 프로세스에 대해 살펴보고 프로세스와 스레드의 차이를 살펴본다. 그리고 다중 스레드가 무엇인지 살펴본다.

프로그램과 프로세스

프로세스(process)란 본래 '일의 처리과정'을 뜻하는데, 컴퓨터 프로그래밍 분야에서는 '수행 중인 프로그램'을 뜻한다. 그래서 프로그램을 실행하는 컴퓨터 하드웨어 장치를 프로세서(processor: 프로세스를 수행하는 장치라는 뜻)라고 부르며 CPU는 여러 프로세서 중 프로그램을 수행하는 대표 프로세서이다. 컴퓨터 프로그램을 받아서 어떤 작업을 수행하는 것을 **처리**(프로세싱, processing)라고 하고, 이때 수행중인 프로그램 자체를 프로세스라고 부른다.

그렇다면 프로그램과 프로세스의 차이는 구체적으로 무엇일까? 외형적인 차이를 보면 하드디스크에 '파일 형태'로 저장되어 있는 것이 프로그램이고

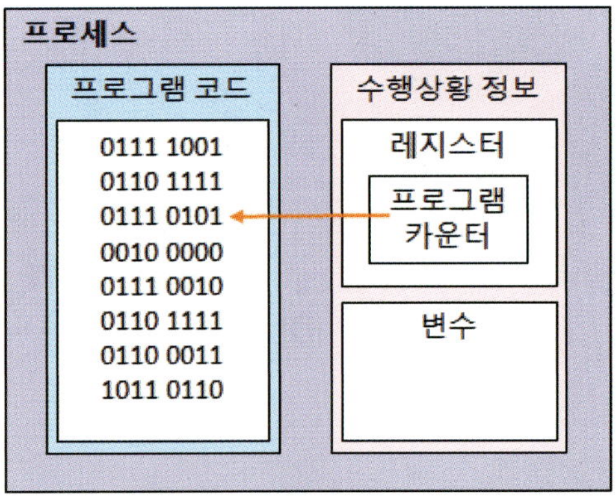

■ **[그림 13.1]** 프로세스란 수행 중인 프로그램을 뜻하는데, 프로그램 코드와 더불어 수행 상황 정보를 포함하고 있다

이 프로그램을 실행시키기 위해 '메모리에 불러들인 형태'가 프로세스다. 이 둘의 차이를 간단히 말하면 프로그램에 수행 중인 상황 정보가 추가된 것이 프로세스라고 할 수 있다. 프로세스 개념을 그림으로 나타내면 그림 13.1과 같다.

프로세스가 관리해야 하는 수행상황 정보 중에는 레지스터와 메모리도 포함되는데 레지스터 중에서 중요한 것이 바로 **프로그램 카운터**(PC: program counter)이다. PC는 다음에 수행해야 할 명령어를 가리키고 있다. PC는 사실 CPU의 레지스터 이름이지만 모든 프로세스는 이 값을 자신의 수행상황 정보의 일부로 저장하고 있다. PC가 가리키는 명령어를 수행한 다음에 PC의 값은 그 다음에 수행할 명령어를 가리키도록 조정된다.

Key Point 프로세스란 수행 중인 프로그램이며 프로세스는 프로그램 수행상황 정보를 관리한다.

다중 프로세싱과 다중 스레드

운영체제는 일반적으로 여러 프로세스를 동시에 수행시킬 수 있는데 이를 **다중 작업**(multitasking) 혹은 **다중 프로세싱**(multiprocessing)이라고 부른다. 여기서 '다중(multi-)'이란 여러 개가 중첩되어 있다는 뜻이므로 다중 작업, 다중 프로세싱의 의미는 '여러 작업 수행', '여러 프로세스 실행'이라는 뜻이다. 윈도 운영체제에서 실행 중인 여러 프로세스를 확인하려면 작업 관리자를 실행시키면 된다. 그림 13.2는 윈도에서 작업관리자(taskmgr.exe)를 실행시킨 화면이다.

그림 13.2에서 확인할 수 있듯이 작업관리자를 이용하면 현재 실행 중인 응용 프로그램, 즉 프로세스를 확인할 수 있다. 각 프로세스에 대해 더 자세한 정보를 얻으려면 프로세스 탭을 누르면 된다.

앞서 프로세스를 실행할 수 있는 장치를 프로세서라고 했는데, 요즘 프로

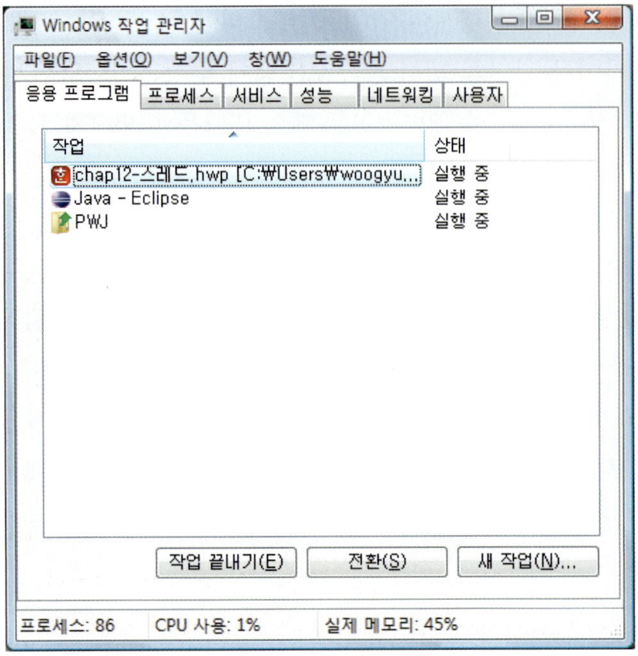

■ **[그림 13.2]** 윈도 작업관리자 실행 화면. 현재 수행 중인 프로세스를 확인할 수 있다

세서는 멀티코어(multi-core)인 경우가 많다. 멀티코어란 하나의 CPU 칩 안에 CPU 기능을 할 수 있는 회로가 여러 개 중복하여 들어있는 칩을 뜻한다. 멀티코어는 단일코어(single-core)보다 빠르게 프로그램을 실행할 수 있도록 하기 위해 개발된 것이다.

다중 스레드(multi-thread)도 이런 배경에서 나오게 되었다. **스레드**(thread)란 프로세스의 실행 제어 흐름을 뜻한다. 스레드는 프로세서가 현재까지 실행한 수행흐름뿐만 아니라 앞으로 실행하게 될 제어 흐름까지 포함한 포괄적 의미이다. 따라서 스레드는 PC 값의 변화로 추적된다고 할 수 있다. 다중 스레드란 한 프로세스 내에서 이러한 스레드를 여러 개 허용하는 기능을 뜻한다. 그림 13.3을 보자.

그림 13.3을 보면 한 프로그램 코드에 대해 두 개의 수행흐름이 별개의 PC에 의해 유지되는 것을 볼 수 있다. 각 PC를 통해 추적되는 수행흐름은 하나의 스레드를 이루게 되는데 이렇게 한 프로세스 내에서 여러 개의 수행흐름

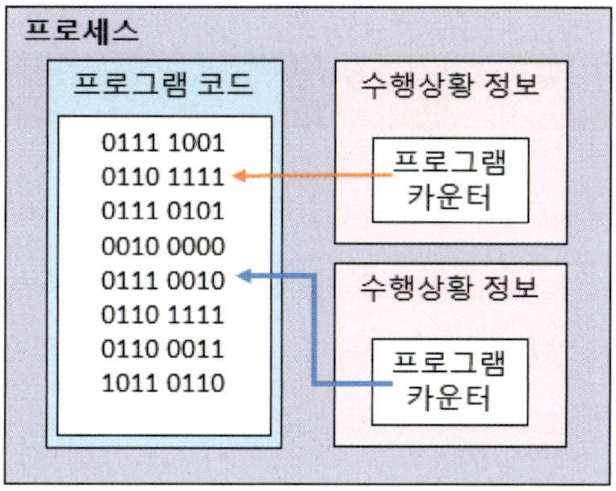

■ **[그림 13.3]** 다중 스레드. 한 코드에 대해 여러 수행 흐름이 별개의 프로그램 카운터에 의해 유지되고 있다

을 허용하는 기법을 다중 스레드라고 한다.

Key Point 스레드란 프로세스가 유지하고 있는 제어 흐름 정보를 뜻하며 한 프로세스 내에서 여러 제어 흐름을 허용하는 기법을 다중 스레드라고 한다.

다중 스레드는 프로그램 응답시간(response time)을 단축시키기 위해 사용한다. GUI 프로그램을 수행하던 중에 시간이 많이 걸리는 어떤 작업을 사용자가 선택했다고 하자. 다중 스레드가 지원되지 않는다면 그 작업이 끝날 때까지 프로그램은 멈춰 있을 수밖에 없다. 그러나 다중 스레드가 지원된다면 시간이 많이 걸리는 작업을 새로운 스레드로 시작시키고, 동시에 사용자에게는 기다리라는 메시지를 줄 수 있다. 아니면 사용자로부터 다른 응답을 받을 수도 있다.

응용 분야에 따라서는 응용 프로그램의 성격 자체에 병행성(concurrency)이 필요한 경우도 있다. 예컨대 열차 예매나 항공기 예매 시스템을 생각해 보면 여러 예매 창구에서 동시에 예매 요구가 들어올 수 있는데, 따라서 예매 시스템은 여러 창구의 요청을 병행하여 처리할 수밖에 없다. 이런 상황에서 프로그램은 예매 요청을 다중 스레드로 처리할 수 있다.

13.2 Java의 스레드

Java는 객체지향 언어답게 객체를 통해서 스레드를 지원한다. 임의의 객체가 스레드 객체가 될 수 있다는 뜻은 아니고, 새로운 작업을 새로운 스레드로 시작할 수 있는 객체만 스레드 객체로 간주한다. 이 절에서는 Java의 스레드에 대해서 살펴본다.

스레드 클래스

스레드 객체를 생성하려면 먼저 스레드 클래스가 있어야 한다. Java 라이브러리에는 스레드를 위해 Thread라는 클래스가 정의되어 있다. Thread 객체를 생성하는 방법은 크게 두 가지가 있는데, 하나는 Thread 클래스를 상속하여 서브클래스를 만든 다음 이 서브클래스의 생성자를 이용하는 방법이고, 다른 하나는 Runnable 객체를 만들어서 Thread 클래스의 생성자를 이용하는 방법이다.

어떤 방법을 이용하든 여러분이 정의할 스레드 클래스 내에는 run()이라는 메소드를 정의해야 한다. run() 메소드는 인수를 받지 않아야 하며 리턴 타입은 void여야 한다. 그러나 스레드 객체에서 run()에 해당하는 새로운 스레드를 실행시키기 위해서 run() 메소드를 직접 호출하지는 않는다. Thread 클래스에 따로 정의된 start() 메소드를 호출하면 자동적으로 run() 메소드가 실행된다.

> **Key Point** Java에서 스레드는 Thread 클래스를 이용하여 지원하는데, Thread 클래스 내에는 run 메소드가 존재해야 한다.

Thread 클래스와 Thread의 상위 클래스인 Object 클래스 내에는 스레드 객체를 관리하고 정보를 얻기 위한 다른 메소드들도 정의되어 있는데, 이들 중에서 자주 사용되는 메소드를 정리하면 표 13.1과 같다.

표 13.1에서 메소드 시그너처에 클래스 이름을 붙인 것은 클래스 메소드라는 것을 의미한다. 즉, Thread.sleep()은 sleep()이 Thread 클래스의 static 메소드라는 것을 의미한다. 인스턴스 메소드에는 필요에 따라 메시지 수신자를 나타냈다. 예컨대 t.join()은 join() 메소드를 호출 받는 수신자 t가 종료되기를 기다리는 메소드이다.

잠깐만
중단예외를 발생시킬 수 있는 메소드는 모두 스레드를 멈추는 메소드이다.

표 13.1의 세 번째 열에는 중단예외 발생 여부가 나타나 있는데, 중단예외(InterruptedException)는 현 스레드의 수행이 중단되어야 할 때 발생한다. 중단예외의 구체적인 예로 사용자가 프로그램 중단을 요구하는[1] 경우를 들

[표 13.1] Thread 클래스와 Object 클래스에서 제공하는 스레드 관련 메소드

메소드 시그너처	메소드 기능	발생예외
void Thread.sleep(long m)	현재 수행 중인 스레드의 수행을 m 밀리초만큼 잠시 멈춘다.	중단예외
boolean Thread.interrupted()	현재 스레드가 중단되었는지 검사한다.	–
void t.join()	스레드 t가 종료되기를 기다린다.	중단예외
void t.join(long m)	최대 m 밀리초만큼 스레드 t가 종료되기를 기다린다.	중단예외
void wait()	다른 스레드가 깨울 때(notify)까지 기다린다.	중단예외
void wait(long m)	다른 스레드가 깨울 때까지, 최대 m 밀리초만큼 기다린다.	중단예외
void notify()	현재 객체 내에서 기다리고 있는 스레드 중에서 하나를 골라 깨운다.	–
void notifyAll()	현재 객체 내에서 기다리고 있는 모든 스레드를 깨운다.	–

1) 윈도 사용자는 Ctrl-Break나 Ctrl-C 키를 누름으로써 현재 활성화된 프로그램의 실행 중단을 요구할 수 있다. 윈도 형태로 보이지 않는 프로그램이라면 작업관리자(taskmgr.exe)를 이용하여 프로그램의 실행 중단을 요구할 수 있다.

수 있다. 예컨대 어떤 스레드에서 Thread.sleep(10000);을 호출하여 10초간 정지하고 있던 중이라고 하더라도 10초가 되기 전에 사용자의 중단요구가 들어왔다면 InterruptedException이 발생한다. 표 13.1에서 볼 수 있는 것처럼 중단예외를 발생시킬 수 있는 메소드는 모두 스레드를 잠시 멈추거나 기다리도록 하는 메소드이다.

스레드 객체 사용법

가장 간편하게 스레드 클래스를 작성하는 방법은 라이브러리 클래스 Thread를 확장하여 작성하는 것이다. 스레드 클래스의 유일한 제약사항은 메소드 run()을 구현해야 한다는 것뿐이다. 프로그램 13.1에서는 메소드 run()을 구현하고 있으므로 스레드 클래스 Messenger와 이를 이용하는 클래스 Laugh를 정의하고 있다.

프로그램 13.1 • Laugh.java

```java
/***************************************************************
 * 웃음소리 HA와 ha를 각각 10회씩 출력하는 프로그램
 ***************************************************************/

// 정해진 메시지를 10번 반복 출력하는 스레드 클래스 Messenger.
class Messenger extends Thread
{
   private String message;

   public Messenger(String msg) {
      message = msg;
   }
   public void say() {
      System.out.print(message + " ");
   }
   public void sayNtimes(int n) throws InterruptedException {
      for (int i = 0; i < n; i++) {
         say();
```

```
19             Thread.sleep(1);
20         }
21     }
22     public void run() {
23         try {
24             sayNtimes(10);
25         } catch (InterruptedException e) {
26             return;
27         }
28     }
29 }
30 
31 // 웃음소리 HA와 ha를 출력하기 위한 Laugh 클래스.
32 public class Laugh
33 {
34     public static void main(String[] args) {
35         Messenger large = new Messenger("HA");
36         Messenger small = new Messenger("ha");
37         large.start();
38         small.start();
39     }
40 }
```

실행결과 1

```
HA ha ha HA ha HA ha HA ha HA ha HA ha HA ha HA ha HA ha HA
```

실행결과 2

```
HA ha HA ha HA ha ha HA HA ha HA ha ha HA HA ha ha HA ha HA
```

먼저 프로그램 13.1의 실행결과를 보면 HA와 ha가 각각 10번씩 무작위로 출력된 것을 볼 수 있다. 프로그램 13.1의 실행결과는 실행 시마다 달라질 수 있다. 그래서 프로그램 실행결과를 두 개 나타내었다. 실행결과에서 확인할 수 있는 출력은 37~38번 행의 start() 호출로 인해 생성된 것이다. 여기서는 두 개의 Messenger 객체 small과 large에 대해 start()를 호출하고 있다.

잠깐만

스레드를 start하면 자동으로 run이 호출되며 병렬로 수행된다.

그런데 흥미롭게도 정작 Messenger의 정의에는 start() 메소드가 없다. 이 마법 같은 일은 Thread 클래스에 의해 이루어진 것이다. Thread 클래스는 start() 메소드가 호출되면 자동으로 run() 메소드를 호출하는데, 이때 중요한 것은 새로운 스레드로 호출한다는 사실이다. 따라서 main 메소드에서 두 스레드 객체의 start()를 호출하면 현 수행 중인 스레드와 더불어 총 3개의 스레드가 진행된다.

프로그램 13.1의 19번 행을 보면 sayNtimes() 메소드에서 각 메시지를 출력하고 나서 Thread.sleep(1)을 호출하는 것을 볼 수 있다. Thread.sleep(1)은 1밀리초만큼 수행을 일시 정지시키는데, 이 메소드를 추가한 이유는 스레드의 효과를 명확히 드러내기 위해서이다. 너무 빠른 속도로 스레드가 수행되면 37번 행의 large.start()가 완전히 종료될 때까지 small.start()가 실행되지 않을 수 있으므로 일부러 일시 정지하는 코드를 삽입한 것이다.

또한, 메소드 Thread.sleep()은 중단 예외(InterruptedException)를 발생시키므로 sayNtimes()에 throws 선언을 추가하였다. 구체적으로 이 예외를 처리하는 곳은 run() 메소드인데, InterruptedException이 발생하면 return 명령어를 이용하여 메소드를 끝내는 것으로 처리하고 있다.

Key Point 자신만의 스레드 클래스를 만들려면 Thread 클래스를 확장하여 만들 수 있다. 스레드를 실행시키려면 run 메소드 대신 start 메소드를 호출해야 한다.

스레드 수행 메커니즘

여러분의 컴퓨터가 다중 프로세서 컴퓨터라면 프로세서 하나마다 각각 하나씩 스레드를 담당할 수도 있다. 그런데 프로세서가 하나뿐이라면 여러 스레드를 어떻게 수행하는 것일까? 이런 경우에는 프로세서 하나가 스케줄링(scheduling)을 통해 각 스레드를 돌아가면서 조금씩 수행하게 된다. 따라서 프로세서가 수행해야 할 스레드를 목록으로 관리하게 되는데, 이 목록을 **스레드 큐**(thread queue)라고 부른다.

스레드 객체의 start() 메소드를 호출하면 이 스레드 객체의 run() 메소드

13.3 동기화

앞 절에서 설명한 스레드 프로그램은 **동기화**(synchronization)를 수행하지 않는 스레드였다. 동기화란 수행 시간을 상대적으로 맞추는 것을 의미하는데, 동기화가 필요 없는 스레드는 사실상 프로그래밍 분야에서 거의 사용되지 않는다. 스레드를 이용하여 뭔가 유용한 일을 하기 위해서는 어떤 방식으로든 동기화가 필요하다. 이 절에서는 스레드 동기화에 대해 살펴보자.

동기화가 필요한 이유

동기화가 필요한 이유는 데이터의 **무결성**(integrity)을 지키기 위해서이다. 데이터 무결성이란 데이터가 의미 있는 정확한 값이어야 한다는 특성을 말한다. 구체적인 예로 은행 온라인 계좌를 생각해 보자. 은행계좌는 고객 예금을 관리하기 위해 사용하는데, 한 계좌에 대한 입출금은 여러 곳에서 분산되어 발생할 수 있다. 그리고 이러한 입출 내역이 그대로 은행계좌에 반영되어야 한다. 어느 한 입출금 내역이라도 누락된다면 데이터 무결성이 훼손되었다고 한다.

데이터 무결성을 보존하기 위해서는 그 데이터에 대한 작업(transaction)이 동기화되어야 한다. 즉, 작업의 순서는 뒤바뀔 수 있어도 모든 작업들이 누락 없이 **차례로**(in sequence) 실행되어야 한다. 동기화는 구체적으로 말하면 '작업 동기화'를 의미하는데, 어떤 작업이 **동기화**된다는 것은 한 번에 한 작업씩 차례로 수행된다는 것을 의미한다.

은행계좌 예를 조금 더 살펴보자. 은행 고객 상준이가 코딩은행에 100만원을 예금해 두고 있었는데 5만원을 더 예금하려고 코딩은행 대전지점으로 갔다. 하필 그때, 상준에게 10만원을 빌린 정현이란 친구가 상준이 계좌로 무통장입금하기 위해 코딩은행 서울지점으로 갔다. 이때, 두 개의 입금 작업이 발생한다.

이 두 입금 작업은 같은 계좌에 대해 변경을 수행하기 때문에 신중하게 수행되어야 한다. 특히 이런 경우에 두 작업이 **경쟁 상태**(race condition)에 있다고 하는데, 경쟁 상태란 둘 이상의 작업이 공통 데이터를 두고 서로 경쟁하는 상태로서 경쟁상태에서는 작업 순서로 인해 결과 값이 달라질 수 있다. 대전 지점과 서울 지점의 입금 작업 경쟁 상태로 인해 값이 달라지는 경우를 표로 정리하면 표 13.2와 같다.

표 13.2는 경쟁 상태에서 발생할 수 있는 한 가지 특별한 경우에 불과하다. 다른 경우에는 최종 잔액이 105만원이 될 수도 있고, 아니면 정상적으로 115만원이 될 수도 있다.

이 두 입금 작업은 분산되어 병렬로 실행된다고 해도 동기화되어야 한다. 상준이의 5만원 입금이 실행된 후에 정현이의 10만원 입금이 실행되든지, 아니면 정현이의 10만원 입금이 실행된 후에 상준이의 5만원 입금이 실행되든지 해야 한다. 동기화를 통해 입금 작업이 차례로 수행된다면 두 입금 후 계좌 잔고는 115만원이 되겠지만, 동기화되지 않으면 최종 수행된 입금 작업이 무엇이냐에 따라 계좌 잔고는 105만원이 되거나 110만원이 될 수 있다.

[표 13.2] 같은 계좌에 발생되는 두 입금 작업에 따른 문제점

시간	계좌 잔액	대전 지점	서울 지점
0	100만원		
1	100만원	잔액 조회: 100만원	
2	100만원		잔액 조회: 100만원
3	100만원	입금 작업: 105만원	
4	100만원		입금 작업: 110만원
5	100만원	잔액 저장: 105만원	
6	105만원		잔액 저장: 110만원
7	110만원		

Key Point 동기화는 데이터 무결성을 위해 필요하며 어떤 작업들이 동기화된다는 것은 한 번에 한 작업씩 차례로 수행된다는 것을 의미한다.

동기화가 필요한 예는 우리 생활 곳곳에서 찾아볼 수 있는데, 공동으로 사용하는 데이터를 변경하려고 하면 반드시 동기화가 필요하다. 데이터를 보기만 한다면 동기화가 필요 없지만 공동으로 사용하는 데이터를 수정하려면 반드시 동기화가 이루어져야 한다. 동기화가 필요한 프로그램의 예로 프로그램 13.3을 보자.

프로그램 13.3 • Transaction0.java(동기화를 수행하지 않은 버전)

```java
/*************************************************************
 * 계좌에 예금을 수행하는 프로그램(잘못된 버전)
 *************************************************************/

// 계좌에 예금을 수행하기 위한 Transaction0 클래스.
public class Transaction0 implements Runnable
{
    private Account acc;

    public Transaction0(Account account) {
        acc = account;
    }
    public void deposit(int amount) {
        acc.deposit(amount);
        pretendProcessing(1000);
    }
    protected void pretendProcessing(int delayInMillis) {
        try {
            Thread.sleep(delayInMillis);
        } catch (InterruptedException e) {
            System.out.println("사용자에 의해 중단됨");
        }
    }
    public void run() {
        deposit(10000);
```

```
26     }
27     public static void main(String args[]) {
28         Account account = new Account();
29         System.out.printf("예금 전 잔액 = %d%n", account.balance());
30         Transaction0 tr = new Transaction0(account);
31         Thread thread1 = new Thread(tr);
32         thread1.start();
33         tr.run();
34         System.out.printf("예금 후 잔액 = %d%n", account.balance());
35     }
36 }
37
38 // 계좌 잔액을 관리하기 위한 Account 클래스.
39 class Account
40 {
41     private int balance;
42
43     public Account() {
44         balance = 0;
45     }
46     public void deposit(int amount) {
47         balance += amount;
48     }
49     public void withdraw(int amount) {
50         balance -= amount;
51     }
52     public int balance() {
53         return balance;
54     }
55 }
```

실행결과

```
예금 전 잔액 = 0
예금 후 잔액 = 20000
```

프로그램 13.3에는 Transaction0 클래스와 Account 클래스가 정의되어 있다. 39~55번 행에 정의되어 있는 Account 클래스는 은행계좌 클래스로서 44번 행에 나타난 것처럼 처음 Account를 개설하면 잔액 balance가 0으로 설정된다. Account에는 총 세 개의 메소드가 있는데, 예금을 수행하기 위한

deposit() 메소드(46~48번 행), 출금을 수행하기 위한 withdraw() 메소드(49~51번 행), 현 잔액을 조회하기 위한 balance() 메소드(52~54번 행)가 있다.

Transaction0은 만 원 입금을 수행하기 위한 Runnable 클래스로서, 입금 계좌를 Account 객체로 받아 Transaction0 객체를 생성할 수 있다. Transaction0 클래스의 deposit() 메소드는 인수로 주어진 금액 amount만큼 자신의 계좌에 입금하고 실제로 처리하는 것처럼 보이기 위해 pretendProcessing() 메소드를 호출한다(14~15번 행). 17~23번 행의 pretendProcessing() 메소드는 조금 복잡해 보이지만 사실은 인수로 주어진 밀리초만큼 쉬는 메소드다. 복잡해 보이는 이유는 중단예외를 처리하기 위한 try-catch 블록 때문이다. 24~26번 행의 메소드 run()은 deposit 메소드를 호출하여 만 원을 입금한다.

main() 메소드에서 가장 처음 하는 일은 Account 객체 account를 만드는 것이다(28번 행). 그리고 예금 전 잔액을 출력하는데(29번 행), 이 금액은 당연히 0이어야 할 것이다. 그 다음에는 객체 account를 인수로 하여 Transaction0 객체 tr을 만든다(30번 행). tr은 만 원 입금을 수행하는 작업이라는 것에 주의하자.

만 원을 한 번만 입금하려면 tr에 대하여 run만 수행하면 된다. 그러나 2회의 만 원 입금을 병행으로 수행하기 위해 tr을 인수로 하여 thread1 객체를 만들었다(31번 행). start() 메소드를 이용하여 thread1을 시작시키면(32번 행) 만 원 입금 작업이 병행으로 수행되는데, 원 main() 메소드 스레드도 수행되고 있으므로 tr.run()도 수행되어 만 원 입금 작업이 한 번 더 발생한다(33번 행). 따라서 account에는 총 이만 원이 입금되고 main() 메소드 수행 후 잔액은 20000이 출력된다(34번 행).

뭐가 잘못되었는가

프로그램 13.3의 결과를 보면 잘못된 것이 아무것도 없다. 우리가 원한 대로 두 입금을 처리한 결과 잔액도 20000이 제대로 출력된다. 결국 동기화를 수행하지 않아도 아무 상관이 없다는 의미가 된다. 그런데 정말 그럴까? 정말 동기화를 수행하지 않아도 될까?

잘못된 이유를 살펴보기 위해 pretendProcessing()의 인수를 바꿔보자. 지금은 1초 쉬는 것으로 되어 있는데(입금을 처리하는 데 1초가 걸리는 것으로 가정하고 있음), 아예 쉬지 않도록 0으로 바꿔보자. 즉, deposit() 메소드 본체에서 pretendProcessing() 호출 부분을 다음과 같이 바꾸어 보자.

```
pretendProcessing(0);
```

이렇게 변경한 다음 실행결과를 보면 다음과 같다.

```
예금 전 잔액 = 0
예금 후 잔액 = 10000
```

이상하게도 이만 원이 잔액이어야 하는데, 만 원만 잔액으로 출력된다.[2] 왜 그럴까?

join 메소드

앞서 얘기한 잘못된 실행결과는 스레드 실행이 동기화되지 않았기 때문이다. 프로그램 13.3에서는 메인 스레드도 만 원을 입금하고 thread1도 만 원을 입금한다. 그러므로 메인 스레드에서 이만 원이 입금된 결과를 보고 싶다면 thread1이 끝나는 것을 기다려야 한다.

2) 그래도 여전히 이만 원으로 제대로 출력된다면 컴퓨터가 충분히 느려서 그럴 수도 있다. 느린 컴퓨터에서는 pretendProcessing() 메소드를 호출하는 것 때문에 지연 시간이 충분히 걸리기 때문에 제대로 된 결과가 나올 수 있는데, 그렇다면 pretendProcessing() 호출 자체를 지워보자.

사실 메인 스레드에서 thread1이 끝나는 것을 기다릴 생각이 없다면 예금 후 잔액이 만 원이 되는 것도 당연한 결과다. 메인 스레드 자신은 만 원만 입금했기 때문이다. 예금 후 잔액이 만 원이 되는 것은 만 원만 입금한 메인 스레드로서는 당연한 결과이며, 따라서 잘못된 것이 아무것도 없다고 볼 수 있다.

그러나 프로그램 13.3을 작성한 프로그래머의 의도가 두 스레드가 끝난 다음에 잔액을 확인하는 것이라면 thread1이 끝난 다음 잔액을 출력하는 것이 맞다. 표 13.1에서 언급한 것과 마찬가지로 스레드 t가 종료되는 것을 기다리기 위해서는 t.join() 메소드를 실행하면 된다. thread1이 종료되기를 기다리도록 프로그램을 다시 작성하면 프로그램 13.4와 같다.

프로그램 13.4 • Transaction1.java(스레드 join 수행)

```java
/*************************************************************
 * 계좌에 예금을 수행하는 프로그램(여전히 잘못된 버전)
 *************************************************************/

// 계좌 예금 수행을 기다리는 Transaction1 클래스.
public class Transaction1 implements Runnable
{
   private Account acc;

   public Transaction1(Account account) {
      acc = account;
   }
   public void deposit(int amount) {
      acc.deposit(amount);
      pretendProcessing(0);
   }
   protected void pretendProcessing(int delayInMillis) {
      try {
         Thread.sleep(delayInMillis);
      } catch (InterruptedException e) {
         System.out.println("사용자에 의해 중단됨");
      }
   }
```

```
    public void run() {
        deposit(10000);
    }
    public static void main(String args[]) {
        Account account = new Account();
        System.out.printf("예금 전 잔액 = %d%n", account.balance());
        Transaction1 tr = new Transaction1(account);
        Thread thread1 = new Thread(tr);
        thread1.start();
        tr.run();
        try {
            thread1.join();
        } catch (InterruptedException e) {
            System.out.println("사용자에 의해 중단됨");
        }
        System.out.printf("예금 후 잔액 = %d%n", account.balance());
    }
}

// 계좌 잔액을 관리하기 위한 Account 클래스.
class Account
{
    private int balance;

    public Account() {
        balance = 0;
    }
    public void deposit(int amount) {
        balance += amount;
    }
    public void withdraw(int amount) {
        balance -= amount;
    }
    public int balance() {
        return balance;
    }
}
```

실행결과

```
예금 전 잔액 = 0
예금 후 잔액 = 20000
```

프로그램 13.3에 비해 프로그램 13.4에서 실질적으로 바뀐 것은 main() 메소드뿐이다. main() 메소드에서는 thread1을 시작하고 tr.run()을 실행 후 thread1.join()을 호출한다. thread1.join() 주변에 있는 try-catch 블록은 중단예외를 처리하기 위한 것일 뿐 다른 의미는 없다. thread1이 종료되면 thread1.join() 호출도 끝나며 따라서 두 입금이 모두 수행된 다음에 잔액을 출력하게 된다.

Key Point 스레드 t에 대해 메소드 t.join을 호출하면 이를 호출한 스레드는 스레드 t가 종료되기를 기다린다.

synchronized 메소드

프로그램 13.4의 실행 결과를 보면 우리 예상대로 20000이므로 프로그램 13.4는 올바른 프로그램처럼 생각된다. 그러나 안타깝게도 프로그램 13.4도 올바른 프로그램이라고 볼 수 없다. 프로그램 13.4의 문제점을 구체적으로 확인하기 위해 Transaction1 클래스의 deposit 메소드를 비효율적으로 바꾸어 보자. 즉, 프로그램 13.5처럼 총액 바로 입금하는 대신 1원씩 원하는 금액만큼 입금하도록 바꾸어 보자.

프로그램 13.5 • Transaction2.java(비효율적인 deposit 메소드)

```
/************************************************************
 * 계좌에 예금을 수행하는 프로그램(여전히 잘못된 버전)
 * 이전 버전이 왜 잘못되었는지 드러내기 위한 프로그램
 ************************************************************/

// 1원씩 계좌 예금 수행을 기다리는 Transaction2 클래스.
public class Transaction2 implements Runnable
{
   private Account acc;

```

```java
    public Transaction2(Account account) {
        acc = account;
    }
    public void deposit(int amount) {
        for (int i = 0; i < amount; i++) {
            acc.deposit(1);
            if (i % 100 == 0)
                pretendProcessing(1);
        }
    }
    protected void pretendProcessing(int delayInMillis) {
        try {
            Thread.sleep(delayInMillis);
        } catch (InterruptedException e) {
            System.out.println("사용자에 의해 중단됨");
        }
    }
    public void run() {
        deposit(10000);
    }
    public static void main(String args[]) {
        Account account = new Account();
        System.out.printf("예금 전 잔액 = %d%n", account.balance());
        Transaction2 tr = new Transaction2(account);
        Thread thread1 = new Thread(tr);
        thread1.start();
        tr.run();
        try {
            thread1.join();
        } catch (InterruptedException e) {
            System.out.println("사용자에 의해 중단됨");
        }
        System.out.printf("예금 후 잔액 = %d%n", account.balance());
    }
}

// 계좌 잔액을 관리하기 위한 Account 클래스.
class Account
{
    private int balance;

```

```
52     public Account() {
53        balance = 0;
54     }
55     public void deposit(int amount) {
56        balance += amount;
57     }
58     public void withdraw(int amount) {
59        balance -= amount;
60     }
61     public int balance() {
62        return balance;
63     }
64 }
```

실행결과

```
예금 전 잔액 = 0
예금 후 잔액 = 19946
```

프로그램 13.5의 실행결과를 보면 무엇이 문제인지 곧바로 알 수 있다. 두 스레드 모두 만 원씩 입금하도록 했는데도 불구하고 예금 후 잔액은 이만 원이 채 되지 않는다. 문제의 원인은 역시 동기화다. 구체적으로 말해서 Account 객체의 deposit() 메소드가 동기화되지 않았기 때문이다.

프로그램 13.5에서는 일부러 deposit() 메소드를 비효율적으로 작성하였다. 입금 금액 전체를 한 번에 입금하지 않고 1원씩 입금하며(16번 행) 이것도 모자라서 100회에 한 번씩 1밀리초만큼 쉰다(17~18번 행). 대신 amount만큼 반복하여 입금하기 때문에 결국 amount만큼의 금액이 입금되어야 할 것이다. 하지만 이렇게 하면 하나의 입금 작업이 여러 개의 입금 작업으로 바뀌는 효과가 있다.

공통된 데이터를 변경하는 작업은 서로 동기화되어야 하는데, 프로그램 13.5의 deposit() 메소드가 바로 그런 작업이다. 현재 deposit() 메소드는 동기화되지 않았으므로 deposit() 작업이 서로 겹쳐 실행될 수도 있다. deposit() 메소드는 계좌의 잔액을 나타내는 변수 balance를 수정하는데, 공유되고 있는 어떤 객체의 데이터를 수정하는 작업은 일렬로 수행되어야 한다. 즉, 어느 한 스레드가 balance를 수정하고 있을 때에는 다른 스레드가 balance를 수정해서는 안 된다.

잠깐만
공유 데이터 자체를 임계영역으로 착각할 수 있는데 임계영역은 공유 데이터를 변경하는 코드를 뜻한다.

병렬로 수행되는 프로그램에서 공유 데이터를 변경하는 코드 부분을 **임계영역**(critical section) 혹은 **임계구역**(critical region)이라고 부르는데 임계영역의 코드는 Java에서 synchronized 메소드로 선언해야 한다. Java는 synchronized 메소드 내에서는 하나의 수행흐름(스레드)만 존재하도록 해 준다. 예컨대 deposit() 메소드를 synchronized 메소드로 선언하면, 어느 한 스레드가 deposit() 메소드를 수행하는 동안에는 다른 어떤 스레드도 deposit()을 수행할 수 없다.

프로그램 13.5의 Account 클래스에서 balance 필드를 수정하는 메소드는 deposit()과 withdraw() 두 개다.[3] 따라서 이 두 메소드는 모두 synchronized 메소드로 선언해야 하면 이렇게 수정하면 프로그램 13.6과 같다.

프로그램 13.6 • Transaction.java(동기화된 올바른 버전)

```
/*************************************************************
 * 계좌에 예금을 수행하는 프로그램(올바른 버전)
 *************************************************************/

// 1원씩 계좌 예금 수행을 기다리는 Transaction 클래스.
public class Transaction implements Runnable
{
   private Account acc;

   public Transaction(Account account) {
      acc = account;
   }
   public void deposit(int amount) {
```

3) 생성자 Account도 balance를 수정하고 있지만, 이것은 객체가 생성될 때 호출되는 특수한 메소드이므로 여기서는 고려하지 않았다.

```
        for (int i = 0; i < amount; i++) {
            acc.deposit(1);
            if (i % 100 == 0)
                pretendProcessing(1);
        }
    }
    protected void pretendProcessing(int delayInMillis) {
        try {
            Thread.sleep(delayInMillis);
        } catch (InterruptedException e) {
            System.out.println("사용자에 의해 중단됨");
        }
    }
    public void run() {
        deposit(10000);
    }
    public static void main(String args[]) {
        Account account = new Account();
        System.out.printf("예금 전 잔액 = %d%n", account.balance());
        Transaction tr = new Transaction(account);
        Thread thread1 = new Thread(tr);
        thread1.start();
        tr.run();
        try {
            thread1.join();
        } catch (InterruptedException e) {
            System.out.println("사용자에 의해 중단됨");
        }
        System.out.printf("예금 후 잔액 = %d%n", account.balance());
    }
}

// 계좌 잔액을 synchronized 메소드로 관리하는 Account 클래스.
class Account
{
    private int balance;

    public Account() {
        balance = 0;
    }
    public synchronized void deposit(int amount) {
```

```
55         balance += amount;
56     }
57     public synchronized void withdraw(int amount) {
58         balance -= amount;
59     }
60     public int balance() {
61         return balance;
62     }
63 }
```

실행결과

```
예금 전 잔액 = 0
예금 후 잔액 = 20000
```

프로그램 13.6의 실행결과를 보면 예금 후 잔액이 정확히 20000임을 알 수 있다. 프로그램 13.5에서는 deposit() 메소드가 동기화되지 않았으므로 겹쳐 실행될 수 있었고 그래서 balance를 두 스레드가 동시에 바꾸는 것이 가능했다. 결국 데이터 무결성이 훼손되어 잘못된 결과가 나온 것이다.

공유 데이터를 수정하는 메소드들은 모두 임계영역을 포함하고 있으며 따라서 동기화되어야 한다. 클래스 Account의 balance는 공유 데이터이므로, balance를 수정하는 메소드는 모두 동기화되어야 한다. 그래서 프로그램 13.6의 54행과 57행을 보면 deposit()과 withdraw()를 모두 동기화된 메소드로 작성하였다. 반면, 단순히 balance를 참조만 하는 balance() 메소드는 동기화될 필요가 없으며 따라서 synchronized 메소드로 작성할 필요가 없다.

Key Point 공유 데이터를 변경하는 코드를 임계영역이라고 하는데 임계영역을 포함하는 메소드는 synchronized 메소드로 선언해야 한다.

synchronized 블록

어떤 경우에는 동기화된 메소드 본체 내에 동기화가 필요 없는 문장이 포함되어 있을 수도 있다. 예컨대 프로그램 13.6의 Account 클래스에서 deposit() 메소드에 문자발송 기능을 추가하려고 한다고 하자. 어떤 계좌에 예금이 발생할 때마다 계좌 예금주에게 문자 메시지를 보내고자 한다고 하자. 그렇다면 deposit() 메소드는 다음과 유사한 형태가 될 것이다.

```
public synchronized void deposit(int amount) {
   balance += amount;
   String depositMsg = amount + "원이 입금되었습니다.";
   sendMessage(depositMsg);
}
```

그런데 여기서 문자 메시지를 보내는 부분, 즉 메시지 depositMsg를 만들고 sendMessage()를 호출하는 부분은 동기화될 필요가 없는 부분이다. 그런데 현재는 deposit() 메소드 전체를 임계영역으로 지정하고 있으므로 병렬성이 감소한다. 왜냐하면 문자 메시지를 보내는 작업이 끝날 때까지 다른 메소드는 병렬로 실행될 수 없기 때문이다.

메소드의 특정한 부분만을 임계영역으로 지정하여 동기화시키고자 할 때에는 synchronized 블록을 사용한다. synchronized 블록을 이용하여 위 코드를 다시 작성하면 다음과 같다.

```
public void deposit(int amount) {
   synchronized (this) {
      balance += amount;
   }
   String depositMsg = amount + "원이 입금되었습니다.";
   sendMessage(depositMsg);
}
```

메소드 헤더에서 synchronized 키워드를 뺐으므로 이제 deposit() 메소드는 synchronized 메소드가 아니다. 따라서 별도로 동기화를 처리해야 하는데, 이때 동기화가 필요한 부분만 synchronized 블록으로 작성하면 된다.

synchronized 블록을 작성할 때 synchronized 다음에 나타나는 괄호에는 자물쇠(lock)가 주어진다. 여기서는 Account 객체 자신을 자물쇠로 사용했다. 이렇게 객체 자신을 자물쇠로 사용할 때, 그 자물쇠를 **고유 자물쇠**(intrinsic lock)라고 부른다. 동기화를 거쳐 참조해야 하는 데이터가 여러 개일 때는 각 데이터별로 자물쇠를 둘 수도 있다.

Key Point 메소드의 일부분만 동기화시키려면 synchronized 블록을 사용하면 된다.

13.4 스레드 간 통신

임계영역에 대한 동기화가 이루어진다고 하더라도 스레드 사이에 통신이 필요한 경우가 있다. 예컨대 어떤 생산라인에서 부품 A를 생산하는 스레드 P와 이 부품을 소비하는 스레드 C가 있다고 할 때, P가 부품을 생산한 다음에는 C에게 이를 알려 주어야 한다. 거꾸로 C가 부품을 소비한 다음에는 P에게 이를 알려 주어야 한다. 이런 상황에서 P를 **생산자**(producer)라고 부르고 C를 **소비자**(consumer)라고 부른다. 이 절에서는 생산자·소비자 프로그램 예를 통해 스레드 사이의 통신 방법을 살펴보자.

생산자·소비자 간 통신의 필요성

생산자와 소비자의 구체적인 예로, 빵을 만드는 생산라인(product line)을 생각해 보자. 생산자(P)는 빵에 들어갈 크림(A)을 생산하고, 소비자(C)는 크림을 이용하여 빵을 만든다고 가정해 보자. 이때 생산자가 만든 크림을 저장할 곳이 필요한데, 이렇게 어떤 데이터를 임시로 저장해 두는 공간을 버퍼(buffer)라고 한다.

보통 버퍼에는 데이터(여기서는 크림)를 여러 개 저장할 수 있지만, 문제를 간단하게 하기 위해서 여기서의 버퍼는 크림을 한 개만 저장할 수 있다고 하자. 즉, 버퍼의 크기가 1이라고 하자. 공유 버퍼를 이용하여 빵을 만드는 생산자·소비자 프로그램을 작성하면 프로그램 13.7과 같다.

■ **[그림 13.6]** 생산자, 소비자 문제. 생산자와 소비자 사이에는 통신이 필요하다.

프로그램 13.7 • Bakery0.java(서로 통신하지 않는 버전)

```java
/*********************************************************
 * 빵집 시뮬레이션 프로그램(잘못된 버전)
 *********************************************************/

// 빵집을 시뮬레이션하는 Bakery0 클래스.
// 생산자와 소비자 사이에 통신이 이루어지고 있지 않는 문제가 있다.
public class Bakery0
{
    public static enum Cream {
        CHEESE, SYRUP, JELLY, NONE;
        static String[] names = {"치즈", "시럽", "젤리", "없음"};
        public String toString() {
            return names[ordinal()];
        }
    };
    public final static int NUM = Cream.NONE.ordinal();
    public static Cream cream(int i) {
        return Cream.values()[i];
    }
    public static void main(String args[]) {
        Buffer buffer = new Buffer();
        new Thread(new Producer(buffer)).start();
        new Thread(new Consumer(buffer)).start();
    }
}

// 크림을 보관하기 위한 Buffer 클래스.
class Buffer
{
    private Bakery0.Cream cream;
    public Buffer() {
        this.cream = Bakery0.Cream.NONE;
    }
    public synchronized void put(Bakery0.Cream cream) {
        this.cream = cream;
        System.out.println("크림 생산: " + cream);
    }
    public synchronized Bakery0.Cream get() {
        System.out.println("크림 소비: " + cream);
```

```
        return cream;
    }
}

//크림을 생산하는 Producer 클래스.
class Producer implements Runnable
{
    Buffer buffer;
    Producer(Buffer buffer) {
        this.buffer = buffer;
    }
    public void run() {
        for (int i = 0; i < Bakery0.NUM; ++i) {
            buffer.put(Bakery0.cream(i % Bakery0.NUM));
        }
    }
}

// 크림을 소비하는 Consumer 클래스.
class Consumer implements Runnable
{
    Buffer buffer;
    Consumer(Buffer buffer) {
        this.buffer = buffer;
    }
    public void run() {
        for (int i = 0; i < Bakery0.NUM; ++i) {
            System.out.println("빵 생산: " + buffer.get() + "빵");
        }
    }
}
```

실행결과 1

```
크림 생산: 치즈
크림 소비: 치즈
빵 생산: 치즈빵
크림 생산: 시럽
크림 소비: 시럽
크림 생산: 젤리
빵 생산: 시럽빵
크림 소비: 젤리
빵 생산: 젤리빵
```

실행결과 2

```
크림 생산: 치즈
크림 생산: 시럽
크림 소비: 시럽
크림 생산: 젤리
빵 생산: 시럽빵
크림 소비: 젤리
빵 생산: 젤리빵
크림 소비: 젤리
빵 생산: 젤리빵
```

프로그램 13.7의 실행결과는 버퍼와 생산자가 출력한 것이다. Buffer(28~42번 행)에서는 크림이 저장(34~37번 행의 put)되거나 소비(38~41번 행의 get)될 때마다 메시지를 출력한다. 크림을 이용하여 빵을 만드는 Consumer(59~70번 행)는 빵을 만들 때마다 메시지를 출력한다. 크림은 Producer(45~56번 행)에 의해 생성된다. 버퍼는 생산자와 소비자 사이에 공유되는데 Bakery0(7~25번 행)의 main에서는 buffer를 만들고 이를 이용하는 생산자 스레드와 소비자 스레드를 만들어 시작시킨다(21~23번 행).

저장될 크림 종류는 열거 타입 Bakery0.Cream으로 정의하였다(9~15번 행). Bakery0.Cream에는 각 크림의 이름을 리턴하는 toString 메소드를 정의하였으며 Bakery0의 cream() 메소드는 정수 i에 대응하는 열거 상수를 리턴한다. 초기에는 버퍼에 아무 크림도 없어야 하는데, 버퍼가 비어 있는 상태를 나타내기 위해서 Bakery.Cream에 NONE이라는 열거 상수를 포함시켰다.

프로그램 실행 결과를 보면 스레드 사이의 통신 문제를 알 수 있다. 실행결과 1은 제대로 수행된 결과이지만 실행결과 2는 그렇지 않다. 실행결과 2를 보면 첫 번째 생성된 치즈가 소비되기도 전에 시럽이 생성되어 애써 만든 치즈는 사라지게 되었다. 또한, 마지막 생성된 젤리는 이미 소비되어 젤리빵을 만드는 데 사용되었지만 이상하게도 젤리빵이 하나 더 생성되었다.

문제의 원인은 생산자와 소비자 사이에 통신이 되지 않는다는 데 있다.

buffer의 get과 put이 synchronized 메소드로 정의되어 있긴 하지만 생산자는 크림이 소비되었는지 확인하지도 않고 생성한다. 소비자 객체는 크림을 소비한 다음에 크림 정보를 지우지 않는다. 따라서 재료를 사용하지 않은 것으로 간주하기 때문에 같은 크림의 빵을 여러 번 생성할 수 있는 것이다. 이를 방지하기 위해 get()을 다음과 같이 바꾼다고 해도 문제는 해결되지 않는다.

```
public synchronized Bakery0.Cream get() {
    System.out.println("크림 소비: " + cream);
    Bakery0.Cream cream = this.cream;
    this.cream = Bakery0.Cream.NONE;
    return cream;
}
```

위 코드에서는 버퍼의 크림 this.cream을 반환하기 전에 this.cream을 NONE으로 설정해 둔다. 즉, 버퍼에 크림이 없다는 것을 표시한 것이다. 위와 같이 get() 메소드를 바꾼 실행결과는 다음과 같다.

```
크림 생산: 치즈
크림 생산: 시럽
크림 소비: 시럽
크림 생산: 젤리
빵 생산: 시럽빵
크림 소비: 젤리
빵 생산: 젤리빵
크림 소비: 없음
빵 생산: 없음빵
```

위 실행결과를 보면 크림이 없는 "**없음빵**"이라는 것이 생성된 것을 볼 수 있다. 물론 위 실행결과와 항상 같은 결과가 나오는 것은 아니지만 아무것도 없는 크림 버퍼를 소비하는 것은 여전히 문제다.

그렇다고 다음과 같이 크림 소비 전에 NONE인지 확인하는 코드를 둔다면 임계영역 내에서 무한루프가 반복되는 문제가 발생되며 이로 인해서 프로그램 전체가 무한 반복에 빠질 수 있다.

```
public synchronized Bakery0.Cream get() {
   while (this.cream == Bakery0.Cream.NONE)
      ;
   System.out.println("크림 소비: " + cream);
   Bakery0.Cream cream = this.cream;
   this.cream = Bakery0.Cream.NONE;
   return cream;
}
```

서로 통신하는 생산자·소비자 프로그램

프로그램 13.7의 문제를 해결하려면 생산자와 소비자 사이에 통신이 필요하다. Java에서는 이러한 형태의 통신 및 동기화를 지원하기 위해 wait()와 notify(), notifyAll() 메소드를 제공하고 있다. 생산자는 크림을 생산한 후 notify()로 소비자를 깨워주고 소비자는 크림이 없으면 wait()를 호출하여 기다려야 한다. 최종 코드를 나타내면 프로그램 13.8과 같다.

프로그램 13.8 • Bakery.java(생산자와 소비자 사이에 통신하는 버전)

```
/*************************************************************
 * 빵집 시뮬레이션 프로그램(올바른 버전)
 *************************************************************/

// 빵집을 시뮬레이션하는 Bakery 클래스.
// 생산자와 소비자 사이의 통신을 수행하고 있다.
public class Bakery
{
   public static enum Cream {
      CHEESE, SYRUP, JELLY, NONE;
      static String[] names = {"치즈", "시럽", "젤리", "없음"};
      public String toString() {
         return names[ordinal()];
      }
   };
   public final static int NUM = Cream.NONE.ordinal();
```

```
    public static Cream cream(int i) {
        return Cream.values()[i];
    }
    public static void main(String args[]) {
        Buffer buffer = new Buffer();
        new Thread(new Producer(buffer)).start();
        new Thread(new Consumer(buffer)).start();
    }
}

// 크림을 보관하기 위한 Buffer 클래스.
class Buffer
{
    private Bakery.Cream cream;
    public Buffer() {
        this.cream = Bakery.Cream.NONE;
    }
    public boolean isEmpty() {
        return cream == Bakery.Cream.NONE;
    }
    public synchronized void put(Bakery.Cream c) throws InterruptedException {
        while (! isEmpty())
            wait();
        cream = c;
        System.out.println("크림 생산: " + cream);
        notify();
    }
    public synchronized Bakery.Cream get() throws InterruptedException {
        while (isEmpty())
            wait();
        System.out.println("크림 소비: " + cream);
        Bakery.Cream cream = this.cream;
        this.cream = Bakery.Cream.NONE;
        notify();
        return cream;
    }
}

//크림을 생산하는 Producer 클래스.
class Producer implements Runnable
{
```

```
    Buffer buffer;
    Producer(Buffer buffer) {
        this.buffer = buffer;
    }
    public void run() {
        for (int i = 0; i < Bakery.NUM; ++i) try {
            buffer.put(Bakery.cream(i % Bakery.NUM));
        }
        catch (InterruptedException e) {
            System.out.println("사용자에 의해 중단됨");
        }
    }
}

// 크림을 소비하는 Consumer 클래스.
class Consumer implements Runnable
{
    Buffer buffer;
    Consumer(Buffer buffer) {
        this.buffer = buffer;
    }
    public void run() {
        for (int i = 0; i < Bakery.NUM; ++i) try {
            System.out.println("빵 생산: " + buffer.get() + "빵");
        }
        catch (InterruptedException e) {
            System.out.println("사용자에 의해 중단됨");
        }
    }
}
```

실행결과

```
크림 생산: 크림
크림 소비: 크림
크림 생산: 시럽
빵 생산: 크림빵
크림 소비: 시럽
크림 생산: 젤리
빵 생산: 시럽빵
크림 소비: 젤리
빵 생산: 젤리빵
```

일단 실행결과를 보면 없음빵이 나오는 경우나 이미 소비한 크림을 중복하여 소비하는 경우가 없다는 것을 알 수 있다. 수정된 프로그램에서는 Buffer 클래스에 isEmpty() 메소드를 추가하였다(34~36번 행). 이 메소드는 put()과 get()을 동기할 때 사용되는데, 버퍼가 비었으면 get() 메소드는 wait()를 호출하여 자신을 호출한 스레드를 대기열(waiting queue)에 넣는다(44~52번 행). 반대로 버퍼에 크림이 있다면 put() 메소드는 wait()를 호출하여 자신을 호출한 스레드를 대기열에 넣는다(37~43번 행).

> **잠깐만**
>
> wait를 호출한 스레드는 대기열로 들어간다. 대기열의 스레드는 누군가 깨울때까지 대기열에서 기다리고 있다. wait는 synchronized 메소드 내에서 호출해야 한다.

스레드가 대기열에 들어갈 때는 고유 자물쇠를 풀고 들어간다. 즉, 해당 스레드가 synchronized 메소드를 수행하고 있었다고 해도 대기 목록에 들어가면 다른 스레드가 synchronized 메소드를 새로 수행할 수 있다. 또 대기 목록에 저장되어 있는 스레드는 누군가가 notify()나 notifyAll() 메소드를 통해 자신을 깨울 때까지 계속 중지된 상태에 있게 된다.

wait와 notify, notifyAll은 모두 synchronized 메소드 내에서 호출해야 한다. 세 메소드 모두 객체의 고유 자물쇠를 다루기 때문이다. 프로그램 37~52번 행에서 확인할 수 있는 것처럼 이들 메소드는 모두 synchronized 메소드 내에서 호출하고 있다.

구체적인 예로 생산자 스레드 T_P가 최초로 put()을 실행했다고 하자. 그러면 버퍼는 비어 있는 상태이므로 버퍼에 데이터를 저장한다. 이후 소비자가 소비하기 전에 T_P가 다시 put()을 호출했다고 해도 버퍼는 비어 있는 상태가 아니므로 스레드 T_P는 wait()를 호출하고 대기 목록에 들어간다. 이후 소비자 스레드 T_C가 get()을 호출하여 버퍼의 데이터를 비운 후 notify()를 수행해야 대기 목록의 한 T_P가 put()을 계속 수행할 수 있게 된다.

get() 메소드도 마찬가지로 실행된다. 소비자 스레드 T_C가 최초로 get() 메소드를 실행했다고 하자. 최초에는 버퍼가 비어 있는 상태이므로 T_C는 객체의 대기열에 들어간다. T_C는 생산자 스레드 T_P가 put()을 호출하여 버퍼에 데이터를 채운 후 notify()를 수행해야 get()을 계속 수행할 수 있게 된다.

요약하면 get() 메소드를 수행하는 중에 wait()를 호출하여 대기하고 있는 스레드는 put() 메소드의 notify() 메소드 호출로 인해서 다시 수행되고, 반대로 put() 메소드를 수행하는 중에 wait()를 호출하여 대기하고 있던 스레드는 get() 메소드의 notify() 메소드 호출로 인해서 다시 수행된다. 이런 식으로 버퍼의 get()과 put() 메소드는 서로 통신한다.

Key Point 메소드 wait를 호출하면 현재 수행 중인 스레드가 대기열에 들어가며 대기열에 있는 스레드를 깨우려면 notify나 notifyAll을 호출해야 한다.

notify()와 notifyAll()의 차이

사실 프로그램 13.8의 메소드 get()과 put()에서 notify()는 notifyAll()로 바꾸어도 마찬가지로 동작한다. 다음은 get()과 put()의 notify()를 notifyAll()로 바꾼 후 실행한 결과다.

```
크림 생산: 치즈
크림 소비: 치즈
크림 생산: 시럽
빵 생산: 치즈빵
크림 소비: 시럽
빵 생산: 시럽빵
크림 생산: 젤리
크림 소비: 젤리
빵 생산: 젤리빵
```

잠깐만
notify는 대기열의 스레드 하나를 임의로 골라 깨우지만 notifyAll은 대기열의 모든 스레드를 깨운다. 이 두 메소드는 synchronized 메소드 내에서 호출해야 한다.

프로그램 13.8의 실행결과와 별반 차이가 없음을 알 수 있다. 그렇다면 notify()와 notifyAll()의 차이는 무엇일까? notify()는 대기열에 있는 스레드 중에서 아무 것이나 하나 골라서 깨운다. 반면 notifyAll()은 대기열의 모든 스레드를 깨운다.

대기열에 있는 스레드들이 모두 synchronized 메소드를 수행하던 중에 대기하고 있었다면 notify()와 notifyAll()은 실질적으로 아무 차이가 없다.

어차피 여러 스레드 중에서 하나만 synchronized 메소드에 진입할 수 있기 때문이다. 그러나 대기열에 있는 스레드들이 일반 메소드를 수행하던 중에 대기하고 있었다면 얘기가 달라진다. notify()는 그 중 한 스레드만 깨워 실행시키지만 notifyAll()은 모든 스레드를 깨워 병행으로 실행시킨다.

Key Points

- 프로세스란 수행 중인 프로그램이며 프로세스는 프로그램 (　　　　　)을(를) 관리한다.
- 스레드란 프로세스가 유지하고 있는 제어 흐름 정보를 뜻하며 한 프로세스 내에서 여러 제어 흐름을 허용하는 기법을 (　) 스레드라고 한다.
- Java에서 스레드는 `Thread` 클래스를 이용하여 지원하는데, `Thread` 클래스 내에는 (　) 메소드가 존재해야 한다.
- 자신만의 스레드 클래스를 만들려면 `Thread` 클래스를 확장하여 만들 수 있다. 스레드를 실행시키려면 (　) 메소드 대신 (　) 메소드를 호출해야 한다.
- 메소드 (　)(으)로 시작된 스레드는 스레드 큐에 들어가며 CPU는 스레드 큐 내의 스레드를 무작위로 꺼내어 일정 시간 수행하고 다시 스레드 큐에 넣는다.
- (　　) 객체를 인수로 하여 `Thread` 객체를 생성할 수 있다.
- 동기화는 (　　　　　)을(를) 위해 필요하며 어떤 작업들이 동기화된다는 것은 한 번에 한 작업씩 차례로 수행된다는 것을 의미한다.
- 스레드 `t`에 대해 메소드 (　)을(를) 호출하면 이를 호출한 스레드는 스레드 `t`가 종료되기를 기다린다.
- 공유 데이터를 변경하는 코드를 (　　)(이)라고 하는데 (　　)을(를) 포함하는 메소드는 `synchronized` 메소드로 선언해야 한다.
- 메소드의 일부분만 동기화시키려면 (　　　) 블록을 사용하면 된다.
- 메소드 (　)을(를) 호출하면 현재 수행 중인 스레드가 대기 목록에 들어가며 대기 목록에 있는 스레드를 깨우려면 `notify`나 `notifyAll`을 호출해야 한다.

프로그래밍 실습

1. 병렬 석차 계산

학생들의 시험 성적에 따라 석차를 구하는 병렬 프로그램을 작성하라. 자신의 석차는 자신보다 높은 점수인 사람들 수 더하기 1로 정의된다. 예컨대 한 반 학생들이 5명이고 각 학생의 점수가 80, 95, 95, 87, 70이라면 두 번째 학생과 세 번째 학생의 석차는 1등이지만 네 번째 학생의 석차는 3등이 된다.

개별 학생에 대하여 석차를 구하기 위한 스레드 FindRankingThread를 학생 수만큼 만들어서 시작시킨다. 학생들의 점수 배열을 grade, 석차를 저장하기 위한 배열을 ranking이라고 하면 FindRankingThread의 생성자는 다음과 같이 정의한다.

```
public FindRankingThread(int[] grade, int myindex, int[]
ranking);
```

FindRankingThread의 run 메소드는 배열 grade에서 grade[myindex]보다 높은 값을 세서 ranking[myindex]에 저장한다.

점수 배열을 읽고 FindRankingThread를 각 첨자에 대해 만들어 테스트하는 main 메소드를 별도의 클래스 FindRanking에 정의하라. 석차를 구하는 스레드 전체에 대해 join을 수행한 후에 석차를 출력해야 한다는 점에 주의하자. 배열을 출력할 때는 Arrays.toString 메소드를 이용하라.

프로그램 실행 예

```
학생 수를 입력하세요.      5
학생 점수를 입력하세요.    45 78 52 31 92
각 학생의 석차입니다.      [4, 2, 3, 5, 1]
```

```
학생 수를 입력하세요.      8
학생 점수를 입력하세요.    92 85 76 87 61 78 91 88
각 학생의 석차입니다.      [1, 5, 7, 4, 8, 6, 2, 3]
```

2. 병렬 성적순 출력

학생들의 이름과 점수, 석차를 입력으로 받아서 석차 순서대로 출력하는 병렬 프로그램을 작성하라. 공통으로 사용하는 프린터를 클래스 Printer로 정의하고 각 학생을 나타내는 스레드 클래스 StudentThread를 정의한다. Printer는 표준출력스트림을 나타내는 System.out을 인수로 받아 생성되며 다음에 출력할 학생의 석차를 내부적으로 관리한다.

각 학생 스레드 s는 공통 Printer 객체 p에 대하여 p.isNext(this)를 호출하여 자신이 다음에 출력될 학생인지 문의하고 맞으면 p.print(this)를 통해 자신의 정보를 출력한다. Printer 객체는 다음 두 개의 synchronized 메소드를 지원한다.

```
public synchronized boolean isNext(StudentThread s);
public synchronized void print(StudentThread s);
```

메소드 isNext(s)는 s가 다음에 출력할 석차의 학생인지 검사하여 그렇다면 true를 리턴하고 아니면 메소드 wait를 호출하여 s를 대기열에 넣는다. print(s)는 학생 s의 정보를 출력하고 notifyAll을 통해 대기열의 모든 스레드를 깨운다.

Printer 클래스와 StudentThread 클래스의 생성자는 다음과 같아야 한다.

```
public Printer(PrintStream ps);
public StudentThread(String name, int grade, int rank, Printer prn);
```

학생 정보를 읽고 StudentThread를 공통 Printer에 대해 만들어 테스트하는 main 메소드를 별도의 클래스 ParSorting에 정의하라. 프로그램 실행 예는 다음과 같다.

프로그램 실행 예

```
학생 수를 입력하세요. 2
학생 이름과 점수, 석차를 차례로 입력하세요.
고길동 85 2
두울리 92 1
```

```
------------
두울리  92점
고길동  85점
------------
```

```
학생 수를 입력하세요. 4
학생 이름과 점수, 석차를 차례로 입력하세요.
도우너 72 3
희동이 71 4
두울리 92 1
고길동 85 2
------------
두울리  92점
고길동  85점
도우너  72점
희동이  71점
------------
```

연습문제

1. 다음 중 프로세스를 가장 바르게 설명한 것은?

① CPU가 실행할 명령어를 일렬로 나열한 것이다.

② 컴파일된 프로그램을 실행할 수 있는 컴퓨터 부품이다.

③ 컴퓨터 메모리에서 실행 중인 프로그램이다.

④ CPU의 레지스터 상태와 캐시 메모리를 포함한 메모리 상태이다.

2. 다음 중 일반적으로 프로세스가 유지하는 정보로 바르지 못한 것은?

① 프로세스가 수행할 명령어 나열

② 다음에 수행해야 하는 명령어 주소

③ 현재 사용해야 하는 변수의 값

④ 지금까지 수행한 명령어 개수

3. 다음은 Thread 클래스의 메소드들이다. 다음 중 중단예외를 발생시키지 않는 메소드는?

① sleep(long m)

② interrupted()

③ join()

④ wait()

4. 다음 중 Thread 클래스의 run과 start를 바르게 설명한 것은?

① run과 start는 모든 스레드 클래스에서 재지정해야 한다.

② 재지정한 start는 run에 의해 수행될 수 있다.

③ start는 스레드를 병렬로 실행시킨다.

④ Thread 클래스 외에는 run을 정의하면 안 된다.

5. 다음 중 스레드 동기화가 필요한 이유로 적합한 것은?

① 모든 스레드를 동시에 시작하기 위해서
② 여러 스레드가 끝나는 것을 기다리기 위해서
③ 분산 데이터를 활용하기 위해서
④ 데이터의 무결성을 지키기 위해서

6. 스레드를 생성하는 방법에는 다음 두 가지 방법이 있다. 다음 각 방법을 이용하여 1에서 10000까지 출력하는 스레드를 두 개 만들고 각 스레드를 병행으로 수행하는 프로그램을 작성하라.

(1) Thread 클래스의 서브클래스를 만들어 이 클래스의 객체를 만드는 방법
(2) Runnable 인터페이스를 구현하는 클래스를 만들어 스레드 객체를 만드는 방법

7. 모든 synchronized 메소드는 synchronized 블록을 사용하는 방식으로 변경할 수 있다. synchronized 메소드 대신 synchronized 블록을 이용하도록 프로그램 13.6을 변경해 보자.

8. 프로그램 13.8에서 소개한 Buffer는 크림을 하나만 저장할 수 있다. 크림을 5개까지 저장할 수 있도록 Buffer를 변경하고 이러한 버퍼를 이용하도록 클래스 Bakery를 변경하라. 또 클래스 Bakery의 상수 NUM을 변경하여 30개의 빵을 만들도록 해보자.

9. 프로그램 13.8에서 소개한 생산자 · 소비자 프로그램은 하나의 생산자와 하나의 소비자를 생성하여 빵을 만든다. 생산자가 두 명이 되도록 프로그램을 변경해 보라. 버퍼의 크림을 모두 소비하려면 소비자가 소비하는 크림 개수를 두 배로 늘려야 한다. 이렇게 작성한 프로그램과 프로그램 13.8의 실행 결과는 어떠한가?

10. 위 문제 9의 방법과 유사한 방식으로, 소비자가 두 명이 되도록 프로그램 13.8을 변경하라. 크림이 모자라지 않으려면 생산자가 생산하는 크림 개수를 두 배로 늘려야 한다.

찾아보기

ㅂ

ㅅ

찾아보기

ㅇ

ㅈ

찾아보기

기호, 영문